[美] 朱迪·贝尔
凯特·特纳斯　著

李柏英　译

Silent Selling

Best Practices and Effective
Strategies in Visual Merchandising

无声胜有声

视觉营销的最佳实操
和有效战略

中国纺织出版社有限公司

内 容 提 要

本书展示了创建商店销售环境的众多活动和实践案例，是一本入门级和保姆级的视觉营销和陈列手册。全书由六个部分组成，分为十五章。第一部分至第五部分分别为：为视觉创造力做准备、卖场实践与策略、沟通传播零售氛围、非传统场所的视觉营销实践、商品陈列展示的工具与技巧，并以逐步展开的顶点创意项目作为实践活动的结尾。第六部分为职业生涯策略。

本书是一套完整的学习资料，可在以下领域提供给教师并指导学生学习：时装设计，时装营销，或视觉营销专业中的视觉营销和商店规划、橱窗展示等课程，可为视觉营销人员和当前从业者提供方便和参考。

原书英文名：Silent Selling: Best Practices and Effective Strategies in Visual Merchandising（5TH）

原书作者名：朱迪·贝尔（Judy Bell），凯特·特纳斯（Kate Ternus）

© Bloomsbury Publishing Inc., 2017

This translation of Silent Selling, 5th edition is published by China Textile &

Apparel Press by arrangement with Bloomsbury Publishing Inc. All rights reserved.

本书中文简体版经© Bloomsbury Publishing Inc.授权，由中国纺织出版社有限公司独家出版发行。

本书内容未经出版者书面许可，不得以任何方式或任何手段复制。

著作权合同登记号：图字：01–2019–0859

图书在版编目（CIP）数据

无声胜有声：视觉营销的最佳实操和有效战略 /（美）朱迪·贝尔，（美）凯特·特纳斯著；李柏英译

. -- 北京：中国纺织出版社有限公司，2022.3

（国际时尚设计丛书. 营销）

书名原文：Silent Selling: Best Practices and Effective Strategies in Visual Merchandising (5TH)

ISBN 978-7-5180-9182-9

Ⅰ. ①无… Ⅱ. ①朱… ②凯… ③李… Ⅲ. ①零售业—网络营销 Ⅳ. ① F713.32 ② F713.365.2

中国版本图书馆 CIP 数据核字（2021）第 253483 号

责任编辑：魏　萌　谢婉津　　责任校对：楼旭红

责任印制：王艳丽

中国纺织出版社有限公司出版发行

地址：北京市朝阳区百子湾东里 A407 号楼　邮政编码：100124

销售电话：010—67004422　传真：010—87155801

http://www.c-textilep.com

中国纺织出版社天猫旗舰店

官方微博 http://weibo.com/2119887771

北京华联印刷有限公司印刷　各地新华书店经销

2022 年 3 月第 1 版第 1 次印刷

开本：889×1194　1/16　印张：27

字数：450 千字　定价：198.00 元

凡购本书，如有缺页、倒页、脱页，由本社图书营销中心调换

前言

你喜欢购物吗？你期待在你最喜欢的服装店买到最新款的衣服吗？你喜欢超市里新鲜农产品陈列的季节性变化吗？如果购物是你最喜欢的娱乐方式之一；如果你有一双善于发现风格、构图和色彩的眼睛；如果为他人创造一个有吸引力的购物环境的想法吸引你，你可能会在视觉营销领域找到一份令人满意的职业。《无声胜有声：视觉营销的最佳实操和有效战略》（Silent Selling: Best Practices and Effective Strategies in Visual Merchandising）展示了这个行业的最佳态势，并提供了创建商店销售环境的众多活动实践案例。本书可为一个有抱负的视觉营销人员和当下从业者提供便利和参考。本书是一套完整的学习资料，可在以下领域提供给教师并指导学生学习：时装设计、时装营销，或视觉营销专业中的视觉营销和商店规划、橱窗展示等涉及如何创造视觉展示和有效展示商品的课程。

内容组织

本书由六个部分组成，分为十五章。

第一部分：为视觉创造力做准备，以一个独特的开篇章节——跳出条条框框的思考方法——介绍了视觉营销这个领域。它是贯穿整本书的主题。本章重点介绍视觉营销人员的创作和艺术心态。第二章论述了视觉营销人员的创造才能在零售环境中的实际应用。第三章展示了如何运用设计元素和原则进行有效的视觉展示。

第二部分：卖场实践与策略，着重于时装商品的展示，第四章关注地面布局和陈列装置的基础知识，第

五章关注墙面展示设置，第六章谈及服装和配饰的搭配，第七章讨论家居时尚的展示。

第三部分：传播沟通零售氛围，介绍了标牌（第八章）和灯光照明（第九章）如何支持时尚商品的展示和零售商信息的传播。

第四部分：非传统场所的视觉营销实践，前几章中讨论的实践与策略，在第十章中将应用于杂货店和食品服务店，在第十一章中应用于包括线上零售在内的其他零售店。

第五部分：商品陈列展示的工具与技巧。第十二章介绍了橱窗展示。在纽约库珀·休伊特博物馆（Cooper-Hewitt Museum）的赞助下举办的"橱窗秀"现场展览，旨在展示橱窗的魔力。创造橱窗魔力的基本技术在这章得到充分解释。第十三章提供了为人台模特着装的说明，且给出了一步一步的操作插图，以及给出了如何用人台模特与展示装置最好地展示时尚商品的建议。在第十四章中，前面讨论的线索被整合在一起，融入在视觉营销功能的组织和管理的陈述中。

第六部分：职业生涯策略，将总结全书，并对视觉营销职业生涯的构建提出建议。行业领先实践者们用自己的语言分享了他们成功的故事。

第一部分至第五部分，都以贯穿其中、逐步展开的**顶点创意项目**作为结尾。

增强学习能力的特色

每一章的特色都反复强化了本书的内容。其重点始终放在业内专业人士所拥有的实践经验和实用建议

上，读者可以在自己的职业生涯中应用这些建议。

打开每一章，来自权威资料的简短引文时不时出现在文中。行业的技术术语在正文中用粗体突出显示，并在第一次提及时在页边空白处写出定义。**零售现实专栏**在正文侧边用简洁的提示和观察，指出影响视觉营销人员日常工作的实际问题。在正文中，"工具箱"中的内容用来提醒与口头指示和实践操作相关的安全问题。此版本提供了250多张来自世界各地商店的最新陈列展览的全彩照片，以展示创造性的视觉营销设计师在诠释标准策略和实践时如何运用"跳出条条框框的思维"。详细的插图提供了最佳的操作技术指南，包括服装、家居和杂货产品商店的陈列展示装置、店内和橱窗展示，为人台模特穿衣、正确摆放和照明等提供操作技术指导。

每一章结尾的一系列内容，提供了将书本与现实世界体验联系起来的进一步学习机会。第一个是**回顾问题**，让读者在每一章中检查和复习他们应该学到的东西。接下来是**行业谈**，一位视觉营销专家分享他或她对本章所讨论领域的观察。接下来的三类作业则提供了实际操作体验。在"**挑战：跳出条条框框**"部分，挑战任务按照作者朱迪·贝尔的"观察—比较—创新"过程，为具有创造力的、吸引人的展示产生创意。

本作业之后是**批判性思维活动**和案例研究。这两者都是为了提高分析思维能力，该能力与视觉营销的世界紧密相关。视觉营销设计师必须"脚踏实地地思考"，要有战略眼光，开发出既有美学上成功，又可实现零售业务提升的设计。这两个部分将让读者了解很多视觉营销设计师必须完成的各种任务，以便将视觉营销融入零售中，从而实现成功的无声销售。

在第413页的视觉营销专业人士名录中，该领域的领导者们为读者提供了建议和灵感。文后还提供了全面的词汇表和参考资料来源。

本版新增内容

原书第五版经过广泛修订，增加了以下新功能和内容，以丰富读者的学习体验：

- **设计画廊**：每一章都以反映本章主题的全页彩色照片作为开篇，而在每章的最后部分，我们将重新介绍这张照片，并对零售商进行描述——包括其业务的起源、使命以及有趣和不同寻常的亮点。仔细观察每幅图片，然后讨论其中展示的设计元素和原则，帮助学生学习分析如何创造出色的橱窗和室内展示。

- 50多张新的来自全球的全彩照片被引入文中。许多图片代表了革新性的概念，赢得了Shop!2016年度的金奖和银奖。另一些则来自庞大的WindowsWear资料库，这是一项国际订阅服务，拍摄了零售业出色的橱窗。它们来自贝弗利山庄、波士顿、都柏林、香港、伦敦、洛杉矶、米兰、纽约和更多地区的全球零售商，让本书的零售设计理论变得生动有趣。要求学生观察分析这些案例原型在零售商店环境中的各个方面，包括陈列展示装置、标牌和商品展示。通过使用朱迪·贝尔的观察—比较—创新流程，学生们可以评估出最有效的方法，并确定机会所在之处。当他们在工作场所从事新职位时，他们已经为发展出有效的、差异化的和品牌正确的视觉营销策略奠定了基础。

- 有关数字工具的新章节，本书介绍了当今零售业广泛使用的一些资源。学生将在第五章学习与时装墙面陈列展示相关的Mockshop和CAD程序。第十章：杂货店和食品服务商店，介绍了Kantar的虚拟现实（VR）系统。在第十二章中"展示橱窗的魔力"，着重介绍了WindowsWear PRO，并解释了该资源在行业中的使用情况。

- 第九章：灯光照明，已经在赫拉（Hera）公司执行副总裁布拉德·斯图尔特（Brad Stewart）的帮助下进行了修改。赫拉是一家备受尊敬的零售展示照明公司。修改包括更新了本章的技术方面内容，以及在新的行业谈栏目中加入来自实践专家的建议。

- 灵感启发语录已经更新，包括了一些当今最具创造性的思想家，如莉娜·邓纳姆（Lena Dunham）和赛斯·高汀（Seth Godin），以及史蒂夫·乔布斯（Steve Jobs）和哈里·塞尔弗里奇（Harry Selfridge）等前任领导人的智慧之语。

- 每个章节的可搜索资源已更新。在一个需要不断变化的领域，本书提供了书本之外的新去处和新发现。

- 顶点创意项目启发学习者将每一章的阅读和活动中获得的最佳想法应用到假想的商店设计中。由此产生的项目可以成为一个实用的作品集，也可以作为全面的

期末考核，或两者兼而为之。从第一部分到第五部分结束后，学习者要将每个部分的多章节信息整合并应用到他们选择的假想商店设计中去。

教学资源

本书中英文教学课件可扫描下方二维码获取。

本书所有英文原版资料可通过www. Bloomsbury Fashion. com获得。

致谢

这本教科书是为那些想学习如何创造性思考和行动的人准备的。它汇集了来自这个行业中活跃人物所说的字句、引语和创作的作品图片。你可能会看到他们中的一些是前视觉营销设计师，但这并不意味着他们已经退休了，而是意味着他们在视觉职业生涯中迈向了下一步，成为艺术顾问和自由项目开发人。他们继续为各种有趣的视觉项目带来无尽的刺激。这些人对自己的工作充满热情，他们为那些正在迈入这个行业的人提供关于职业发展的最佳想法。他们渴望通过加入行业协会、参与董事会、在研讨会上发表演讲、策划奖学金筹款活动和评审学生设计竞赛来回报行业。在这个不寻常的、令人兴奋的、创造性的行业，这些人享受着他们职业生涯所提供的一切。他们非常希望你加入他们，这就是为什么他们帮助我们创作了这本书。

我们要向以下为这本教科书做出杰出贡献的个人表示感谢：节目和活动总监卡伦·杜德曼（Karen Doodeman）；传播和编辑总监卡伦·本宁（Karen Benning）和首席运营官托德·迪特曼（Todd Dittman），他们都属于Shop!协会，帮助我们获取2016年Shop!设计活动的获奖照片；赫拉（Hera）执行副总裁布拉德·斯图尔特（Brad Stewart），感谢他对我们照明章节内容的专业知识指导；WindowsWear首席执行官乔恩·哈拉里（Jon Harari），感谢他对图像内容方面的帮助；约瑟夫·H.汉考克二世（Joseph H.Hancock, II），德雷塞尔大学设计与营销学教授，感谢他在回顾问题和更新练习、顶点项目、讲师指南和测试题库以及此版本中STUDIO资源方面提供的热情方法和专业知识；以及所有零售商、设计师、制造商和建筑师，都非常乐意提供可引用的见解和行业访谈。

在仙童（Fairchild）图书公司，我们拥有一支杰出的出版专业团队。感谢高级编辑阿曼达·布雷西亚（Amanda Breccia）对本书排版新功能的创造性见解和想法，以及助理编辑基莉·库德拉纳（Kiley Kudrna）的指导、敏锐的眼光和慷慨的支持。艺术设计编辑伊迪·温伯格（Edie Weinberg）一直是我们美丽的新艺术计划可信赖的万事通。

我们还要感谢Bergmeyer公司高级负责人乔·内文（Joe Nevin）提供的照片；凯度（Kantar）零售公司发展部负责人李·巴温（Lee Barwin）对虚拟现实工具的见解；拉尔夫·普奇（Ralph Pucci）国际公司的迈克尔（Michael）和拉尔夫·普奇（Ralph Pucci）帮助我们从艺术设计博物馆（MAD）获取图片；向我们的插画师伊莲·温克尔（Elaine Wencl）、克雷格·古斯塔夫森（Craig Gustafson）和瑞安·麦克梅纳米（Ryan McMenamy）致意。

来自朱迪·贝尔

感谢我的代理乔治·哈珀（George Harper），感谢他对本书的热情支持，感谢他发起了我们与仙童图书公司的合作。感谢在我22年的塔吉特（Target）公司工作生涯中，与我并肩共事的人：约翰·佩莱格伦（John Pellegrene），他发自内心的出色营销风格；鲍勃·吉姆皮特罗（Bob Giampietro），他对创新富有感染性的热情；格雷格·杜普莱（Greg Duppler），他令人难以置信的激励和欣赏他人的管理风格；乔·佩尔德尤（Joe Perdew），他友好、积极的合作伙伴关系；迈克尔·惠蒂尔（Michael Whittier），他的设计才华和高标准；特蕾西·汤默达尔（Tracy Tommerdahl）和谢丽尔·坎贝尔（Cheryl Campbell），他们对我们一起从事的工作有着同样的热情和兴趣。我还要感谢在零售设计界里我亲爱的朋友和同事，他们在我们参加的许多董事会会议、活动中启发我们：艾莉森·埃姆布里·梅迪娜（Alison Embrey Medina），南希·特伦特（Nancy Trent），道格·霍普（Doug Hope），达世·内格尔（Dash Nagel），汤姆·比贝（Tom Beebe），埃里克·费根鲍姆（Eric Feigenbaum），托尼·曼奇尼（Tony Mancini），伊格纳兹·戈里希克（Ignaz Gorishek），查克·卢肯比尔（Chuck Luckenbil），詹姆斯·曼苏尔（James Mansour），亚伦·斯皮斯（Aaron Speiss），布鲁斯·巴特尔特（Bruce Barteldt），格伦·罗素（Glenn Russell），迈克尔·开普（Michael Cape），克里斯汀·贝利奇（Christine Belich），艾拉·丘特（Elle Chute），丹尼·格德曼（Denny Gerdeman），罗杰·弗里德曼（Roger Friedman），埃德·希林（Ed Shilling），杰基·格兰兹（Jackie Glanz），凯伦·沙夫纳（Karen Schaffner），珍妮特·格罗伯（Janet Groeber），玛丽安·威尔逊（Marianne Wilson），丹·埃文斯（Dan Evans），琳达·隆巴尔迪（Linda Lombardi），比尔·戈杜（Bill Goddu），肯·尼什（Ken Nisch），琳达·卡汉（Linda Cahan），詹姆斯·马哈格（James Maharg），肯·奥尔布赖特（Ken Abright），格雷格·戈尔曼（Greg Gorman），帕科·安德希尔（Paco Undehil）和已故的比尔·麦克亨利（Bill McHenry）。感谢克利夫（Cliff）和芭芭拉·索贝尔（Barbara Sobel），他们在世界各地举办的盛大晚宴上向我介绍了许多上述人士；尼古拉·埃沃利（Nicola Evoli），继续了这一传统；还有另一位非常亲爱和受人尊敬的朋友理查德·斯托尔斯（Richard Stolls），20年前邀请我加入第一个顾问委员会；感谢所有的人——我们在这神奇、多彩、生机勃勃的产业中是不是过得很开心？我还要感谢安德鲁·马科普洛斯（Andrew Markopoulos），感谢他在代顿餐厅橡木烧烤室午餐时给予我们的建议和支持，感谢彼德·格伦（Peter Glen），一个能够以戏剧般的喜悦来展示自己的发现和见解的人，感谢他的支持和灵感。最重要的是，我衷心感谢我的爸爸和妈妈，他们通过努力工作和随和的性格为我树立了榜样。

来自凯特·特纳斯：

感谢我的幸运星——学生们，包括所有的学生，从第一个学期到最后一个学期！尽管退休了，但我写下每一个字时，心里都想念着你们。你们教会了我很多！仍然，还是要感谢我最亲爱的家人，他们让一切运转正常，无论我是在线还是掉线状态。感谢我的母亲多萝西·库塞尔（Dorothy Kuesel），那些花卉设计——依然在为我的"孩子们"创造色彩书籍。感谢汤姆的"全速前进！"比贝和史蒂夫（Steve）的"形象就是一切！"感谢普拉特金（Platkin），帮助我和具有丰富传统的东海岸保持连接，对这一切我们都有着深厚的感情。千万个感谢（每个人五百个）！

来自出版商：

仙童图书公司衷心感谢为此次版本修订做出贡献的人：克里斯汀·安斯科（Kristen Ainscoe），美国德雷塞尔大学；苏珊·R. 克雷西（Susan R. Creasey），美国西伊利诺伊州立大学；凯伦·克里策（Karen Kritzer），加拿大谢里丹学院；克莱特·莫兹利（Colette Mawdsley），英国休·贝尔德学院；罗克珊·帕克（Roxanne Parker），美国佛罗里达州立大学；凯瑟琳·谢弗（Katherine Schaefer），美国哥伦比亚学院。另外感谢约瑟夫·H. 汉考克二世对本版书辅助资料的贡献。Bloomsbury出版社衷心感谢参与本书出版的编辑团队：高级编辑：阿曼达·布雷西亚；助理编辑：基莉·库德拉纳；艺术设计编辑：伊迪·温伯格；摄影研究员：苏·霍华德（Sue Howard）；内部设计师：埃莉诺·罗斯（Eleanor Rose）；制作经理：克莱尔·库珀（Claire Cooper）；项目经理：克里斯托弗·布莱克（Christopher Black）。

这本书献给安德鲁·马科普洛斯（Andrew Markopoulos），他是代顿·哈德逊（Dayton Hudson）百货公司负责视觉营销和商店设计的前高级副总裁，他将视觉营销从橱窗搬到了董事会会议室，将视觉营销确立为一种有价值的职业，是零售店环境的魔力和乐趣完整的一个部分。

为了纪念他，每年都有一位在商店设计行业的个人，因在视觉营销和商店设计的杰出成就和贡献而得到认可。他们加入先行者的队伍，成为马科普洛斯圈（The Markopoulos Circle）的一员，一起继承了安德鲁指导下一代零售业人才的传统。

在安德鲁的葬礼（1999年）上，牧师讲述了一个大家可能很熟悉的故事：一个过世的人，当他到了天堂，圣彼得带他参观上帝的宅邸。他注意到有一个人到处跑动，移动着艺术品，把所有的东西都放置妥当。参观的人问圣彼得："那是上帝吗？"圣彼得回答说："不，那是安德鲁·马科普洛斯。"

Jenny S. Rebholz，马科普洛斯圈

《设计：零售》杂志（*design: retail*），2016年4月/5月刊

目录

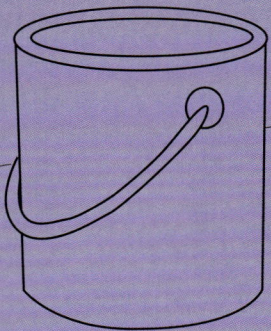

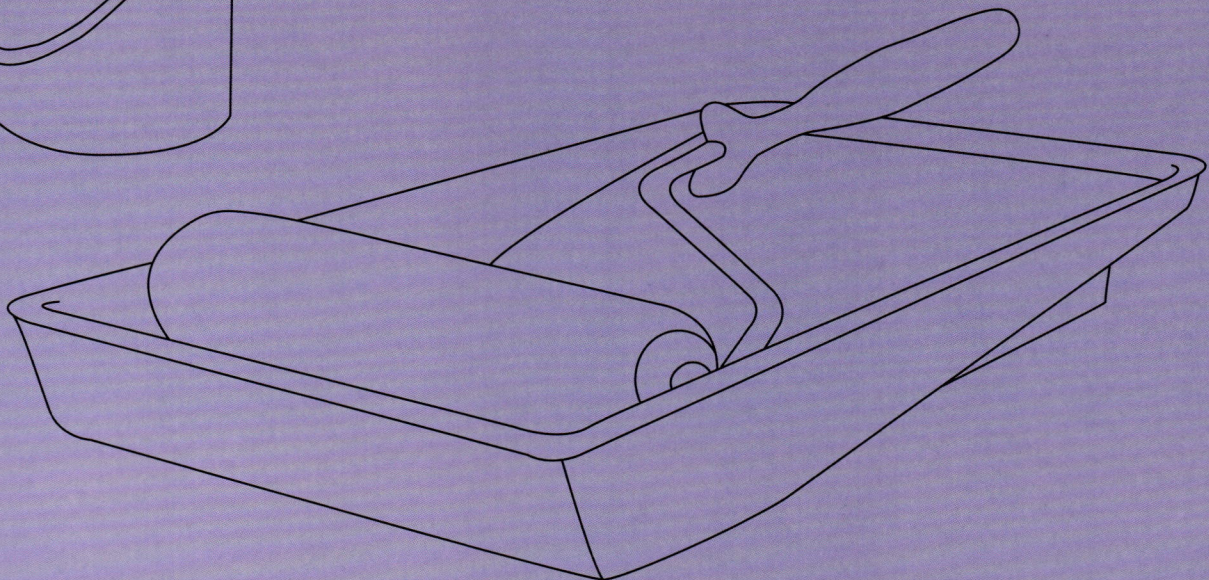

第一部分　为视觉创造力做准备

第一章 创造性思维：跳出条条框框

从创造力开始

视觉营销是一种创造性的职业。在这一领域的成功，取决于一个人能否将创造力注入工作的方方面面。本书所展开的创造性思维讨论，将营造一种鼓励探索、吸收每一章的创造性零售方法和策略的氛围，使之成为你自己的能力。你可以吸收这本书中的信息，并让它们适用于你的实际工作，这种能力与记住色彩规律、陈列装置使用规则或商品部门布局方法一样重要。

心理学家米哈利·卡西克森特米哈莱伊（Mihály Csikszentmihályi）所写的《创造力：发现与创新的流动和心理学》（*Creativity: Flow and the Psychology of Discovery and Innovation*），这样描述有创造力的人："有创造力的人在许多方面彼此不同，但在这个方面他们都是一致的：他们都热爱自己的工作。"驱动他们的不是名誉或赚钱的希望，而是从事他们喜欢做的工作。如果你对自己的工作充满热情，你周围的人会注意到，有趣的门就会打开。

视觉营销的创造性过程

几乎在每一家零售店里，都有一些人似乎对展示商品有着不同寻常的天赋。他们不费吹灰之力就搭配出时尚潮流外观，在不假思索的情况下搭建出引人注意的展示，并以精确和快速的方式安排有效的商店部门布局。由于他们的特殊才能，使他们成为很有价值的雇员。当他们"布置卖场"时，商品就会流动，利润也会增长。

这些有才华的零售商有什么过人之处？他们对零售设计原则和公司展示标准有着扎实的理解，他们用创造性的方法来展示商品。

> "创造力就是看到别人视而不见的东西，说出别人无法诉说的言语。这是一种妙趣横生的意识，它可以通过暂停注意力获得，并将注意力从你面临的挑战中转移出来，为新想法的出现创造一个空间。"
>
> 朱迪·贝尔（Judy Bell），
> 《设计：零售》杂志

> "你的工作将占据你生活的很大一部分，而获得真正满足的唯一方法，就是做你认为伟大的工作。做伟大工作的唯一方法就是热爱你所做的事情。如果你还没找到，就继续找吧，别停下来。就像与心有关的一切事情，当你找到它的时候，你就会知道。"
>
> 史蒂夫·乔布斯（Steve Jobs）

完成本章学习后，你应该能够

- 讨论各种创造性思维过程
- 制定突破创造性障碍的策略
- 识别各种创意开发资源
- 解释让新创意获得接受的过程

图1.0 伯格多夫·古德曼（Bergdorf Goodman）获得金奖的"水晶球"橱窗，令人着迷。位于纽约第五大道，2015年11月展出。摄影：WindowsWear。版权所有：WindowsWear PRO, http://pro.windowswear.com，contact@windowswear.com1.646.827.2288。

设计原则和公司标准是可以学习的，但创造力是什么呢——这种额外的转变或新方法，其实是一种独特的鲜明特征。创造力不是只属于少数人的礼物。诚然，有些人天生就比其他人更有创造力，但所有人都可以进一步发展他们的创造力。有创造力的人，所做的就是通过各种头脑风暴来打开他们的头脑。这些过程使用得越多，就越容易找到解决问题的创造性方法。

大多数词典都把"多产的/富有成效的"（productive）一词作为"创造性"（creative）一词的第二个含义。多产的/富有成效的，意味着取得成果。如果你的创造性工作产生的结果符合你的营销目标，你就踏上在专业水平上发展你创意的前行之路了。

两位独一无二的创意营销人

在蒂芙尼公司（Tiffany&Co.）工作近四十年的副总裁兼展示总监吉恩·摩尔（Gene Moore），为公司世界著名的商店创造了一种创造性思维的艺术形式。1998年11月去世时，他留下了丰富的橱窗设计遗产，其中包括充满智慧、卓越的商业头脑，以及吸引人们停下脚步欣赏视觉营销创作的非传统方法——这些方法现在已经众所周知。事实上，摩尔的橱窗本身就成了旅游目的地。作者凯特·特纳斯（Kate Ternus）依然记得摩尔的一系列镶嵌着钻石雪花胸针的冬季橱窗（图1.1）。在粉蓝色背景下，摩尔用艺术家的画板、理发师的剪刀和纯白色的建筑折叠用纸作为小型暗箱橱窗的道具——他用小学生的折纸方式将纸张折叠成紧密的小三角形，然后剪掉一些边角，拆开，创造出每一片都独一无二的雪花。任何上过美国小学的人都会立刻明白橱窗的含义。摩尔让纸片掉到橱窗的地板上，把半完成半折叠的纸片钉在木板上。在看到了所有这些之后，观者会注意到一个钻石雪花胸针，这件艺术家的静物模型就这样巧妙地粘在绘图板上，好像一个三年级的学生就可以做出这样一个优雅的宝石模型！

观看窗户的人们站在那里咯咯地笑着，互相议论着橱窗的布置是多么地巧妙。特纳斯认为这些人不仅仅是聪明的，并且更是能令视觉营销人员受到启发的。还有什么能让陌生人在纽约的人行道上互相交谈呢？特纳斯研究摩尔的橱窗。每次更换橱窗时，她都在外面观看。这是一种令人惊奇的学习方式，摩尔是一位出色的老师。在她职业生涯的后期，他们相互通信，他很高兴知道自己曾经帮助过她，也很荣幸被她认为是同行中非常出色的。

汤姆·比贝（Tom Beebe），现任纽约W钻石集团（W. Diamond Group，美国零售业偶像，旗下有男装品牌Hickey Freeman和Hart Schaffner Marx）创意服务副总裁，他说他很幸运拥有吉恩·摩尔作为自己的导师。他们长达数十年的友谊，开始于年轻的汤姆还在为保罗·斯图亚特（Paul Stuart）做橱窗的时候。两人互不认识，但都是习惯性爱逛橱窗的人，经常在第五大道闲逛，到处盯着所有商店的陈列品。然后汤姆给吉恩·摩尔写了一封信，对蒂芙尼的一套橱窗表示赞赏，摩尔——这位曾经的南方绅士，回复了这封信。接下来就是一段长时间的相互通信，穿插着许多两小时的午餐。

许多年后，汤姆仍然珍视着这些信件和他在摩尔生活中的地位。他成为摩尔家族的一员，甚至在蒂芙尼与摩尔共事了一年。

今天，他已成为保存摩尔档案资料并与

图1.1a 吉恩·摩尔的雪花橱窗，用简单的创意元素讲述了一个关于蒂芙尼钻石优雅的冬季故事。版权所有：蒂芙尼公司，2016年档案。《雪花》（Snowflakes），理查德·麦克拉格（Richard MacLagger），1967年8月24日。图片来源：《吉恩·摩尔橱窗展示：摄影收藏 1955—1996》，蒂芙尼公司档案馆。

图1.1b 吉恩·摩尔，蒂芙尼公司著名的视觉陈列偶像。摄影：露西-安·布夫曼（Lucy-Ann Bouvman），汤姆·比贝提供照片。

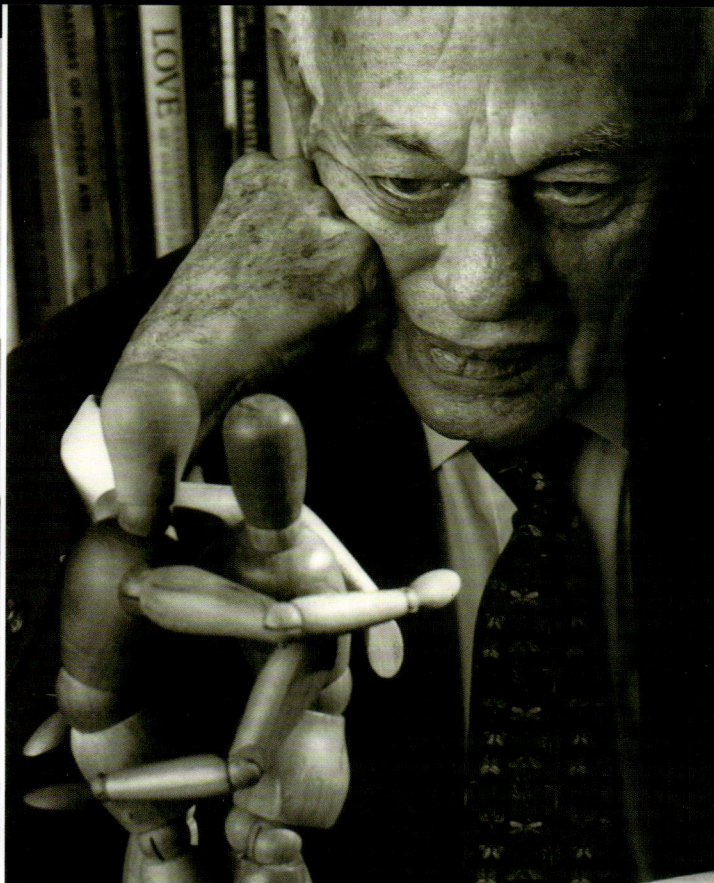

世界各地的视觉营销人分享摩尔档案资料的最重要的人。1994年，摩尔从蒂芙尼公司退休，在经历了39年和5,000多个橱窗创作之后，他将自己收藏的素描本和照片捐赠给了库珀·休伊特博物馆。这78本以黑白为主的作品集正在被索引编辑，最终将在网上提供给零售专业的学生和研究生。《设计：零售》杂志的一篇文章中，表达了汤姆·比贝对这一事件的努力参与。[2015年4月/5月刊，文章《丢失的吉恩·摩尔档案》（The Lost Archives of Gene Moore），詹妮·S.雷霍尔茨（Jenny S.Rebholz）著]

> 我们不能丢失这些信息。它需要与学生、设计师和陈列专业人士分享。我做的任何事都受到吉恩·摩尔的影响。我正在把毕生所学传授给学生。在你的职业生涯中，传授知识是一种回馈，现在是我提供帮助和回馈的时候了。

汤姆·比贝自己就是另一个版本的独一无二的创意商人。2000年，行业杂志《视觉营销和商店设计》（Vmsd, Visual Merchandising +Store Design）因他所创作的业内闻名的"飞动的领带"橱窗设计，称他为"橱窗魔术师"。吉恩·摩尔曾这样评价比贝："他把男人的衣服从沉闷、无聊的一无所有，变成了真正的兴奋物。"关于他目前在W钻石集团工作的案例，见图1.2。

图1.2c中，你在汤姆身后看到的那些苹果桶里装着真正的苹果，让店里充满了秋天的氛围，甚至充满了秋天的气味。这正应了他那句"全速前进"的口头禅。

> 它们（苹果）是真的。想象一下，一走进商店就闻到了那股香味。几周后，当我们把橱窗换成南瓜时，这些桶已经被我们重装了好几次了。顾客品尝了苹果，工作人员也品尝了苹果，最后我们还做了苹果汁。

汤姆·比贝热衷于与刚开始进入职业生涯的年轻人分享他的视觉创意。在汤姆的指导下，图1.2a中人台模特的礼服是由纽约时装技术学院（FIT）的设计系学生们精心制作的：

我想让它看起来像是刚刚吹来的乐谱纸组成的装饰图案，这些纸做成了那件衣服，可能会随着下一股微风而消失。我喜欢让学生们参与进来，在我们一起工作的整个过程中，我们都在谈论吉恩·摩尔和他的橱窗。

效果呢？"我总是从橱窗跟踪销售情况，第二天上午10点我们就把那件白色燕尾服卖掉了……在我们更换橱窗之前，又卖出了13件。"

跳出条条框框去思考

"跳出条条框框"（outside the box）这个词，已经成为创造性思维的流行语，出现在今天的商业语言中。另一个短语"在线条外面涂色"（coloring outside the lines）意思大致相同。"（让颜色）在线条里面里！"（Stay inside the lines）还记得曾听到的这些话吗？幼儿园老师想让你最早的艺术尝试顺服于"和同学们保持一致"。在线条里面涂色是你的行为任务，发展眼手协调和遵循规则是老师为你设定的学习目标。

一旦你掌握了这些基本技能，你就可以进入更具创造性的自由艺术领域了。然而，到那时，你可能再也不在乎是否有创造性了，因为做独特事情的欲望已经从你身上被

图1.2a 汤姆·比贝在他的Hickey Freeman假日橱窗中与纽约时装技术学院合作。FIT的学生们用乐谱纸创作了这件异想天开的衣服。这个橱窗体现了汤姆的哲学："任何商店橱窗的目标，都是停止人们的脚步，让他们去看。"理查德·卡丹（Richard Cadan）摄影工作室，布鲁克林。摄影：理查德·卡丹。

图1.2b 汤姆·比贝在曼哈顿Hickey Freeman的春季橱窗里的陈列，业内闻名的"飞动的领带"。摄影：汤姆·比贝。

"教化" 出局了。作为一个五岁的孩子，你疯狂的创作欲望被抑制了，仅是为了课堂上有序地学习——但仅可能是被暂时抑制了。

对于一个零售商来说，创造力意味着你必须重新在线条外面涂色，为你遇到的营销问题找到新的解决方案。在当今竞争激烈的零售业环境中，超越常规的思维方式是至关重要的。

库尔特·汉克斯（Kurt Hanks）和杰伊·帕里（Jay Parry）在《唤醒你的创意天分》中说："创造不是凭空创造。相反，它是将现有的元素组织成新的、不同的整体。"这可能是个好消息，尤其是如果你把自己看作一个没有创造力的人。这意味着你不必提出全新的想法，只要你一路上做一些"编辑"工作。

什么是"编辑"？这是从新闻业借用的术语。你在印刷品上或网上看到的故事，通常不需要新闻编辑来写。相反，他们只是指派并监督通讯记者的工作，记者才是实际收集信息、采访人们并撰写你读到的新闻文章的人。就在报纸印刷或故事上传之前，编辑们会检查和编辑，或对其内容的准确性、语法、拼写和篇幅进行微调。有时记者会认为编辑损害了他们原来的故事，但大多数人会承认编辑所做的改变——缩短这里的一句话，改变那里的一个词——可以使故事或文章更清晰、更紧凑、更全面。这与视觉营销人员修改从其他零售渠道获得的创意类似。展示变得更集中、更活跃、更有效。新的（更好的）想法可以来自他人的想法。

图1.2c　曼哈顿 Hickey Freeman 庆祝秋季时装季的芳香苹果橱窗，W 钻石集团创意服务副总裁汤姆·比贝坐在橱窗里。版权所有：汤姆·比贝。

朱迪·贝尔的创意问题解决过程：观察、比较、创新

对作者朱迪·贝尔来说，"跳出条条框框思考"由三个简单的行动步骤组成，这些步骤可以激发创造力，使你能够探索、编辑和扩展当前的想法和实践。

观察

第一步是看看你的零售竞争对手在做些什么。参观直接竞争对手和其他类型的店铺。一个家居时尚零售商可能会在一个时装零售商的橱窗色彩搭配中找到灵感。一个玩具零售商可能会在一家卖拼图和游戏的书店里找到灵感。如果你看到零售竞争对手用他们商店的商品做的展示策略和技巧很好，那么你就有机会用自己的策略和技巧做得更好。

你怎么知道其他零售商的展示策略起作用了？你可以观察他们的顾客，并注意顾客对那些商店里陈列品的反应。你可以观察哪些展示似乎被无视，哪些展示似乎具有"让人停步"的作用。

比较

跳出条条框框思考的第二步是比较。一旦你收集了来自其他零售商的创意，你已经准备好将它们与自己公司的展示进行比较了。例如，你可以将竞争对手商店入口处的展示与你自己商店入口处的展示进行比较。你可以观察竞争对手是否使用了人台模特或道具来吸引顾客进出商店。你可以阅读指示标牌，并确定它是否有助于顾客寻找定位商品。你会阅读商品陈列架上的标牌，并问问自己：这是否会鼓励顾客做出购买决定。你会自问：商品陈列是否有效。你要决定：从商品整体展示上看，是否能让顾客对时尚或家装产品如何组合或如何搭配有新的想法。你会注意到：什么类型的照明被用来聚焦产品，又或用来烘托商店的整体氛围。你会想知道商店的总体感觉——在商店里是否感觉良好？还有哪些特定的商品区域在邀请你留下来再逛一会。

创新

第三步，创新——通过你的观察和比较，这会容易了很多。在这一阶段的"跳出条条框框"过程中，你将化身成为一名编辑。你开始根据在其他地方看到的起效用的东西，来计划自己商店的下一个商品展示。然而，你不会只是照搬所看到的，你会把自己的想法或解释，放在策略或技巧上。你将通过查看原始的陈列展示，并对其进行分析，将其与理想的展示进行比较（评估其优缺点），最后，通过创建一些新的可选择方案来进行创新。

▌SCAMPER模型

你经常看到视觉营销人员在工作时携带工具箱。他们可能需要橡胶锤、螺丝刀、别针和扳手——这是他们在搭建架子和陈列展示装置、悬挂标牌和为人台模特穿衣时使

用的机械工具。你看不到的是视觉营销人员每天从中获取灵感的"心理工具箱"——他们在专业开发过程中获得的创造性工具。

在零售业，创造性思维过程可以遵循几种有用的问题解决模式。在本章中你已经学习了两个。重要的是——找到适合你自己的"跳出条条框框"的方法。

一些视觉营销人员使用罗伯特·埃伯勒（Robert Eberle）的创造性思维模型"SCAMPER"（一种帮助你通过头脑风暴找到不寻常解决方案的方法）来解决手头的营销问题。这一经典的创造性思维模型提供了七个选项，让你的思维得到创造性地提升。这些SCAMPER选项如下：

> 替换（SUBSTITUTE）
> 组合（COMBINE）
> 改造（ADAPT）
> 修改（MODIFY），缩小（MINIFY），放大（MAGNIFY）
> 移作他用（PUT TO OTHER USES）
> 消减（ELIMINATE）
> 反转或重新排列（REVERSE OR REARRANGE）

替换策略是将视觉想法的一个预期元素替换为另一个。这可以是从时装部门借用一种配饰策略，用于家居装饰领域。一个全身搭配好的时装模特会穿着几层的时髦衣服，再加上珠宝、袜子、鞋子、帽子和手提包。要在家居装饰领域使用替换策略，你可以应用时尚配饰策略，在家居用品部打造一个正式场合的桌面陈列。为每位客人展示精美的亚麻制品（桌布、垫子和餐巾）、精美瓷器、水晶餐具、银制餐具、蜡烛、烛台、一个中心装饰品和用英式支架手写的名片，

营造出一种强烈的、完整装饰的家居时尚氛围。

组合策略可能意味着要在你刚准备好的餐桌上，放置一对穿着优雅、配饰齐全的人台模特。用情人节卡片代替一般卡片，现场为两人举行浪漫的情人节晚宴。时尚与家居搭配也会给你带来一个具有**交叉营销**影响的展示。

改造策略里，视觉营销人员会将经常用在女装部门墙上陈列的商品技巧——按彩虹色阶排列，应用到床上用品或浴巾、浴帘的展示，或者各种各样的儿童玩具展示。或者，改造可能会以梯子、油漆桶和刷子作为道具，来展示六双色彩鲜艳的网球鞋。你只需拿一件物品的本来用途，然后改变它的用途以适应你的销售展示。

修改策略——放大（让一件物品变得更大）或缩小（让一件物品变得更小）——为任何商品的常规展示提供了一个富有想象力的对比。例如这样一个有效的展示：使用了一个动态玩具人偶作为珠宝展示橱窗的道具，橱窗里放着珍珠项链。人偶穿着全套潜水装备，似乎正在水下游泳（背景和窗户两侧都是海蓝色的布料）。珍珠项链变成了一串气泡，朝着人偶游泳的水面流去。使用微型化的小人偶，使得这些小珍珠比在传统的展示橱窗中看起来要大得多，在尺度上也显得更重要。这是一个**缩小**的例子。在男运动服装展示中，使用一个巨大的高尔夫球和木制T恤肯定会吸引人们的注意——如果没有其他原因的话，那就是让购物者受到**放大**50倍道具对透视和比例的影响，让他们再多看一眼。再多看一眼——是视觉营销员将顾客注意力集中在商品上的机会。

交叉营销（cross-merchandising）是指将商品跨越传统部门或产品线分类，以在单个部门或单个展示中使用组合元素。例如，诗集、浪漫小说、蜡烛、浴盐、毛巾布长袍和超大浴巾可以在一个陈列展示中组合在一起。

> "如果你思想开放，创造力会在看似无关的事物之间找到联系。"
> 杰里·艾伦（Jerry Allan），明尼阿波利斯艺术与设计学院（Minneapolis College of Art and Design）创业研究教授

罗伯特·埃伯勒，《SCAMPER：发展想象力的游戏》1977，DOK出版社，纽约布法罗。

移作他用是这样一种策略：视觉营销员给人台模特穿上一条干净的白色围裙，但将一个汤锅倒扣在它的头上，而不是像传统厨师那样拿在手里。这是一个有趣的、吸引眼球的方式，可以让购物者的注意力集中在一个烹饪容器上。锅的一般形状和无可质疑的与专业厨师之间的联系，可以让购物者停下来重新思考，选择一款新厨具！意想不到的其他用途，可以是娱乐性、发人深省和吸引注意力的——这是在任何展示中都可以使用的三个好元素。

消减策略是一个非常有用的工具，可以防止创造性的视觉营销人员变得聪明过头。在展示中，"领先时退一步"总是个好主意。在汤锅的例子中，你可能会很容易忘乎所以地享受一切的乐趣，不断寻求与厨师概念更明显的联系。比如，把饼干刀挂在人台模特的耳朵上，作为另一个与厨房相关的配饰。这可能很有诱惑力，但克制地保留倒扣汤锅的影响力会好得多。一句有用的格言：当要不要不是很确定的时候，把它放在一边。

反转或重新排列策略，是另一种以意想不到的方式呈现商品的方法。比如，通常用脚站立的人台模特，可以改为用头倒立（如果你有一种牢固可靠的方法将它们悬挂在展示橱窗的天花板网格上）。通常从最小到最大排列的东西，可以颠倒顺序重新排列。反

穿衣服的人台模特，可以让顾客停步观看。你可以花很多时间设计新的方法来做与预期相反的事情。

最佳实践和实际应用

全球零售商都使用创造性思维策略。一些非常具有竞争力的（而且非常成功的）零售商实际上雇用了一些人，他们的主要任务就是观察其他零售商的做法，并根据行业趋势和当前最佳实践开发新的展示概念。

高度专业的视觉营销经理将当地比较式逛店作为他们每周日常工作的一部分，并且偶尔到全国各地看看最新的商店**原型**。视觉营销人员在其职业生涯的任何阶段（从橱窗设计专家到副总裁），都必须运用他们的观察能力来培养专业技能和创造力。在任何情况下，视觉营销员的正式职位描述中都应该包含观察、比较和创新的能力。

■ 参观竞争者商店

开始本课程前，请参观你最喜欢的商店的直接和间接竞争对手。如果你目前在当地商场的一家独立青少年时装店工作，你会想留意商场里的其他青少年时装店。

在当今快节奏的青少年时装市场中，如果优衣库、Topshop、Zara 等国际连锁店位于你所在的社区，你也会到这些连锁店中逛逛以获得展示创意。你总是想知道零售业中领先的专卖店和百货公司在做什么，不管他们是否是你的直接竞争对手。公认的领导者通常是产品陈列展示的潮流引领者。

和那些有着有趣主题、装饰或商品的非竞争性商店保持联系，也是一个很好的策略。例如，如果你的商店只销售青少年鞋类，你可能会在 Humanopologye、

> **原型（prototype）**指原始模型，可以发展为完善模型。例如，在设计推出十几家零售店之前，需要先建立一个原型，以便在必要时对设计特征进行测试和改进。同样的过程也适用于定制商品陈列装置和视觉陈列展示装置的开发。

零售现实

零售店的"让顾客止步的能力"可以让漫不经心的路人把注意力集中在视觉展示上，真正开始考虑商品。一旦变得专注，路人就成了潜在客户，展示也就成了"无声的销售员"。

Bath&Body Works 和 Urban Outfitters 等商店找到创意，这些商店针对青少年客户推出了其他产品。

独特的商店通常会提供丰富的创意。他们可以快速开发和实施新想法，而无需应对自上而下的官僚作风，这种官僚作风有时会减缓更大规模行动中的变革。独特的商店往往可以改变方向，并立即对零售商品的发展趋势做出反应。你可能会发现那里的商品展示创意比其他任何地方都要多。一旦你将店铺观察作为你日常零售活动的一部分，你就可以开始比较和改进你所看到的技巧，为你自己和你的雇主创造新的、更有效的展示方法。

■ 发现流行趋势

当你探索应用创意和本书中的其他主题时，你会注意到，有一个反复出现的主题贯穿始终。它就是趋势——人口、经济、政治和技术等事物的发展方向。时尚趋势很大程度上受这几项内容的影响。当我们从事与人类有关的事情时，这些内容几乎驱动着我们所看、所做和思考的一切。

"趋势"一词将在本书和你的生活中一次又一次出现。零售语言有时使用这个词作为名词、动词，有时作为副词或形容词。你需要立即将其添加到你的专业词汇中。

作为一个零售商，要成功地识别和分析零售商的趋势，你必须了解人——他们是谁，他们如何生活，他们重视或相信什么，他们想要什么和他们需要什么。对零售商来说，每一种趋势都与人以及他们所购买的物品相关。因此，你必须意识到以下趋势：

- **人口**——年龄、性别、收入、地理位置。

- **经济**——国家的财政状况影响我们购买日常必需品、休闲、娱乐、旅游等。
- **政治**——政府在全球扮演的角色影响我们的安全感。
- **技术**——互联网和社交媒体对传播模式、信息态度和娱乐科技的影响。

专业的零售趋势分析师会做出大胆的预测，将这些因素转化为在当今你工作世界里所看到的行为……甚至明天的行为，如果他们的预测对的话。罗宾·沃特斯（Robyn Waters）是塔吉特公司负责趋势、设计和产品开发的前副总裁，是一位非常值得了解的趋势专家。她的第一本书《趋势大师指南：了解客户下一步的需求》（*Trendmaster's Guide: Get a jump upon What Your Customer Wants Next*）概述了一系列理解和预测趋势的洞察。正如书名所暗示的，这是一本考虑到零售市场的实用书籍。她为所有读者指出了一些技巧：

> 任何人都可以使用《趋势大师指南》中的工具，来增加对周围世界的理解。
>
> 即使你不是天生拥有引领潮流的潜质，你也不必永远作为潮流追随者。认识和应对趋势是一门学问，也是一门艺术。如果你曾经目睹过一种趋势的发展，并对自己说，"我应该看到这种趋势的到来"，那就有希望了。你也可以成为潮流大师，在竞争中一跃而上。

她的第二本书《悍马与迷你：驾驭新潮流格局的矛盾》（*The Hummer and the Mini: Navigating the Contradictions of the New Trend Landscape*），更进一步认识到

趋势（trends）是人口、经济、政治和技术等事物发展的方向。这些影响因素推动了各类零售业的时尚潮流。

当今消费者的矛盾本质。她说，正确答案是不止一个的。字典里对"悖论"一词的定义是：两件事可能完全相反，但两者都可能是真的。沃特斯描写的时尚达人，上身穿着香奈儿外套（超时尚和昂贵），下面却穿着破旧的牛仔裤，再配上香奈儿金链和闪光高跟鞋。趋势和反趋势，这是罗宾·沃特斯认为今天的零售世界正在发生的事情。而这正是一位已经准备充分的视觉营销人员，必须在他们的工作场所实施的内容。

■ 阅读行业网站和期刊

为当前实践中新鲜和令人兴奋的内容寻找想法时，不要仅局限于参观商铺。你可以有更多的信息来源，尽可能使用你的电脑、邮箱、书店或公共图书馆。例如，一些零售商在互联网上提供游览服务，实际上是带你逛他们的商店。订阅月度贸易杂志，是一种拜访零售商并进行对比的很好的方式。《设计：零售》《视觉营销和商店设计》和《商店！》（Shop!）、《零售环境》（Retail Environment）都可以让你随时了解最新的视觉技术和陈列装置趋势，因为他们的目标读者就是零售设计和展示专业人士。所有杂志都可以在网上找到，而且vmsd.com网站提供了一个有职位公告的职业栏目。除了以亮丽的色彩展示当前的橱窗，以及详细介绍当前趋势和策略的文章外，这些出版物还提供了全国数百家陈列装置和展示设备制造商的地址。他们还提供有关纽约和拉斯维加斯季节性市场周的信息，制造商和代表每年都会聚集在这里展示他们的产品。

要查看其他的国际商店，你可以在WindowsWear.com找到世界上最大的橱窗和陈列展示数据库——它展示了700多个品牌的80,000多个产品。它是一种需要订阅的在线服务。他们的全球覆盖范围包括从纽约到巴黎、东京等城市。你可以报名参加在纽约市购物的徒步旅行或为期三天的密集工作坊。他们还拥有一个独家的档案收藏，日期可以追溯到1931年，这肯定让人充满愉悦和备受启发。点击《风格指南》（Style Guide，www.style-guide.biz）可以查看最新店内设计和展示的漂亮全彩照片（点击"英语"查看这本德国出版物的英语版本）。另一个优秀的国际资源是"回音室"（Echo chamber，www.echochamber.com），点击"我们的故事"了解更多关于他们的使命：

企业需要掌握世界各地正在发生的事情。我们的客户渴望知识，但往往因为太忙而疏于寻找。我们创建Echo Chamber就是为了做到这一点：为我们的客户提供信息和灵感。零售业是一个充满创意的行业，如果我们能互相学习，那么我们都能更快地发展。

要订阅他们并获得每月免费更新，请单击"Say Hello"，并注册你的电子邮件地址。

■ 探索当地社区资源

视觉营销创意的其他资源包括当地的社区活动和当地传统，这是离家较近的资源。你可以从游行横幅中获得零售标牌的创意，从剧院中获得照明创意，从季节性活动中获得零售主题的灵感。利用当地的节庆、民族和文化活动，加上当地的知识或历史信息，也可以激发零售视觉创意搭配的想法。你可以在任何地方找到视觉创意，因此开放和接受任何形式的灵感是很重要的。

跟随当前事件活动的资源

对当前事件和文化趋势的了解，也可以激发你的创意营销方案。星期天和星期四出版的《纽约时报》（New York Times）风格版，刊登了有关消费趋势的文章、街头时尚照片、纽约市商店最热门的新产品。《华尔街日报》（Wall Street Journal）提供了商业和经济领域的最新热点，以及有关新产品和新技术的文章。《人事杂志》（Personal Journal）的工作日内容和《工作之外》（Off Duty）的周末内容，都是时尚的宝库。《今日美国》（USA Today）在每一部分的封面上都刊登了名为《今日美国快照》的调查文章，这些调查在了解消费者的洞察力上很有帮助。《周刊》（The Week）杂志提供了前一周最好的新闻专栏摘要，按国家划分的全球活动，以及对餐饮、电视、戏剧和音乐的推荐。你可以点击www.theweek.com立刻去看一看。像CNN和福克斯新闻（Fox News）这样的电视新闻节目非常值得每天收看。在每个星期天的早晨，《本周》（This Week）、《面对全国》（Face the Nation）、《和媒体会面》（Meet the Press）和《国情咨文》（State of the Union）等，都对本周的事件提供了极好的概述，同时也提供了在新闻中看到和听到人们的机会。查看这些资源和其他资源，选择你所喜欢的，并将它们构建到你的例行日程中。你看得越多，听得越多，读得越多，你产生的想法就会越多。

调研历史资料

书籍和电影（新的和旧的）会向你展示今天的世界和过去的世界。它们可以告诉你：人们穿什么，他们长什么样，他们是如何生活的。因为时尚本质上是周期性的，什么东西会引发什么事件——对其他时代的时尚历史和生活方式的实用知识，可以成为思想的宝库。不要忽视大学课程里的选修课：历史课、艺术史课和时尚史课，这些课程提供了对过去的宝贵见解，从中你可以通过观察、比较和创新来发展对未来的看法！

有时，"复古造型"（回顾过去几十年或曾经的时代）视觉营销的最好准备，是挖掘祖父母那一代的朋友。他们会给你讲他们年轻时的时尚、价值观和生活方式的故事，让你对现在有更好的看法。你可以要求看他们的剪贴簿和旧杂志的复印件。前几代人的照片将为你提供有价值的视觉信息，告诉你——人们为什么、如何以及何时开始了现在流行的时尚。

顶尖的创新思想家

"成功的创新者，"商业作家彼得·德鲁克（Peter Drucker）说，"同时使用他们大脑的右半球和左半球。他们观察数字，也观察人。他们通过分析，直到得出创新必然的样子，才满足这次机会。"

作为一名视觉营销人员，重要的是要有这样的愿景——它不仅包括你将创造什么，还包括你所创造的对公司的盈利意味着什么。在任何商品展示中，你的目标最终都是销售产品，而这个目标应该始终是你心中的首要目标。当取得商业上的平衡时，以一种艺术的方式进行视觉营销将更加有效。学习新的创造性思维、技术和商业策略不仅能帮助你创新，还能为你进入管理岗位做好准备。无论是为一家小型专卖店工作，还是为一家大型零售商企业工作，如果你始终保持一个观点，即把你的创意活动集中在一个富有产出的最终结果上，你都会进步得更快。

> "通过你所看到的一切，培养对生活的兴趣；包括人、事物、文学、音乐方面——仅仅是拥有丰富的财富、美丽的灵魂和有趣的人，世界就如此丰富。"
>
> 亨利·米勒（Henry Miller）

为了帮助你形成一种全面的风格，你可以在《纽约时报》星期日商业版上找到一份商业畅销书列表。更全面的清单可通过 www.forbes.com 获得。点击"列表"并调出"长期受欢迎的商业书籍"，选出过去20年中最畅销的20本书。当你浏览这个列表，对最新的书籍有了基本的了解后，再花时间浏览书店的商业区书架，这也很有趣。这是一个明智的做法，在整个职业生涯中你都应保持这个习惯。你获得的见解和学习的技巧将帮助你跳出思维定式，成为真正的创新者。

以下是一些当今顶尖的创新思想家著作的总结。其中包括两本关于创造力的书，一本广受欢迎的青少年系列书，一本儿童读物以及一位电影大师的电影珍品。在寻求创新想法的同时，最好看各种各样的书，无论是适合成人的还是儿童的。

■ 伊丽莎白·吉尔伯特（Elizabeth Gilbert）

坐下来读《大魔力，在恐惧之外的创造性生活》（*Big Magic, Creative Living Beyond Fear*），就像在你家前廊和伊丽莎白·吉尔伯特〔著名的《美食、祈祷和恋爱》（*Eat, Pray, Love*）的作者〕交谈。她坦率地分享了自己的创作过程，以及你在探索发展自己的方法时可能考虑的问题。她讲述了一个令人启发的故事：爱因斯坦如何使用一种被称为"组合演奏"的策略。在这种策略中，当爱因斯坦遇到数学难题时，他经常会拉小提琴。"在演奏了几个小时的奏鸣曲之后，他通常能找到他需要的答案。"

在一个叫作"鸽子洞"的章节里，她被问及那些天生有创造力的人和那些怀疑自己

> 设计思维（design thinking）是一种以人为中心的创新方法，它综合了三个因素：灵感、构思和实施。

创造能力的人之间的区别。她说，这是一个她自己都不关心的话题："一方面，我认识一些才华横溢的人，他们的才华完全没有创造任何东西。另一方面，有些曾被我傲慢地抛弃的人，他们后来美丽和有分量的作品让我大吃一惊。"

这本容易阅读、令人愉快的书充满了简短的章节，将巧妙引出那些常常因误解和信仰而被隐藏的"奇异的珠宝"。一旦这些都被放下，这扇门将为所有视觉营销人员开启一个愉快的创造性生活。

■ 汤姆·凯利（Tom Kelley）

另一本关于创造性的经典著作，是汤姆·凯利的《创新的艺术》（*The Art of Innovation*）。许多与商业相关的书籍只是教授创新，然而作为IDEO的总经理，汤姆·凯利实际上每天都在创新。IDEO拥有600多名员工，是全球领先的设计公司之一，以开发苹果鼠标和掌上电脑而闻名。《创新的艺术》让读者看到了公司在开发一系列尖端产品背后的战略和秘密。

书中最重要的一个主题就是强调了团队合作的重要性："如果你不相信团队合作的力量，请考虑这个事实。即使是最具传奇的个人发明家，他背后往往都有一个被伪装了的团队。例如，在短短的六年时间里，托马斯·爱迪生创造了惊人的四百项专利，在一个十四人团队的帮助下，他在电报、电话、留声机和灯泡方面产生了创新。"

凯利书中表达了团队合作的主题，也阐述了IDEO发展出来的众所周知的概念——"设计思维"。IDEO为保持繁荣所需的创意文化和内部系统的一整套方法，就是这个概念。IDEO总裁兼首席执行官蒂姆·布朗

（Tim Brown）将设计思维描述为一种"以人为中心的创新方法，它从设计师的工具箱中汲取灵感，将人的需求、技术的可能性和商业成功的要求结合起来。"

IDEO认为，虽然每个人都有创新能力，但这些能力往往是被忽视了，因为大多数人仍然依赖于"更传统的"解决问题的实践。设计思维更多地依赖于人们的直觉能力、认知模式，以及构建具有情感意义和功能想法的能力。设计思维希望它的实践者能够超越单纯的文字和符号来表达自己，因为可能只看"理性和分析"与仅仅基于感觉、直觉和灵感来管理一个组织一样有风险。

设计思维通过灵感（需要解决方案的问题或机会）、构思（产生、发展和测试各种想法）和实施（从项目进入人们生活的途径）的融合，提供了第三种模式。设计思考者将持续和重新评估他们的设计，直到出现合适的解决方案。访问ideo.com，你可以了解更多有关组织、理念、项目、产品和方法的信息。

《创新的艺术》的另一个亮点是五步法，该方法针对每个进展中的项目的具体需求进行了改进。这些步骤的其中一个，你可以每天都练习："在现实生活中观察真实的人，找出他们的动机：什么让他们困惑，他们喜欢什么，他们讨厌什么，他们有什么潜在的需求，而这些需求并没有被当前的产品和服务所解决。"

■ J.K.罗琳（J. K. Rowling）

《哈利·波特》系列丛书极富想象力，充满幻想和乐趣。作者J.K.罗琳带你踏上了一段远离日常生活的旅程。从你与哈利和他的同伴们一起踏进霍格沃茨的那一刻起，你

就会被故事生动的词汇、神奇的建筑和令人惊讶的风景元素所震撼，比如挂在走廊上带框的肖像画，画中的人物会说话、睡觉，有时甚至会打呼噜。在《哈利·波特与魔法石》一书中，罗琳写道：

> 霍格沃茨有一百四十二个楼梯：宽而平坦的；窄而摇摇晃晃的；有些楼梯在星期五通向不同的地方；有些楼梯在走到一半的时候消失了，你必须记得要跳起来。还有一些门是不会打开的，除非你礼貌地问它，或者在正确的地方挠痒痒。你也很难记住什么东西在哪里，因为画像上的人在不停地互相拜访。

《哈利·波特》可能刚开始出现在儿童图书部的书架上，但没过多久，各个年龄段有见识的读者就发现了哈利的众多魅力和充满想象力的语言。阅读《哈利·波特》的八册书，然后欣赏根据它们改编的电影，你将见证从印刷物到大屏幕的辉煌转变。这一切都是视觉营销人员每天在做的事情。

■ 阿梅克·克鲁斯·罗森塔尔（Amy Krouse Rosenthal）和汤姆·利希滕菲尔德（Tom Lichtenheld）

这是一个充满活力的团队，为年轻读者提供了一些值得称赞的作品。罗森塔尔和利希滕菲尔德创造了一个充满标点符号的诙谐世界，而"！"是当中的明星。

在一个层面上，《感叹号》（*Exclamation Mark*）这本小书讲述的是一个不合群的人，无法了解自己在更大世界中的角色。但在另一个层面上，也许更重要的——它找到了自己的位置，享受个人的独特性和重要的"差异性"。感叹号与一个问号的偶遇，让不开

你可能不得不等待合适的时机来提出创造性的建议。即使一家公司有严格的展示标准，似乎扼杀了所有视觉营销的创造力，但团队成员提出他们最好的创意还是有价值的。如果有十个人提供创意，那么一两个无法单独立足的创意可能会被编辑、组合或更改成为一个非常出色的创意。有时好想法一开始不会被接受，但当在稍后的时间或向新听众提出时，他们可能会更热情地接受。

心的感叹号改变了，它欣喜若狂，重新获得信心。

罗森塔尔和利希滕菲尔德的书于2013年由学术出版社出版，一下子登上了《纽约时报》畅销书排行榜，以其易读性和大胆的简洁性吸引了年轻和年长的读者。你可能会发现它有趣、讽刺且鼓舞人心。插图既简单又巧妙。正如《书单》（Booklist）的评论员安·凯利（Ann Kelley）指出的："字体大小和颜色的改变意味着重要的时刻。跟随'庆祝你获得力量'的角度，有趣的语法课和多种课堂搭配获得可能，这本图画书值得一读！！！"你应该会想要一本放在自己桌上的！

▌理查德·林克莱特（Richard Linklater）

寻找一些非印刷灵感？去看电影吧！导演、编剧和制片人理查德·林克莱特创作了大量电影，从《坏消息熊》（Bad News Bears）到1995年的《日出前》（Before Sunrise）、2004年的《日落前》（Before Sunset）和2013年的《午夜前》（Before Midnight）。富于想象力的林克莱特后来创作并执导的这三部电影，每部都使用相同的

演员［朱莉·德尔比（Julie Delpy）和伊桑·霍克（Ethan Hawke）］。你可以亲眼看到这对年轻人的相识，然后观察他们的年龄和随着时间的推移而发生的变化。

在另一场既展示创造力又保持创新的冒险中，这位独立导演用了12年（2002年至2014年）时间创造了广受好评的《少年时代》（Boyhood），它使用了一组完全相同的演员，从头至尾刻画了一个年轻人和他父母的生活。因此，他第一次获得了奥斯卡最佳导演奖提名，以及最佳原创剧本和最佳影片提名。

林克莱特的作品《清醒的生活》（Waking Life）（2001年发行）中的一段对话可以总结出他创造性思维和行动的方法："诀窍是将你清醒时的理性能力与你梦想的无限可能结合起来，因为如果你能做到这一点，你就可以做任何事。"

在工作中实施想法的指导原则

如果你在为独立零售商工作［例如，Express、香蕉共和国（Banana Republic）、老海军（Old Navy）］，你必须遵守公司的展示指南。

每家商店都有充分的理由让员工正确遵循指导方针。商店会制定正式的指导方针，以便在整个连锁店中创建一致的门店形象。旗舰店尤其如此，旗舰店的整体外观是其目标客户眼中的主要认知标识（图1.3）。一些旗舰店实际上变成了人们都想参观的必去目的地。事实上，"目的地零售"本身已经成为一个概念。明尼苏达州布卢明顿美国购物中心（Mall of America）的推销员可以见证国际航班和国内旅游巴士数量的增长，这些航班和巴士将客人带到购物中心的数百家零

售店购物，带到室内游乐园游玩，并在许多独特的餐厅用餐。该购物中心耗资25亿美元扩建，包括一个符合美国职业冰球大联盟（NHL）标准尺寸的溜冰场、一个室内水上公园和其他景点。到2023年，购物中心计划将规模翻一番。

多单元零售商花费了大量精力（在市场调研和预算资金方面），以确保商店整体和销售空间的设计、商品陈列和展示对于商店员工来说是有效的，对顾客是安全的，并且具有视觉冲击力，能有效地展示商品，塑造理想的公司形象，有助于提升销售和利润。

无论顾客进入哪家商店，多单元零售商都希望顾客熟悉商店布局，使他们的购物体验轻松而熟悉。向购物者提供一致的商店认知，可以让他们确信，无论商店位于何处，他们都将获得相同的优质产品和服务。

即使在风格独特的商店，商品展示也应该具有一致性；但在这种情况下，一致性指的是商品展示和商店品牌形象之间的一致。例如，一家具有乡村形象的商店，利用手工制作的木桌和芦苇篮来展示其产品，就不会想要将法国乡村的金叶装饰引入其装饰组合中。不一致的信息不会激发购物者的购买信心。当购物场景混乱或冲突时，购物者往往会消失。

同时也要记住，你认为聪明的想法也许并不明智，那就是时候练习批判性思维了，尽可能客观地评估你的想法。要做到客观，你必须停止倾听自己的小我。

汉克斯（Hanks）和帕里（Parry）说："这个时刻总会到来，这时你就需要停止收集想法，开始评判它们。所有好的想法都必须在批判性思维的严厉视线下进行评估。一个好主意和一个创造性的成功之间的区别，就在于先评判一个主意，然后应用它的能力。"

图1.3 世界上最大的无印良品专卖店在上海开张，令人兴奋。这家旗舰店包括MUJI咖啡店和餐厅，以及MUJI书店。图片来源：VCG/盖蒂图片社。

"然而，"他们补充说，"这个评判不应该完全冷漠和缺乏创造性。在评判一个想法和第一次提出这个想法时，创造力是同等重要的。"

建立和维护一个有创造力的工作环境

在零售业环境中，仅仅有创意是不够的，甚至都不足以支持他人的创意。你还必须能够避免成为"创意阻拦器"。创意公司的管理顾问卡尔·阿尔布雷希特（ Karl Albrecht ）［《创造性企业》（ The Creative Corporation ）的作者］认为，创意阻拦器是一种批判性的言论（他称为"口头子弹"），可以击落创意。比如这种类型的评价："我们已经试过了""我看不出我们现在做的方式有什么问题"和"你在开玩笑吗？"阿尔布雷希特说，他们是"有毒的"——这些言论肯定会扼杀创造力。这值得我们好好想想。你有足够的勇气在这样被撂倒之后，再提出一个想法吗？你难道不想建立一个被阿尔布雷希特称为"创意帮手"的名声吗？你想成为一个思想开放、积极倾听、把每一个想法都写下来供日后使用的人吗？

人们可能会认为你天生就有创造力，因为你的头衔是视觉营销设计师。通过努力和奉献，你可以不辜负那些"认为"。阿尔布雷希特认为创造性思维能力是后天习得的，而不是遗传的。他还说，任何人都可以创造性地思考，"一旦你知道如何去做，一旦你决定想去做。"他列举了五种让创新和创造性思维与众不同的特征：

• **精神上的灵活性**——没有先入为主的解释和固定的意见。

• **选择思维**——愿意进一步思考问题，不愿意直接采用第一个似乎是解决方案的想法。

• **大局思考**——采取"直升机视角"，并超越日常想法的视野，一次看到所有涉及的因素。

• **解释和销售想法的技能**——能够发展一个概念，并将相关事实和想法联系起来，以便其他人可以理解并接受它们。

• **智慧的勇气**——愿意倡导一个你认为不受同行欢迎的想法或行动方案。

作为一名视觉营销人员，你处于一个理想的位置，可以成为阿尔布雷希特所说的创意帮手之一——不仅是因为你自己在不断寻找新想法，而且公司为了保持竞争力，需要听取并运用所有员工的创意。如果零售业唯一不变的东西就是变化，那么只有那些能够很好地应对变化的人，才能在零售组织中保持他们的就业能力。作为一个创意帮手，你不需要同意所提出的每一个创意。但是，正如有些语言会停止和贬低创意（或提供创意的人），有些能够促进创意交流。在你的创意或你周围人的创意前面加上诸如："我想让你帮助我解决一个想法"或"在我们做决定之前，让我们回顾一下我们所有的选择"这样的话语，可以帮助你周围的人对任何想法、包括你自己的想法，做出更开放的反应。在《创造性企业》中，阿尔布雷希特说："意识到创意（他人的或自己的）的那个人，是具有根本价值的人；他们代表着知识财富。与创意杀手不同的是，创意帮手实际上在帮助其他人拥有和表达新的创意。"

行业谈 "跳出条条框框思考"，作者：朱迪·贝尔

在我职业生涯早期，我在为一家女装连锁专卖店工作。该公司的一位副总裁担任视觉营销总监，他提出了一个不同寻常的要求：让我去看看我们的竞争对手，观察哪一个商店的入口展示最具吸引力，然后把它复制在我们的商店。但我很难去复制别人的想法，我不仅希望我们的商店成为时尚领袖，而且我知道展示必须符合我们自己的品牌形象。我还去了明尼阿波利斯的Southdale购物中心，看看我能学到些什么。许多女装专卖店在门口摆了一张桌子，上面摆着物美价廉的毛衣。我看到几乎每一个经过商店的女顾客都停在桌边看毛衣。许多人也进入了商店。我把这些展示与我们在商店入口处展示的东西进行了比较：我们店用的是双臂和四臂的镀铬基本陈列架及全价商品。除了许多简单的圆形货架外，商店里还摆满了同样类型的陈列架。我想，我们竞争对手商店前面的桌子是那么吸引眼球，因为它们与商店里的基本陈列架不同。我还考虑了在商店入口处展示一件物美价廉商品的吸引力，以吸引经过顾客的兴趣。考虑到这两个想法，我会见了一家陈列展示装置制造商。我们为商店入口设计了一个独特的陈列架，它符合我们商店的品牌形象，并且灵活——可以折叠和悬挂产品，它也符合我的预算。接下来，我走访了我们公司的一些店员，讨论怎样将物美价廉的产品转移到这个新的陈列架上，然后与他们合作编写标牌文本。我向要求我采取行动的副总裁介绍了这个概念，他批准在几家商店进行为期两个月的测试。我很高兴我决定不把他要求复制竞争对手展示的要求理解得太过直白，而是抓住机会进行创新。故事的结尾是什么——销售情况出乎意料的好，我们为公司的每家商店订购了新的设备！经历了这段经历后，我被自己说服了——在提出任何新想法之前要先看看竞争对手。灵感的价值是无限的。在我的职业生涯中，我仍然每天都在使用观察、比较和创新的方法。我扩大了我的研究基础，包括了互联网、媒体、餐馆和各种各样的资源。我总是从直视竞争对手开始。我相信：为了成为引领者，你必须了解其他人在做什么。但我从来没有，从来没有抄袭过！

设计画廊：伯格多夫的水晶球

伯格多夫·古德曼成立于1899年，是一家奢侈品供应商，至今仍自豪地坐落在纽约曼哈顿第五大道。它的橱窗展示非常出色，屡获殊荣，闻名于世，是游览市中心路线的必经之地。这里的图片展示的是令人眼花缭乱的"水晶球"橱窗，在《设计：零售》杂志赞助的2015年纽约市橱窗比赛中获得金奖。五扇橱窗中的每一扇都符合"辉煌假日"的主题，这些令人惊叹的明星橱窗庆祝了伯格多夫新珠宝沙龙的开幕。超过700万颗施华洛世奇水晶、宝石和珠宝，都是用手工小心地放置在背景、装置架和物品上，创造出了闪闪发光的效果。《设计：零售》杂志的这个竞赛已经举行了16年了，每次都由两名编辑和一名经验丰富的零售顾问走在曼哈顿的大街上，参观所有参与竞赛的商店橱窗，评出三个奖项：铂、金和银奖。官方的评判标准分为三大项，其中有几个值得一谈的因素。看看这里的金奖得主伯格多夫·古德曼是如何超越评委们的热切追求。在第一项——原创性和创造性中，评委们寻找"前所未有的新鲜想法，创新和独特的主题，艺术性地执行想法或概念，以及精心挑选的道具体现对细节的关注。"在第二项——抓住当季的精神，他们会评估橱窗是否"利用情绪——让购物者停下脚步，吸引所有年龄段的人，并捕捉到一种庆祝节日的情绪。"第三项，专业性——在执行和技术方面，考虑到诸如"灯光、结构、标牌、人台模特和/或商品陈列。"

当我们在观看本书每一章的设计画廊作品时，《设计：零售》的橱窗获奖官方标准是一个可以牢记在心的有价值的框架。你也可以在自己的城市或当地购物中心的商店橱窗之旅中使用它。你有没有找到可以获得铂、金或银奖的橱窗？为什么找到了？为什么没有？

伯格多夫·古德曼获得金奖的"水晶球"橱窗，令人着迷。位于纽约第五大道，2015年11月展出。摄影：WindowsWear，版权所有：WindowsWear PRO，http://pro.windowswear.com，contact@windowswear.com 1.646.827.2288。

第一章　回顾问题

1. 朱迪·贝尔的"跳出条条框框"的思维方式是什么？描述每个步骤并举例说明。

2. 什么是SCAMPER模型，一些视觉营销人员如何使用该模型解决问题？举个例子。

3. 什么是趋势发现？举出反映流行趋势方向的例子。

4. 什么是旗舰店？是什么让它在视觉营销领域变得重要？

5. 列出至少两位顶尖的创新思想家，并讨论他们的方法在视觉营销和展示领域的应用。

6. 卡尔·阿尔布雷希特在构建可持续创造环境方面的步骤是什么？你同意还是不同意？为什么？

挑战——跳出条条框框

为推广商品进行比较逛店

要求:

1. 从至少两个销售类似（或相同）商品的不同商店收集报纸、杂志、电子邮件或社交媒体广告。

2. 观察这两个商店，并比较每个商店展示中的广告商品。价格是多少，颜色或口味是什么，这些商品有什么相似和/或不同之处？

3. 为每家店回答以下问题。

观察

1. 广告商品是否容易在店内找到？

2. 广告商品是否有标牌？

3. 陈列展示是否整齐有序？

4. 展品是令人兴奋还是引人注目？为什么？

比较

1. 你更喜欢哪家商店的陈列展示？为什么？

2. 你能预测出哪种展示可以卖出更多的商品吗？解释为什么你认为它会更有效。

创新

1. 你能做些什么创新来改善每一个展示？

2. 一旦你加入了自己的创新，有多少原始想法仍然是显而易见的？

3. 你是否使用了SCAMPER模型的任何选项来编辑原始想法？解释你使用的选项。描述你的创意成果。

购物风格比较

要求:

顾客对他们看到的陈列品和商品展示中提供的各种信息反应不同。这个练习是通过商品的视觉展示来接触目标客户。

观察

采访三到五个不同的人（试着改变年龄、性别、职业或生活方式）并找出他们期望从商店的视觉营销展示中获得什么信息。一定要包括你面谈的人的描述性信息（例如，此人的性别、年龄、兴趣、职业）。以下是一些调查性访谈的示例问题：

1. 你在购物时是否注意到商品陈列？

2. 你如何利用商品展示帮助自己做出购买决策？

3. 当你购物时，你会在陈列展示上寻找什么类型的信息？

4. 如果零售商除了把商品放在货架和衣架上之外，不以其他方式展示商品，你会怎么想？其他非装饰性的方法会影响你的购买决定吗？

5. 你对目前在你最喜欢的商店中使用的商品展示方式有什么不满吗？

比较

总结你的采访结果，并分析他们在购物行为和对视觉营销技巧反应的含义。

创新

根据你的调查结果，你可以对创造更有效的商品展示提出哪些一般性建议？

批判性思维

活动1：在你最喜欢的零售店展示中挖掘创意和意义

1. 参观你最喜欢的实体零售店。

2. 探寻为了创造吸引消费者购买的故事，营销终端和视觉表现发生在哪些地方？

3. 在商店里找到两个你觉得真正有影响意义的视觉故事。写下"展示"的细节，并记下你认为他们试图传达的信息。

4. 用你自己的话，表述这些视觉效果的真正含义，应包括你在本章学到的：创意如何从文化、社会问题和历史中借鉴想法。与同学讨论。

解决方案的实例

全球多样性是媒体的热门话题，Pottery Barn、West Elm 和 Ballard Designs 等零售商通过在浴室和床上用品区展示非洲风格的印花图案，在家庭配饰区展示树脂大象头、非洲风格的边桌、手工编织的篮子，以反映不同民族、年龄、种族人群的生活方式。

活动2：通过文化和社会趋势寻找灵感

此活动的目的是鼓励你提高对文化和社会趋势的认识，并开始利用这些知识创建引人入胜的、有时效性的视觉陈列展示。

1. 访问你最喜欢的书店/图书馆/新闻网站，并写下每期期刊上最热门的文化新闻封面故事（搜索五到十个来源，并列出它们）。例如涉及种族、民族、宗教、年龄、社会问题，以及音乐、电影、技术和艺术趋势中的流行主题。

2. 在课堂上报告你的发现，分享最常见的故事，并讨论哪些可能表明文化趋势。你的讨论还应该包括你和你的同学在新闻或社交媒体上看到或听到的内容。

3. 选择三个文化和社会问题，并创建一个可以一起展示的产品列表，以反映这些趋势。是否有某些品牌比其他品牌更能反映这些趋势？为什么？在课堂上讨论如何围绕这些产品设计主题。

4. 讨论这些问题如何影响未来几个月甚至一年的零售。

解决方案的实例

杂志、报纸及其他社交媒体显示，婴儿潮一代的老年人对"大脑健康"越来越感兴趣。相关产品可能包括时尚运动休闲服装、顶级品牌运动鞋、大脑支持维生素以及 iPad 上显示的拼字游戏和数独应用程序。这些产品可能会都显示一个迹象："身体与心智的锻炼"。

案例研究

观察、比较和创新
背景：第1阶段

简·巴特利特（Jane Bartlett）作为专卖店 THE Millville 的新视觉营销员的第一天，店长苏珊·霍华德（Susan Howard）通知她，该公司的6家大都会区商店在第二天都将收到150件手工编织毛衣。苏珊告诉简，毛衣是这个季节的重要时尚单品，也是最热门的销售趋势。根据商品进进出出的策略，毛衣应该很快被卖出！

在简被雇用为这6家商店巡回工作之前，苏珊一直为她这家繁忙的商店做视觉营销。她喜欢做店里的创意工作，经常花更多的时间做展示，而不是做管理工作。公司总部的想法是雇用一名视觉销售员，让店长们从推广工作中解脱出来，这样他们就可以履行行政职责，并在重要的文书工作截止日期前完成自己的工作。公司的另一个目标是在大都会区建立一个稳定的商店品牌形象。

但苏珊仍然认为雇用简是没有必要的。她让简知道，自己需要被说服：一个全职的视觉营销人员会对自己商店的销售量产生影响。苏珊说："简，我期待着看到关于这些毛衣的创意和令人兴奋的展示。"简很清楚，她需要向苏珊证明她的想法和方法可以为该店当前的展示策略增加一致性和价值。

讨论问题：第1阶段

1. 你认为简应该如何推出一个具有创意的、令人兴奋的商品展示，以满足主管的要求？

2. 关于她的竞争对手，简需要了解什么？她应该特别注意他们零售业务的哪些要素？

3. 简怎么能确信她的展示会对销售产生影响？

背景：第2阶段

简采用了观察、比较、创新的方法，参观了她店里最直接的竞争对手，另一个高档专卖店。她发现他们的毛衣整齐地摆放在商店入口处右侧第一个墙角的架子上。大量的毛衣展示产生了巨大的影响，任何经过商店的人都可能会注意到它们。

在另一家百货公司，简在休闲部门的几个不同区域发现了毛衣。一些人台模特穿着牛仔裤出现在部门后面的陈列展示台上；另一些模特穿着休闲裤出现在部门前面；还有一件毛衣出现在墙上展示架的外套里面。

这件与毛衣搭配的外套非常特别，令人兴奋。但因为毛衣陈列贯穿了整个部门，她认为顾客很难找到相应的毛衣尺码。简还注意到，一件展示架上的毛衣上附有一个对话标牌，来说明这款毛衣使用了特殊的纱线来增加保暖性。

简比较了她在两家竞争商店中观察到的展示。她决定把所有的毛衣放在一个地方，就像她在第一家店里看到的那样，这样它们在店里的影响力会最大。她喜欢这样一个想法：将其他商品与毛衣搭配起来，创造多重销售，就像她在第二家商店看到的那样。简还认为用一个对话式标牌来向购物者解释产品的特殊功能是个好主意。

回到自己的店里，简决定把毛衣放在商店入口处附近。这与常规做法不同——休闲服装通常会放在商店后区，而礼品通常放在前区。她认为，入口处的主要卖场应该用来展示热门商品，而且这些毛衣肯定是热销的。她把毛衣放在一张四层的桌架上，每个架子有自己的尺寸（小、中、大）。这使得最上面的架子是敞开的，而这正是简利用商店礼品策略的地方。

她把每件毛衣放在一个敞开的、有薄纸衬里的礼品盒里，再配上一件衬衫。毛衣的颜色很鲜艳，所以她找到了一些封面颜色也很鲜艳的小礼品书，还有配套的书签。她在每个盒子里放了一套书与书签，并在毛衣和书周围放了一批颜色鲜艳的拉菲酒。然后，她在架子上加了一个对话式标牌。

讨论问题：第2阶段

1. 列出至少三件你认为简做得对的事情。
2. 如果你处在简的位置，你会如何向店长推销你的展示？
3. 简应该做些什么来跟进她的展示，看看是否成功？
4. 你认为应该在多久之后，简可以把毛衣从商店入口挪到另外一个区域？还是她应该把它们一直留在商店入口？与同学讨论。

Illustration Isabelle MENIN
www.isabellemenin.com

第二章 什么是视觉营销？

视觉营销支持销售活动

视觉营销，曾经被称为陈列展示，它已经从最初的商店装饰艺术部门发展到现在的销售支持实体，影响到商店设计、商店标识、部门商品陈列和展示、商店氛围和商店品牌形象。过去陈列部门负责"打造漂亮"，而视觉营销部门现在则面临"创造销售"的挑战。在大型企业零售业务中，它通常是零售广告推广和店内营销部门的一部分。在**夫妻店**中，销售人员或自由职业视觉营销人员可能会执行视觉营销工作。要开始对视觉营销工作进行定义，我们可以先查阅一下字典，发现形容词"视觉的"（visual）与通过眼睛进入大脑的图像有关；动词"营销"（merchandising）的一个意思是"促进某些商品的销售"。因此，视觉营销（visual merchandising）可以定义为通过产生促使潜在客户购买的心理形象来促进产品销售的过程。

马丁·佩格勒（Martin Pegler）长期担任"展示商总监"，著有大量与视觉营销、商店规划和布局相关的著作，他的《展示与销售》（*Show and Sell*）一书，讲述了如何促使人们观看和购买商品。

本文的书名《无声胜有声》（*Silent Selling*）为视觉营销提供了另一个简短但有用的定义。有效的视觉营销技巧在顾客心目中建立和维护商店的物理（和心理）形象，

完成本章学习后，你应该能够

- 定义视觉营销
- 解释客户如何处理视觉营销信息
- 描述零售商如何通过视觉形象进行沟通
- 解释视觉营销如何培育顾客
- 认识视觉营销如何增加销售额
- 解释视觉营销如何支持零售趋势

图2.0 法国巴黎春天（Printemps）百货公司于2015年春季庆祝成立150周年，商店橱窗里甚至用人台模特在展示鲜花。巴黎圣霍诺雷郊区。摄影：WindowsWear。版权所有：WindowsWear PRO，http://pro.windowswear.com，contact@windowswear.com1.646.827.2288。

夫妻店（mom-and-pop stores）这个词语来自早期的零售业，当时许多零售店都是家族企业，店主经常住在商店楼上的公寓里。今天，它指的是小型独立零售商。

"视觉营销人员创造了支持零售商营销和销售策略的店内环境。他们营造氛围、突出商品，以邀请、吸引、欢迎和告知购物者。甚至，他们还微妙地使商店成为一个美妙、欢乐的地方。"
——史蒂夫·考夫曼（Steve Kaufman），《视觉营销和商店设计》杂志前主编

为商店的其他销售工作提供了支持。换言之，商品的展示和标牌应有效用，使商品能够在没有销售人员协助的情况下自行销售。

视觉营销支持零售策略

成功的商店有其使命宣言，用来描述他们将如何服务于**目标市场**。他们也有愿景和目标宣言来描述他们的雄心——他们如何看待自己商店的发展前景。此外，他们还通过多种推广手段，制定了实现目标和实现愿景的策略。他们面临的挑战，是让目标客户知道他们是谁、他们代表什么，以及他们计划做什么。清晰的沟通是成功的关键。

商店的整体**促销组合**是多种传播工具的整合——广告、店内营销、特别活动、个人销售以及视觉营销——都是向目标客户介绍商品的。如果组合的每一部分都完成它的目标，潜在的顾客就会被吸引到商店来仔细看看。

广告能够告诉顾客我们商店的商品与其他零售商提供的商品不同，我们的商品更好、更便宜或更时尚。当那些阅读、浏览广告的顾客来到一家商店时，他们希望看到广告传达给他们的任何东西——在一个符合广告承诺的场景中看到。视觉营销员的工作就是以愉快和富有成效的购物体验来实现广告承诺。

视觉营销员通过以下方式实际执行商店的推广销售策略：

- 设计和布置符合广告目标的橱窗和室内展示
- 为店内销售安装促销标牌
- 制作可行的商品部门布局和室内装饰
- 为日常运营设计商品陈列展示装置布局
- 在墙壁和陈列展示装置上放置和展示商品
- 作为团队成员与商店的促销人员一起工作

视觉营销与客户沟通

沟通有三个基本要素：发送者、信息和接收者（图2.1）。除非这三个要素都存在，否则沟通就不会发生。例如，如果你拨打911，但没有人接听你的电话，沟通就尚未实现。

如果零售商在报纸上购买了广告位，但报纸却从未送到客户家门口，你认为广告的效果如何？如果一个专卖折扣产品的零售商设计了一个过于优雅的店面，让那些低价寻找者望而却步，却又在高端顾客进入门店时惹恼他们，那么设计信息是否传达给了合适的顾客？

零售商是信息发送者。零售商的商店，其内部设计和销售场地布局、**氛围**、商品介绍，加上商店的销售服务，都是独特的营销信息。零售商已经选择了向一个特定对象发送这些消息，希望能吸引目标客户到商店购物。如果这个人乐于接受信息，并通过到商店购买来做出回应，那么沟通就完成了，可以判断沟通是成功的。这是零售商的沟通目标——吸引顾客和实现销售。

商店的每一个有形方面（看得见、听得到、闻得见、摸得着）都在向购物者传达信息。无论一家商店是一座独立的建筑，或者紧挨着**露天购物中心**中的其他商店，还是与室内购物中心中的其他商店并排，商店的外部都必须有一个物理外观，让其目标细分市场可以识别它，并使它与邻居区别开来。商店的外部必须有效地向顾客传达信息。

目标市场（target market）是经研究表明非常适合零售商产品或服务的已确定（定位）的人群。这是零售商将商店的所有传播推广工作都瞄准的群体。

促销组合（promotional mix）是多种传播工具的整合——广告、店内营销、特别活动、个人销售以及视觉营销——都是向目标顾客介绍商店及其商品。

氛围（atmospherics）是零售商创造的一个词，用来描述吸引我们的五感并有助于烘托商店整体环境的元素（如灯光效果、声音大小、香味等）。

露天购物中心（strip malls）由并排的商店组成，门口有停车场。一些露天购物中心可能有封闭的走道，但它们不像传统的购物中心那样集中在一个大屋顶下。

■ 传播零售品牌形象

　　零售**品牌形象**是有形和无形因素的组合，描述了购物者对自身与商店关系的看法。品牌形象不仅描述了商店的外观，也描述了它如何对待顾客。例如，塔吉特（Target）公司会称他们为"客人"而不是"顾客"，沃尔玛（Walmart）的迎接人员会在门口迎接客人，提供手推车和愉快的、个性化的、欢迎的信息。你认为这些零售商想在顾客心目中树立什么样的品牌形象？

■ 使命宣言传播品牌形象

　　商店的品牌形象通常是由零售商的使命宣言驱动的，这是零售商经营业务宗旨的正式表达。有时，使命宣言会被张贴在商店的显著位置，并作为口号或识别短语纳入印刷广告中。使命宣言概述了公司及其产品或服务的全部内容：公司希望为谁服务，以及公司希望如何做到这一目标。例如，艾凡达（Aveda）身体用品商店传达了这样一个信息：

　　　　我们在艾凡达的使命是：关心我们生活的世界，包括从我们生产产品的方式到我们回馈社会的方式。在艾凡达，我们努力树立作为环境领导和承担责任的榜样，不仅仅是在美丽的世界里，而且是在全世界。

　　从这句话中，你可能会猜到公司的管理层希望通过其产品的开发和制造方式建立客户的信任。你也可以推断，公司希望客户知道，购买艾凡达产品也是在帮助环境。

　　塔吉特公司的使命宣言包含了一个知名品牌的承诺：

　　　　我们的宗旨：满足客人的需求，激发客人的潜能。这意味着通过提供超凡的价值、持续的创新和卓越的体验，

　　品牌形象（brand image）商店的品牌形象是零售商在顾客心目中的形象。它不仅包括商品品牌和类型，还包括商店环境、声誉和服务。在某些情况下，零售商在自有品牌产品上使用商店名称或其他品牌元素，如 Henri Bendel 在手提包、手提袋、皮带、咖啡杯和狗链上的标志条纹图案。

始终如一地满足客人的期望，使塔吉特成为你在所有渠道的首选购物目的地——以持续地完成我们的品牌承诺："更多期待，更少花费"。

其他零售公司可能会有简短的陈述，用三四个词来表达经营理念。然而，比起零售商如何能有效地将信息传达给客户，宣言中的字数并不是那么重要。

▌销售员工和顾客沟通的关系

高端零售商对发展销售员工和顾客间的持续关系很感兴趣，这也是对其品牌形象的一种描绘。销售人员通常有"小黑皮书"，里面有特殊客户的姓名、尺码、品牌偏好、生日等。零售业务部门有兴趣与客户建立关系，这一想法就充分说明了品牌形象的价值。对声誉的关注、对客户需求的响应、易于管理的信贷安排、方便的时间和地点、品牌和服务的可靠性、时尚领导力和技术领导力，都是客户衡量零售品牌形象的无形因素。

▌商店室内环境传播品牌形象

聪明的零售商选择他们的目标客户，建立符合客户价值观和自我形象的商店和广告策略。整个店面从头到尾——从**租赁线**到后墙，以及两者之间的一切——所有环境都应该传达品牌形象。商店里的每一个展示装置、标牌和陈列品都必须符合品牌形象。收银台（顾客结账的地方）、照明设备、墙壁覆盖物、地面覆盖物，甚至洗手间都应该告诉顾客他们在哪里。拉尔夫·劳伦（Ralph Lauren）就是一家品牌形象鲜明的商店的好例子。它的每一家商店都有一种居家的感

觉，墙壁和地板上都使用丰富、温暖的木材质。这些品牌形象是如此的一致，即使没有标志或标识，你都会知道自己是在拉尔夫·劳伦商店（图2.2）。

在品牌形象方面，试衣间常常被忽视。很多试衣间通常藏在一个很小的空间里，购物者很难找到它们。购物者不应该老去问试衣间在哪里。如果他们能很容易地看到试衣间，他们可能会更愿意试穿一件衣服。一位成功的零售商的口头禅是："当顾客在试衣间时，销售就完成了一半。"像安·泰勒（Ann Taylor）这样的商店就非常明白把他们

图2.2　拉尔夫·劳伦店里清晰的品牌形象。东京麦参道。图片来源：Kasuga /《女装日报》/康泰纳仕出版集团。

"视觉营销人员运用创造性的意识，通过细节和天赋来传达产品和品牌，从而激发消费者的兴趣，使您的公司与众不同。他们必须了解业务目标，到达别人从未去过的地方，而视觉营销人员每天都生活在这些地方，每天都在创造环境。"

托尼·曼奇尼（Tony Mancini），全球视觉集团（Global Visual Group）首席执行官

租赁线（lease line）划出了商店空间起始和商场公共区域结束的边界。

的商店品牌形象带进试衣间的重要性，他们甚至称为"销售间"。它们宽敞、舒适、光线充足。卖场区和试衣间在装饰风格和质量上没有差距。

■ 商店位置和品牌形象传播

在考虑商店品牌时，商店的位置也很重要。你有没有见过在购物中心的维多利亚的秘密（Victoria's Secret）商店毗邻一家意大利餐厅？可能不会。为什么？因为这两个店铺的品牌形象和氛围目标不同。很难想象在一家充斥着邻居大蒜味和番茄酱香味的商店里购买豪华内衣。这就是为什么维多利亚的秘密在选择地点时很谨慎。它想销售优质香水和沐浴用品，而不是比萨。当品牌传达的信息清晰且与形象一致时，零售传播最为有效。

购物中心也必须注意其品牌形象。德国杜塞尔多夫的Sevens购物中心是世界上最好的品牌购物中心之一（图2.3）。七层商铺，每层都有自己的特色，独特的建筑为商店打造了强大的品牌保护伞。一般来说，购物者不喜欢乘坐两段以上的电梯到达目的地。楼层众多的购物中心必须采用有趣的建筑细节，以使这段路程变得不可抗拒。Sevens购物中心让照明和设计的创新使用发挥了最大的作用。

购物是一种传播方式

人们在特定环境中的行为方式也是一种传播方式。零售商把商店陈列好，带着象征意味地说："这是我们能提供的。这是我们的价格。你怎么认为？"如果顾客的反应是购买，他们会说："这是价格很棒的高质量

图2.3 独特的建筑和照明为杜塞尔多夫Sevens购物中心的商店打造了强大的品牌保护伞。图片来源：朱迪·贝尔。

氛围因素会影响购物者进入和停留在零售空间的感觉。他们在店里待的时间越长，购买的可能性就越大。

商品。我们喜欢你成交的方式。"

多年来，零售商们一直在研究购物模式，并将其代代相传。你有没有想过，为什么在一些杂货店里，价格较低的普通谷类食品被放在最低的货架上，而高价的、讨孩子喜欢的品牌被放在中间的货架上，而"健康"品牌被放在最上面的货架上？杂货商认为，更昂贵的品牌应该放在最上面的货架上，并考虑到成人的水平视线，因为他们是购买这些品牌的决策者。放在中间货架上的产品吸引了坐在购物车里的小孩子的注意力，他们伸手去抓那些自己最喜欢的东西。因此，底层货架可能是商品放置最不理想的地方，但杂货商知道，买低价商品的人并不介意伸伸手省一点钱。

随着零售方法变得越来越科学，已经有人进行了正式的研究，试图量化和正规化一些零售业的共同智慧。在这些研究中，专家们研究购物者以及他们的行为。他们观察人们购物时的行为，然后利用这些信息帮助零售商提高利润。最著名的研究人员之一是帕科·昂德希尔（Paco Underhill），他是一家名为安威罗塞尔（Envirosell）的公司的创始人。昂德希尔的书《顾客为什么购买：购物的科学》（*Why We Buy: The Science of Shopping*）详细描述了他和他的"追踪者"团队花了数千个小时来观察和记录的购物行为。

昂德希尔说：

购物科学背后的第一个原则是最简单的：购买行为有一定的人体生理和解剖方面上的能力性、倾向性、局限性，所有人都有共同的行为需求，而零售环境必须适应这些特点。你可能会认为，让这一切正常运作很容易。然而，我们所做的大部分工作都揭示了零售环境无法识别和适应人类身体机能的构造方式，无法认知到人体解剖和生理方面如何决定我们的行为。所有这些的含义都很清楚：消费者去哪里，他们看到什么，他们如何反应，都决定了他们购物体验的本质。

对于消费者行为的每一个真理，都有一个相应的零售实践，它运用了其中包含的常见（或高度科学）智慧。零售商正在学习如何利用这些信息赚钱，而购物者是受益者。例如，你知道吗，美国人在商店购物走路的方式，几乎和他们走路和开车的方式一样——向右边转弯。你最后一次拉着购物车左转开始购物，是什么时候？这几乎不可能做到。聪明的零售商知道如何设置他们的客流模式和主要商品布局来促进这种偏好。

因为某些购物行为是相当可预测的，零售商就可以利用这些知识。这就是为什么清仓货架最常出现在商店或部门的后面。零售商知道，有经验的购物者习惯性地检查特价商品，但他们也希望在通往降价货架的路上引导他们看完所有正常价格的商品。

你知道吗，家具购物者至少需要20秒才能适应商店的布局，然后才准备好认真地选购商品。这就是为什么大多数家具店采用"等待"系统。销售人员轮流从一个谨慎的距离观看商店的入口，在顾客进入商店后，等待那重要的几秒滴答地过去，然后接近他们。他们在数："一，一千，二，一千，三，一千，四……"

当购物者进入时装店时，他们忙于感受零售氛围，可能无法处理直接放在门内的商品发出的任何时尚信息。使用这个空间的最佳方式，是创建具有客流止步影响的入口展示。如果你在一家旧的老海军品牌商店购物，你就知道它的"每周商品"都会让购物者的步伐停下来。如果没有这种策略，购物者可能会太快进入商店，而无法获得最重要的时尚信息。当购物者再往前十英尺（约3米）走进商店时，老海军品牌已经获得了他们的注意。

在零售业中，"靠得太近而不舒服"一词，实际上是指身体靠得太近而不舒服。美国人很有个人空间意识（也很有保护意识），在商店里迫使他们挤在陈列架之间，或者撞到其他购物者，这会使他们感到很不舒服。对于许多零售商来说，这是一个很难掌握的概念，因为他们已经接受了充分利用每平方米销售面积资源的培训。然而，如果购物者不断被穿越在一个部门或走道的人群挤得水泄不通，他们会花更少的时间查看衣服或阅读包装产品上的标签。他们甚至可能离开商店。

美国残疾人法案规定，零售商设立的过道，应允许轮椅在陈列装置之间安全通行。遵守这项影响深远的法律的商店可改善所有人的购物体验。在未来15年内，大约18%的美国人口将至少到达65岁。那些不能像年轻时那样弯腰伸展或看得很清楚的

人，在购物时会有特殊的需求。想象一下，如果一家商店不能容纳这一不断增长的人群，它将如何与购物人群沟通？在客户偏好成为主要问题之前，倾听并关注他们会是更明智的。沟通是一个双向的过程。

▌消费者如何处理视觉营销信息

想想你上一次去一家你从未去过的商店是什么情况。问问自己：

- 你为什么决定去商店？
- 你是在回应某个特定的广告，还是只是好奇地走过？
- 你认识的人有没有先去过这家商店，然后告诉你他或她得到积极正向的经历？
- 你走到商店门口时看到了什么？
- 商店的外部展示是否向你发送了关于店内的信息？
- 通过店面看到的景象吸引人吗？为你提供了信息吗？
- 当你进来的时候，你的眼睛对灯光是否感觉愉快？
- 你记得有什么特别的气味或声音吗？
- 你一踏进店内，感觉到店内有多少热情？
- 你容易辨别出这家店在卖什么吗？
- 你有没有觉得这家店在卖你想买的商品？
- 根据你的第一印象，你决定进一步探索这家店吗？
- 你清楚在商店里如何购物吗？
- 你是被什么引导到商品上或是被吸引到商品上？
- 最低限度——你购买东西了吗？

如果你的回答大多是肯定的，那么商店的视觉营销在你抱着买到的东西回家的过程中可能发挥了很大的作用。从商品展示到

图2.4 "前站"人台模特，TopShop，纽约市苏荷区。图片来源：Ericksen/《女装日报》/康泰纳仕出版集团。

想象一下，你走进了一家从未去过的百货公司，想购买一个新的表带。当你在寻找配饰部门时，你会注意到一个穿着休闲外套、搭着漂亮棉夹克的人台模特。这就是"曝光"（图2.4）。

如果商店的视觉营销人员在消费者购买时就以一种方式展示了商品如何使用，你可能会说："如果我有那件夹克，我就可以把它和牛仔裤一起穿。"这就是"关注"。

如果视觉营销信息被清晰地说明了——通过标牌、部门内的位置、配饰、生动的色彩和在该区域的活跃水平——你就达成了"理解"阶段。你可能会对自己说："按照这件夹克的展示方式，我可以在休闲的星期五穿它上班。我想知道它穿得怎么样……"

如果你刚刚吸收的产品信息可信且符合你的价值观，那么下一步就是达成"协议"，你可能会在心里把它归档——这可以为将来购买做参考。如果在这一点上，你回到寻找表带这件事，那么你对夹克的心理图像的"保留"以及以后对它的"检索"对商店来说就是非常重要的。在你买了表带之后，视觉营销员关于这件夹克的信息是否还会一直萦绕着你？你会问自己："刚才我在哪里看到那件很棒的棉袄？哦，没错，就在入口附近。它是在人台模特上的，所以应该很容易找到。"

如果展示的心理意象足够强烈，并且所有其他促销元素都支持消费者的决策过程，那么你可能会采取"行动"。如果你的下一步是购买夹克，那么消费者信息处理模型对你就起作用了——对百货公司也是一样的。

实际销售发生的过程中，是一系列或一组事件。零售商通过商店的展示方式，向你传达了一些关于商品的重要信息。而你也收到了信息。

■ 在视觉营销策略中的信息传播过程

视觉营销人员将商品曝光给潜在客户，他们分八个阶段处理信息（见工具箱2.1）。

视觉营销推动购物

在上一个场景中，当你作为购物者时，没有销售人员向您推荐棉夹克。视觉营销员在人台模特上展示了这件夹克，就促成了销售。目前商店人员配备的趋势是：为了降低运营成本，商店减少了销售人员的数量。有效的视觉营销工作可以补充和支持任何商店的销售人员。

虽然视觉营销永远不会取代一位警觉和细心的销售助理，但成功的视觉营销技术可能会把客户带入展示中，直到销售助理直接接触客户并完成销售交易。如果这件棉夹克和其他11件颜色各异的衣服放在地板上，你可能不会注意到它们。

你只是在寻找一个表带，这项简单的购买价格约为19.99美元，但模特身上的夹克却吸引了你的眼球。即使你当时一路跟着路牌，还是去了配饰部门，买了表带，但你的下一步行动就是试穿这件夹克。无声的商品销售展示在你的购物账单上增加了一件90美元的夹克——你自己为自己做了销售！

根据棉花公司（Cotton Incorporated）的《生活方式的监视器》（*Lifestyle Monitor*）的研究：

零售商认为店内展示应做到以下几点：①传达时尚和色彩的最新趋势，②协助顾客做出购买决定，③在店内营造令人兴奋的环境。此外，零售商还面临着消费者花费较少时间购物的挑战，这使得让视觉展示成为快速说服的工具变得更加必要。

视觉营销可以将逛店者转变为买家。它还可以增加每笔销售的平均金额。有效的展

示可以教会购物者如何搭配多重的基本款和饰物，以提高和扩大他们的购买使用率。经常会听到购物者说"我想买整套服装，就像在人台模特上看到的那样。"这是无声销售的最佳状态。

一个全身搭配的视觉营销服饰处理，可以让顾客了解何时以及如何穿上时尚和流行的衣服。通过这种方式，有效的商品展示为那些可能不怎么信任自己时尚头脑的顾客提供了时尚指导。

想象一下，为那些品味与你不同的人去购买礼物。如果新娘钟爱的瓷器图案与你自己的喜好相去甚远，你可能不知道该选什么样的桌布送给新娘作为结婚礼物。如果你大部分时间都穿着靴子和牛仔裤，你可能不知道穿什么样的袜子搭配细条纹西装和尖头牛津鞋。有效的视觉营销技巧可以为寻求建议的潜在客户解决许多购买问题。

消费者信息处理的阶段

- 曝光（Exposure）
- 关注（Attention）
- 理解（Comprehension）
- 协议（Agreement）
- 保留（Retention）
- 检索（Retrieval）
- 消费者决定（Consumer decision-making）
- 采取的行动（Action taken）

森普·T（Shimp T.）《整合营销传播的广告、促销和其他方面》（*Advertising, Promotion, and Supplemental Aspects of Integrated Marketing Communications*），2010年第8版。西南森吉学习中心（South-Western Cengage Learning）。

◄ 工具箱2.1

零售现实

当产品展示有助于销售过程时，更少的销售人员管理更多的顾客就变成可能。

零售现实

视觉营销对商品展示的影响

通过建议顾客选择搭配的物品，视觉营销可以建立额外的销售。这为零售商和顾客都创造了增值交易。

购物者不必知道所有的答案，但商店的销售人员会知道吧？当顾客可以信任自己喜欢的商店的销售人员为自己提供建议时，他们就可以放松下来，享受购物。有教育意义的和有品位的展示可以给购物者信心（和方向），并节省他们的时间。

视觉营销员可以刺激顾客对精心呈现的商品的胃口，就像美食家厨师刺激食客对精美饭菜的胃口一样。拿起任何一本生活方式杂志，看看照片中的食物，你就可以预感到食物的味道会有多好，因为你的感官会被纸上的图像所刺激。

有效的商品展示是一个充分利用购物者投资的虚拟食谱。购物者会告诉别人你的增值服务。顾客会一次又一次地回来。

视觉营销如何支持零售趋势？

当时尚服饰或配饰受到消费者的广泛青睐时，它就成为一种潮流。视觉营销员使用工具来吸引人们对商品的注意，并使购物者很容易找到商品。产品布置、人台模特、道具、标牌和灯光都可能在突出潮流商品方面发挥作用。每个零售商都想成为第一的、最好的领导者。视觉营销员是一股无形的力量，在很大程度上推动了这一趋势的发展。

■ 强调室内环境的趋势

商店的内部环境发生了变化，展示方式发生了变化，购物方式也发生了变化。在20世纪80年代，趋势报告显示，和商店橱窗比起来，商店内部布局、墙壁和陈列展示装置对销售额的影响更大。许多专卖店零售商拆除了传统的街边剧院观看式橱窗，将整个主楼向公众打开。曾经阻挡行人观察商店内部的橱窗，现在创造了一个可以让人对商店所有商品都一览无余的机会。橱窗变成了邀请过路人进入并仔细观察的邀请函。视觉营销员的关注点从"我们的橱窗有戏剧性吗？"转变到"橱窗干净吗？"，商店内部装修成了他们的新焦点。

■ 消费者和商品互动的趋势

另一种趋势是，消费者希望有机会在购买前彻底查看产品。对于昂贵或技术性的产品，他们希望通过专家演示来确定产品是否能够满足他们的所有要求。灯具需要通电，电视屏幕需要动态图像，音响需要隔音演示室。

如果零售商要降低销售成本并在不断增长的市场中保持竞争力，展示柜形成的销售障碍也必须降低。由于经济和竞争的原因，商店开始向自助服务方向发展。现在卖场里负责把商品从展示柜里拿出来交给顾客，或展示一台电器的销售人员越来越少了。

视觉营销人员面临着寻找让顾客接触商品的新方法的挑战。改进了销售装置，商店的陈设也随着销售工具的使用而变得更加实用。为了方便顾客与商品的互动，可以改变店内布局。用标牌引导客流，告诉顾客自助设备上的商品有哪些。用墙上的图形设定人们的心情，并解释人们的生活方式。

■ 视觉营销作为潮流预测方式

随着生活方式的不断改变和购物者生活各个领域的新趋势不断加速，零售业必须迅速预测变化，并提供最新的、符合潮流的商品。有竞争力的零售商将趋势预测的任务添加到他们的商品买手和视觉营销员的工作中。

视觉营销员必须成为预测和应对生活方式趋势的专家。他们研究目标客户的生活方式。他们试图了解购物者对新产品的需求，以及购物者如何使用他们购买的产品。他们必须在商店的实际环境中解释趋势，以便人们知道什么是今天重要的东西。商店必须准备好改变，然后再次改变。聪明的商人总是着眼于明天的战略，因为他们想在竞争中领先。点击 www.echochamber.com 了解国际零售趋势。

■ 开放式生活方式中心的趋势

最近零售策略中一个有趣的方向，是远离封闭式购物中心，转向到升级的、开放式的**生活方式中心**。美丽的景观和宽裕的空间，生活方式中心吸引了那些时间紧迫的购物者，他们想要更靠近自己喜欢的专卖店和餐厅的停车地点，而不是跑去传统室内商场周围的大型停车场。生活方式中心包括许多与封闭式购物中心相同的专卖店，但通常没有百货商店。洛杉矶的格罗夫（Grove）和迈阿密的巴尔港（Bal Harbor）就是很好的例子。

生活方式中心的出现可能是一种生活方式趋势的结果——人们不满足于在工作日中待在一个只有一台电脑和办公桌的小隔间里匿名工作，极少人际接触。随着越来越多的人选择在家工作，互动可能会更少。人们渴望一个"人人都知道你名字"的社区购物区。

■ 零售和住宅空间整合发展的趋势

对于那些想住在他们最喜欢的购物中心旁边的人来说，开发商正在建造高层公寓和带有直接进入购物中心的走廊的公寓。明尼苏达州爱丁堡的凯丹（Galleria）广场就是一个例子，它与邻近的凯丹威斯汀（Galleria Westin）酒店和公寓相连。居民和酒店客人可以在50多家奢侈品商店购物，也可以在7家独特的餐厅或咖啡馆用餐。另一个综合零售商场和住宅是新加坡的爱雍·乌节（ION Orchard）购物中心和乌节（Orchard）住宅。居民们可以在一个大商场的各种豪华时尚店购物，在爱雍美食厅用餐，在华侨银行开展业务，甚至都不用坐车（图2.5）。

■ 小型零售商店的趋势

在进入21世纪整整十年的时间里，许多以前信奉"超大规模"理念的大型零售商已经开始扩展其战略，以涵盖入更小的零售足迹，特别是在人口密集的城市地区，那里的新零售空间非常宝贵。在零售经济和美国库存过剩事实的刺激下，像塔吉特公司这样的行业领袖正在探索。更多面向社区的商店这个概念，可以为细分市场提供高度针对性的商品种类和服务。塔吉特的在线时事通信《斗牛士观点》于2015年8月4日发布了以下通告：

生活方式中心（lifestyle centers）的露天配置至少为50,000平方英尺（4,600平方米）的零售空间，由高档连锁专卖店占据。最常见的零售类别是服装、家居用品、书籍和音乐。他们有一个或多个餐桌服务餐厅，有时还包括一个多功能电影院［国际购物中心理事会（International Council of Shopping Centers）］。

图2.5 爱雍·乌节（ION Orchard）综合零售和住宅开发项目，新加坡。图片来源：JTB/UIG/盖蒂图片社。

在塔吉特，我们的优势之一是商店设计的灵活性。多年来，我们探索了许多不同的模式，帮助我们定制适合顾客社区的商店。在过去的三年里，我们在全美国14个地方推出了灵活的模式，称为城市塔吉特（CityTarget）和塔吉特特快（TargetExpress）。这些商店的规模和种类各不相同，使我们能够为城市地区的客人创造更具当地特色的体验。但无论大小，我们的商店都有一个共同点：它们都是塔吉特。因此，从今年秋天开始，我们将开始将所有的城市塔吉特和塔吉特特快商店重新命名为"塔吉特"。

无商店购物趋势

这是影响视觉营销的另一个趋势。每天24小时都有成百上千的家庭购物机会放送到你客厅的电视上。信息购物不需要店面。当订购商品就是拨打一个电话时，他们就不需要店面了。通过邮购目录进行特色购物是反映当今生活方式的另一种零售趋势。时间较少的人会走捷径，即使他们必须多花一点钱才能等到货物方便地送到家门口。新一代的零售商正寄希望于此。互联网可以提供书籍、电影、音乐、服装、医药、食品、商业服务、电子产品、家庭用品、汽车、机票——你能想到的，可能都在那里。

虽然零售业的这些趋势给店内零售商带来了巨大的挑战，但它们也为在不断增长的领域寻求就业机会的视觉营销员带来了机遇。即使商品不在商店里，网购者的电视屏幕或电脑显示器上也能很好地呈现商品。谁为照相机安排各种商品？这些商品是由一个个视觉营销员安排的，他们的叫法可能不同，但职责基本相同。他们可能被称为造型师，但他们所做的都是准备和展示商品。

购买一条 25 美元的牛仔裤，可以加售一双 2.89 美元的袜子，相当于增加了 10% 以上的销售额。问问你认识的人，他们是否愿意在本周加薪 10%。或者他们是否想在储蓄账户上赚取 10% 的利息！

零售现实

增值产品和服务是零售商努力用信息增强这些产品或服务的结果，这使得客户能够从他们的购买中获得更大的满意度和更好的结果。

零售现实

零售趋势往往是循环往复的。如今最新的营销方法和展示策略可能在几个月内就过时了，但它们的替代策略很可能来自过去，而不是未来。

零售现实

设计画廊：巴黎春天150周年诞辰

法国百货公司巴黎春天在2015年春天的第一天庆祝了它的150周年诞辰，Printemps在法语中的意思是春天。位于巴黎的豪斯曼大道旗舰店描绘出了它的历史：这家百货公司的创始人朱尔斯·贾鲁佐（Jules Jaluzot）纪念春天第一天的方式，就是向所有进门的顾客分发紫罗兰花束。2015年，这一传统实现了它的现代版本：在商店外部用5,500朵人造花覆盖了窗户遮阳篷，使花朵沐浴在粉色、白色和红色的LED灯光中，并根据灯光的变化节拍进行了动态编排。店内则用滚动的花车向顾客赠送花束。街上的8个美食亭提供了令人愉快的美食——如奢侈品牌的冰淇淋和雪糕，甚至曼哈顿热狗。

为了进一步吸引购物者参观该店，11名法国艺术家和其他国际艺术家参与了橱窗展示，展示他们对花卉主题活动的诠释。这些橱窗还展示了超过400名设计师在服装、饰品、手表、珠宝、家居用品和化妆品等领域创造的1,000种独家产品。当中许多产品都被涂上了活动标志性的粉红色，比如克里斯蒂安·鲁布托（Christian Louboutin）的玛丽珍舞鞋和拉利克（Lalique）的玫瑰粉色花瓶。

透过《设计：零售》中的三项标准来观看这些橱窗，我们可以看到一个成功的公式。在第一项"原创和创意"中，令人惊叹的超大花卉背景与色彩鲜艳的花束、男装模特的惊喜结合，是不寻常的、创新的和有趣的。这就引出了第二项的目标："抓住季节的精神、娱乐和愉悦"。当橱窗大胆地娱乐时，一定会给观赏橱窗的顾客带来微笑，这绝对是一个顾客止步器。它的粉色和红色服装和配饰以有趣的方式协调搭配，真正拥抱了春天的精神。在第三项"在制作和技术方面的专业性"上，最重要的是圆形的镂空标牌，它巧妙地在整个窗户上宣布了150年诞辰的庆祝活动。你能看到由人台模特的位置形成的三角形吗？这是一种经常用于橱窗和室内展示的技术，以确保良好的构图。请注意，红色立方体为橱窗提供了坚实的基底，也形成了令人难忘、引人入胜的构图。

行业谈　　"世事变迁"，作者：凯特·特纳斯

许多年前，我从百货公司的自动扶梯走下，来到了一个新的世界。我刚辞去一份手提包和皮具的销售工作，去同一家公司当陈列员。任何一个在展览部工作的人都被称为displayman（陈列员）——别担心，我是女性。我一开始作为一个助手，在陈列师傅的手下，开始搬运和清理。进步是一个漫长的过程。能成为一个丰富且传统的工作的一部分，我感觉很好，我绝对喜欢我的工作。

一开始，我为10个时装橱窗中的人台模特搭配服装，这10个橱窗位于大型都市区，是市政建造的第一批步行街之一。每周经常有30多个玻璃纤维人台模特需要装饰和配饰。我大部分时间都很害怕，因为我不喜欢时尚，而且突然间我处理的名牌服装比我的车和大学学费加起来还要贵。我一只眼睛盯着Vogue的最新版本，因为在时尚方面，我是个"假人"——当然不是指人台模特。是我的剧院设计背景让我得到了这份工作，而不是我的时尚头脑。

每周都会有一个完整的主题和商品变换，以及一个让最新的橱窗商品令人兴奋和刺激的挑战。我们的团队必须想出一个全新的视觉创意来实现广告部的主题。不能重复，永远不能重复。我们商店是这个城市的时尚引领者。现在仍然是，这是唯一不变的东西。

橱窗曾经是商品展示的驱动力（尽管我们后来才这么称呼它）。我们为那些不得不做室内展示的可怜的"寄生虫"感到遗憾。他们只能试着用我们不再用的人台模特和抛弃的道具来呼应我们辉煌的橱窗主题。橱窗在食物链上的位置比室内设计要高。每周一次，我们用帆布窗帘遮住展示橱窗，关掉聚光灯，然后施展魔法。后来，在一块巨大的玻璃里，我们把帆布拉开，为关注时尚的行人推出下一款产品。嗒—嗒！

我们的团队成员总是被鼓励要有创造力。负责促销的副总裁是个聪明人。他办公室的门（和思想）总是开着的。有一次，他雇了一辆公共汽车，载着我们和广告组去郊区的一家电影院看正午的电影。想象一下在工作日去看有人付钱的披头士电影《黄色潜水艇》（Yellow Submarine）！他认为我们需要一个创造性的推动，并希望我们看到其他人是如何超越界限的。

哎呀，副总裁们最终总会升职离开的。当我们最喜欢的东西完成后，零售业也在继续向前发展……但它是不同的，我们不确定自己是否喜欢它。新老板也是个爱超越界限的人，但他称自己的行为很前卫。这家伙不想让外面的顾客在人行道上盯着橱窗，猜想商店里可能有什么，他想让外面的人一下子看到商店里面。想象一下！他的新概念也有一个名字——营销展示。

猜猜接下来发生了什么？一个接一个，然后一对接一对地，我们美妙的、戏剧性的、封闭式的、小剧场式的购物中心橱窗消失了！在我们曾经布置巨型橱窗的地方，玻璃占据了上风。一片玻璃，普通的，平坦的，干净的。

前卫先生命令道："整个商店现在都将成为一个陈列品。人们买的东西，他们不仅能看到，而且能触摸到。"猜猜是谁成了统治者？那些"寄生虫"。猜猜谁选走了我们昂贵的橱窗模特？那些"寄生虫"。只是他们不再是"寄生虫"了。他们是室内视觉营销员。除了拥有我们所有优秀的人台模特，"寄生虫"们也有了新的头衔。我们开始希望当他们还是"寄生虫"的时候，自己曾对他们好一点。他们以牙还牙了，太棒了！

我们抱怨道："店内的这些……空间……该怎么办？你们这些人打算怎么处理这个空间？所有这些……呃，东西……所有这些……陈列装置？"我们呜咽着："然后……我们现在该怎么办？"前卫先生有所有的答案。"帮助做室内展示的人"他说。于是我们帮了忙。

我们学会了把一个部门和它的商品当作一个完整的展示。我们成了讲故事的人。"ROY G.Bv"（红、橙、黄、绿、蓝、紫）成了我们的新好友。我们讲述色彩的故事。一排彩虹般的商品沿着墙壁和圆形陈列装置排列。

我们讲述商品故事。自动扶梯顶部的展示平台成了时尚评论阵地，讲述着橱窗里曾经讲述过的主题故事。我们展示带有运动配饰的网球衣。节日礼物和节日服装一起展示。用园艺工具和花卉图案，加上标牌，一起邀请购物者参加八楼礼堂的年度花展。哦，这个礼堂——是前卫先生对我们橱窗的回应。"为什么让人们看看橱窗，然后从商店外面走过？"他问道。这名男子真的在商店的顶层搭建了一个壮观的活动展示厅，然后邀请购物者走上最高级零售娱乐之旅，通过8楼那诱人的商品展示一步步升级。想象一下！

有一阵子，我以为前卫先生已经越过界限了。但他在关于钱的事情上是对的——像往常一样，礼堂活动吸引了大批人，这些人手里有钱，脑子里想着商品。当我不再为失去"我的"橱窗而失望时，这家商店变成了一个比我想象中更大、更有创意的展示场所。大多数时候，我都迫不及待地想去上班。从那以后，我为其他六家重要零售商工作，经历的零售业变革和革新比大多数人吃过的热早餐还要多。我学会了放手，享受我能从前卫先生身上学到的东西，这是一份美好的职业。

祝你拥有一份美好的职业！

第二章　回顾问题

1. 什么是目标市场？解释目标市场如何影响零售店的推广组合？

2. 什么是氛围？举例说明氛围在理论上如何促使顾客在零售店购买商品。

3. 描述视觉营销如何与客户沟通的三个基本要素。视觉营销如何利用消费者信息处理的各个阶段来培养消费者？

4. 视觉营销如何提高零售店的销售额？举例并与全班同学分享。

5. 描述视觉营销如何支持甚至改变时尚和产品趋势。以下各举一个例子：大众时尚零售商，如盖普（Gap）；高端零售商，如诺德斯特姆（Nordstrom）；以及大型零售商，如塔吉特或沃尔玛。

挑战——跳出条条框框

比较式逛店
观察

1. 观察三家销售相同款式的最新潮流牛仔裤的商店。为每个商店的陈列展示绘制草图或拍照，并列出价格、颜色、陈列展示装置和标牌细节。

比较

2. 比较这三个陈列展示。

创新

3. 运用你的创意创建和绘制一个新的陈列展示。一个标牌和新的陈列展示装置应包含其中。

4. 扫描和/或将你的图像插入一个Word文档中。你新的、改进的创意应该比你在"比较"中看到的三个陈列展示更多。

5. 向全班其他人展示你的想法。

批判性思维

组合推广——对还是错？

1. 找一家零售店的网站，它应是通过组合推广广告来瞄准特定客户的。

2. 现在，访问该店（写下你访问的时间和日期），并考查他们组合推广的其他部分是如何呈现给客户的，例如店内市场推广、服装销售人员，以及视觉营销。

3. 看看谁在这家商店逛店和购买商品。实际购物者是否与零售商的组合推广相匹配？或者说，这家零售商是否正在吸引另一个目标市场？

4. 根据你的观察，零售商是否真的在向正确的目标顾客做广告？或者你认为他们只是期盼一个不真实或不可获得的目标市场？

案例研究

商店形象和视觉连续性

背景

本（Ben）是一名销售助理，在为全国性的百货公司史密斯（Smith）百货公司工作，该公司面向郊区中等收入家庭。该店的零售形象是一个面向所有家庭成员的可支付得起的流行时尚品牌。本的销售部门为男士提供工作日休闲服装，包括各种毛衣、正装裤、休闲和正式的梭织衬衫、马球衫以及腰带、袜子和帽子等配饰。全店的时尚宣言相当保守，商店的展示风格在公司的展示指南中有详细说明。视觉营销人员每十天执行一次公司总部送来的新墙面和销售楼层布置图。

本喜欢观察视觉营销专家如何工作。这看起来是一份令人兴奋的工作，可以自由地在整个商店进行不同的活动，而不必待在同一个部门。事实上，他也希望有一天能在视觉部门工作。本目前唯一的展示职责是：确保他所在区域里每个特色陈列架前面有一套搭配好的服装展示。

一天晚上，当生意不忙的时候，本注意到在他销售区域的侧墙上展示的特色商品几乎售罄。虽然他需要完成自己分内的任务，而展示墙是视觉营销专家的责任，

但本决定改变它的展示方式。本推断这将显示出自己的主动性，并向店长证明他已准备好了进入视觉营销人员这个职位。

首先，他从墙上取下了展示架和服装。然后，利用他在商店橱窗里见过的一种视觉营销技巧，本把涤纶单丝系在衣架上，开始把衣服"飞"到墙上的货架上。这个项目花了他两个多小时，以至于他没有时间完成他分内的任务。此外，他失去了平衡，差点从一个购物者的孩子旁边的梯子上摔下来。

当他完成时，本对自己很满意。他认为他的展示比他所看到的部门里的视觉专家布置的任何东西都有趣得多。此外，本告诉自己，这位专家似乎一只眼就读完了公司政策和程序手册中的"展示指南"一节。那能多有创意？

第二天早上，本热情地向店长和视觉专家展示了他的作品。为了强调这个项目的挑战性，他甚至描述了自己是如何差点从梯子上摔下来的。店长和专家都很不高兴。店长告诉本，他越权了，违反了公司的展示准则。然后他指示视觉营销员立即更换本的陈列品。本崩溃了。

讨论问题

1. 本真的做错什么了吗？

2. 店长是否应该立即感到不快，或者至少应该意识到这种努力？

3. 对于本部门的视觉营销的风格来说，重要的点有哪些？

4. 确保每个展示区域都有可用的产品，是不是比关注谁来装扮这个区域更重要？

5. 在这种情况下，视觉营销团队有什么没做到的地方？他们对店里的销售情况有反应吗？

6. 本能否更恰当地表达他对视觉职位的兴趣？如何表达？

TORY BURCH

第三章　核心设计战略

视觉营销员是一名设计战略师

视觉营销员必须是一名战略思想者。那是什么？战略思想者根据可用资源（工具）和设定的目标来评估任务。本章结束时，你会知道，正是视觉营销员实施了由商店管理团队制定的设计策略，才真正使商店及其商品焕发了生机。

设计战略是一种行动计划，旨在实现特定零售商店的设计和展示，有效地利用从艺术世界中汲取的基本元素和原则——色彩、平衡、节奏、重点和比例，创造一个欢迎顾客购买商品和服务的地方。

一旦木匠、电工和油漆工离开，陈列展示装置和商品到达，视觉营销员做的重要工作将使商店的承诺蓝图变为零售现实。视觉营销员在基本设计中加入的是一个被零售从业者称为"氛围"的概念——一个有效使用的战略工具，可以赋予零售运营商个性和品牌形象，帮助其实现财务目标。它创造了一个商店环境，邀请购物者进入销售空间，鼓励他们留下来浏览——以及购买商品。

> **设计战略（design strategy）**是一种行动计划，以实现零售为目标，并创造一个欢迎购物者购买商品和服务的地方。

作为一种营销战略的氛围

在商店里使用基本设计策略，为成功的零售业创造了坚实的基础。氛围——装饰和布局的多种感官元素运用，以吸引购物者五感——可以战略性地层层编入商店的基本结构中，以增强购物环境和建立商店的品牌形象。这种分层需要同时使用视觉、声音、触觉、味觉和嗅觉，可以改变购物者对时间的感知，通过在购物环境中进行鼓励，让顾客舒适和愉快地接受刺激，时间流逝开始变得不那么重要了。他们

> "在各种战略中，你总是需要某种程度上的创意，因为你周围的世界总是在变化，所以未来永远不会与过去完全相同。"
>
> 威廉·达根（William Duggan），哥伦比亚商学院（Columbia Business School）高级讲师，《创新战略——创新的指南》（*Creative Strategy, A Guide for Innovation*）

完成本章学习后，你应该能够
- 识别用于创造友好商店环境的设计元素和原则
- 为有效的墙壁和陈列展示装置创建和谐的配色方案
- 描述改善商店环境和加强商店品牌或形象的氛围元素和设计策略

图3.0　充满活力的汤丽柏琦（Tory Burch）橱窗，展示了许多设计原则和元素，最显著的是线条、形状和对比度。洛杉矶罗迪欧（Rodeo）大道。摄影：WindowsWear。版权所有：WindowsWearPRO，http://pro.windowswear.com，contact@windowswear.com1.646.827.2288。

图3.1　纽约市苏荷区的"维多利亚的秘密"专卖店，通过柔和的灯光、弧线的陈列装置，以及丝绸和蕾丝质地的产品来提升感官体验。图片来源：Ericksen /《女装日报》/康泰纳仕出版集团。

多重销售（multiple sales）是一次购买两个或多个商品的交易。例如，一个购物者买了一套浴巾和一件搭配的长袍和拖鞋。

可能会用更长的时间购物，观看和接触更多的商品，更倾向于购买。

氛围借用了艺术领域的理论和技术。把一家商店装扮起来的每一个特征——从一件衣服的展示到一整面墙的广阔展示——都使用了部分或全部的设计原则和元素。正如画家选择色彩、形状、线条和质感来创作艺术作品一样，视觉营销员也选择色彩、形状、线条和质感来创造商店环境。他们对这些创意工具的使用确保了卖场井然有序，易于购物，充满了吸引眼球、以商品为中心的展示，从而吸引购物者并鼓励**多重销售**。

如果你在维多利亚的秘密商店购物，你就会对氛围有所了解。当你进入商店时，随处可见店内的颜色和纹理——从贴身服装的丝质面料到奢华印花壁纸，再到彩绘线脚和优雅雕刻的商店陈列展示装置。柔和的灯光舒适地照入你的眼睛，与家中使用的照明类型相似。你注意到空气中有淡淡的香味，听到甜美的古典音乐。你需要多长时间才能接触到商品的面料？你进商店的时候它

就在第一张桌子上吗?（图3.1）

维多利亚的秘密在吸引我们五种感官中的四种方面做得很好：视觉、嗅觉、听觉和触觉。有时，它会与歇帝梵（Godiva）巧克力进行联名礼品和促销活动，增加第五感——味觉，为购物者创造更完整的感官体验。这一战略还扩大了零售商的自有品牌及其对顾客的价值。

另一个吸引所有感官的零售商是Eataly，它是世界上最大的意大利集市，有29个地点，而且还在增长。第一家Eataly于2007年在意大利都灵开业，随后在日本开业，2010年在纽约开业，2013年在芝加哥开业。这个概念是由奥斯卡·法里内蒂（Oscar Farinetti）创立和创造的，目的是将意大利最好的地区元素与伊斯坦布尔集市的感觉融合在一起。这个迷人和愉快的目的地提供比萨、意大利面、奶油粥、炖牛肉、鱼，等等，以及各种各样的入座餐厅，其结果就是产生一个无可比拟的热门集市。

对于那些闲逛的人，你可以在许多柜台

图 3.2　Eataly，一个意大利集市，有丰富的氛围唤醒五感。意大利米兰。图片来源：皮尔·马可·塔卡（Pier Marco Tacca）/盖蒂图片社。

中的一个买一杯意大利咖啡和一个三明治或甜点。你也可以在他们的市场上买些用木头烤的新鲜面包带回家，手工做的马苏里拉干酪、糕点和啤酒。这是一个独特的零售环境，氛围似乎和产品一样重要（图 3.2）。要了解更多信息，请参阅 www.eataly.com。

　　艺术是个人的感官体验。我们被画布上的绘画所感动，被雕刻的形状所感动，被音符所搅动，被丝般的质感所抚慰。看着一位富有创意的厨师准备一顿看上去诱人、闻起来美妙、尝起来高雅的饭菜，你就会知道，即使是准备食物也可以提升到艺术的形式。你的感官告诉了你这一点。为了开始理解设计元素是如何应用于商店环境的，本章（和全书的照片）展示了如何在商品展示中使用它们。设计原则的实际应用将在后面的章节中进行更深入的探讨。

核心设计工具和策略

　　设计要素——色彩、质感、比例、方向、线条、形状、尺寸、秩序和张力等元素是创建销售展示的有用工具。

　　氛围应该是店主和经理战略规划的结果。开店和备货成本太高，竞争太激烈，不能让商店设计的任何元素都靠碰运气。

零售现实

设计元素——工具

色彩	形状
质感	尺寸
比例	秩序
方向	张力
线条	

设计原则——规则

统一	节奏
和谐	强调
平衡	对比
重复	意外

工具箱3.1 ▶

设计的统一、和谐、平衡、重复、节奏、强调、对比和意外等原则，代表了在整体表现中控制设计元素使用方式的策略规则。战略性地使用基本工具，你可以从一系列设计原则中进行选择，以创建触发购买的独特商品展示。你如何知道使用哪些工具和原则？这取决于你所知道的每种设计元素的作用和你必须达到的目标。

你是否试图向购物者展示一组新的运动装组合，以便他们从组合中购买几款商品？那么，你可能需要设置一个暗示活力、运动和兴奋的展示。你可以运用方向和颜色的设计工具，运用节奏和对比的规则，沿着对角线交替搭配一系列浅蓝色和深蓝色的运动装。

你是否尝试用瓷器、水晶和银器的组合来展示特别场合用餐时的豪华？那么，你可能要依赖于严格的形式平衡原则，在物品的大小、形状和色彩上采用相同的位置设置，以向购物者传达稳定和优雅——而在美国橄榄球超级杯大赛盛会中，则可能要求使用少一点正式感的纸张和塑料材质。

你想创造一个甜美、可爱、无可抗拒的服装和饰品组合去吸引那些刚拥有新生儿的父母和祖父母吗？也许粉彩的颜色和柔软的质地会适合你的推销目标。

设计原则是支配商品展示的策略规则。你可能会听说这些原则也被描述为：使用各种工具（设计元素）来选择和安排所销售产品的重要指南。规则或指导方针，严格或宽松的解释，也是视觉营销员的基本词汇和基本设计工具的一部分。

你可能已经上过艺术课程，可能对元素和原则有过基本的了解。本章不是从零开始教它们，而是主要从可行的营销策略的角度来看待它们——作为一名实践中的视觉营销员，你应该如何利用这些元素和原则来创造视觉兴趣，并刺激销售。本章从展示和商店设计的角度对它们进行了定义。你的展示策略可能集中在一个特定的设计元素或原则上，或者是元素和原则的结合上。

没有任何艺术基础？自己到一个搜索引擎（比如谷歌）上进行一次网上旅行，输入"艺术原理"和/或"设计元素"。什么东西能构成一个好的网站？一个让你有足够的兴趣跟随线索和链接从一页看到下一页的网站。大多数网站都视觉效果丰富且具有高度教学性。例如，一次点击www.ask.com的快速访问之旅，可以学习关于艺术原理的知识，搜索"艺术元素"，会链接到http：//www.ndoylefineart.com。这是艺术家南希·道尔（Nancy Doyle）的网站，它读起来就像一个有插图的宝藏，都是一个视觉商人需要知道的东西。下一步，搜索"艺术史"，你会找到你能想象到的每一个艺术术语的定义。

设计元素——工具

在视觉营销中，设计是指我们使用安排产品、标牌、道具等的方式，以创造一个赏心悦目的购物环境。例如，我们使用不同的设计元素——色彩，为我们的展示工作带来统一感，或整体感和完整感。统一是指导设计的原则或规则之一。本章后面将详细讨论设计原则。

■ 色彩作为一个营销策略

设计元素的第一个，也是最关键的一个，是色彩。认识到色彩是一种私人体验是很重要的。一出生就照顾你的人，会教你看到的东西的名字："草是绿色的，香蕉是黄色的，在阳光明媚的日子，湖水是蓝色的，因为湖水倒映了天空的颜色。"颜色是光的各种性质（反射到一件物品上或由它发出），个人可以用眼睛感知并用轻快、光明、黑暗、丰富、纯洁等来描述。也就是说，你可以告诉别人天是蓝的，草是绿的，但实际上你并不知道你所看到的蓝色与其他色觉正常的人所看到的蓝色是否完全相同。

人类生理机能和对环境的实际观察，决定了我们每个人在任何特定时间和地点的感知。科学家们一致认为，颜色之间的关系可以用色相环的形式来表示，在12点钟、4点钟和8点钟的位置分别使用黄色、红色和蓝色（原色）（图3.3）。顺时针旋转一圈，你会看到颜色从一种原色到另一种原色的逐渐混合和变化。

红色、黄色和蓝色称为**原色**，橙色、绿色和紫色称为**间色**（或二级色、次原色），之所以称为次原色，是因为它们是由原色组合而成的。红色和黄色混合成橙色；黄色和蓝色变成绿色；蓝色和红色变成紫色。如果你把原色和间色混合，会形成**复色**，如黄绿色和蓝紫色的组合。

M. 格鲁巴赫公司（M. Grumbacher, Inc.）是一家艺术家颜料的制造商，它有一个非常有用的产品，叫作色彩计算机（Color Computer）——一张"色彩和谐轮"纸板，它清楚地说明了颜色是如何形成的，以及它们之间的关系。你可能会想从艺术用品店买一张作为工具。点击www.grumbacherat.com可了解更多信息。

你需要了解一些与颜色相关的附加术语，因为按颜色对商品进行分组是一种常见做法，在讨论颜色时会使用特定的语言。例如，红色、黄色、绿色和蓝色等是有彩色的（高度上色）。黑色、白色和灰色是无彩色的（与高度上色完全相反）。一种颜色的**暗色调**是通过添加不同数量的黑色或灰色来实现的。**亮色调**是将白色添加到基本颜色中以使其更明亮。**色值**是颜色的浓淡程度。**色相**是另一个称呼颜色家族的词——即红色、蓝色、棕色等。在日常用语中，色相被用作"颜色"的同义词，但技术上讲，"颜色"是指色调、色值和**强度**（颜色的亮度或纯度）的组合。

配色方案

在令人赏心悦目的色彩安排或配色方案中，有许多搭配颜色的方法。格鲁巴赫公司的双面色彩计算机称这些方案为色彩和谐。最基本的配色方案或色彩和谐是基于色相环的六种变化（图3.3）。

原色（primary colors）——红色、黄色和蓝色，是色相环上的起点色。其他颜色是由它们混色形成的。

间色（secondary colors）——橙色、绿色、紫色，是由原色组合而成的。

复色（tertiary colors）或叫三级色，是由原色和间色混合而成的，例如黄绿色、蓝紫色等。

暗色调（shade）通过添加黑色或灰色使色彩变暗。

亮色调（tint）是通过添加白色使颜色变亮。

色值（value）是颜色显示的浓淡程度。

色相（hue）用来描述一个颜色家族——即红色、蓝色、棕色等。也可用作"颜色"的同义词。

强度（intensity）是颜色的亮度、纯度和饱和度。

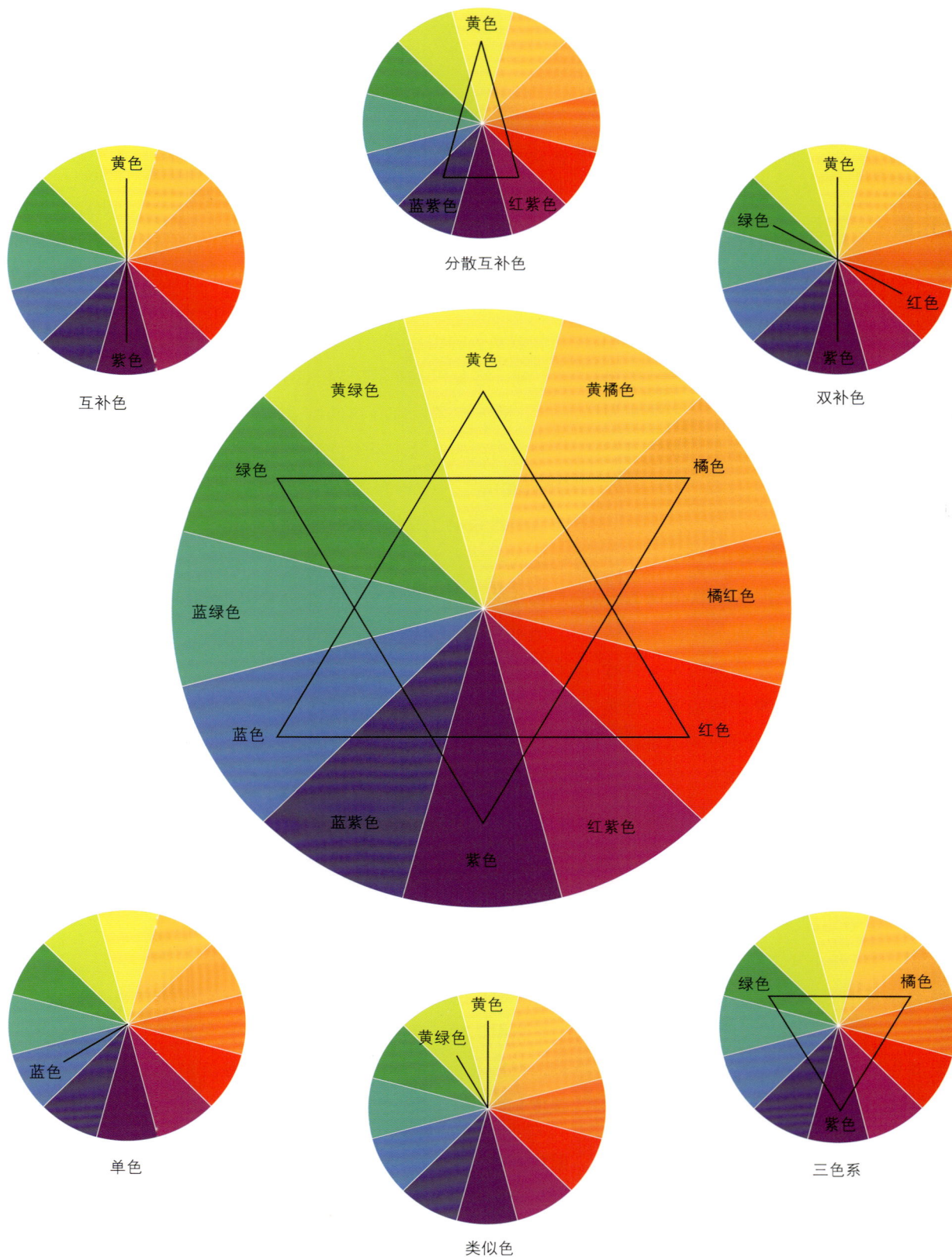

黄色

黄色
蓝紫色　　　红紫色

分散互补色

黄色
绿色

红色

紫色

双补色

黄色
黄绿色
绿色　　　　　黄橘色

绿色

蓝绿色

橘色

橘红色

蓝色

红色

蓝紫色

红紫色

紫色

蓝色

互补色

黄色
黄绿色

蓝色

单色

黄色

类似色

黄色
橘色
绿色

紫色

三色系

图 3.3 标准色相环是规划配色方案的方便的参考工具。中间的大环显示了三原色——黄色、红色和蓝色——彼此之间的距离相等。与每个原色相对的是作为其补色的间色。间色在色相环上也彼此等距。各种颜色方案显示在较小的色相环上。图片来源：仙童（Fairchild）图书公司。

- **单色方案**由不同色值和强度（基础色中混合了更多的白色或灰色）的单色组成。例如：海军蓝、中蓝色和浅蓝色。
- **类似色方案**（色彩家族）由两种或两种以上颜色组成，它们在色相环上相邻。例如：黄色和黄绿色。
- **互补色方案**由两种颜色组成，它们在色相环上直接相对。例如：黄色和紫色。
- **分散互补色方案**由三种颜色组成，一种是中心色，另两种是它两边的补色。例如：黄色加红紫色和蓝紫色。
- **双补色方案**由四种颜色组成，即两种颜色加上它们的补色。例如：黄色和紫色，加上绿色和红色。
- **三色方案**由三种颜色组成，它们在色相环上彼此等距（它们在色相环上形成一个三角形）。例如：橙色、绿色和紫色。

这些方案是你在陈列和展示中的颜色工具。即使你的商店太小，没有自己的趋势营销部门，你也应注意到来自供应商的商品是按颜色流行的季节过来的。你可以在卖场、陈列展示装置上和墙上把商品组合起来，使之看起来对顾客很有吸引力。

许多色彩常识都是从对颜色的研究中演变而来的。有些颜色（与红色、黄色和橙色有关的颜色）被认为是暖色，而蓝色、绿色和一些紫色则被认为是冷色。它们用颜色的语言来表达自己的观点。它们唤起不必大声说出口的感情；人们之所以理解它们，是因为我们作为人类或某一文化的成员有着共同的经历。

据说暖色具有攻击性，让我们想起火和太阳。它们突然冲我们而来，表现出强烈的色彩感情。然而，如果说红色是激情的颜色，那蓝色则代表着冷静的克制。蓝色和绿色等较冷的色调据说是隐性的、放松的和平静的，让我们想起远处晴朗的天空和长满青草的草地。暖色前进、冷色后退的观念来自色彩理论，它使人们有可能在绘画中创造出深度的错觉。

色彩作为一种交流工具

色彩有自己的语言。我们经常用丰富多彩的词语来增加我们思想的重点和特色。例如，"真正的蓝色"表示忠诚；"皇家紫色"表示是只有国王、王后和宫廷成员才会穿的颜色；"看到红色"表示愤怒或激情；白色表示纯洁；黑色表示沮丧或哀悼。但是，你必须记住，在西方文化中，这就是特定颜色的含义。而其他文化中，某些颜色有着不同的意义。例如，在西方文化中，新娘穿白色；但在一些东方文化中，红色是新娘穿的颜色，因为红色是一种能带来好运的节日颜色。当然，为国际连锁店工作的视觉营销人员和商店设计师必须意识到这些因素。

随着时间的推移，颜色可能会有自己的名称。这通常是因为某些共同国籍或语言的人认为某些颜色与事物具有普遍性的联系。普鲁士蓝（Prussian blue）来自普鲁士国家军装的颜色。威奇伍德蓝（Wedgewood blue）的名字来源于一种独特的灰蓝色釉料，用于制作著名的有着经典白色人物和形状的英国陶器。查特酒色（Chartreuse）既是一种黄褐色的名字，也是一种著名的有色酒的名字。

20世纪60年代末，一种栗色与海军蓝搭配流行了好几季，无论在男装还是女装中。每一季，同样的颜色都会被赋予一个新的名字。这一个季节叫野洋葱，另一年叫

单色方案（monochromatic scheme）由不同色值和强度的单色组成。

类似色方案（analogous scheme）由色相环上相邻的两种或两种以上颜色组成。

互补色方案（complementary scheme）由色相环上直接相对的两种颜色组成。

分散互补色方案（split-complementary scheme）由三种颜色组成，指一种中心色加上它在色相环上两边的补色。

双补色方案（double-complementary scheme）由四种颜色组成，即两种颜色加上它们各自的补色。

三色方案（triadic scheme）由色相环上彼此等距的三种颜色组成。

勃艮第，再下一年叫甜菜根。这就是如何给一个销售周期很长的颜色赋予新印象的文字方法。

颜色是一个强大的视觉元素。它可以设置氛围，强调特色，突出产品。研究表明，在平面广告中，色彩能提高广告的注意力和回忆能力。某些颜色组合已经使用了很长时间，看到它们会让我们自然而然地想到一个特定的季节或场合，例如：圣诞节的红色和绿色；万圣节的黑色和橙色；情人节的红色和粉色；美国独立日的红色、白色和蓝色。然而，颜色也可能变化无常。本季的流行色可能在下一季就过时了。

商店装饰的色彩

在商店装饰中融入当前色彩趋势的零售商可能会发现，自己在很短的时间内看起来就过时了——甚至在装饰费用还没付之前。大多数设计从业者在选择店面的配色方案时都很谨慎，即使目前的店内装饰周期可能只有五年。

格雷格·戈尔曼（Greg Gorman）是一位商店装饰设计师，也是《视觉营销和店面设计手册》（*The Visual Merchandising and Store Design Workbook*）的作者，他建议商店原始设计应该使用一种整体中性的色调，这样可以在商店或部门的重要展示区域中，使用丰富的色彩来强调。例如，彩色亚克力箱可用于白色墙壁上，以补充商品的季节性色彩变化，而不必被锁定在一个单一的整体色彩呈现中（图3.4）。

另一个关于商店装饰色彩的学派出现在21世纪。二十多年来大多数商店的环境都是"白盒子"，但突然间零售商们开始用各种各样的墙纸、壁画和鲜艳的油漆为他们的商店

注入活力。三宅一生（Issey Miyake）在其翠贝卡区的专卖店展出了一幅色彩鲜艳、充满异国情调、从地板延伸到天花板的壁画。Miu Miu、Swiss Army、彪马（Puma）、BCBG和纽约市的其他几十家店都把他们的许多墙面漆成了鲜红色。纽约邦德街的Paul & Joe安装了黑板，并用彩色粉笔画加以装饰。随着时尚服饰和配饰在色彩上变得更加中性，零售商把能量注入产品的销售环境中，在墙壁、地板和陈列展示装置上用各种各样的饰面和质感来展示产品。

色彩作为时尚营销策略

零售商会在每个季节推广不同的配色方案。他们可能会引入当前流行的色彩，或者选择完全不同的调色板（颜色的选择）。标准颜色也可能以不寻常的方式组合。这些配色方案应该出现在商店的醒目区域，如商店入口、部门入口、过道沿线、橱窗或室内展示上，以便顾客能够轻松找到它们。如果颜色是全国流行趋势的一部分，或者通过广告大力推广，顾客就会专门去寻找这些颜色。

一旦顾客进入商店，下一个视觉营销挑战就是把他们从整个商店中拉到商店后方。经验告诉我们，平均而言，顾客只经过商店的前三分之一，然后离开，除非有什么诱惑使他们留下来。如果利用色彩的商品展示在整个商店中使用，顾客很可能会从一个区域被吸引到下一个区域。顾客能够看到和触摸的商品越多，他们购买商品的可能性就越大，这是一个重要的营销目标。

需要注意的是，色彩趋势并不局限于服装。商店里的时尚商品通常分为几个部门。一家商店可能有女装部、配饰部、运

图3.4 西班牙玛尼品牌（Marni）的涂色展示箱，可以很方便地在未来重新粉刷，以获得引人注目的新外观。图片来源：《女装日报》/康泰纳仕出版集团。

动服装部、男装部和儿童服装部，以及礼品部和家居用品部等。每个商品类别都有自己的季节性差异以及独特的时尚和色彩趋势。

在较小的商店中，商品通常以某种方式进行细分，以提供更方便的购物服务。例如，在礼品店里，你可能会发现架子上摆放着蜡烛和烛台的区域，或者摆放贺卡、日历或小册子的区域聚集在中心位置。这些是**按商品的功能性分组**。你也可以把某个特定品牌的礼品放在一个区域，这样被称为**按品牌分组**。在同一个商店的其他关键展示区域中，不相关的商品项目可能被分为一组，以创建一个**色彩故事**。使用这一方法特别有效的地方是古董店，在那里各种零碎的东西被

放在一起，形成一个按色彩分组的商品区。你可能会看到一个角落里有绿色的凹型玻璃盘子、搪瓷喷壶和平底锅、手绘布餐巾、丝绸灯罩和刺绣床单，这些都被放置在一个绿色故事里一起陈列展示。在另一个角落里，你可能会发现这些商品是因为它们有共同的红、白、蓝色被组合在一起。

这些包含在营销技巧中的不言自明的术语是：以色彩搭配为分组依据（color-coordinated grouping），以关键产品色彩为分组依据（color-keyed product statement.）。以关键产品色彩为分组依据为那些可能没有时间研究当前色彩趋势并通常对有效协调色彩的能力没有信心的顾客提供了方便的选择。请看图3.5中按色彩分组

按**商品的功能性分组**（functional grouping）是根据其最终用途进行划分的。

按**品牌分组**（branding grouping）是指把来自单个设计师或制造商品牌的商品一起陈列在卖场上的某个区域。

色彩故事（color story）是一种以色彩搭配或以色彩为关键要素的产品分组方式，通常使用当季的流行色。

图3.5a 亮红色和亮蓝色夹克与中性黑色和中性牛仔蓝相结合（上图）。图片来源：《女装日报》/康泰纳仕出版集团。

图3.5b 在 Crate & Barrel，颜色鲜艳的毛巾放在一起（右图）。请注意，毛巾是按照 Roy G. BV 的顺序排列的：红、橙、黄、绿、蓝。图片来源：朱迪·贝尔。

的时尚家居用品的示例。

如何进行色彩搭配

当本书作者朱迪·贝尔作为视觉总监为一家连锁专卖店开发培训资料时，制定了一套色彩指南，为所有商店制定了统一的销售政策。下面给出的步骤指示，将给你提供当今零售业中按照色彩进行营销的实用指南：

1. 根据色彩的强度将产品的颜色分成不同的组。共有七种常见的色彩组（图3.6）。

   • **明亮色调**——最清晰、最生动的，不同强度的原色。

   • **粉色调**——加上白色以减轻和软化其效果的色彩。

   • **中间色调**——不明亮且不柔和，介于中间的色值。

   • **宝石色调**——皇家的色彩。

   • **柔和／灰暗色调**—— 中间色调添加灰色。

   • **大地色调**——泥土的颜色：沙子、锈色、棕色。

   • **中性色调**——可以与每种颜色组混合的颜色。

2. 组合每组中的颜色以创建色彩方案。相同强度的颜色可以和谐地混合在一起。如图3.7a 中的插花。几种明亮颜色的花可以组合成一种令人愉快的画面。

3. 除了中性色调，不要将不同色彩组的颜色组合在一起。中性色调可以与任何色彩组的颜色组合。请看图3.7b 中的插花。鲜艳的花朵与柔和的粉红色结合在一起。

七个色彩组

	R	**O**	**Y**	**G**	**B**	**V**
明亮色调	PANTONE® 1935 C	PANTONE® Orange 021 C	PANTONE® 116 C	PANTONE® 355 C	PANTONE® 293 C	PANTONE® 266 C
粉色调	PANTONE® 196 C	PANTONE® 1555 C	PANTONE® 100 C	PANTONE® 365 C	PANTONE® 277 C	PANTONE® 263 C
中间色调	PANTONE® 673 C	PANTONE® 715 C	PANTONE® 122 C	PANTONE® 346 C	PANTONE® 284 C	PANTONE® 528 C
宝石色调	PANTONE® 226 C	PANTONE® 1665 C	PANTONE® 110 C	PANTONE® 334 C	PANTONE® Pro. Blue C 2x	PANTONE® Violet C
柔和/灰暗色调	PANTONE® 693 C	PANTONE® 156 C	PANTONE® 121 C	PANTONE® 577 C	PANTONE® 535 C	PANTONE® 666 C
大地色调	PANTONE® 209 C	PANTONE® 174 C	PANTONE® 138 C	PANTONE® 3435 C	PANTONE® 2747 C	PANTONE® 268 C
中性色调	PANTONE® 726 C	PANTONE® 728 C	PANTONE® 1405 C	PANTONE® 295 C	PANTONE® 425 C	PANTONE® Black C

中性色可以与每种颜色组混合

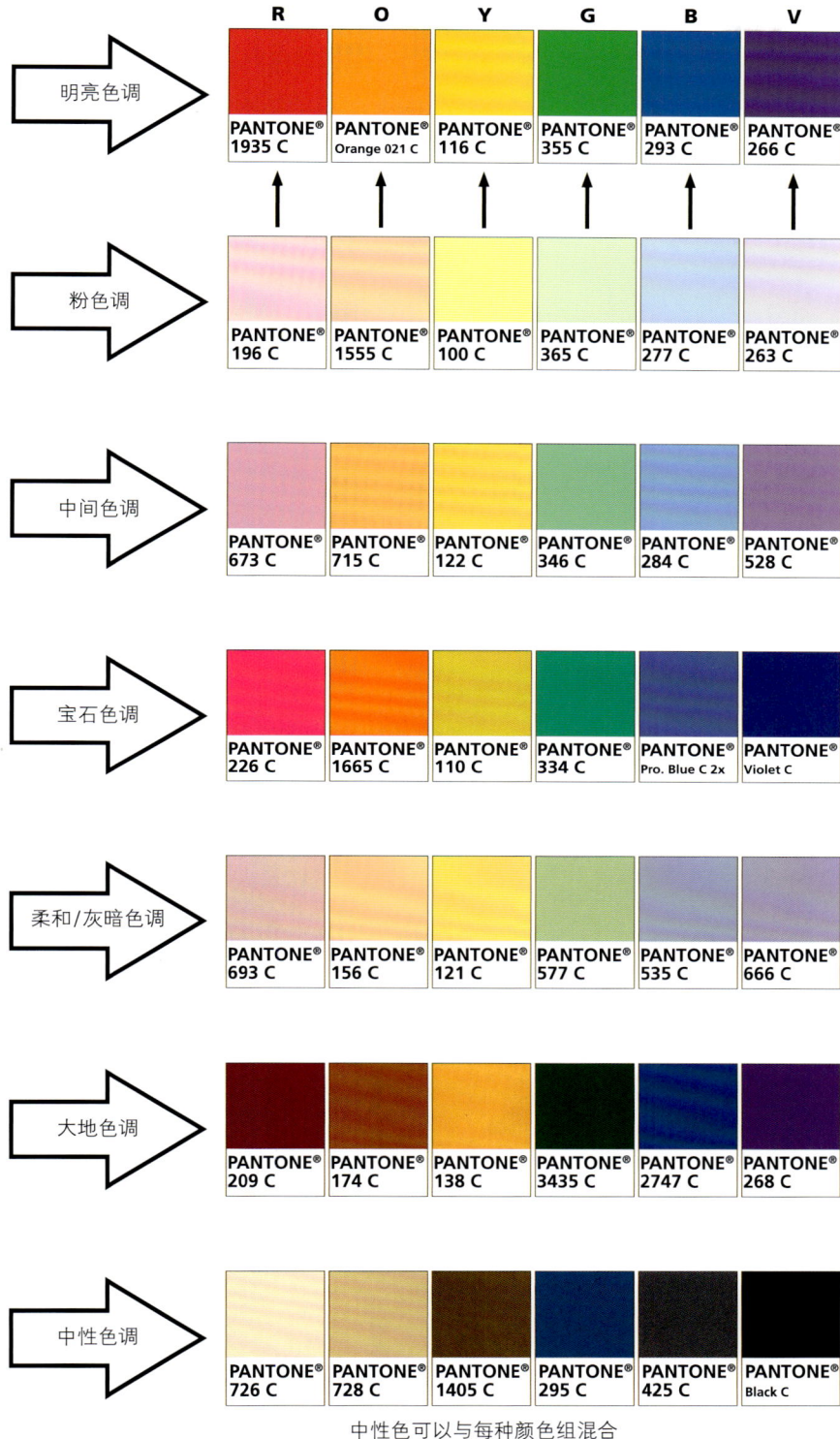

图3.6 注意第2行到第5行中的每种颜色是如何与上面的颜色相对应的。例如，粉色调中的粉红色对应明亮色调中的红色，粉桃色对应亮橙色，等等。使用 Roy G. BV 记忆器可以很容易地记住颜色顺序。图片来源：伊莲·温克尔（Elaine Wenal）艺术。

这些颜色组合并不协调，因为它们的颜色强度不一样。现在看看图3.8，你可以看到一种明亮的颜色——暖粉红色，再加上三种中性色——白色、灰色和黑色，这是一种很好的展示方式，容易令购物者产生消费。

颜色系统

有两个与颜色相关的专业机构，你应该去了解和访问它们的网站。它们所做的决定将在许多方面影响你的工作。色彩营销集团（CMG，Color Marketing Group）是一个国际色彩设计师协会，参与将色彩应用于商品和服务的可盈利市场营销。其成员都是有资质的色彩设计师，即那些诠释、创造、预测和选择产品颜色的人。点击www.colormarketing.org，您将在这里找到有价值的术语表和该组织进行色彩预测过程的概述。

在Pantone LLC的网站上，您将找到有关色彩的有用信息，并展示该公司在开发和营销产品方面的作用，以便为纺织、塑料、平面艺术、电影和视频技术等具有色

图3.7a 通过一个色彩组的颜色来实现色彩和谐的插花：明亮色调（左图）。图片来源：朱迪·贝尔。

图3.7b 红色、橙色和黄色的明亮色调花朵组合与一朵淡粉色的花朵（右图）不协调。图片来源：朱迪·贝尔。

图3.8 三种中性色——白色、灰色、黑色，与明亮的粉红色相结合，在维多利亚的秘密专卖店中搭配出轻松的购物体验。图片来源：《女装日报》/康泰纳仕出版集团。

彩意识的行业提供准确的色彩沟通。潘通配色系统（Pantone Matching System，PMS）是国际公认的预混色颜色编码系统，于20世纪60年代推出，每种潘通颜色都有一个特定的编号，使设计师和制造商更容易进行关于生产细节的清晰沟通。你可以点击www.pantone.com快速访问它们的网站，它们将为你提供"必备"的色彩趋势信息，例如2016年潘通年度色彩搭配的介绍：

当消费者把寻求专注和幸福作为释放现代压力的解药时，从心理上满足我们对安心和安全渴望的欢迎色（welcoming colors）正变得越来越突出。玫瑰石英和宁静结合在一起，显示了一种内在平衡，在更温暖的具有拥抱感的玫瑰色和更凉爽的宁静的蓝色之间，反映了连接和健康，以及秩序和平静的舒适感觉。

■ 质感作为一个营销策略

"只能看，不能摸。"你可能在小时候经常听到这样的话，因为孩子们是通过他们所有的感官体验这个世界的，即使这让他们的父母很紧张。在《顾客为什么购买》这本书的"感性的购物者"（The Sensual Shopper）

这一章中，研究人员帕科·昂德希尔说：

我所知道的最纯粹的人类购物的例子，可以通过观察一个孩子一生中接触到的一切来看到。你可以观察那个孩子，他/她为了寻找信息、理解、知识、经验和感觉的过程。

他补充说，购物"不仅仅是我们所说的'抓起来就走'——你需要玉米片，你就直接去到玉米片区、抓起玉米片，然后度过愉快的一天。"他解释说，"我所说的那种活动包括体验世界的某个小部分——这也被视为应出售的那一部分。这将使用我们的感觉——视觉、触觉、嗅觉、味觉、听觉——作为选择这个或拒绝那个的基础。"（图3.9）

今天，人们比以往任何时候都更倾向于通过试用和触摸来购买东西。如果产品的触觉品质是其重要的特征，那么购物者必须亲自知道产品的触摸感觉。想想你在商店货

图3.9 在Yuta Powell广场展示的独特的多样质感的物件——光滑闪亮的手镯、柔软的织物袋、花朵般的装饰和螺纹的抽绳——唤起触摸质感的渴望。图片来源：Iannacone /《女装日报》/康泰纳仕出版集团。

架上看到的那些塑料包装的商品包装都被拆开了。人们都有想触摸商品的欲望。虽然有些**质感**很容易可视化，但有些质感需要亲身体验。事实上，昂德希尔的研究发现，一些没有在护肤液、肥皂和洗发水的美式品牌广告中成长起来的新美国人，会"撕开盒子或打开瓶子来测试一下产品的黏度和气味"。

从顾客反应的角度来思考这一切。正如昂德希尔所指出的：

> 由于商店运作方式的改变，触摸和试用对购物环境来说比以往任何时候都更为重要。从前，店主和销售人员是我们销售商品的私人向导。他们有足够的知识，他们中有足够多的人充当购物者与商品世界的中介……当空间在购物者和工作人员之间被清晰地划分。

今天，卖场上的商品展示提供了一切可能，在购物者和不可触摸的商品之间只有很少几个或没有销售人员。当包装成为最后一道屏障时，购物者开始期待获得样品。要在零售店创造一个"欢迎、支持销售的氛围"，战略性地使用可接触的展示和装饰，利用质感元素，这比以往任何时候都更重要。

认识到质感既可以被看到，也可以被摸到是同样重要的。商店设计师和规划师如何使用质感对比来进行装饰，决定了商店整体环境情绪，也会影响商品的外观。在艺术和美学方面，质感可以吸收或反射光线，提供对比，增强商品的功能，帮助设定情绪，真正地邀请购物者触摸商品。请记住，购物者与一定类型的商品接触越多，他们购买的可能性就越大。

质感的一致性是另一个关键因素。如果

商店特色是运动和户外活动设备，粗糙的木质墙壁和陈列展示装置表面可能是合适商店的背景，但它们可能会让那些寻找精美瓷器和餐具的消费者感到困惑。

除非质感与商品搭配时合情合理，否则就不应该使用质感本身作为策略。当然，有些时候，一种质感的选择可以产生巨大的对比，并让人把注意力集中在对比差异上。如果讽刺或幽默是公司视觉营销计划的一部分，那么强烈的对比可能是非常合适的。蒂芙尼的吉恩·摩尔是一位视觉讽刺大师，他将精致的珠宝与最不可能的道具结合在一起（图1.1）。

展示和装饰的质感可以传达意义。光滑、闪亮的表面，利用现代的、棱角分明的线条反射光线，暗示着高科技电子产品、流线型家居用品、更新的家居配饰产品、汽车产品、年轻和前瞻性的时尚产品。

质感还可以设定情绪和舞台。在一家出售与声音和音乐相关的高质量产品的商店里，墙壁上的覆盖物可能暗示着录音室的专业氛围——在那里，外面来的声音可以被厚厚的声学填充物吸收。这时，形式和功能的结合在装饰元素的选择中是至关重要的：这些质感在和购物者对话，并告诉购物者从音乐商店环境中的商品中可以得到什么。

奢华的质感元素可能会在传统的男士商务服装部中营造出私人俱乐部的氛围，这些元素包括丰富的木质墙面和地板、华丽的踢脚线、橡木横梁、深扶手椅、略显破旧的皮革覆盖物、厚重的窗帘、图书馆桌子上的谨慎展示、抛光的黄铜五金件，还有厚厚的地毯。同样的购物环境，可能会让购买周末休闲装的年轻男性完全不喜欢。更适

质感（texture）是指一个表面在被触摸时的实际感觉，或者是它在被触摸时的外观感觉。例如，粗糙度和平滑度可能容易看到，但柔软度和硬度可能需要实际的物理接触。在商品陈列中，质感经常被用来做比较或对比。

图3.10 American Eagle专卖店，二楼橱窗里比日常更大的图形和一楼的小橱窗展示形成对比，从远处吸引了人们的注意力。图片来源：Iannaccone／《女装日报》／康泰纳仕出版集团。

比例（proportion）是两个或两个以上物体的尺寸、质量、规模或视觉分量之间的关系。

视觉分量（optical weight）是一个物体看起来有多重要、多大或多重（可能与它实际的重量或实际规模不同）。

合这个年轻目标市场的质感元素可能是拉丝金属桌、闪闪发光的健身房地板和记分牌式标牌。

■ 比例作为一个营销策略

比例可以定义为两个或更多物体的尺寸、质量、规模或**视觉分量**之间的关系。在视觉展示中，比例可能与正常尺寸商品中使用的超大道具有关。或者它可以描述在橱窗展示中大小物品之间的规模对比（极端差异）（图3.10）。

比例在时装搭配中也非常重要。想象一下，一个人台模特穿着羽绒服和厚重的冬季长裤，然后配上一双轻便精致的凉鞋。不仅鞋子的款式不合适，鞋子与服装的比例也不

正确，而低跟功能靴将是一个合适的鞋子选择，它在比例上是正确的。

你怎么知道这些？即使你不是一个本能的"时尚人"，你也可以依靠你内在的比例感来告诉你：有些东西出了问题。一本时尚杂志可能会帮助你选择最好的时尚配饰，直到你对自己的时尚悟性更有信心。家具或其他硬商品也是如此。像*Elle*、*W*和*Metropolitan Home*这样的杂志对你来说是巨大的学习资源。

其他比例的示例包括：

- 一个家具陈列室，配有一个超大双人沙发、两张配套椅子和正常比例的餐桌。
- 一个时装墙区，配有紧身牛仔裤和迷你格子棉衬衫，搭配TOMS休闲鞋。

■ 方向和线条作为一个营销策略

在定义任一术语时，都很难将术语"线条"和"方向"分开。**方向**是一种设计元素或工具，在商店里引导购物者视线从一个地方到另一个地方。有时，这就像指向商店内特定目的地的方向箭头一样简单——在这种情况下，购物者实际上是从一个空间被引导到另一个空间（图3.11）。**线条**也可以描述一件衣服的关键特征，比如有垂直条纹的衣服会使穿着者看起来比本人更高更瘦，而在水平条纹的衣服中，线条则强调了身体的宽度。

在艺术中，线条是艺术家的铅笔在纸上或画笔在画布上的移动，室内设计师的线条则是在墙上涂上油漆或瓷砖形成的。线条可以引导视线。有时一个建筑特征或线性元素会营造一种氛围。例如，使用带有长横线的材料可以暗示平静和稳定，锯齿状的对角线可以传达兴奋和运动的感觉。这完全取决于设计师的意图。

线条的策略性使用可以给任何你想要表现活跃的和动感的展示或区域带来节奏感。使用线条图案的条纹或箭头，可以在零售空间内创造一种非常活跃的节奏或感觉，引导购物者的眼睛进入并穿过它。在视觉展示的构成中，线条是节奏不可或缺的一部分。有效地使用它们，线性元素将直接带领或引导购物者通过整个销售区或独立展示区。

垂直的线条传达出尊严、力量和高度的信息。在建筑中，一些战略性地重复的垂直结构柱支撑着整个建筑。那些"昂首阔步"的人是社会理想姿态的典范。事实上，时装模特或人台模特越高，所展示的服装就越精致优雅。

对角线代表动态，让我们联想到火箭

方向（directioin） 在零售方面，指的是一种设计元素或工具，它可以引导购物者的视线从一个地方移动到另一个地方。例如，一个指向特定目的地的方向箭头，会将购物者从一个空间引导到另一个空间。

线条（line） 具有引导视线的特征，也可以是一种表现情绪的线性元素。例如，长长的水平线可以表示平静和稳定，锯齿状的对角线可以传达一种兴奋和运动的感觉。

图3.11　在纽约麦迪逊大街（Madison Avenue）上，一个令人兴奋的天花板处理引导购物者穿过三宅一生专卖店。图片来源：Ericksen /《女装日报》/康泰纳仕出版集团。

图 3.12a 水平鞋架与从地板延伸到天花板的垂直绳索相结合，成为购物者的"止步器"。Holt Renfrew，卡尔加里（Calgary）专卖店（左上图）。图片来源：Ericksen /《女装日报》/康泰纳仕出版集团。

图 3.12b 芝加哥 Mark Shale 楼梯间的优美建筑曲线，为展示男士产品创造了完美的特色区域（右上图）。图片来源：《女装日报》/康泰纳仕出版集团。

图 3.12c 曼哈顿凯特·丝蓓（Kate Spade）专卖店的垂直线、水平线和对角线汇集在一起，营造出一个难忘的购物环境（下图）。图片来源：《女装日报》/康泰纳仕出版集团。

图3.13 墙面上一个巨大的方形箱子陈列，由可放置折叠衣服的曲线形陈列柜引导，创造了一组引人注目的复合形状，将顾客吸引到汤米·希尔费格（Tommy Hilfiger）的后墙区。图片来源：Chome /《女装日报》/康泰纳仕出版集团。

发射、喷气式飞机起飞和一支箭在空中形成的弧线。在体育用品、运动服和玩具部门，它们可能是有效的情绪制造者。锯齿线是一种非常活跃的对角线，它们几乎是疯狂的。想象卡通闪电或心电图上的尖峰线，你就会想到锯齿状运动。

水平线比垂直线和对角线更安静。它们让我们想起那些似乎永远延续的风景和海景。现状（一种平衡状态）可用一条水平线形象地表示。室内设计师如果想淡化房间的高度，让房间显得更小、更亲密，就会用水平的彩色边框或建筑造型来削减不需要的垂直印象。

曲线——代表优雅、放松和无忧无虑的运动——能在一个部门建立女性的感觉，为女性内衣、珠宝、化妆品、婚纱店或孕妇装部门增添女性气质。在一个部门的收银台和陈列展示装置上添加的曲线，柔化了原本阳刚、边缘坚硬的建筑材料的整体效果。观察图3.12中的照片，你会注意到，线条给它们所使用的区域提供了方向感（动感）。

形状作为一个营销策略

著名画家弗兰克·韦伯（Frank Webb）将**形状**定义为"以线条、点、面、颜色和材质为边界"的在纸上的标记（在三维介质中，形状也受其外表面轮廓的限定。一些理论家称三维形状为"形体"，以区别于二维形状）。他说，形状不一定是一个单一的物体，实际上可能是一个复合形状（图3.13）。这对视觉营销人员来说很重要，因为许多展示会把商品堆放起来呈现一个形状，它更多地体现了整个陈列展示的视觉效果，而不是堆放的各个项目的视觉效果。人们可能会因为这个形状所在的空间，对质量或体积留下深刻的印象。想想杂货店里那半座恐怖的哈密瓜金字塔，如果你把一个哈密瓜从陈列架上拿下来，它会不会全都掉下来？想象一下，感恩节前夕，在家庭用品部的地板上堆放着一个巨大的方形烤箱——他们有足够的库存为您即将到来的假日晚餐做准备吗？看起来的确准备好了。或者想想这个：在你看到一个人长满雀斑的脸和卷发之前，你远远地就可以认出你的朋友，因为你知道那个人的轮

> **形状（shape）**是一种标准的或普遍认可的空间形式，如圆形或三角形，可以帮助观察者识别各种物体。

廓（体型、身高和特征姿态）。

韦伯还建议人们在呈现形状时使用各种技巧。例如，在创作一个有趣的陈列展示时，形状应该相互重叠；形状不仅指那个物品，也指物品周围的空间——正空或负空间。"设计负空间时应该带着更多的关注，因为它们经常被忽视，而正空间则会自己照顾自己。"

■ 尺寸作为一个营销策略

尺寸与比例、比率、质量或规模有关。使用超大道具等设计元素可能会改变展示产品的外观尺寸，使其在对比中显得很小——你会注意到较小的物品，因为你的眼睛会集中在较小的物品与较大道具的差距上。物品比例的变化将建立展示的重点（艺术原则或目标）。然而，如果展示设计中使用的所有元素结合在一起，形成一个和谐的整体，那么统一的艺术原则也得到了体现（图3.14）。

例如，你可以用一个6英尺（1.8米）长的高尔夫球杆和一个直径为6英寸（15厘米）的高尔夫球作为橱窗展示的道具，展示一家制造商的十几双高尔夫球鞋（重复）。道具和产品之间的尺寸差异可能会让路人有点吃惊（意外的艺术原理），但高尔夫的整个主题有一个统一的原则，它可以把它们结合在一起，向橱窗外的顾客传递一致的销售信息。

图3.14　在米兰的赛琳（Celine）店，将看上去小的服饰品分组，使它们在观众的印象中显得很大。
图片来源：Miranda /《女装日报》/康泰纳仕出版集团。

图3.15 一系列引人注目的相似人台模特，依次强化了商品主题和品牌形象。图片来源：Kasuga /《女装日报》/康泰纳仕出版集团。

■ 秩序作为一个营销策略

在一个橱窗展示和展示柜陈列中，视觉营销员可能依赖于一系列物品从小到大或从大到小的**秩序**来强调某一特定商品有多种尺寸可供选择。例如，鞋店可能会推出一系列的白色帆布鞋头缓冲运动鞋，尺寸从专业运动员的22+码到婴儿的0码不等。传达的信息是什么？——我们每个人都有运动鞋！图3.15可以看到另一种类型的秩序，T台上有四个姿势相同的人台模特，把顾客引向商店。

■ 张力作为一个营销策略

在视觉艺术中，构图是在艺术作品中放置元素的计划。它要求观众作出回应。如果艺术中的元素以一种平衡的方式排列，艺术会说它在审美上是赏心悦目的。但如果平衡看起来不稳定呢？还记得哈密瓜金字塔的例子吗？拿掉一个会引发产品部门的雪崩吗？如果它让你疑惑接下来会发生什么，这就是应用了设计中的元素——**张力**。它和设计原则中的"意外"对应（图3.16）。

有些艺术家的目标是打破传统构图，挑战观众重新思考作品中的平衡和设计元素。例如，艺术家萨尔瓦多·达利（Salvador Dali）在他的超现实主义绘画作品中使用了引人注目的、常常是怪异的图像，比如融化的、下垂的时钟……1934年，他曾受雇于

秩序（sequence）是被展示物品供观看的特定顺序。除了数字顺序外，陈列展示还可能依赖于从小到大或从大到小的物品分级，以强调特定物品有多种尺寸可供选择。

张力（tension）是一种元素的排列方式，它会让观众怀疑对立的力量是否会干扰一场展示的平衡。例如，一堆摇摇欲坠的书可能看起来随时会翻倒，或者一个金字塔的产品——如果其中一件物品被抽走——可能看起来会整个倒塌。

图3.16　不稳定堆放的箱子，展示了一种张力。曼哈顿West Village。图片来源：Chinsee /《女装日报》/康泰纳仕出版集团。

纽约邦维特·泰勒百货公司（Bonwit Teller Department Store），创造了引发堵车的橱窗。但他的展示让人非常不安，商店高管不认同达利的设计，觉得必须重做，并且不再让达利参与其中。当他发现自己的展示被店方修改后，引发了冲突，导致了橱窗玻璃破碎，达利被押解进监狱。这个展示可能很巧妙，但大多数短暂观看过它的人都不认可这个展览，即使在橱窗里确实放着邦维特·泰勒百货公司的商品。

超现实主义画家达利刻意创造了一些看似有条理的画面，让观众看到自己想看到的东西，但他也在画面中引入了混乱的元素，让观众不得不付出额外的努力去探索和充分欣赏。在许多方面，混乱是达利的艺术标签。

西蒙·杜南（Simon Doonan）在他的自传《橱窗着装设计师的自白》（Confessions of a Window Dresser）中分享了达利的轶事，他自1986年以来一直是曼哈顿巴尼斯（Barneys）百货商店橱窗背后的充沛力量。他在自己的书中对这一重要的艺术原则进行了阐述：

从橱窗顾客那里获得震惊或惊喜一点也不难，人们至今仍然在描写和抱怨那些裸露着肚脐和挥舞着香烟的人体模特。这就是艺术家关于主题的直觉和感觉，在这里达到平衡。我降低了进入我擅长领域的门槛，并利用这一点顽皮了一下，以增加我橱窗的影响力。偶尔，我对设计震撼人心的事物的渴望与美国文化的极易冒犯性形成冲突，但这也为我的成功奠定了基础。

你的陈列展示也可以影响购物者的想法——通过创造一定的不平衡、微妙的幽默或者紧张，可以使一个形象更难忘。但这应是谨慎使用的，应时刻将你商店的使命和愿景铭记在心。

设计原则——规则

一旦你熟悉了你所掌握的一系列设计元素，你就可以在各种设计原则中战略性地应用它们，这样顾客的注意力就会被引导到你想去的地方。这可能意味着专注于单个商品、整个产品类别、特定的销售装置、橱窗、店面或特定的零售部门。

■ 统一和和谐作为一个营销策略

统一意味着成为一体。词典定义通常把统一性（unity）和连贯性（coherence）当作同义词。作为一种艺术原则，当一种表现形式的所有元素结合在一起，形成一个平衡、和谐、完整的整体时，就出现了**统一**。统一也是一个难以描述的艺术术语，但当它出现时，观者的眼睛和大脑已经准备好看到和享受它。有些人甚至可能会说，一件具有统一性的艺术品能"很好地结合在一起"。对于感觉到你在陈列装置、道具和商品之间建立了紧密联系的商店购物者来说，这也是同样的道理。

在质感作为设计工具的例子中，最重要的因素是选择和所销售的商品匹配的装饰元素。同样地，这些例子也说明了和谐的原则——精心选择互补的、交织在一起的质感元素，从而创造出一个统一的整体。

和谐是一种能在许多层面上创造出可见统一的艺术元素。这对视觉营销人员来说是一个严峻的挑战，因为他们很容易忘记自己工作的单个部门是整个商店的一部分，或者他们正在构建的单个展示只是整个部门的一

图3.17 各种元素的重复，如墙壁颜色与家具和展示柜相匹配，以及相同的木材饰面，展示了休斯顿菲拉格慕（Ferragamo）陈列展示的统一与和谐。图片来源：Chinsee /《女装日报》/康泰纳仕出版集团。

部分。在你工作的整个过程中，你必须牢记商店的整体品牌形象和销售目标（图3.17）。想去创造一个令人眼花缭乱的辉煌小岛，向自己作为视觉营销员的聪明才智致敬——这是一种诱惑，要抵制它！因为如果你这样做，整个店面的设计和展示和谐都会受到影响。

这并不意味着你的作品中没有创造性表达的空间。事实上，真正有创造力的人会想方设法在展示中加入幽默、惊奇或讽刺的元素，这些元素是零售商日常展示的重点。

■ 平衡作为一个营销策略

在艺术界——这里包括商品展示——构图一词意味着以巧妙的形式平衡各种元素。与艺术家规划构图和设计作品的方式相同，视觉营销人员利用服装杆、货架和其他专门的展示装置，在商店的墙上和地面上展示商品，构建和设计零售空间。视觉营销

> 当展示的所有元素结合在一起，形成一个平衡、和谐、完整的整体时，就出现了**统一**（unity）。

> **和谐**（harmony）是一种创造了可视统一的艺术元素。精心挑选互补的交织元素，创造出一个统一的整体，与商店的整体品牌形象保持一致。

平衡（balance）是视觉分量和相对重要性的相等，它创建了一个统一的展示。

正式平衡（formal balance）发生在当两个大小相等或视觉分量相等的物品与一个中心点的距离相等时。也被称为对称。

非正式平衡（informal balance）发生在物体被放置在一个不对称（意思是"远离对称"）的安排中，中心点一侧的单个较大物体可以由另一侧的两个或多个更小的物体来平衡。

员结合他们对艺术和商业的所有了解，计划如何在销售楼层放置陈列展示装置，以及如何在墙上放置商品。他们在商店设计中寻求和谐和令人赏心悦目的平衡元素。在他们使用的艺术技巧中，有正式的和非正式的平衡。

在视觉营销中，**平衡**可以被定义为视觉分量和重要性的相等，创造出一个统一的展示。在**正式平衡**中，两个大小或重量相等的物品从一个中心点等距平衡。这也叫作对称。**非正式平衡**是不对称的（意思是"远离对称"）。其中心点一侧的单个较大物体可以由另一侧的两个或多个更小的物体来平衡。

为了理解像商店墙面这样大的对象的正式平衡，在要进行营销设计的空间的中心画一条假想线，把这个空间分成大小相等的两部分。两边使用相同的商品处理。如果你在其中一半空间的正面悬挂架上展示了四件衬衫，那么你必须在另一半空间上

做同样的事情。如果你在假想线的一边把裤子挂在一根 4 英尺（1.2 米）长的衣服杆上，另一边你也必须这样做。观察图 3.18 中的墙面上的正式平衡，以了解它是如何起作用的。

顾名思义，采用正式平衡的展示，在本质上是相当保守和克制的。一些视觉营销人员说，正式平衡是僵硬的，或者至少是静态的，意味着几乎没有运动。你也可以把它看作是一种有纪律的方法。正式平衡很容易学习，也很容易始终如一地使用。这是一种保持墙面展示并然有序和保持一致性的方法。在时装橱窗里，除非你想为商品描绘一种优雅、克制的情绪，否则非正式平衡可能是更好的选择。在使用平衡技术展示商品时，请记住这些策略。你需要确定你所设定的情绪是否与商品信息相适应。

在视觉营销中，你可以通过将各种物体分组，在一条中心线的两侧填充相同的空间来实现非正式的平衡（图 3.19）。尽管虚线的每一侧的商品不相同，但它们似乎具有相同的重量，实现了非正式的平衡。这是一种不那么拘束的视觉策略，它可以让你更自由地用商业术语表达动态和活动。如果一个商店有一长串的墙，你可以通过交替的正式平衡和非正式平衡来增加整体效果的趣味。

其他平衡的例子包括：

• 从商店入口看，整个商店的布局似乎均匀地分布着独立的陈列展示。

• 商店陈列展示装置的安排，在整个商店中以平衡的方式高低错落放置。

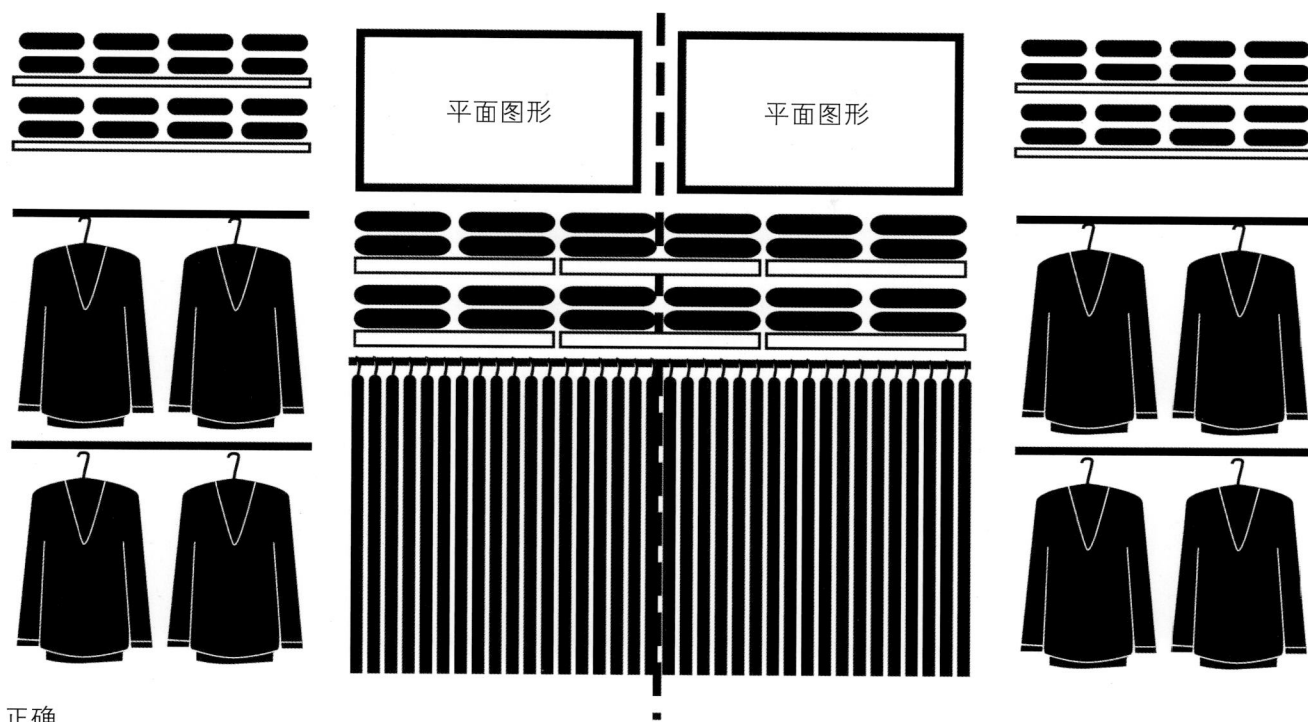

正确

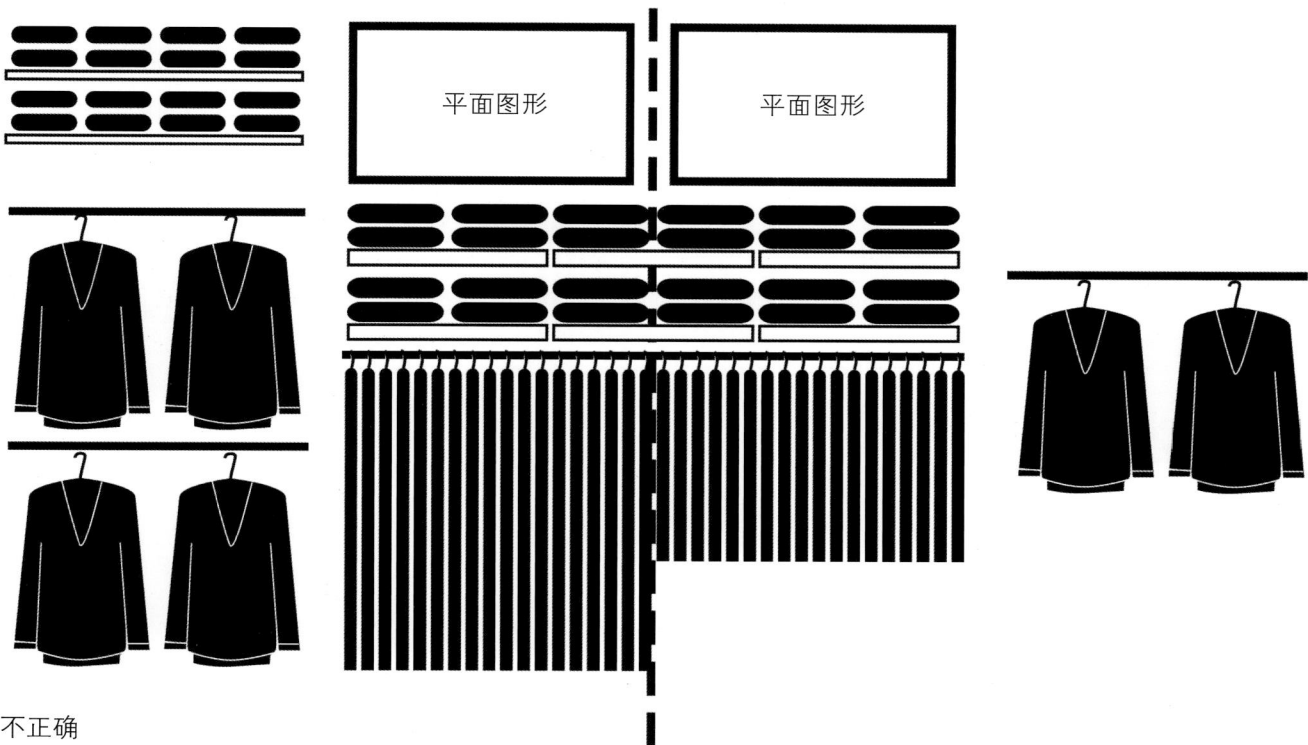

不正确

图3.18 时装展示墙。在正确的例子中，正式平衡是通过在中心线的两侧创建服装镜像来实现的。在不正确的示例中则没有出现这种情况。图片来源：伊莲·温克尔艺术。

图3.19 时装展示墙。在正确的例子中，非正式平衡是因为在中心线的两边填充了相同的空间。在不正确的示例中则没有出现这种情况。图片来源：伊莲·温克尔艺术。

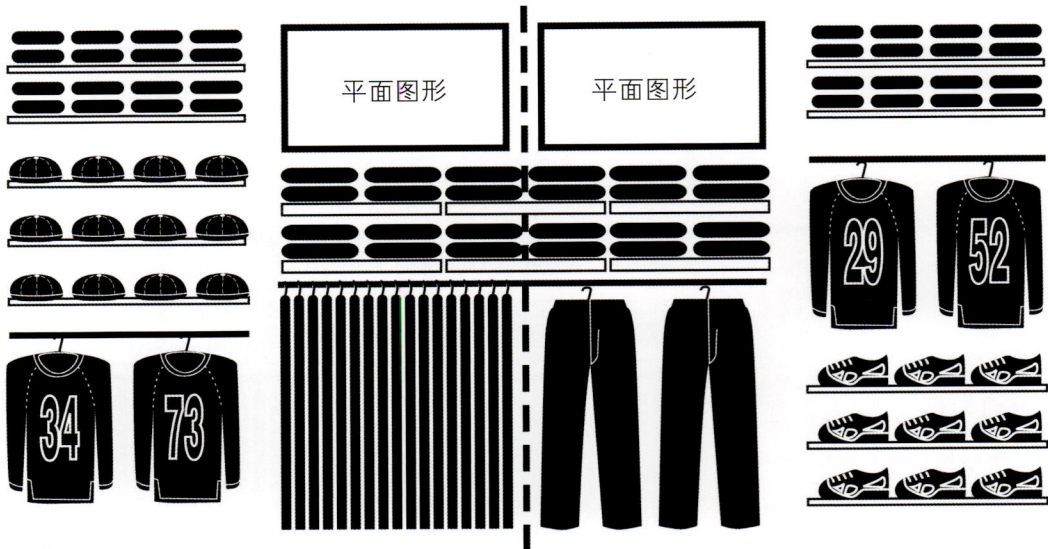

正确

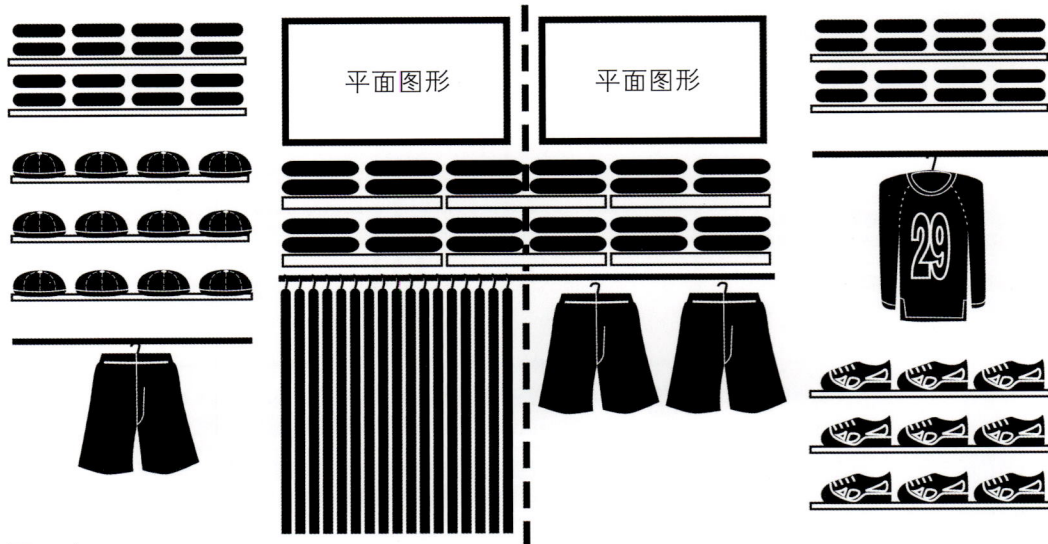

不正确

当展示中反复出现的设计元素（如尺寸、颜色或形状）创造出视觉图案的感知时，就会实现**重复**（repetition）。当眼睛沿着重复项目的路径移动时，营销信息就会一次又一次地强化。

■ 重复作为一个营销策略

在最近的展示趋势中，**重复**已成为一种常见的展示技术。一排排相同的人台模特在卖场地面上和橱窗里。为什么？重复在语言和图像中的表现效果是一样的：它强化了信息，提供统一性和一致性，并引起熟悉感。

在关于重复的讨论中，模式这个词会一次又一次地出现，正如这个来自About.com中《艺术史》（Art History）栏目中的定义一样：

（名词）——一个艺术的观念——可能是宇宙本身的——模式意味着作

图3.20 重复使用相同的人台模特，在曼哈顿的Diane von Furstenberg旗舰店创造出一个令人停步观赏的视觉展示。图片来源：Seckler /《女装日报》/康泰纳仕出版集团。

品中某个元素（或多个元素）的重复。艺术家通过使用颜色（玩乐高积木的孩子本能地知道这一点）、线条（欧普艺术）或形状（马赛克等）来实现。

某些设计元素的重复可以在零售设计中创造出一种特殊的视觉节奏感。眼睛不仅沿着重复项目的路径游动，并且商品营销信息也一次又一次地得到加强（图3.20）。

■ 节奏作为一个营销策略

音乐家并不是唯一在他们的艺术中使用节奏的人。就像你发现自己跟随一个吸引人的鼓点而用脚点地击打拍子一样，你的展示可以给那些看到它们的人传递运动和节奏的感觉。在视觉营销中，**节奏**可以定义为：在一个单一展示或整个部门展示中，一种视觉从一个项目到另一个项目、从一个元素到另一个元素的运动感觉。这种运动可能是由于线条、形状或颜色的影响，以及在整体展示设计中使用的不同线条和形式造成的。节奏不需要机械运动。取而代之的是，它依靠观众的眼睛跟随设计构图所建立的模式（图3.21）。

从正门全景式地看一眼专卖店，就可以理解节奏。如果你注意到一片同等高度的陈列架海洋（没有任何打破平行线的迹象），节奏的视觉流就会消失。为了创造视觉节奏，陈列装置的高度可以改变。通过

节奏（rhythm）是通过重复设计元素来实现的，这些元素可以为观众创造独特的视觉韵律感或强调感。眼睛沿着重复项目的路径移动，营销信息得到加强。

图 3.21 Eryn Brinie 的大量人台模特按照高低顺序排列，提供了一种视觉节奏。曼哈顿苏荷区。图片来源：Ericksen /《女装日报》/康泰纳仕出版集团。

在一个部门或商店的主要设备顶部添加陈列展示或图案，可以创造出更强烈的节奏感。如果你画了一条想象的点对点的连线，把低点和高点连接起来，那么一个能有效传达节奏感的商店布局会是一个锯齿形的图案。

在陈列展示架上按秩序放置物品，有时有助于视觉营销员讲述商品故事。例如，如果尺寸从大到小排列变化可能在告诉购物者产品尺寸的重要性，这种排列顺序可以引导购物者的目光穿过展品本身，帮助他们决定哪些商品最能满足他们的需求。

重复性或顺序性节奏的例子包括：

- 三个穿着相同款式和颜色夹克的人台模特，搭配不同的配件，赋予每件基本夹克独特的外观。
- 一个特定厂家的各种尺寸的行李箱，从最小的随身行李箱到大皮箱。
- 悬挂在天花板上或从商店主走道的柱子上伸出的一系列标牌或横幅。

■ 强调和对比作为一个营销策略

目前为止讨论的任何艺术原则和设计元素都可以用来强调特定的物品，或将注意力集中在商店的某些区域——但无论你在展示什么，你的策略必须以商品为中心。

当你运用**强调**和**对比**的原则时，你要决定你想突出商品或销售空间的哪些特点。你选择强调什么，将取决于你希望与客户沟通什么。如果强调的是一种新时尚色彩的重要性，那么在你的展示中，你需要更多地使用这种颜色——呈现明暗的对比，或者在色相环上选择相反的颜色。

你也可以通过戏剧性地使用灯光来强调商品，将一个部门中较亮的区域与其较暗的区域形成对比。此外，可以通过有效地使用标牌和图形，以及战略性地在陈列架上放置商品，来获得强调——所有这些都将在接下来的章节中详细讨论。

设计构成很重要。当你运用你的想象力和技术技巧来引导购物者的注意力，并让他们参与到你的商品中来时，你有很大的能力来影响消费者的购买决策。在这里，你还可以利用正空间和负空间来集中购物者的注意力（图3.22）。

每次展示设计都应该从草图开始。每一次楼层变动都应该从一张显示商品陈列展示装置的卖场位置图纸开始。如果你不是一个有造诣的速写艺术家，你可以通过画简单的正方形和圆形来组成你的设计图，画出需要强调的部分并检查你是否展示了必要的物品。

你会在大多数专卖店的正门口看到强调原则的运用。该区域的营销台和其他销售陈列架将突出展示那些被深度采购的商品（每个商品都有多种尺寸、样式和颜色），显示该商店对这些有销售潜力的商品的承诺。在给定的商品类别中给予展示力度是一种强调策略。它告诉顾客：这些是本店相信的商品、类别或趋势。

将强调作为视觉策略的最好例子之一是老海军品牌的"本周最佳商品"，它总是以引人注目的标牌为特色，并有足够的库存来实现有利可图的销售。它就像一个感叹号，不

强调（emphasis）是将焦点放在一个项目上，在展示中突出它。可以通过对比、灯光、颜色、位置、重复等来实现。

对比（contrast）指出了物品或物品之间的极端差异。例如，浅色物品与深色物品的对比，或者巨大的物品和微小的物品一起展出。

图3.22 曼哈顿 Guy Laroche 店：中央黑色箱子的正空间与相邻白色墙的负空间形成对比。运用对比的设计原则，把重点放在了男式领带墙上。图片来源：Centano /《女装日报》/康泰纳仕出版集团。

图3.23 惊奇！腿、手臂和其他人台模特的身体局部，引起了人们对橱窗的注意。纽约市麦迪逊大街Barneys店。图片来源：Seckler /《女装日报》/康泰纳仕出版集团。

仅强调某些类别的商品，而且也有助于停下购物者的脚步，让他们花费足够长的时间观看特色展示。特色展示的功能就如同一个巨大的广告牌，列出了最新的趋势商品。这是顾客看到的首要展示，背后的策略是集中顾客注意力，让他们做好在商店购物的准备。

▋ 意外作为一个营销策略

最后一个原则——"意外"。它出现在最后是有原因的。它通常不是与视觉艺术相关的设计原则，在传统的展示中也不经常使用，因为它很难有效地使用。然而，在适当的情况下，它可以是一个合适的营销策略。通过将紧张的元素带入展示来强调产品，可以有一个动态的客流止步的效果。例如，通过在人台模特的脸上添加意想不到的小丑面具，顾客可能会在他们的行动轨迹上停下来，注意到人台模特身上的运动装展示。一旦他们克服了对这种吸引眼球的展示的惊奇，他们会对人台模特的时尚服装进行再次审视。但必须注意的是，这样的策略也会让购物者"看不懂"，或将注意力集中在展示让人意外的方面而不是在商品上，从而感到困惑。这就是为什么要了解你的目标顾客如此重要，并问一问自己——他们是否有可能理解你想要达到的目标（图3.23）。如果答案是肯定的，一个意外的营销策略可以说是有效地应用了"跳出条条框框之外"的思维。

零售现实

当展示在人台模特或展示台上的商品没有足量存货（商品有每种尺寸、样式和颜色）时，顾客会感到沮丧。如果有限的选择很快售罄，展示应该尽快改变……或者一开始就不要这样展出。

行业谈

作者：吉姆·斯马特（Jim Smart），Smart 联合公司总裁，明尼阿波利斯市

在实现成为一名著名戏剧设计师的目标过程中，我对零售业"舞台"的运作方式着迷。我也不知道这是什么时候发生的。那天我走进一家大型百货商店，看到创意营销人员（当时我不知道这个称呼）如何"引导"我们逛商店，让我们看到和购买他们想让我们看和买的东西。我突然也想成为其中的一员。

随着现有技术和当今市场的成熟，现在可以在零售店或餐厅的设计中加入尽可能多的戏剧元素，就像曾经只发生在大型百老汇表演的壮观场景一样。在一部成功的作品中，戏剧设计师的目标是让每个观众都沉浸在戏剧的整体氛围中。设计师利用人的所有感官就能做到这一点。第一种感觉是由色彩、运动和光线刺激的视觉。如果做得好，有效的商店设计可以使顾客产生奇妙的感觉，就如在《合唱队》（A Chorus Line）中难以置信的时刻：全场合唱团员戴着金色帽子，穿着燕尾服，转身走向舞台口，一起唱出"一，非凡的感觉……"

我们称为氛围。当然，零售店或餐厅的环境要比舞台表演更持久一些，还有许多其他因素会产生影响，如安全和能源法规、与《美国残疾人法案》有关的问题以及预算，等等。

当我们的公司投入一个新项目时，我们会从"无规则"方法开始。也就是说，我们感兴趣的是我们客户的顾客是谁，空间的实际需求是什么，什么样的东西和感受会吸引到想要的顾客群，最重要的是——什么会让他们再次回来。我们发现，在这个阶段不担心规则有助于确定氛围：感觉是什么样的，看上去是什么的，闻起来是什么样的。第一个阶段称为规划阶段。

当收集到项目的所有信息并完成头脑风暴后，我们会绘制建造项目所需的图纸，向客户传达我们的想法。这就是所谓的方案设计阶段。一旦我们觉得自己走上了正确的道路，抓住了空间个性的本质，我们就会回去看

那些非常重要的指导方针和规则。我们必须确保我们客户的空间是安全的，符合所有相关的建筑规范，并可以支付得起。这是设计开发阶段。

当我们的客户审查过到目前为止所完成的工作，并同意我们的方向时，我们将编制项目建造所需的施工文件，包括平面图和立面图、照明设计、木制品设计，以及任何其他技术规范、预算预测和施工时间表。

在每一个阶段，有一件事我们永远不会忘记，那就是预算。另一个更重要的是——氛围。我们从不把目光从设计目标上移开。在设计项目的各个阶段中，人们很容易开始关注细节而忽视了大局。为此，我们聘请了一名项目经理，其工作是处理与客户、总承包商以及任何可能进入项目的城建官员的所有沟通。该项目经理记录了大量的笔记，并随时准备为任何方面的设计辩护。

所有这些都很重要，因为我们必须为客户的顾客提供有利于业务的空间氛围，无论是购物、餐饮、高尔夫还是购买服务。有时，客户会说："我个人不喜欢那种颜色。"我们试图找到一种委婉的方式来回答"我们不在乎"。也许这听起来很刺耳，所以不一定非得这样说——但它强调了一点，那就是我们非常关心客户的顾客会喜欢什么。事实上，我们在早期（规划）阶段研究顾客的反应和偏好，感受让他们一次又一次地返回购物的原因——因为当这种情况发生时，我们就知道我们获得了一个成功的项目和满意的客户。

如果你问我设计师工作中最重要的部分，我会说是倾听。如果我们以为自己知道的比客户知道得多，专注于表面空间，我们肯定会失败。只有通过仔细倾听客户和顾客的需求和愿望，才能产生一个有效的项目。

因此，我认为设计师的作用是在创造"一种非凡的感觉"——即你所知道的"氛围"。

设计画廊：汤丽柏琦，洛杉矶罗迪欧大道

汤丽柏琦是一个美国生活方式品牌，于2004年在曼哈顿诺丽塔（Nolita）社区的一家精品店里推出。如今，它是一家全球性企业，拥有150多家品牌店。你还可以在3,000多家百货和专卖店中找到它的服装、鞋子、手袋、配饰等。在职业生涯的早期，汤丽（Tory）获得艺术史学位后，曾为拉尔夫·劳伦、Vera Wang和罗意威（Loewe）旗下的Narciso Rodrigues担任设计师，后来她开始了自己的事业。

汤丽柏琦的一个橱窗展示位于洛杉矶罗迪欧大道，其充满活力的橱窗体现了许多设计原则和元素，线条无疑是其中的明星元素。四条充满活力的蓝色条纹以一种艺术的方式运用，让人想起一个在幕后拿着一桶颜料的画家，非常具有触觉效果。观者的眼睛被从左拉向右，被锯齿状的倾斜条纹所吸引。锯齿状条纹也传达出一种兴奋和运动的感觉。最后，线条的平面图形效果与人台模特服装上出现的强烈平面图案和形状完美协调。这是以多么简单和经济的方式，创造出多么大的眼球吸引力！在这个橱窗中，你还看到了哪些设计原则和元素？对比是如何呈现的？人台模特的形状起到了什么作用？

第三章　回顾问题

1. 什么是设计策略？举个例子。

2. 什么是设计元素的"工具"和设计原则的"规则"？

3. 举例说明一个或多个设计元素，如色彩、质感、比例、方向和线条、形状、大小、秩序和/或张力，以及它在当今零售店视觉营销中的使用情况。

4. 举例说明设计原则在今天的零售店里作为营销策略是怎么理解的？包括以下设计原则：统一与和谐、平衡、重复、节奏、强调和对比、意外。

5. 如何使用色彩来创建有效的墙面展示和陈列装置展示？

6. 描述改善商店环境、加强商店品牌或形象的氛围元素和设计策略，并在零售商店环境中举例说明。

挑战：跳出条条框框

活动1：创建彩色拼贴

说明：收集各种各样的、可以被剪下来的旧时尚和家居杂志（最好是刊登大量彩色广告的出版物）。收集两周的邮购目录，园艺和种子目录最好，作为彩色照片的（而且便宜的）来源。然后按以下步骤创建拼贴：

1. 浏览杂志和目录，直到找到纯色的原色——红色、黄色和蓝色的东西。你可能会发现一件毛衣是一种颜色，一把伞是另一种颜色，一卷花园软管是第三种颜色。将这些物品剪下来留作将来使用。

2. 寻找那些有二级色色彩——绿色、橙色和紫色的照片。把这些东西剪下来放在一边。

3. 寻找有三级色色彩的照片。把这些东西剪下来放在一边。

4. 把你的彩色剪纸组合成一个色相环，显示从一种颜色到另一种颜色的变化过程。先不要把它们粘在一起。

图3.24 这是一个学生的色相环拼贴样本。她把一个手绘调色板放在色相环的中心作为参照点。图片来源：安娜·隆德（Anna Lund）。

5. 将你的初步组合与图3.24的示例进行比较。

6. 将图片贴在一张纸或纸板上，创造一个由重叠的阴影和物体组成的色相环拼贴。

活动2：杂志项目

说明：想象杂志广告是商店橱窗里的商品展示。由于摄影造型师使用设计原则和元素的方式与构建商品展示的方式相同，因此你应该能够识别出能有效销售商品的每一个示例。继续分析广告如下：

1. 寻找以下例子的照片：

色彩	尺寸	重复
质感	秩序	节奏
比例	张力	强调
方向	统一	对比
线条	和谐	意外
形状	平衡	

2. 将你的发现与本文中的插图进行比较。你看到本章定义中所提到的形状和线条了吗？用记号笔画线、箭头或圆圈来识别元素。给每个原则或元素贴上标签。

3. 对图片示例中的想法如何应用于零售展示提出一些建议，进行创新。

活动3：氛围项目

指南：参观你最喜欢的商店，研究其氛围。

观察

用全新的眼光观察商店。列出能打动你感官的氛围元素。问问自己：

1. 商店是如何迎接客人的？

2. 入口处是否有能使顾客停止脚步的展示？

3. 入口处展示了哪些商品？

4. 这些展示是否能邀请你更深入地购物？为什么？为什么不呢？

比较

总结你的印象，分析这些印象对你的购物行为而言意味着什么？并分析你对该零售商用于营造这种购物环境的视觉营销技巧的反应。

创新

简要列出该零售商为顾客营造出更受欢迎和更有利的购物氛围需要做的事情。

批判性思维

色彩作为一种营销策略

正如本章所述，色彩是视觉营销中最重要的方面之一。对于这项任务，你的目标是寻找一个实体零售店的一个区域，感受该区域使用色彩来创造的影响。本章中需要记住的是：配色方案、色彩作为沟通工具、色彩作为商店装饰的一部分，以及色彩作为时尚营销的策略。

1. 访问你当地的商场、零售店或主要购物区。
2. 按照本章的指导方针，寻找将色彩作为视觉营销主要功能的零售商。
3. 在一到两页的报告中描述色彩是如何被使用的。向客户传达的理念是什么？色彩是否影响你作为购物者购买商品和/或服务的决定？色彩如何反映季节或社会文化现象？
4. 整理成报告并与全班同学分享。

案例研究

营造商店环境
背景

Scooters是一家儿童服装和礼品店，该店即将在一个城市街区开业，该街区还设有一家天然食品合作社、一家药店和一家宠物店。这家商店位于亚利桑那州一个大城市的内环，距离市中央商务区大约5英里（8千米），靠近几

个小公园，有一个基督教青年会和两所小学——一所是幼儿园和长时间日托的结合体，另一所是一至五年级的小学。

迈克、罗恩和玛丽·罗德里格斯决定开一家零售店，为搬回城市的年轻家庭提供服务。附近的老年居民正在搬到附近地区的公寓或退休社区。这三个人在这里长大，他们很高兴看到社区的变化，并欢迎那些正在为他们成长中的家庭重建老房子的年轻家庭。

该地区的基础设施服务非常理想，这是城市和学区对不断变化的人口结构做出的前瞻性反应。业主们能看到的唯一缺点就是街道停车收费，尽管在商店正后方有6个停车位，但仅能用于商店停车。

虽然Scooters的拥有者们在管理启动财务方面没有太多麻烦，但他们对商店的外观和实体形象的想法并不完全一致。事实上，玛丽所起的店名——Scooters，是从帽子里抓阄得到的，因为他们对商店的名称和整体外观没能达成一致。他们已同意聘请一名顾问指导他们完成商店的设计。

商店的外部是棕褐色灰泥，屋顶是传统的西南红瓦。其内部为40英尺×60英尺（12米×18米）的销售楼层，另有40英尺×20英尺（12米×6米）的后屋空间，包括一个供公众使用的浴室。二楼同样大，40英尺×20英尺（12米×6米）的后区有办公室和储藏室。他们的计划是在主楼出售12码以下的婴儿、幼儿、男孩和女孩的服装；在二楼出售玩具、书籍和礼物。它们的主要区别因素将是定价。店主们希望他们的店有一个高档的环境，但他们计划通过在市场上采购低价、促销和终端商品，以比正常零售价低30%~40%的价格出售。他们希望商店氛围有趣，并向购物者（成人和儿童）展示Scooter了解年轻家庭喜欢、想要和需要什么。

你的挑战

假设你是罗德里格斯家族聘请的设计顾问，帮助他们开始设计他们商店的形象和外观。

倾听店主们为商店做的描述，确定一些你认为会给顾客一种感觉的氛围元素。借用儿童家具、陈列装置、

大型玩具和游戏设备中的元素；从杂志、目录和小册子中剪切和粘贴。

为商店内外墙和地板选择适当的色彩方案。从装饰店或五金店收集油漆芯卡或样品卡，拍下你喜欢的商店的照片或从网上打印他们的图片，或者简单地从杂志图片中剪切和粘贴色彩元素，以帮助形象化你的选择。准备好解释为什么这样的色彩方案会提升 Scooters 的品牌形象且支持你选择的其他氛围元素。

利用你拥有的图像或您自己的想象力，设计一个适合外部标牌的彩色图形元素，并可以把它融入商店的内墙上。它可以是一个简单的形象，来自一个孩子的彩色绘本、卡通、玩具图片、游戏的元素，或任何让人想起色彩、活动和无忧无虑童年的元素。准备好解释这个图形元素是如何捕捉 Scooters 的品牌形象的，以及它将如何支持店内外的氛围。以专业的报告格式和 / 或小册子的形式，向你的指导老师和同学展示这个案例。

为视觉创造力做准备

一个顶点项目（capstone project）通常被描述为一门课程的最高点或最高成就——它证明你已经掌握了这个课题。更重要的是，一个执行良好的顶点项目表明你可以应用你所学到的一切。"等等，"你说，"这只是课程的开始！到目前为止只有三章！开始想结局不是太早了吗？"不一定！如果你把这门课程看作是零售业职业生涯的蓝图，并把每一章都看作是职业生涯的基石，那么你就需要一个最终的项目来完成它。

前几章让你开始思考设计独特购物体验所涉及的创造力。现在问问自己："如果有一个完善的作品集展示给未来的雇主，那该有多好？"在这个项目中，就可能会实现。

既然你已经了解了朱迪·贝尔的观察、比较和创新模式，你应该从参观商店开始：看看当今零售市场上有什么样的东西，看看做得不错的商店概念，挑选出吸引人的特点和好主意，可以修改以后供你自己的创新商店概念作为参考使用。

那么，当你在探索本文其余部分详细讨论的所有概念时，你也会在创造一个具有创新力的零售设计的道路上走得很好——至少是在纸面上。你会考虑零售氛围（当你在商店里时的"感觉"），当今市场上的各种类型的零售商店，它们如何布局（客流模式和商品安排）、如何布置和陈列，以及如何充分利用每平方米的销售空间。你还将学习服装、家居用品、体育用品甚至食品的陈列。今天，你可以从每一个销售类别中学到一些东西，你可能会发现一些有趣和有用的东西，以适应你梦想中的商店，无论你想要卖什么。

这个项目所需的大部分繁重工作都是在课程的早期开始的。一旦你考虑好了你项目商店的启动元素，其余的任务就与本书中的其余章节相对应。你可以在书中前五部分的结尾中找到这些任务。

创建和传播一个顶点品牌形象

这个项目涉及一个在现实世界中有很多对手的、虚构的零售机会。在入门阶段，你需要设计一个吸引你的商店概念。开始想象你会做些什么来使这个概念变得生动有趣。让你的想象力带着你走。请记住，这项顶点挑战使用的信息和思想，来自这本教科书的所有章节。不要害怕提前阅读。你可以在最初的三到四周内不断修改你最初的想象。最重要的是，玩得开心。

背景

假设你是一家新独立零售店的店主、店面设计师或视觉营销主管，这家零售店将位于一个拥有发达商业区的中型都市。你长期租赁一个拥有现代外观的、正面砌砖的零售大楼的主要楼层，共3,500平方英尺（330平方米），50英尺宽×70英尺深（15米宽×22米深）。它有一对9英尺×8英尺（2.7米×2.4米）的橱窗，设置在一个宽大的双门入口的两侧（总共有四扇橱窗）。商店的内部是完全开放的，没有装饰，简直是一张白纸，让你在开发零售概念时可以使用。假设你将从风险投资商或金融机构寻求财务资源。本项目所需的每一个要素都可以帮助你准备一份正式的商业计划，就像所有初创企业所需的那样。

第1部分

这是顶点项目的"观察与比较（研究）"阶段。它符合朱迪·贝尔的观察—比较—创新的视觉营销方法。这里有一个提示：开始写下你的想法，并将它们打印出来，这样你就不会丢失你项目商店的任何精彩想法。在顶点项目的初始阶段，你将阐明自己的营销理念，详细描述你认为一个成功的零售实体应该是什么样的。随着项目规划的进行，你将能够利用这些想法。

根据你对第一章和第二章的阅读以及你对营销实践知识的创新，问问自己：

• 经济（国家和地方）上发生了什么事情，会影响商店的成功？

• 文化上（国家和地方）发生了什么事情，会影响商店的成功？

• 我一直想拥有什么样的商店？

• 今天在我的社区里有这样的商店吗？

• 他们在竞争激烈的市场中表现良好吗？

• 是什么让这些商店成功？

• 在社区中是否有应该有但却不存在的零售企业？

• 是否有一群潜在买家，应该得到某项服务，但实际中却没有得到？

第1步：

为你的顶点商店创建独特的客户资料。为以下每一项准备一个可充分发展的空间：

• 年龄、性别、地理位置、家庭生命周期状况（单身、已婚、离婚等）和教育水平。

• 生活方式和个人兴趣（爱好、休闲活动）。

• 职业和收入。

• 任何其他你认为会影响你潜在客户的购买力和购买决策的人口和心理因素。

如果你还没有完成基本的市场营销课程或广告和销售推广课程，你可能需要做一些补充阅读，以有效地处理项目的这一相关部分。

提示：在得出关于你顶点商店的假想目标客户的任何结论之前，需要了解企业家可能使用的市场调查网站，访问相关网站，包括www.census.gov。与你的导师交流，了解哪些网站最适合你的课程，哪些网站是你学校图书馆已经订阅的，以便找到以下市场信息：

• 目标客户是谁？

• 他们是什么样的？

• 我在哪里可以找到他们？

• 如何联系他们？

从www.census.gov开始，你可以找到你想研究的每个地区的人口统计和收入信息。

第2步：

选择一个你认为自己喜欢研究和进入此项目的商品类别。提示：专注于一个定义明确的商品类别，将比试图规划一个百货商店更容易和更有启发性。参考你刚才完成的资料，考虑潜在客户，选择你自己商店的想法。或者，用以下列表作为起点，来进行观察、比较和创新：

- 新娘和特殊场合的商店。
- 男士服装店，可以是商务服装，专业运动服装和/或运动设备，大码服装。
- 女士服装商店，可以是专业运动服装，商务服，或高大、娇小、有曲线的服装。
- 复古服装或家居用品商店。
- 一家面向9~13岁女孩的青少年商店。
- 一家书籍专卖店——只卖神秘书籍、旅游书籍、诗歌或烹饪书。
- 以摆设桌子和提供食物为特色的专业桌面商店。
- 提供旅行所需的一切物品的行李商店——从随身携带的袋子和宠物搬运车，到储物柜和衣柜行李箱。
- 专门提供照明设备和灯具的古董商店。
- 以纺织品、针线、艺术品和服装、其他文化手工艺品为特色的民族设计商店。
- 植物店或花卉设计店。
- 蔬菜水果店、手工面包店或其他食品专卖店。
- 餐厅、酒吧或快餐店。

第3步：

现在你已经对目标客户和你想要发展的商店概念有了一个头脑快照：

- 写一句宣言口号，向这些客户解释商店的目的。
- 列出你的顶点商店必须实现的至少五个营销目标，以及实现每个目标的一些相关策略。一定要在你的目标中包括视觉营销部分。

第4步：

- 为你的新店选择一个名称。
- 解释店名如何帮助你传达为吸引潜在客户而产生的品牌形象想法——例如，你选择的名称传达了关于店主、生意还有商品的什么信息？

第5步：

描述商店的品牌形象（你希望潜在客户如何看待你的商店）。在你描述的时候，想想你商店的外观以及你希望达到的整体感觉。宣言口号（一句或两句话）、愿景宣言（将你的公司与其他公司区别开来的东西）和品牌形象应始终相互兼容和相互呼应。

第2部分

现在是时候对你顶点商店的商品进行样品打造了。你可以使用非教科书来源的照片或插图，商品可以包括你打算进货的所有类别。例如，如果你在做一个食品店，你需要开发一个相当全面的样品菜单；如果你在做一个服装店，你需要对所有适用商品类别的时装库存进行样品呈现。如果你准备了一个全面的剪贴簿来存放你的商品选择，你后面的任务会获得一堆有用的参考资料。

第1步：

• 描述商店商品。选择能够充分说明你销售意图的关键商品项目。

• 列出每个部门或商品的类别。

第2步：

• 列出并展示你打算提供的每个类别（部门）中的库存项目示例。每个类别有一到两件服装的例子会让观众对你的商店有一个最起码的感觉。

• 当你在纸上建立库存时，你会看到一个和谐的整体主题出现，它反映了你潜在客户的品味以及你所陈述的使命宣言和品牌形象。考虑到这些因素，准备好为你的商品选择进行解释。

第二部分　卖场实践与策略

第四章　时尚服装的布局和陈列装置

创造零售氛围

把零售店想象成一个由天花板、墙壁、窗户和地板围起来的盒子。商店的战略设计包括其外部（店面和周围环境）和内部（墙壁、地板、窗户、门、标牌、照明、家具和陈列装置）以及销售楼层中商品、陈列装置和展示的安排。这些元素的总体效果创造了一份宣言——购物者将在"盒子"的零售氛围中发现什么。

有效的商店设计将商店氛围与管理层的营销理念联系起来，提供愉快、高效的购物体验。零售店永远不应该仅仅作为购物者兑换商品的地方。它也应该是尝试购买前观察商品、和商品互动的最好地方。任何关于商店的设计或陈列展示都不应该干扰这个过程。当购物者带着他们购买的商品离开零售店时，他们可能没有意识到他们也购买了整个零售体验，但这才是真正发生的事情。

《销售梦想：如何让任何产品都不可抗拒》（*Selling Dreams: How to Make Any Product Irresistible*）一书的作者吉安·路易吉·朗吉诺蒂－布伊托尼（Gian Luigi Longinotti–Buitoni）认为，成功的梦想卖家应该创造能传达强烈情感的产品和服务。他们还应尽一切可能提高顾客对附加值的认识。例如，如果顾客认为商店不仅仅是一栋建筑和一件商品，他们会很乐意在那里购物，并支付任何要求的价格。布伊托尼对梦想营销的术语是"dreamketing"。他说："梦想

> "一旦'盒子'的焦点区域确定，它就会占据到刺激人和吸引人的位置，视觉就会实现真正的兴奋，它们是产品销售和标识的重要搭档……为了一个成功的设计，你要增加销售和口碑营销。"
>
> 格雷格·戈尔曼，Triad公司新业务发展部副总裁

完成本章后，你应该能够：

- 识别不同类型的零售店
- 演示如何以及为什么规划楼层部门布局
- 对各种地面和墙上陈列展示装置进行分类
- 在陈列展示装置上展示服装和饰品配件

图 4.0ab 这两个如同画廊般的最小型的楼层陈列布局，所呈现的产品仿佛是一件件艺术精品。索尼娅·丽基尔（Sonia Rykiel），位于纽约第五大道。摄影：WindowsWear，版权所有：WindowsWear PRO，http://pro.windowswear.com，contact@windowswear.com1.646.827.2288。

营销家（dreamketer）应该确保公司的沟通、分销、特别活动和任何类型的客户关系始终支持品牌在客户心目中建立梦想的使命。"

对于成功的零售商来说，装潢店面是一个美学和财务双方面的挑战。他们希望自己的商店有吸引力，并有效地向购物者传达有关他们商店的独特品牌形象和商品信息，而且希望做到经济实惠。一个昂贵的商店设计并不能确保是有效的商店环境。

有效的商店设计将商品和客户服务作为努力的核心。同时，它以一种不同于竞争对手的方式展示其商店。商店的视觉信息必须与商店所做的一切相适应，以便向购物大众传达其品牌形象。例如，如果零售店在平面广告中采用热情友好的方式，那么购物者也会期望在实体店感觉到热情友好。这种一致性意味着店主和经理有一个零售品牌战略的规划。

零售商店的类型

按照商店的设计、组织和经营方式，零售商店可以分为十种类别：百货公司、专卖店、精品店、折扣店、美元店、超级市场、奥特莱斯零售店、仓储店、慈善二手商店和快闪店。

▊ 百货公司

百货公司由许多部门组成，每个部门都有一个特定的商品类别（产品分类）。就面积而言，百货公司是大型零售业务，提供种类繁多的产品，迎合广泛的顾客。为了推销种类繁多的商品和服务，这类百货公司的零售商使用了多种风格的专门产品和定制陈列装置来展示每一种商品类别。例如，典型的百货公司——布鲁明代尔（Bloomingdale's）

百货公司和梅西（Macy's）百货公司，它们的大小取决于其基本楼层平面的大小（也称为占地面积）。为了计算基本的楼层平面需求，零售商必须将主楼层销售空间的长度乘以宽度，然后再乘以主楼层之上类似尺寸的零售楼层数量。

▊ 专卖店

专卖店的商品部门或商品种类有限，而占地面积却较大。Forever 21商店的面积900~162,000平方英尺（80~15,000平方米）不等，但一般专卖店的平均面积约为38,000平方英尺（3,500平方米）。优衣库位于苏荷区的面积为36,000平方英尺（3,300平方米），而其第五大道店的商店面积超过89,000平方英尺（8,300平方米）。

顾名思义，专卖店的产品选择比百货商店更专业或更有限。它通常会迎合较窄范围的客户。专卖店零售商通常使用独特的陈列展示装置，并根据外观、价格和地位来打造更为独特的商店形象。

▊ 精品店

精品店是小型的专卖店，其特色是销售适合特定商品主题或吸引特定客户的各种商品。在曼哈顿的格林威治村或旧金山的卡斯特罗街，您会发现整条街的精品店。精品店一词也可用于描述百货商店内的交叉销售，零售商将多个部门的商品集中在一起进行特殊促销（例如，热带邮轮商店，其特色是泳衣、凉鞋、沙滩巾和防晒霜）。

▊ 折扣店

折扣店有许多部门，以多样的产品及折扣价吸引各种各样的顾客。他们大多使用无装饰的金属四边形框架陈列装置（货架或钉板的长货架）来存放大量商品。折扣店也可以在少数的部门使用定制陈列装置或供应商提供的陈列装置（例如塔吉特、卡马特、沃尔玛）。一个独立的折扣店有80,000~150,000平方英尺（7,400~14,000平方米），这并不罕见。

▌美元店

美元店的规模从不足500~6,000平方英尺（46~560平方米），甚至更大。所有商品都符合特定的价格范围。5美元店的价格都在5美元以下，而在普通美元店和家庭美元店，通常一开始价格偏低，然后会根据地理位置有所涨幅。

▌超级市场

超级市场（混合市场和超级商店）是借鉴欧洲零售业的概念。三十多年前起源于法国的家乐福是这类大型零售概念的第一家，也是最著名的一个例子。多种商品类别陈列于一个超大的穹顶之下——除软产品线（服装、保健和美容用品）和硬产品线（家居、园艺、汽车、体育用品）之外，还有一个杂货店。这些一站式购物超市的面积可达200,000平方英尺（18,600平方米）。塔吉特和沃尔玛的许多现有商店已经改头换面，囊括了杂货店、面包店和新鲜农产品店。

▌奥特莱斯零售店

奥特莱斯零售店是独立的商店或位于奥特莱斯购物广场中的小型商店。

它们使用与专卖店相似的陈列展示装置，但有时商品展示的视觉影响较小，因为货品会在颜色、样式和尺寸组合不完整的状况下出售。然而，大多数最新的奥特莱斯零售店都有与主流专卖店可以媲美的展示和陈列装置。最大的奥特莱斯零售店都摆满了大容量的陈列架，以便清晰地展示大量商品。奥特莱斯零售店可以出售清单中的积压品、制造商的非常规品或积压品、反季节商品、特殊采购品、来自想减少季后库存的零售商或即将倒闭的零售商的库存品。Marshalls、T.J. Maxx、蔻驰、匡威、卡尔文·克莱恩、拉尔夫·劳伦和许多其他零售商都经营着奥特莱斯零售店。

▌仓储店

仓储店提供低价的无装饰购物服务，它用工业货架和托盘建成的网格陈列架，销售大量货物［如山姆俱乐部（Sam's Club）、好市多（Costco）］。这类店可能有、也可能没有时尚商品。这些商店都是大体量的、朴素的、荧光灯照明的，有明显的工业氛围。如果有试衣间的话，可能也是实用型的，只按性别分开。购物车是超大的，在某些情况下根本不是真正的手推车，而是低平的"手卡车"，大到足以处理家具物品或重箱货物。一些仓储店会事先假设购物者是批量购买而不是单件购买，甚至不提供袋子来装小商品。

▌慈善二手商店

慈善二手商店通常由非盈利组织经营，如 Goodwill 和 Salvation Army，是筹款和就业培训企业。它们通常类似于旧货销售，商品种类繁多，从各种尺寸的服装到小家电，再到家具和书籍。他们的产品都是由公民或商业组织捐赠的。也有些店的运作会更复杂一些。你可能会看到传统的陈列装置、装饰、客流模式和标准结账柜台安排，以及一些季节性的类别展示陈列。在其他商店，你会看到临时货架和传统陈列架的混合。慈善二手商店一般被归类为无装饰的商品销售。

▍快闪店

快闪店是将零售与活动营销相结合的临时商店。通常，快闪店会放在临时空置的商店空间中。

它们通常为现有门店推出新的产品线或探索新的零售方式。例如，Meow Mix在曼哈顿为小猫开了一家为期两星期的咖啡馆，塔吉特在一个假日销售季，在纽约港的一个码头停泊了一艘装满产品的零售巨轮。在许多情况下，快闪店可以在几天或几周内完成活动。然而，在苏荷区的一个Limited快闪店非常成功，以至于它一直都在运营。快闪店的概念以很快的速度成为主流，因为它是创造讲故事体验的有效工具，而且无疑将以新的方式继续发展。

商店布局

随着时间的推移，零售商发展出了一些基本的平面布局，让购物者路过商店里的特定商品位置。早期，他们的目标是在最小空间和最短时间内有效地让最大数量的购物者接触到最大数量商品。今天，销售空间、客流控制和销售效率依然很重要，但越来越多的零售商也在关注购物者的舒适度和

商店的美学。

网格布局，顾名思义是将陈列装置布置在平行过道上的一种线性设计。陈列装置被放置在棋盘格中，垂直和水平过道贯穿整个商店。也可能有一个主通道和几个次要通道，这取决于商店的总面积。这种布局在空间利用方面是非常有效的，允许有序的货存，购物者很容易看到大量物品和到达目的地，导航简单且可预测，维护效率高。网格布局创建了自然**视线**，从而在过道的末端形成焦点。顾客的注意力自然集中在这些方面，因此视觉营销设计师可以通过创造"室内橱窗"的展示来利用这一点（图4.1）。

自由流动布局，如图4.2所示，与网格布局模式相反。在这种布局中，商品陈列装置以许多有趣的形式排列，以鼓励顾客浏览。在中央收银台周围可能有几个圆形的货架，以及沿着各商品部门散布的商品桌，以开放式陈列装置面对过道。关键因素是在陈列装置之间提供足够的空间，以使客流顺畅。如果另一个购物者从他们身边走过或试图在拥挤的桌子之间移动婴儿车，购物者不会被拥堵在陈列装置旁。自由流动的布局也鼓励购物者轻松地从一个商品部门转移到另一个商品部门，增加了对其他类别商品的接触。

跑道布局以环绕商店一圈的客流通道为特色（图4.3）。在圆形、方形、矩形或椭圆形轨道的左右两侧都有商品部门。这种布局使购物者接触到大量商品。在折扣店或百货商店中经常会看到这种布局（图4.4）。头顶上的方向指示牌和商品部门平面图提供达到其他商品部门的视觉提示，帮助购物者规划他们在整个商店的购物行程。

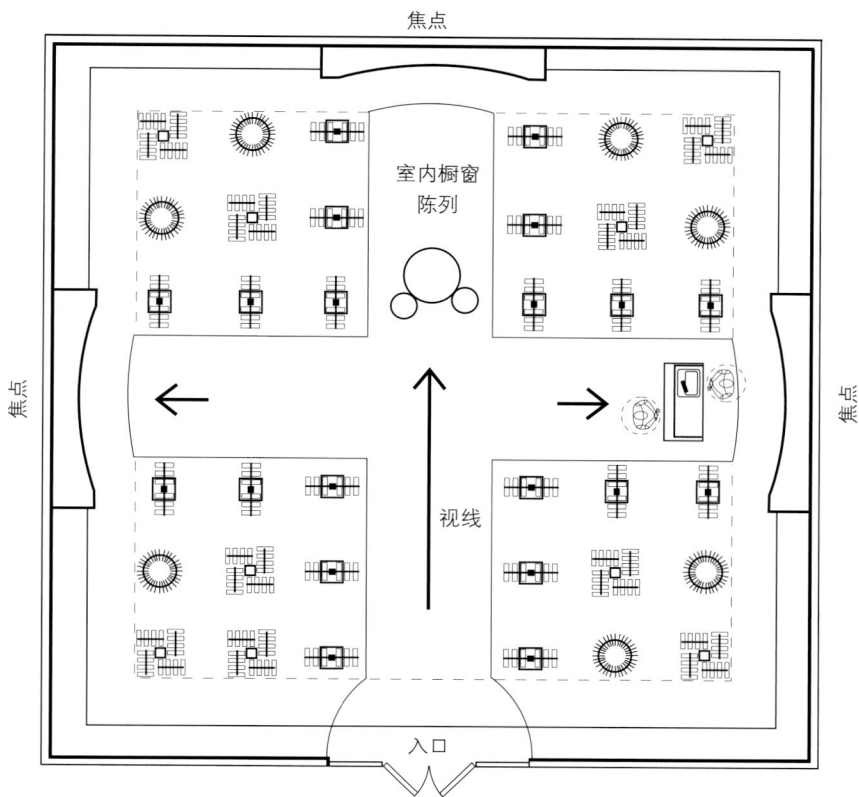

图4.1 带有视线、焦点和室内橱窗陈列的网格布局。图片来源：克雷格·古斯塔夫森艺术（Craig Gustafson Art）。

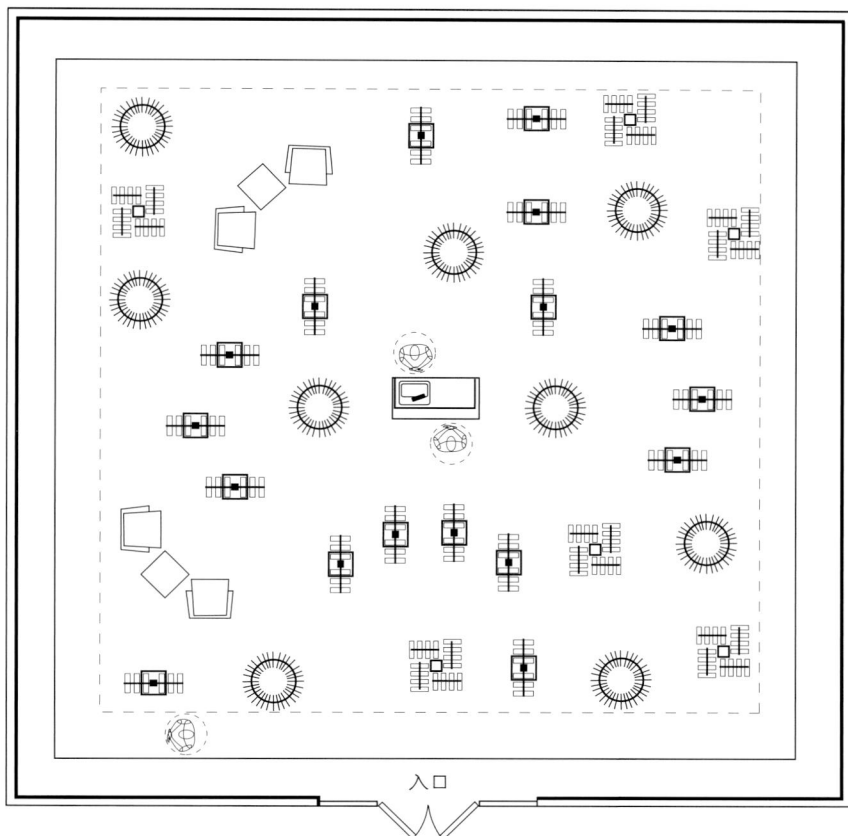

图4.2 自由流动布局。图片来源：克雷格·古斯塔夫森艺术。

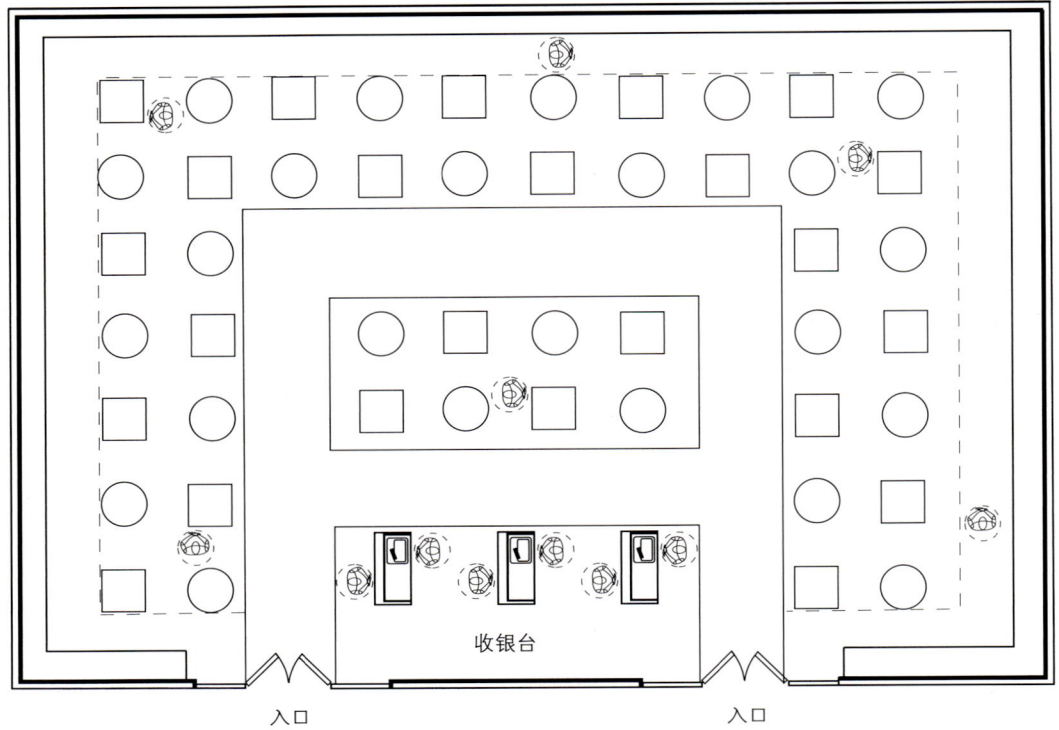

图4.3 跑道布局。图片来源：克雷格·古斯塔夫森艺术。

收银台

入口　　　　　入口

图4.4 沃尔玛的跑道布局。图片来源：Tirey /《女装日报》/康泰纳仕出版集团。

室内橱窗 1
人台模特
站点

室内橱窗 2
人台模特
站点

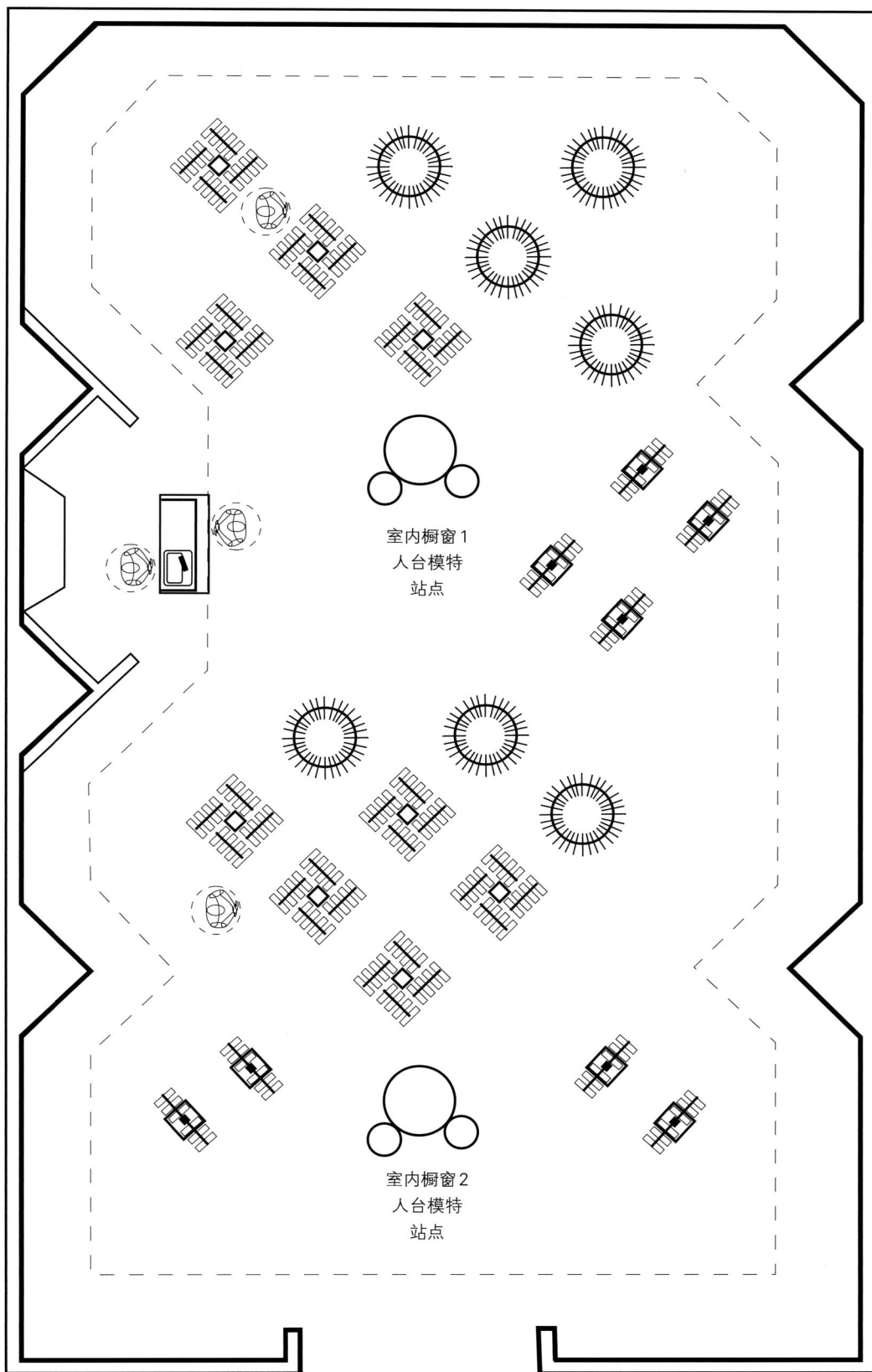

图 4.5 带有陈列装置的软过道布局，以陈列装置分组，沿围墙有 5 英尺（1.5 米）的过道。注意焦点墙的位置和两个室内橱窗。图片来源：克雷格·古斯塔夫森艺术。

图 4.6 纽约市曼哈顿 Jil Sander 的极简楼层布局。
图片来源：Chinsee /《女装日报》康泰纳仕出版集团。

软过道布局（soft aisle layout）中，陈列装置按组布置，在不改变地面覆盖物的情况下创建自然过道，以形成指定的单独过道空间。

极简楼层布局（minimal floor layout）像画廊一样简洁，展示小众选择的手工制作商品或非常独特的商品。

组合楼层布局（combination floor layout）是在一个总体规划中，符合零售商具体策略，采用多个销售楼层布局组合的最佳陈列功能。

在**软过道布局**中，陈列装置按组排列，有时沿着商品陈列墙部分有一个5英尺（1.5米）的过道（图4.5）。这种布局鼓励顾客去商店陈列墙购物，并在整个商店中方便地移动。

室内陈列墙被认为是商店中利用这种布局策略最重要的销售点。

极简楼层布局，顾名思义，就像一个极简的艺术画廊。事实上，这些商品有时可能是可穿戴的艺术品——如手工制作、设计师定制、独一无二的布料。然而，这种布局更多的是用于有设计师商品的高端零售店（Jil Sander，纽约曼哈顿）。借用极简主义美学的艺术流派，产品戏剧性地呈现在商店的墙上，就像艺术品一样，只需最少地使用地面上的销售陈列装置。这样就可以在商店的中心留出一个开阔的空间，顾客可以站在那里，在他们接近商品前，仔细观察整个系列产品。极简楼层布局选项需要引人注目的商品、简单的展示策略和有效的销售人员（图4.6）。

组合楼层布局是在一个总体规划中，根据零售商的具体战略，采用布局组合的最佳陈列功能。例如，百货商店可以在鞋品中使用自由流动布局，但边界则用跑道布局（图4.7）。

一家专卖店可以在商店前三分之一采用自由流动布局，商店后部用网格布局。

图4.7 加拿大温哥华太平洋购物中心诺德斯特姆百货公司的组合楼层布局（跑道布局和自由流动布局）。图片来源：Connie Zhou。

■ 通用化设计的指南

在《顾客为什么购买》一书中，"像男人一样购物"这一标题下，帕科·昂德希尔写到一个正在测试的新概念，用于销售目标人群为二三十岁男性的某百货商店牛仔裤区域。

在视频中，研究人员拍下了一个年轻人推着婴儿车和妻子走在主通道上的画面。当这名年轻人来到牛仔裤区域时，视频显示他无法推着婴儿车穿过迷宫般密密麻麻的地面陈列装置。昂德希尔说："他做了大多数人在那种情况下会做的事——他跳过了牛仔裤区域。"

许多零售业的集体卖场仍然是太多购物者的禁区——当零售商既遵守《美国残疾人法案》（ADA）中规定的精神和法规条文，又遵循由北卡罗来纳州立大学通用化设计中心建立的通用化设计标准来设计门店时，这个问题就基本解决了。要了解更多信息，请访问www2.ed.gov，搜索"ADA"。

零售商可能需要与建筑或商店规划顾问讨论无障碍问题，这些顾问了解进入公共空间的规则，并能高效准确地解释这些要求。或者他们可以咨询一位信奉并实践通用化设计原则的建筑师。

通用化设计的使命是"通过使产品、通信和建筑环境（如零售店）让尽可能多的人使用，从而简化每个人的生活，只需很少或不需要额外的成本。通用化设计使所有年龄和能力的人受益。"

通用化设计的两个原则涉及销售楼层空间：原则一涉及"公平使用"，即设计应"对具有不同能力的人有用且市场化"。原则二的目标，是设计适当尺寸和空间的建筑构件和家具，以便可接近、可达到、可操纵，无论使用者的体型、姿势或行动能力如何，都可以使用。其指导方针包括：

- 为任何坐着或站着的使用者提供观察到重要元素的清晰视线。
- 使任何坐着或站着的使用者都能舒适地接触到所有构成要素。
- 手和把手尺寸的适应变化。
- 为使用辅助装置或个人辅助装置提供足够的空间。

■ 销售部门内部布局

书中所有讨论的商店布局可以是永久性的，也可以是非永久性的。永久性布局表明商店内各部门销售区域的位置很少改变。由于百货公司规模很大，通常有三层或三层以上，布局改变的成本会很高。更重要的是，如果顾客喜欢的购物区不断地从一层楼转移到另一层楼，他们会感到困惑。

折扣店通常不会改变各销售部门的位置，但他们可能会根据销售趋势扩大或收缩类别。在滑雪季节，一个带有滑雪装备和服装的24英尺（7.3米）吊篮车陈列装置可以扩展为两个24英尺（7.3米）吊篮车装置的跑道布局。折扣店通常有两三个传统的"周转空间"，当本周的草坪/花园销售区变为下个月的返校销售区时，顾客会很快适应季节

性的变化。有效的方向性和信息性标牌有助于引导客户了解季节性商品的位置。

几种类型的专卖店会保持永久性的楼层布局：

- 设计师品牌商店迎合那些经常光顾购买特定品牌或设计师时装的顾客。在只有一个设计师或品牌的商店里，除了时尚服装外，通常还有鞋子、手袋、配件、香水和化妆品。这些配件部门的"基地"通常被设计成商店的建筑固件，不容易转移到其他地方。
- 职业装商店，包括男装，女装，或两者兼而有之，通常套装、上下装，鞋子是最重要的特色商品。这类商品总是放在商店的入口和前面。配饰、休闲服和外套位于商店的中部和后部。安·泰勒就是这样一家商店。
- 男装或女装专卖店依赖于永久性的布局。如果这些部门在没有通知的情况下改变商品地点，购物者会感到困惑。例如香蕉共和国、盖普、J. Crew、Club Monaco、Express和Zara。

非永久性布局意味着商品布局确实会发生更改。一些中小型专卖店和奥特莱斯零售店会根据趋势和季节变化来改变商品部门的位置。这些零售商认为商店的前三分之一是主要的销售空间，他们利用商店可管理的规模，定期轮换他们的商品供应。

季节性的库存轮换使商店能够向购物者展示：

- 一张崭新的面孔，这意味着商店对新的和令人兴奋的时尚发展非常敏感。
- 当前季节或潮流商品处于最前沿的销售计

划中，通知和邀请顾客。

- 季前商品以特价方式处于商店的主要位置，使商店买家可以提前浏览哪些商品在本季余下的时间里可以继续购买。

展示当季商品

在下面的专卖店销售示例中，专卖店的前三分之一区域以客户当前正在寻找的产品为特色。在图4.8所示的楼层布局中，3月和4月，职业装部门安排在商店入口的右侧。这是一个主要的销售空间。由于购物者在3月和4月会寻找新的上班服装，所以在店前展示职业装似乎是明智之举。这一举措的好处是，当路人走近商店并走进来时，可能就会看到靠外面的陈列展示。

在图4.8中，你可以看到职业装部门旁边的裙子。这是一个策略，如果一个顾客无法在职业装销售区做出选择，她可能会注意到附近销售区有一件很吸引人的衣服，被进

一步吸引到商店的其他销售空间。这就解释了为什么销售区域必须按逻辑顺序排列，通常称为**相邻并置**。

再看看图4.8，在3月和4月的时候，春季休闲毛衣、衬衫和裤子依然是重要的，因此它们被放在商店的前区。对于这个商店来说，在商店的前区展示休闲装和职业装两个类别可能会吸引更多的购物者。因为这个商店有一个宽阔的门面，所以这是一个可行的设计。然而，一家门面狭窄的商店只会在主要销售区域展示一个单品类别或时尚趋势宣言，然后按照重要性（根据销售历史业绩）对其余销售部门进行定位。

通过分析图4.9中的布局，你可以看到楼层布局在下一个时间段（5月和6月）可能会发生什么变化。轻盈的休闲装占据了整个店面，预示着温暖的季节。早春职业装、裙装和外套类的剩余商品已转移到商店的清仓区。

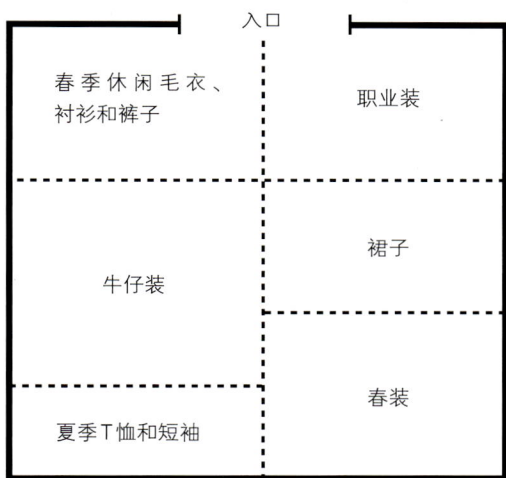

图4.8 一家专卖店3月和4月的销售楼层布局。这种布局是非永久性的，会随季节变化。图片来源：伊莲·温克尔艺术。

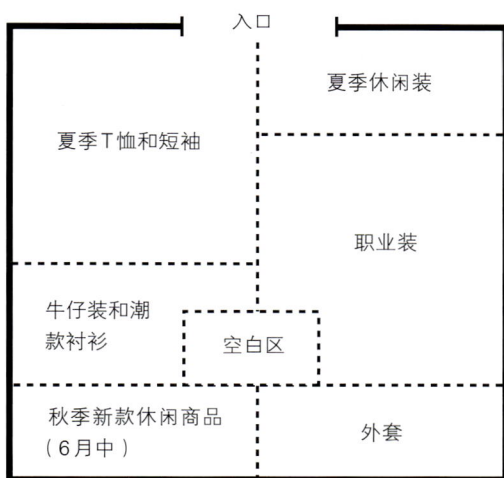

图4.9 5月和6月专卖店销售楼层布局。注意图4.8中3月和4月的布局是如何变化的。图片来源：伊莲·温克尔艺术。

在 6 月中旬，秋季商品开始进入，并被放置在商店的后区。7 月中旬，它们将被搬到商店的前区，拉开返校购物的序幕。

■ 展示季前和测试商品

推动销售和部门陈列展示的零售时尚周期是一条钟形曲线。时尚周期从一条近乎平直的线开始，代表着进货或测试商品。买手向该部门介绍少量商品，以便在下大订单之前确定购物者的反应。当购物者做出反应时，被测试的商品要么被取消——这表明反应不佳，要么被继续追加采购。如果一项货品被重新采购，可以预期它的受欢迎度会上升，并将以相应的正常价格稳定销售（周期中的峰值）。随着销售量的增加，你会看到商品的销售峰值。在这一点上，该商品在顾客中的受欢迎程度已经牢固确立，销售也很活跃。当每一个想要购买该商品的人都购买了以后，它的销售率将逐渐（或迅速）下降。这就是所谓的"后调价"阶段——商品被降价并从部门清仓，这样新的时尚商品就可以进入商店。当计划商品进入卖场的位置时，时尚周期是一个重要的考虑因素（图 4.10）。

商店的前三分之一区域可以用来展示季前商品或测试商品。在一年中最热销的几个月里，几件羊毛外套可能会战略性地摆放在商店的正中央。外套以特价出售给那些喜欢早早购买秋冬最新款式的引领潮流的顾客。通过跟踪销售结果，商店买手可以利用这一策略帮助他们决定：在即将到来的秋冬销售季，时尚潮流者购物时，哪些款式、颜色和品牌需要继续追加订购。当然，视觉营销部门在这一过程中也可以发挥作用，通过提供标牌、图形或人体模特展示来提供销售支持。

■ 单独销售部门的陈列

在百货商店和专卖店内销售某个部门或特定商品类别时，每个单独的销售区域都被视为一个单独的商店——特别是在确定主要销售空间时。每个部门可分为五个区域：趋势区、测试区、商店区、基本款区和核心款区。然而，这五个区域并不总是在每个部门都出现。

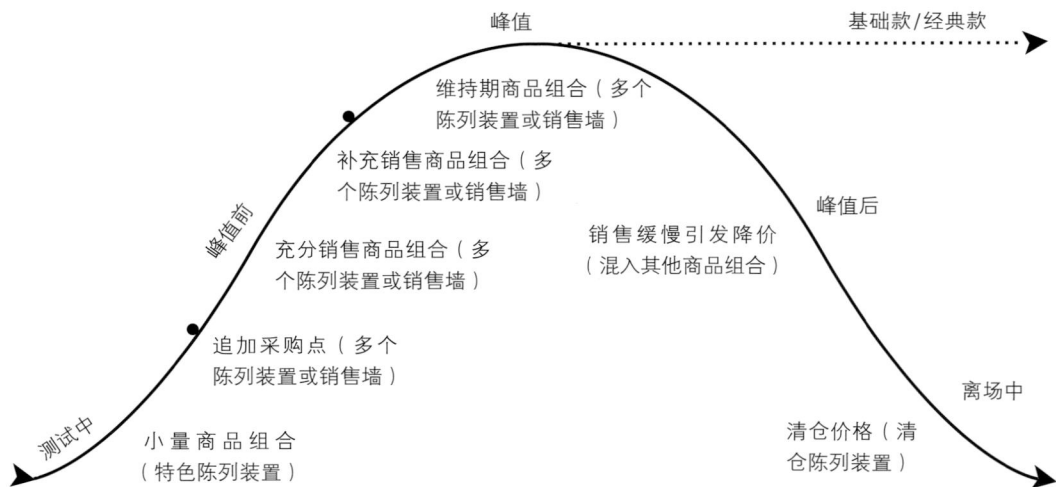

图 4.10 零售时尚周期，显示了常见的商品展示策略。图片来源：伊莲·温克尔艺术。

峰值

基础款/经典款

维持期商品组合（多个陈列装置或销售墙）

补充销售商品组合（多个陈列装置或销售墙）

峰值前

充分销售商品组合（多个陈列装置或销售墙）

销售缓慢引发降价（混入其他商品组合）

峰值后

追加采购点（多个陈列装置或销售墙）

离场中

测试中

小量商品组合（特色陈列装置）

清仓价格（清仓陈列装置）

趋势区的特色商品是已被购物者视为热门或流行的时尚。货品已被大量采购。趋势区可能会使用展示道具、人体模特或橱窗以及大型平面海报来支持最令人兴奋的货品。在图4.11中，趋势区沿着商店的主通道布置，以利用客户流量。在图4.12中，专卖店没有主通道，所以目前流行的产品都被放在商店的前区。

测试区是专门用来对代表性的货品或款式进行取样的，买手相信这些商品很快会受到购物者的欢迎。为了确定购物者是否同意这样的流行观点，买手带来少量商品来测试购物者的反应，并密切观察这些商品的销售数据。如果客户反应强烈，买手可以进行更大量的购买和更多的投资。测试商品通常呈现在**特色陈列架**上，例如

趋势区（ trend areas ）的特色商品已被购物者视为热门或流行时尚。货品已被大量采购。

测试区（ test areas ）是为代表性的商品或款式而留出的楼层空间，零售买手相信这些商品很快就会受到购物者的欢迎。他们引入少量商品，并密切关注其销售数据。

特色陈列架（ feature fixtures ）通常容纳较小的商品组合，允许呈现单一款式（双臂架）或搭配组合（四臂架）。它们的目的在于突出商品，而不是显示完整类别的商品组合。

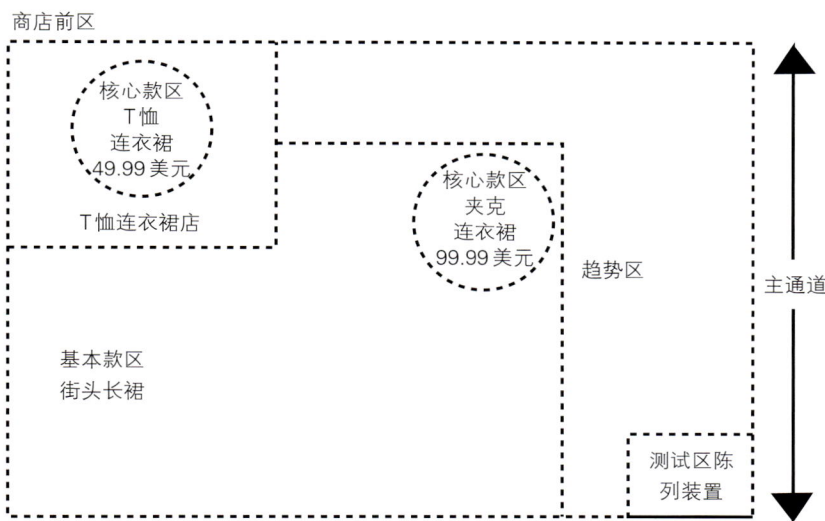

图4.11 百货公司内的五个区域：趋势区、测试区、核心款区、基本款区和商店区。注意它们相对于主通道的位置。图片来源：伊莲·温克尔艺术。

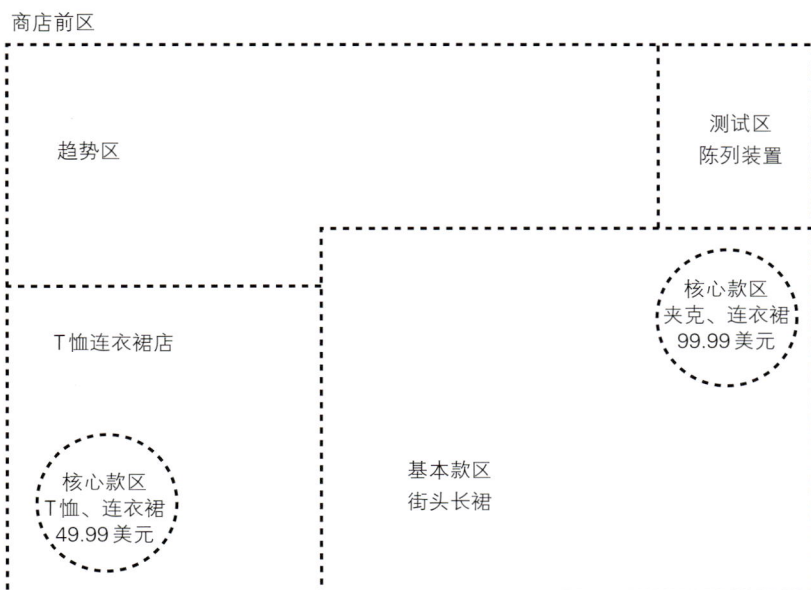

图4.12 专卖店内一个部门的五个区域：趋势区、测试区、核心款区、基本款区和商店区。这家商店没有主通道。注意这个卖场的布局与图4.11不同，图4.11有一个主通道。图片来源：伊莲·温克尔艺术。

当大量采购相似类型的商品（足以填满6~10个销售架），并将其放到某个部门的一个区域时，就可以创建一个**商店区**（shop）。

在任何一个代表其核心商品的部门里，**基本款区**（basics）都占据了货存的大部分。

核心款区（key item）的商品是经市场证明过的商品，它提供了有竞争力的价格，买手会大量采购。它可以在潮流区、基本款区或商店区找到。

双臂架或四臂架。

商店区是指当大量采购相似类型的商品（足以填满6~10个销售架）并将其拉到一个部门的一个区域时，就可以创建一个商店区。为了说明这一点，图4.12中T恤连衣裙店的T恤和连衣裙被从几个不同的供应商的常规服装库存中提取出来，放在服装部门的前面。产品也可以按品牌名称组合在一起，在一个部门内创建一个小商店区。一个品牌的大量使用（例如，DKNY的10~20个陈列架）可以创建一个完整的部门。

基本款区的大部分存货都是一个部门的核心商品。基本款牛仔裤的裤腿可能在前一季变细，下一季变宽，但牛仔裤的分类保持不变。这些商品可以放在商店区或销售部门的后面，因为寻找基本款的购物者会进入该区域寻找他们想要的东西。其他基本款的例子包括卡其色裤子、短袖T恤和高领毛衣。

核心款区的商品是经市场证明过的商品，它提供了有竞争力的价格，买手会大量采购。它可以在趋势区、基本款区或商店区找到。核心商品是在可以容纳大量产品的陈列装置上展示的，如桌子、圆架或墙壁区域的架子。核心商品通常带有商店自己的标签。买手不是在传统服装市场采购商品，而是直接从制造商那里采购商品。直接采购核心商品的好处是：

• 商店可以创建自己的风格，并对商品进行调整，以更好地满足顾客的需求。

• 商店可以创造自己独特的品牌名称，并找机会发展它，以适应目标客户的形象。

• 商店能以较低的价格向顾客提供这些商品。

▮ 商品陈列原则

按照下面的过程，可以帮助你将时尚商品放置在销售陈列架上，以便人们可以快速轻松地找到他们想要的款式。当商店里所有部门的销售展示都是协调一致的，购物者将能够像你希望的那样，按照你的要求"梳理"货架或"阅读"货架。当这种情况发生时，逛店者就会变成购买者。以下是四个步骤：

1. 在每个商品部门内按最终用途划分时装。例如，一个服装部门可能会为休闲装、职业装、晚装和正装提供几种不同的最终用途。这些不同的服装分类应该在不同的陈列架上呈现。

2. 按制作方式来分类。每种商品也可按制作方式来分类。开衫毛衣可能用羊毛或/和羊绒织造，这些面料的服装必须分开呈现。

3. 按服装风格来分类。例如，休闲棉质连衣裙可能有意大利面条纹式和泡泡袖款式，这两种样式应该在单独的陈列架上展示，或者至少在同一展示架的两端分开展示。

棉质针织连衣裙有短袖和长袖两种款式。虽然这些裙子可以放在同一个陈列架上，因为它们的最终用途和织造方式是相同的，但它们应该在同一展示架的两端上分开展示。短袖毛衣和长袖毛衣不能放在一个销售墙的同一个衣架上。七分裤不会和长裤放在同一个衣架上，日常休闲短裤和运动短裤同样也不会这样放。因为除了不同的底边长度，这些下装有不同的最终用途。

例外情况：来自同一个制造商的产品，可以放置在同一陈列架上进行营销。事实上，这些物品是被设计成放在同一个衣柜里一起发挥作用的，你可以跟随设计师的想法。你仍然可以按款式来分类：所有无袖上衣放一起，所有短裤放一起，所有夹克或毛衣放一起。

4. 按颜色来分类。所有的时装都可以分为七个色彩组中的一种（图3.6）。例如，亮色和粉色的棉质针织连衣裙必须放在单独的陈列架上，以获得最大程度的色彩效果。请记住，中性色可以单独呈现，也可以与任何其他颜色组合呈现。

清仓商品

清仓商品由永久性降价以便快速销售的产品组成。这些物品可以用以下几种方式处理：

- 清仓物品可以一起放置在每个商品部门的后区。例如，清仓服装可以放在职业装部门后区的一个或多个陈列架上。
- 所有商品部门的清仓商品可以拉到商店的一个区域，形成一个永久的清仓部门。这个清仓部门应该设在商店的后面区域。
- 在1月或7月初，专卖店的清仓商品可能会被拉到店前区，用于传统的大型清仓活动。
- 一些连锁零售商将清仓商品整合到几家较大的商店（拥有高流量或理想的廉价顾客），将其发送到公司拥有的奥特莱斯零售店，或移除自己的标签并将该批商品出售至奥特莱斯零售店。

如何将商品分类

- 最终用途
- 制作方式
- 风格
- 颜色

◀ 工具箱4.1

零售现实

商家一般根据前几年的销售数据进行楼层布局，因此他们可以评估商品在主要销售空间的业绩。如果去年某个特定的商品分类在一个楼层的位置销售得很好，那么再次在那里展示它可能就是有意义的。如果某个特定商品类别在该区域表现不佳，销售数据可以让决策者将它引向另一个位置。

■ 清仓商品的陈列原则

虽然清仓商品不再值得大力促销，但在售出之前，它仍然是公司的资产。视觉营销人员的职责是提供足够有效的清仓商品，以尽可能高的清仓价格出售，这样公司就可以将资金再投资于更新、更具吸引力的商品。以下准则将确保最佳呈现的实现：

- 仅在地面陈列装置上提供清仓商品。风格和颜色组合不一致的**残缺**商品不能产生新鲜、令人兴奋的墙面陈列展示；墙面空间最好用于新货存。例外情况是，清仓商品在一个完全独立的清仓楼层上展示。在那里，你可以利用整个空间的墙壁和地面。
- 切勿在人台模特或展台上陈列清仓商品。这些是无声销售的高级工具，必须仅为最新产品保留。此外，清仓商品必须立即提供给购物者，决不能放置在拿不到的展

残缺（broken）商品是指商品在降价后缺少尺寸、款式和颜色的产品组合。

展示标识必须准确，并与所展示的内容相符，否则客户会对看似粗心或欺骗性的销售政策感到困惑。商店通常会遵守错误的价格或销售条款，这是一种不必要的尴尬和经济损失。客户服务也是视觉营销的职责。

> "向主要零售商询问购买商店陈列装置的情况，他们总是会指出三个重要标准：成本、质量和服务。尽管陈列装置的价格总是值得关注，但真正优先考虑的似乎是成本效益。零售商希望花费尽可能少的钱，但仍能满足项目预期。"
>
> 卡伦·杜德曼（Karen Doodeman），A.R.E./POPAI顾问，零售环境协会和国际采购点广告公司

容量陈列装置（capacity fixture）可容纳大量商品，通常以多种颜色和各种尺寸显示单一样式。

特色陈列装置（feature fixture）一般可放置少量的货品，用于强调突出品类组合，或者搭配协调的小型组合商品。它把搭配协调的服装放置在一起。

台上。

- 将清仓货物放在大型陈列装置上，如圆形架、超大四臂陈列架（带有可延伸臂的超大四臂架）或滚动陈列架上。让这些陈列架过度拥挤，从来不是一个好策略。如果购物者不能轻易地检查衣架上的物品，他们将很快放弃讨价还价。可叠放商品的清仓台非常有效，因为购物者普遍认为清仓台最便宜。

- 根据尺码（带有尺码环或带有内置尺码标签的衣架）和每个尺码范围内的颜色对清仓服装进行分类，以便购物者可以随时看到有什么可供选择。例如：5号（红衫、黄衫和蓝衫），然后是7号（红衫、黄衫、绿衫和蓝衫）。

- 务必清楚地在清仓商品上标上价格和折扣百分比，或者至少标上清仓标志。

- 将销售楼层的维护作为清仓陈列的通常规则。清仓商品得到处理（和处理不当）会不断作为购物者寻找便宜货的动机。商店工作人员必须经常检查清仓区域，理顺销售货架，重新折叠台面上货物，检查损坏的货物和丢失的标签等。这些既是美学，也是安全问题，在持续地告诉客户商店的自身形象、商品和氛围。客户应将清仓商品视为与店铺开展业务的额外好处。即使商品降价了，也应该通过展示来增加价值。

商店陈列装置

可用于陈列装置展示的产品类型非常广泛。就像你家里的家具一样，每种陈列装置类型都有一个有用的目的（容纳大量商品）和一个装饰的目的（加强零售装饰决策）。商店陈列装置包括：

- 传统金属陈列架。
- 家具陈列装置。
- 新发现的物体。
- 摊位陈列装置。
- 定制陈列装置。

购买商店的陈列设备是一项相当长期和昂贵的投资，就像装修一个家一样。正如你不会仅仅因为厌倦了现有的沙发就去买一个新沙发一样，视觉营销人员希望他们选择的商店陈列装置能尽可能长时间有效地工作。他们必须仔细选择，考虑到用途、功能、耐用性以及款式和制作。

■ 容量、特色和标志性陈列装置

除了零售商可以选择的各种陈列装置外，每个陈列装置类别还可以根据其最终用途进一步区分。

- **容量陈列装置**可容纳大量货物——通常展示一种款式的产品，如几十件运动衫，尺寸从S码到XXL码不等，印上各种彩色卡通人物。因为容量陈列装置是商店中最大的地面陈列架，所以它们主要放在百货公司或商店布局的后区。

- **特色陈列装置**仅可放置少量的货品，用于强调突出品类组合，或者小型搭配协调的组合商品。你可能会看到一个四臂陈列架上挂着一打鲜艳的纱线棉毛衣，搭配配套

的马球衫和运动短裤。特色陈列装置将搭配的服装组合在一起，使购物更容易。它们最适合作为时装部门把顾客引入的陈列方式，但也可以穿插在整个部门，以增加兴趣和变化的布局。

• **标志性陈列装置**是位于商店或商品部门入口处的独特装置。它们不寻常的、独特的设计专为吸引购物者的注意。标志性陈列装置的设计必须在制造和风格上反映商店的品牌形象（图4.13和图4.14）。

■ 传统的金属地面陈列装置

简单的金属陈列架，如圆形货架和T型架，在整个20世纪都被用于零售商店。它

们的设计构成了定制陈列装置的基础，因此对它们的功能有一个充分的了解是很重要的。早期的陈列架是用铬合金制造的，至今仍被广泛使用。在20世纪80年代和90年代，一些零售商使用了拉丝亮黑色、拉丝缎黑色饰面，甚至白色饰面。如今，拉丝不锈钢和抛光缎往往是首选，因为它们更柔软，反射较少，指纹不太明显而更容易维护。

圆形架

圆形架（圆台）是一种容量陈列装置。它的主要功能是放置被大量采购的基本品类。圆形货架也被用来存放残缺和清仓的产品。这种陈列装置有多种直径和可调高度，

> 标志性陈列装置（signature fixture）是一个引人注目的、独特的单元，位于商店或商品部门的入口处，反映了商店的品牌形象。

图4.13 一个标志性陈列装置，把顾客引向Esprit商店。图片来源：《女装日报》/康泰纳仕出版集团。

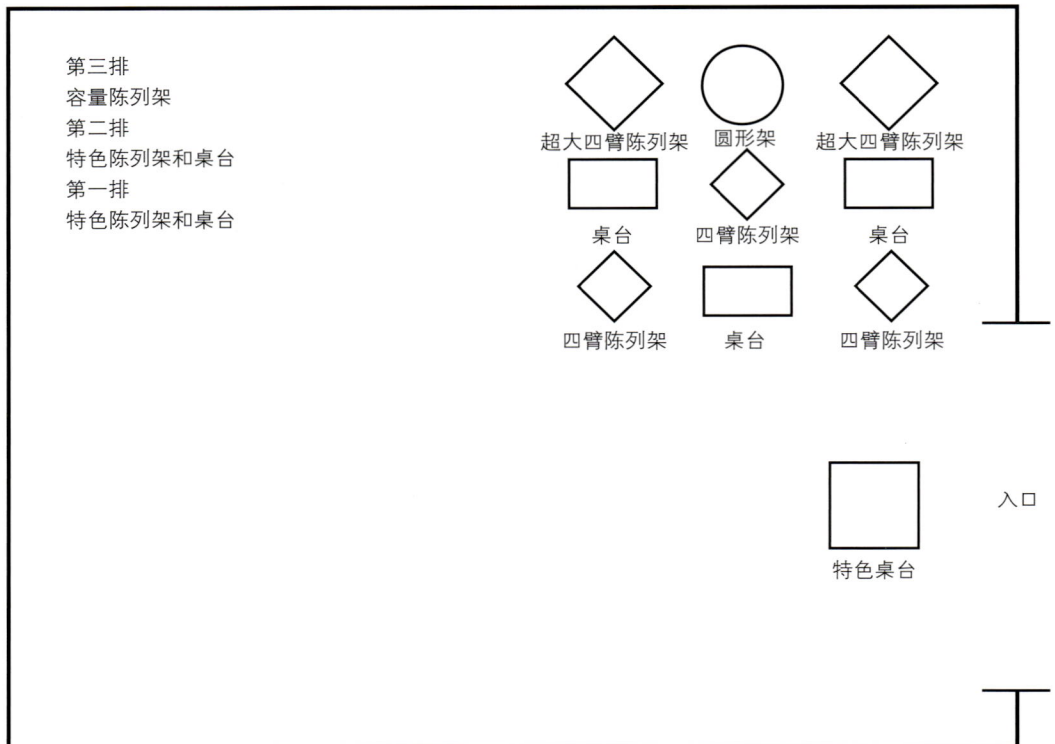

图 4.14 局部楼层布局显示了通向墙面区域的标志性、特色和容量陈列装置的放置。较低、较小的陈列装置在前两排；较高、较大的陈列装置在后两排。图片来源：伊莲·温克尔艺术。

第三排
容量陈列架
第二排
特色陈列架和桌台
第一排
特色陈列架和桌台

超大四臂陈列架　　圆形架　　超大四臂陈列架
桌台　　四臂陈列架　　桌台
四臂陈列架　　桌台　　四臂陈列架

特色桌台　　　　入口

以便裙子和裤子的底边与地面保持足够的距离（图4.15）。

你可以通过测量周长轻松确定圆形架的容量。直径为36英寸（0.9米）的圆形架周长约为118英寸（3米）。它可以容纳118件上装或下装。一个直径42英寸（1.1米）的圆形架周长约136英寸（3.5米），它可以容纳136件上装或下装。如果衣服比较薄，比如T恤，数量就会增加；如果衣服比较厚，比如冬衣，容量就会减少。

圆形架展示原则

- **圆形架**不应放置在商店入口或过道上，除非在特殊促销和清仓活动期间。在那些时候，沿着过道或沿着商店的中心排成一行可能是更有效的。
- 袖长和下摆长度在整个陈列架上应相同，

除非货架用于清仓商品。
- 为了获得最好的展示效果，一个陈列架只能容纳七个色彩组中的一种。中性色彩可以与任何分组结合。
- 按照彩虹的自然颜色顺序排列：红、橙、黄、绿、蓝、紫。当你站在一个圆形的架子前，从九点钟的位置开始按逆时针方向操作。如果有中性色，则应添加中性色，使其符合彩虹的分类，颜色范围从最浅到最深。

记住彩虹色的一个简单方法是使用Roy G.Bv 记忆法（Bv可以发音为"Biv"），它代表红、橙、黄、绿、蓝、紫的英文首字母。此记忆法可作为一种培训工具，以确保在任何规模的零售组织中，陈列装置上商品的颜色安排具有连续性。Roy可以被看作一

圆形架（或圆台）（round track）是一种容量陈列装置，由直径不同的圆形构成，可以调节高度，用来存放基本款的服装商品。

个"隐形视觉营销员"，负责所有颜色的决策（图4.16）。

除了中性色（图3.6），所有的配色方案都是基于Roy G.Bv描述的基本彩虹色。在粉色组中，粉色与鲜红也有关，桃色与鲜橙色有关，浅黄色与鲜黄色有关，等等。即使看大地色组，你也会发现葡萄酒与红色有关，锈迹与橙色有关，黄金与黄色有关，等等。

一些陈列指南建议从浅色到深色排列颜色。然而，色彩的感知和解释是一个孤立的事情，所以从浅色到深色的指导方针不能保证整个商店色彩的连续性。从浅到深的色彩序列最大的缺点之一，是它允许明亮色调、宝石色调、中间色调和粉色调混在一起——结果是形成强烈的色彩冲击。如果你工作的商店推荐从浅到深的配色模式，你就需要使用它；但是如果你有选择的话，我们相信彩虹配色更容易在你的时装展示中产生更大的影响。

如果圆形货架用于清仓商品，首先应确定商品的尺寸，然后在每个尺寸内排列颜色。示例：5号—红色、黄色、蓝色；7号—红色、黄色、蓝色；9号—红色、黄色、蓝色。最小尺寸应放置在货架的侧面，面对商品部门的前区，从你的右侧开始（逆时针）按尺寸排列放置。

圆形架有一种变体，即三层圆形架（图4.17）。这种装置有三个可调节的水平高度。这是一个理想的货架，以分开不同袖长的服装，或者显示一组上装/下装系列。三层架子中的每一个都提供39英寸（1米）的悬挂空间，因此三层可以容纳117件衣服（每件衣服1英寸，即2.5厘米）。三层圆形货架的最低层应始终面向商品部门的前面或

1. 大量采购产品

2. 残缺产品组合

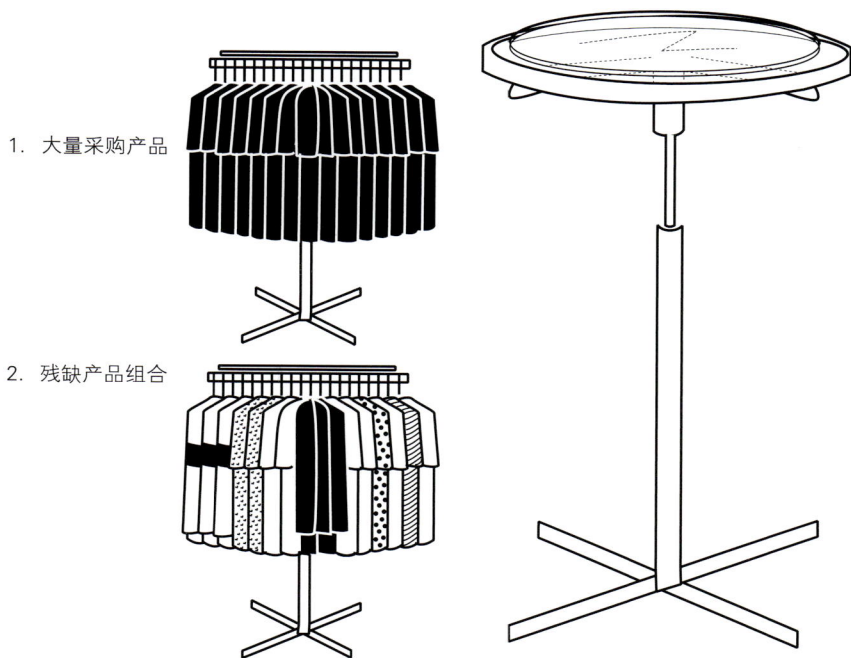

图4.15　具有两种常见功能的圆形架。图片来源：伊莲·温克尔艺术。

如果你能记住我的名字

ROY G BV—

你就记住了彩虹的颜色顺序

图4.16　Roy G.Bv记忆法记忆色彩的简单方法。图片来源：叶莲娜·萨弗罗诺娃（Yelena Safronova）。

超大四臂陈列架（superquad）是一种具有可调高度功能的四臂陈列装置，用于陈列大量采购的货品或裤子、裙子、衬衫、毛衣或夹克的搭配组合。

框型货架（condolas）是一种多功能的四边陈列装置（condolas直译为贡多拉，原指一种独具特色的威尼斯尖舟，本书特指这种多功能的四边陈列装置——译者注），可用于折叠或堆叠产品，偶尔还可设置衣服杆，以展示衣架上的服装。

端盖（endcaps）是框型货架顶端有价值的展示和储存空间。它们可以展示在框型货架上所堆放商品的样品，或展示最新上市的商品，或者用于特别商品的推广。它们可以用堆放、钉挂或搁置的方式陈列。

过道。与圆形架一样，此容量陈列装置应主要地放置在商品部门的后区。

超大四臂陈列架

超大四臂陈列架是一个拥有四臂容量的陈列装置，用于存放大量采购的基本款货品（图4.18）。该陈列架允许展示不同袖长或下摆长度的物品，并能很好地展示由裤子、裙子、衬衫、毛衣或夹克组成的系列。超大四臂陈列架可用于展示残缺或不相关的产品组合，也可用于清仓商品的集合。

超大四臂陈列架的手臂可以设置成不同的高度。一种方法是从货架前面开始，从左到右，每个臂高设置为高出前一个几厘米。

另一种方法是上装比下装的臂高设置稍高一点。这模仿了上衣和下装的穿着方式，创造了一种自然的视觉感受。超大四臂陈列架的手臂应该从左到右排列颜色。从9点钟位置的手臂开始，围绕陈列架逆时针移动（图4.19）。

框型货架

框型货架的长度从小型专卖店的48英寸（1.2米）到超市的60英尺（18米）或更高（图4.20）。

框型货架的顶端称为**端盖**。它从各个方向都可以伸手摸到，这些多功能的容量陈列端被折扣店用来放置袜子和贴身服装等基本款商品，通常面朝外挂在钉子上。可折叠的和盒装的商品，如鞋子，可以堆放在框型货架上。大型框型货架必须拆卸才能移动。因此，它的楼层布局很少被改变。专卖店使用较矮的框型货架，通常有锁定轮或脚轮，在重置卖场时方便移动。框型货架可以使用Roy G.Bv方法从左到右安排色彩。较小的产品应安排在货架顶部，较大的产品移动到底部货架上。

1. 不同袖长

2. 搭配的上下装

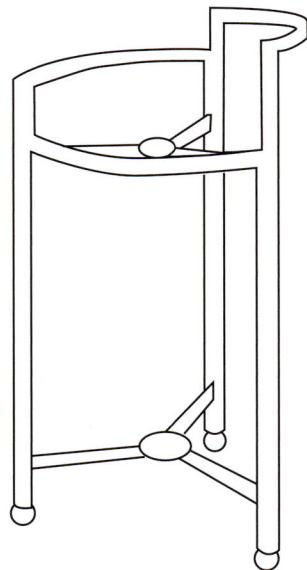

图4.17　三层圆形架，有两种常见功能。图片来源：伊莲·温克尔艺术。

1. 不同袖长搭配

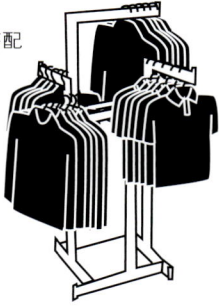

2. 上下装搭配

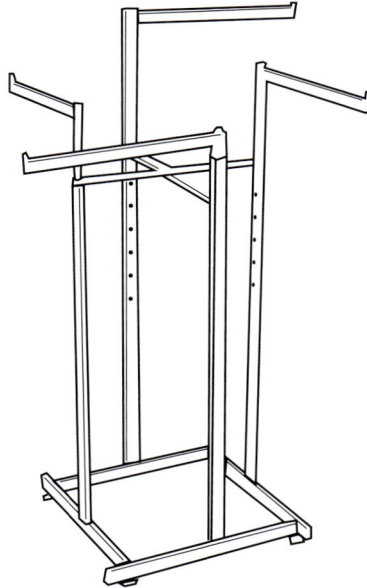

图4.18　具有两种常用功能的超大四臂陈列架。图片来源：伊莲·温克尔艺术。

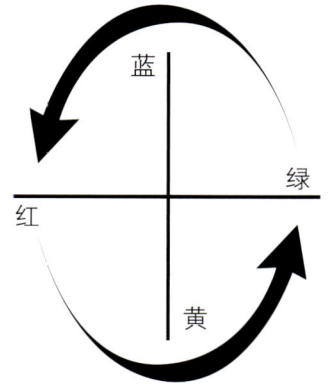

9：00位置

图4.19　超大四臂陈列架的色彩流方向。请注意，色彩流从9点位置开始。此技术可用于任何地面陈列装置。图片来源：伊莲·温克尔艺术。

图4.20　密苏里州拜伦中心Merrell奥特莱斯零售店的框型货架陈列装置，商品为靴子和鞋子，被包装在醒目的橙色盒子中。图片来源：Econoco公司提供的陈列装置。

箱柜和立方柜

箱柜和立方柜是可互换的术语，尽管许多零售商将立方柜定义为侧面打开的容器，将箱柜定义为顶部打开的容器。在五金店里，你可能会看到用来装糖果之类的散装物品的倾斜箱柜，或装满螺母和螺栓，而立方柜则依然是用于时装店的墙面陈列或独立的地面陈列架。

当作为地面陈列架来销售折叠的时装商品时，立方柜被固定地放在框型货架的底座上，成对排列，这样顾客就可以从它们的两侧购物。通常在立方柜的边缘上，整面墙都排列着折叠的基本款，从天花板到地板堆砌着一排彩虹的立体墙，给人的视觉冲击是巨大的。它告诉购物者，这家商店有多种商品可供选择。

有几种颜色和简单尺寸的基本时尚单品在立方柜陈列架上卖得很好。如图4.21所展示，是带有四种颜色和三种尺寸的基本款高领毛衣的地面陈列架。从商品推广的角度看，这是一个非常合适的陈列装置——具有系统性和统一性。你在牛仔裤展示区（图4.22）中看到的立方柜，按照面料、颜色（酸洗至深靛蓝色水洗）、腰围和内接缝尺寸以及裤腿样式进行销售。图4.23中的衬衫放在单独的箱柜里，给人一种强调性的、高档的购物体验。

时装立方柜的陈列展示指南

- 按照 Roy G.Bv 颜色进行垂直排列。从一个垂直的红色纵列开始，然后依次是橙色、黄色、绿色、蓝色和紫色。从左到右排列（图4.21）。如果库存量太少，无法支撑整个纵列，则至少在部门区域内前面最显眼的两个或三个立方柜中垂直排列颜色。
- 顶部放置最小的立方柜，逐渐向下调整为最大尺寸的。

■ 传统的地面陈列装置

有几种传统的地面特色陈列装置，但今天零售店最常用的是双臂架（T型架）和四臂架（顾客架）。它们用于展示少量的趋势商品、测试商品，以及协调和区分展示搭配的套装。特色陈列架呈现搭配协调的时装外观，将建立多重销售机会——为无声的销售提供机会。购物者在特色陈列架中寻求时尚

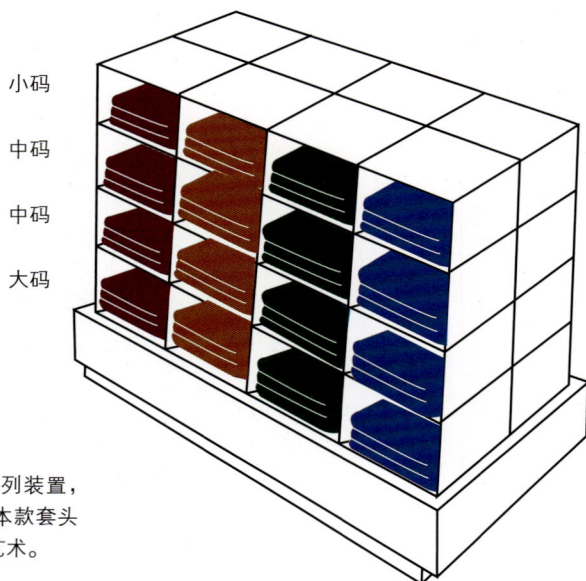

小码
中码
中码
大码

图4.21　堆叠式立方柜地面陈列装置，销售三种尺寸和四种颜色的基本款套头衫。图片来源：伊莲·温克尔艺术。

酸洗	石洗	复古深色水洗	深靛蓝色水洗
29x30 29x30 29x30	29x30 29x30 29x30	29x30 29x30 29x30	29x30 29x30 29x30
直裤腿	直裤腿	及靴长	及靴长
30x30 30x32 31x30	30x30 30x32 31x30	30x30 30x32 31x30	30x30 30x32 31x30
32x32 33x32 33x30	32x32 33x32 33x30	32x32 33x32 33x30	32x32 33x32 33x30
34x32 34x34 35x30	34x32 34x34 35x30	34x32 34x34 35x30	34x32 34x34 35x30

图 4.22 立方柜牛仔裤地面陈列装置，按面料、颜色、尺寸、裤腿样式排列。图片来源：伊莲·温克尔艺术。

图4.23 在一个个箱柜中展示男式衬衫，高档且便于商店维护，也便于顾客购物。纽约曼哈顿布鲁明代尔百货公司。图片来源：Centano /《女装日报》/康泰纳仕出版集团。

商店规模大小不同，预算也不同。比如你知道绝不应该在T型架上混色，或你的商店是大批量地采购商品——规则就出现了。这是当下最好的做法。但如果你的商店每种款式和颜色的毛衣只采购了四件，你就必须调整规则以适应特殊情况。对于本书提到的所有规则，"调整"这点都是肯定的——现实必须优先。

双臂陈列架（two way fixture），也称为T型架，是一种两臂悬挂装置，用于展示少量（12~24件）流行服装或测试商品。

四臂陈列架（four way fixture），也称为顾客架，特点是悬挂搭配系列服装组，或者少量（24~48件）作为搭配成套装展示的服装单品。

正面臂（face-outs）是正面方向悬挂商品的单臂，这样整个商品的正面就可以被看到。正面臂可以使用直臂或斜臂，斜臂能创造瀑布般跌落的效果。

建议。在某种程度上，你是在选择最适合购物者观看和试穿的商品（图4.24）。

特色陈列装置的展示指南

双臂陈列架（T型架）和**四臂陈列架**有直臂型或斜臂（瀑布形）型，为营销人员提供了灵活的配置。额外的手臂可以添加到双挂或三挂，用来悬挂内衣或童装。在某些架子上，手臂样式是可互换的，某些是固定的。在任何一种情况下，以下指南将确保这些陈列装置的最佳使用：

- 使用特色陈列装置时，仅突出显示货存中最新和最令人兴奋的产品。基本款货品如高领毛衣，不应该放在特色陈列架上。

- 在每个陈列架上呈现一个单一的色彩。为一个陈列架选择七个色彩组中的一组（图3.6）。中性色可以与任何颜色组合。如图4.25a和图4.25b。在错误的示例中，架子上同时呈现的粉色和明亮色显得不协调。在正确的示例中，产品来自同一明亮色组。协调一致的搭配才有意义。如果使用的是系列服装组，则需要展示服装制造商提供的分组方式（无论你认为合适的配色方案应该是什么）。

- 使用特色陈列架，应放置按照相同用途分类的类似商品。你永远不会把职业套装和短裤、T恤衫一起放在一个四臂陈列架的两臂上。

- 为了获得最大的视觉效果，在使用双臂和四臂陈列架时，应使每个**正面臂**只有一种款式的服装，每个正面臂只有一种颜色的服装，每个正面臂只有一种工艺。举个例子，一条单臂上配置了六件红色开衫毛衣

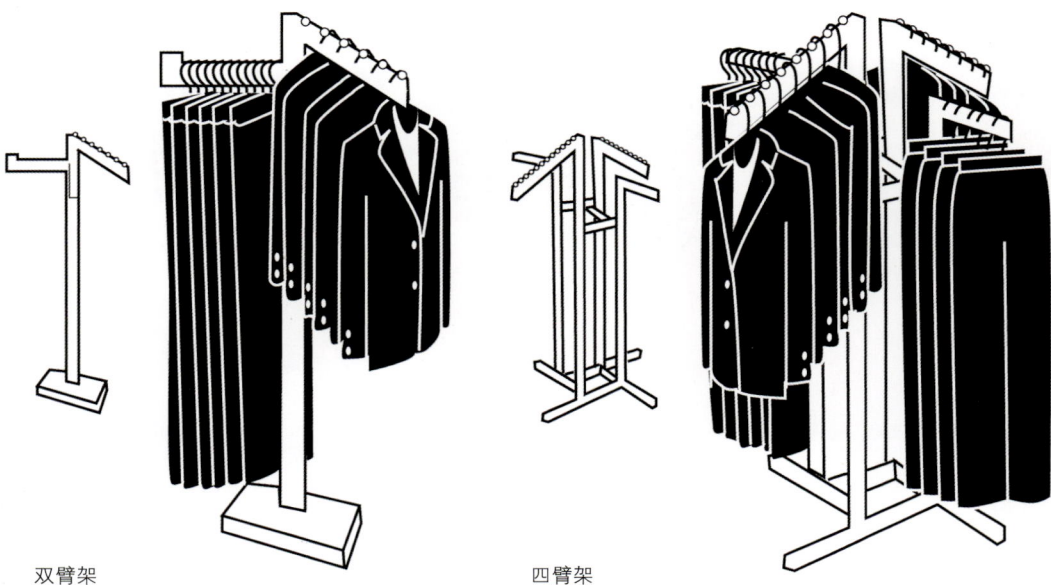

图4.24 双臂架和四臂架特色陈列装置，分为直臂和斜臂。图片来源：伊莲·温克尔艺术。

双臂架   四臂架

是正确的，而单臂上放置三件红色开衫和三件黄色开衫是不正确的。

- 使用特色架来显示套装——也就是说上装和下装是搭配一致的。这种陈列设备有助于无声销售，为多重销售创造机会。

- 每周或每两周用新物品更新一次特色陈列架。

- 将特色陈列架放置在商店前面和主通道上。如果没有主通道，则将其放置在每个商品部门的前区。

- 根据需要调整特色陈列架的高度。要正确确定陈列架上的产品所悬挂的高度，以反映客户可能穿它的方式。例如，裤子的下摆应该离地板3英寸（8厘米）。再高一点，裤子看起来就不自然了。及膝连衣裙应该离地17英寸（43厘米）。七分及腿裙

可以更低一些——可能离地板8~12英寸（20~30厘米）。在任何情况下，服装的下摆都不能碰到地板。商店里的所有其他陈列装置都应该进行调整，以反映裙摆的均匀性。记住，上衣应该挂在比裤子高几厘米的单臂上。

- 裤子只在直臂上展示，而不在斜臂上展示。这是为了适应层叠下降的裤腿长度，而斜臂必须设置得很高。

■ 传统的墙面容量陈列装置

大量的商品可以有效地展示在墙上，但商品的组织方式是至关重要的。

服装杆和横杆

圆形服装杆和扁平金属横杆是在墙上

> 圆形服装杆（round garment rods）和扁平金属横杆（flat metal crossbar）是基本的陈列装置，悬挂在墙上以展示大量货物。

图4.25a　左侧的地面特色陈列架展示的马球衫来自同一色调组——"珠宝色调"，实现了和谐的色彩排列。墙壁区域也是珠宝色调组的商品，其相互结合，创建了一个色彩协调的商店（左图）。图片来源：朱迪·贝尔。

图4.25b　注意这家商店在珠宝色调的马球衫组合中陈列了一些粉色调的马球衫（右图）。当粉色调和珠宝色调的颜色一起出现在同一个商店，色彩的效果被稀释，不是赏心悦目的。图片来源：朱迪·贝尔。

悬挂展示大量服装商品的基本陈列部件。为了保持连续性，整个商店只能使用一种款式的杆。

服装杆和横杆通过插入14英寸（36厘米）支架的墙壁标准件固定在墙上。根据墙体跨度及其结构基础，这些墙体标准件每隔2~4英尺（5~10厘米）安装一个。整个组件有时称为一组墙壁系统（图4.26）。

把支架插入墙上的标准件中，橡胶锤是必要的。用橡胶锤轻轻敲打可以固定支架，防止使用普通锤子产生难看的划痕。杆的末端总是用特殊的卡入式五金件封盖，以防止商品在购物者来回推衣架时滑落。木槌是一种有用的工具，用于将卡入式封盖敲入到位，以及随后将其拆下。

有些圆形服装杆和横杆的封盖已经焊接到位；有些则是单独的配件。可拆卸的卡扣式盖子允许营销人员将长杆与卡扣连接起来，以创建更长的墙壁展示。圆形服装杆和横杆可以购买几种不同的长度［2~12英尺（5~30厘米）］，并根据需要进行组合。它们可以是商店最便宜和最通用的陈列装置。但是，为了保护商品和购物者的安全，必须每隔几厘米对其进行适当的安装和支撑。

除了用于悬挂商品外，横杆还可以应用于墙面标准系统之间的过渡：商家在想要的位置没有足够的空间使用斜臂和直臂时，它作为过渡桥梁使用。为了将横杆固定到墙壁标准系统中，你需要使用3英寸（8厘米）的支架［而不是将产品挂在通常直臂上时使用的14英寸（36厘米）支架］。一旦到位，斜臂和直臂可以滑过横杆，并准确定位在商家想要的位置（图4.27）

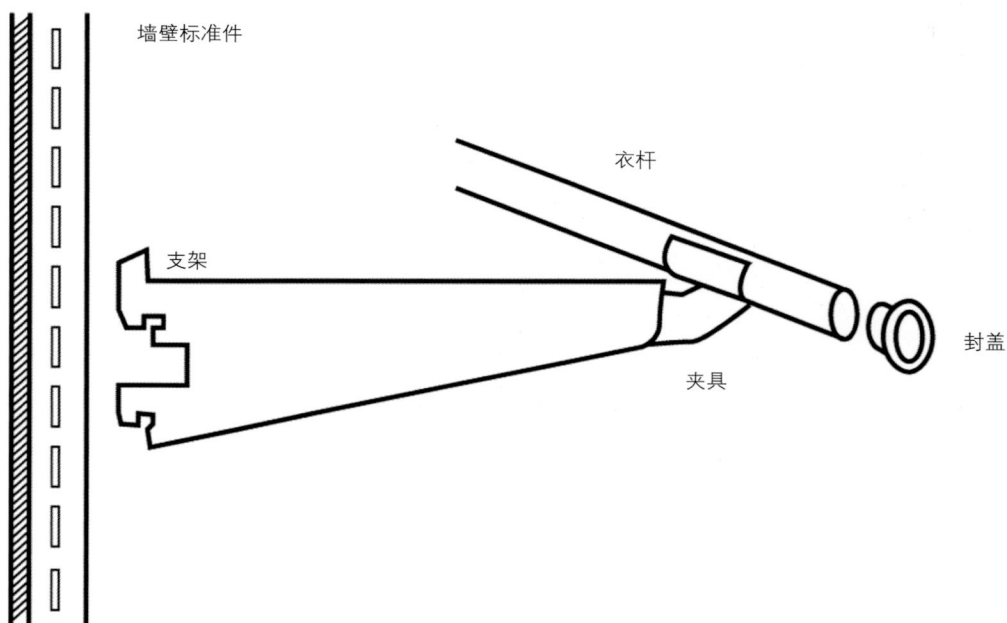

图4.26 使用衣杆的墙壁系统。图片来源：伊莲·温克尔艺术。

墙壁标准件

衣杆

支架

夹具

封盖

板条墙面和网格墙面

还有两种常见的墙面系统选项，称为**板条墙面**和**网格墙面**。在板条墙面系统中，一系列涂上油漆的木材或层压材料水平槽面板被直接应用到墙上。它们看起来有点像家里的木制壁板。

网格墙面是一系列金属板，以各种网格状图案制成，通过支架和螺钉永久固定在墙面上。板条墙面和网格墙面系统都需要在每个圆形服装杆、横杆、直臂或斜臂上安装一种独特类型的五金支架（图4.28）。

墙面系统配件

其他的墙壁系统陈列装置选项包括专用的陈列配件，如6~12英寸（15~30厘米）的销钉，用于陈列预包装物品卡板（例如，鞋带包、袜子包、化妆品收纳包），以及手袋挂钩和各种鞋、帽、皮带陈列物品。墙面系统配件的最新设计，每年都出现在行业杂志和目录册中（图4.29）。

搁板

玻璃、木材或彩色塑料层压搁板可放置折叠产品，如毛衣、牛仔裤、手袋和帽子等配件。架子一般2~4英尺（0.6~1.2米）长，用坚固的金属支架固定在墙上。每个货架跨度使用的支架数量将取决于负载产品的重量。安全是关键因素。一些零售商在搁板边缘增加了透明塑料线脚，以防止物品意外滑落。还可以在货架边缘添加一个塑料夹，以显示尺寸和价格信息。当与适当的支架一起使用时，网格墙面和板条墙面系统都可以接受搁板。

板条墙面（slatwall）是一种水平支撑面板的墙面系统，具有均匀间隔的插槽，用于接受带有特殊板条配件的支架和展示配件。

网格墙面（gridwall）是一种金属线墙面系统，用于接受带有特殊网格墙面配件的支架和展示配件。

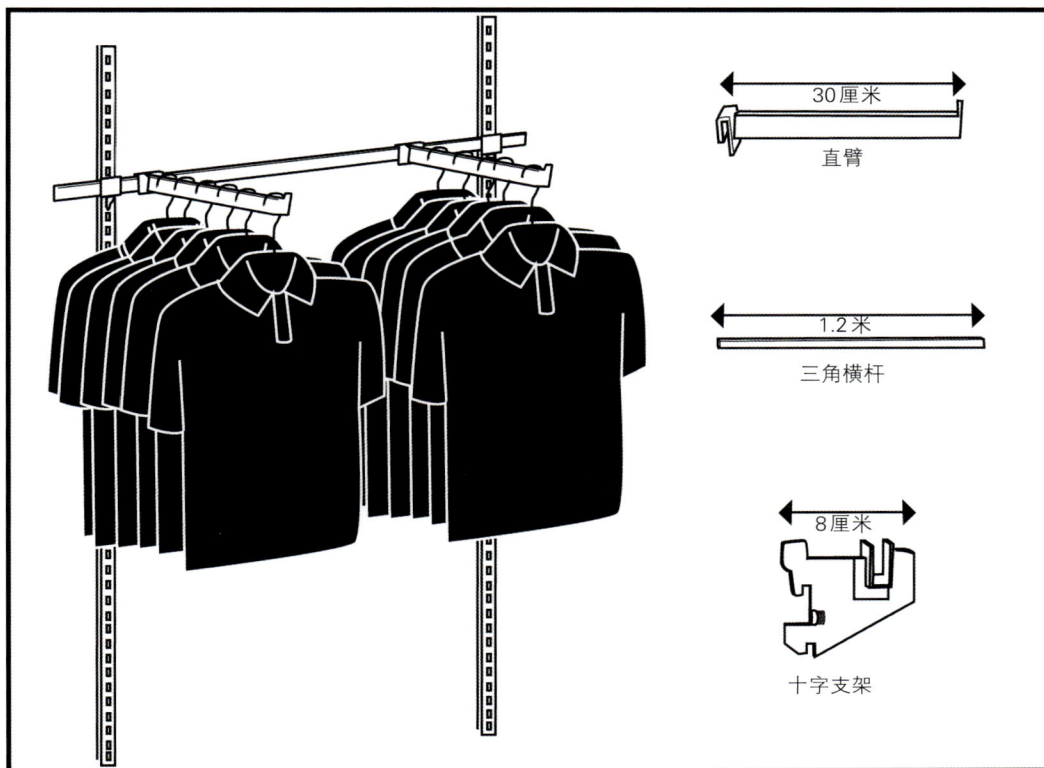

图4.27 墙壁系统，利用横杆让商品正面朝外。图片来源：伊莲·温克尔艺术。

网格墙面 板条墙面

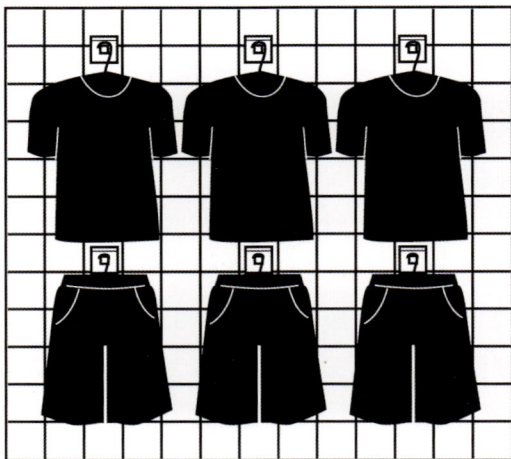 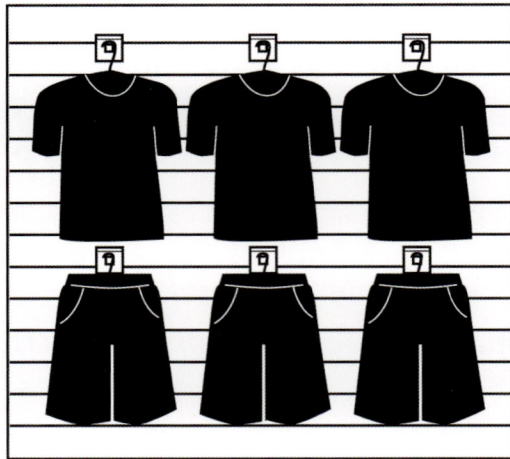

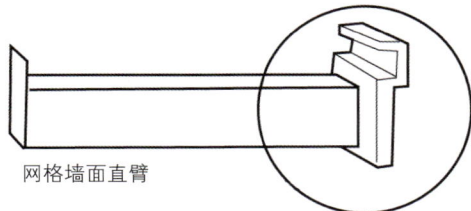 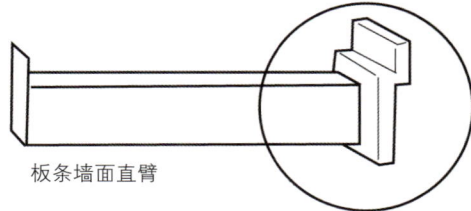

网格墙面直臂 板条墙面直臂

图4.28 网格墙面和板条墙面系统。注意每个系统的支架配件是如何变化的。

当在墙面系统的货架上展示商品，许多零售商保留了顶部货架的特点，展示商品与墙壁平面图形的结合。这种做法让作为"天际线"的商品部门背景墙增加了引人注目的多样性和高度，也增大了商店前面或部门边缘的视野，将购物者的视线拉到更远的地方浏览商品。

瀑布臂（waterfall）
是附在标准墙面、板条墙面或网格墙面系统上，或T型架上，或其他展示少量层叠悬挂商品的卖场地面陈列装置上的有角度的展示臂。

直臂（straight arm）
是一种垂直的展示臂，固定在标准墙面、板条墙面或网格墙面系统、T型架或其他卖场陈列装置上，以展示少量悬挂的商品。

■ 传统的墙面特色陈列装置

墙面陈列装置包括瀑布臂和直臂。

瀑布臂

瀑布臂（斜臂）陈列装置将产品展示在一面墙上，正面朝外，这样可以看到衣服的整个正面（图4.30）。该装置采用5~12个装饰（和功能）旋钮或挡块来将衣服均匀地挂在衣架上，衣服之间留出空间。瀑布臂最适合用来展示上衣、夹克、西装或连衣裙。裤子和裙子不适合在瀑布臂上销售，因为瀑布臂会使衣架的顶部非常突出，顾客在瀑布臂陈列装置前看到的只会是层叠的塑料。而当底部为直臂效果、顶部为瀑布臂效果时，它们的衣架就不那么明显了。

直臂

直臂的作用与瀑布臂的作用相同，可以让购物者看到一件衣服的正面。除了圆形管外，还有方形管和矩形管两种。上装或下装都可以放在直臂上。

直臂上有不同样式的配件，以便适合网格墙面和板条墙面标准或夹在横杆上（图4.31）。

■ 家具和古玩柜

厨具、书桌、古玩柜、桌子和衣柜等家

板条墙面

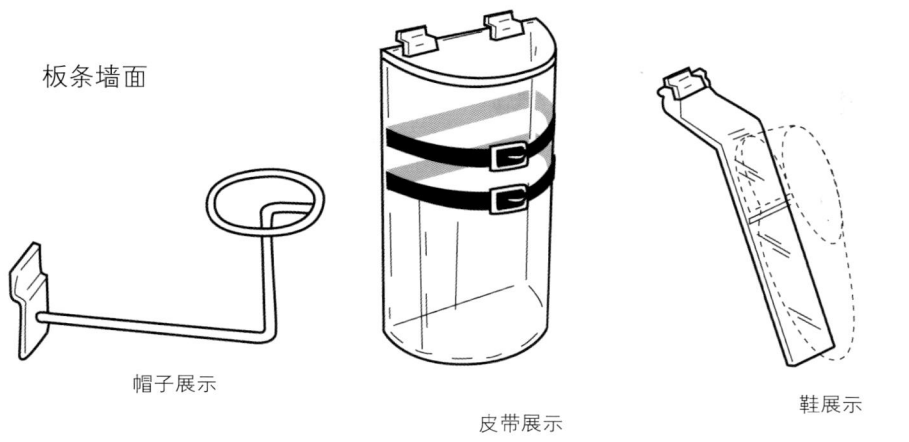

帽子展示

皮带展示

鞋展示

网格墙面

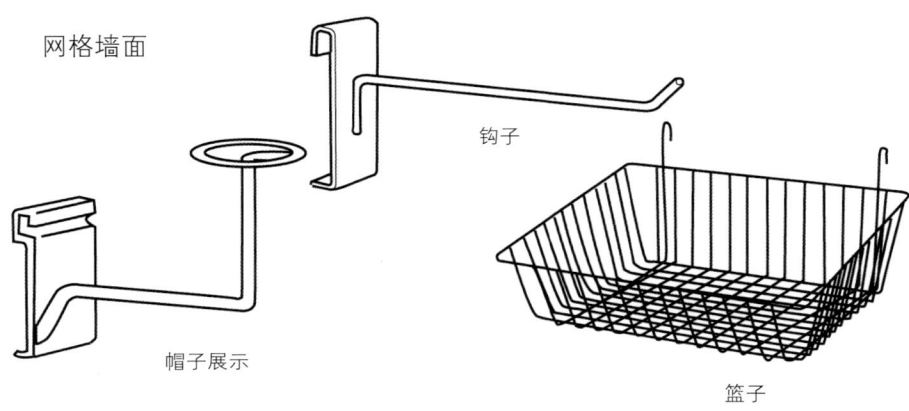

钩子

帽子展示

篮子

图4.29　各种板条墙面和网格墙面系统的附件。请注意支架配件的变化。图片来源：伊莲·温克尔艺术。

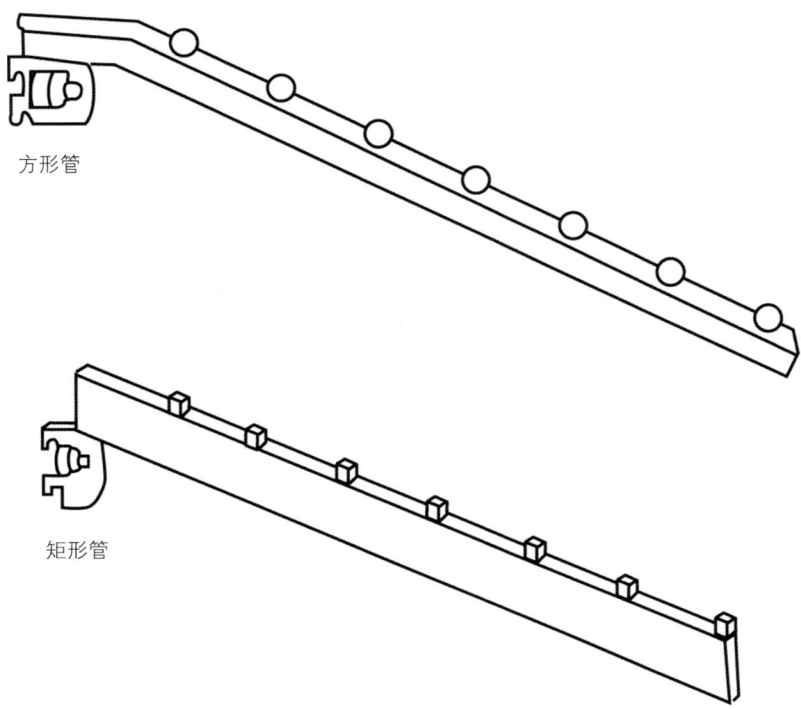

方形管

矩形管

图4.30　两种适合墙面系统的瀑布臂。图片来源：伊莲·温克尔艺术。

具可作为商品陈列装置（图4.32）。作为陈列装置的家具也被称为箱件或箱物，可以从任何时代、时期或风格中借用——从法国的优雅风格到20世纪60年代美国的情景喜剧风格。唯一的要求是，每件作品必须符合商店的品牌形象。

古董家具作为能容纳的、特色的和重要的陈列装置，从中可以找到新的活力。购物者喜欢看到传统家具被用于新的或意想不到的用途（见第一章中的SCAMPER模型部分）。例如，在旧衣柜的内门上添加装饰性和功能性的五金件，可以为珠宝展示创造一个巧妙的销售陈列装置。一个大理石的绅士梳妆台，有几个敞开的抽屉，里面装满了巧妙卷起的丝绸领带，这样的零售画面很吸引人。

家具陈列装置可以专门用作展示道具，创造聚焦点，突出特殊产品。它们也可能有双重用途，实际上是商店商品的一部分。例如，一个古色古香的衣橱里摆满了古色古香的床单、蕾丝小桌布和枕头，其自身也可以出售。橱柜可以支撑销售亚麻布，亚麻布也可以支撑销售橱柜。最后，家具也有可能被用作非商业化的氛围元素，以增加商店的整体氛围。

■ 桌子

在零售业中，最重要的陈列设备之一是桌子。各种类型的桌子在大多数商店或商品部门的入口处迎接购物者。这种展示台可以是永久性的陈列装置，也可以是带有任务的临时设施。它们可以是圆形带有及地裙边的，也可以是一种精致的长方形木制家具或组合家具，如多层嵌套的餐桌。

桌子是一个理想的进门陈列装置，因为它比较低，能有效地在部门前区展示商品，同时为展示在其他区域的更多商品提供了清晰的视线。图4.33展示了一个矮桌子，它通过一个低框架和几个人台模特得到了增强。

在中间过道的桌子也提供了一个很好的展示方式，以突出新项目或提供常规产品的特殊价格，吸引路人驻足，产生购物的冲动。在清仓期间，销售桌台是非常有效的，因为顾客习惯于在临时桌台上寻找便宜商品。但是，不要过度使用打折桌台陈列。如果你这样做，商店打折策略将对购物者失去影响力和信誉。

看起来只有小腿高度的浅盒子，是一种特殊销售桌台，被称为"杂乱（jumble）

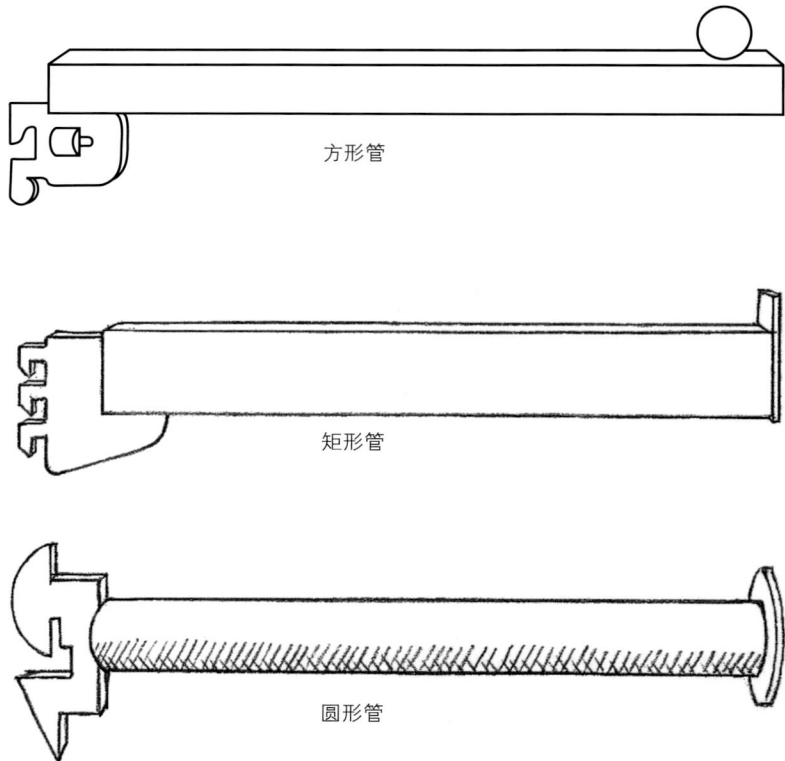

方形管

矩形管

圆形管

图4.31 三种样式的直臂。请注意不同墙面标准下的不同样式的配件。图片来源：伊莲·温克尔艺术。

图4.32　在洛杉矶的Milkmade，家具作为陈列装置。图片来源：Boye /《女装日报》/康泰纳仕出版集团。

桌"或"倾倒（dump）桌"。因为它们可以容纳各种类型的销售物品，而当购物者在其中搜索时，这些物品通常被翻得到处都是。有些商店比较了摆在这种桌子上的产品和摆在圆形架上的产品，经常发现前者的销售结果更好，产出效率更高。这也许是搜索到一件珍宝的可能性吸引了购物者。对于那些看起来杂乱无章的桌子，必须进行分类，定期检查是否有丢失的标识信息或粗暴处理造成的损坏，并重新安排，以保持

图4.33　这张桌子展示了完成一套着装所需的每一件物品：衬衫、背心、裤子、鞋子和手提包。莫斯科，俄罗斯。图片来源：Centano /《女装日报》/康泰纳仕出版集团。

该区域的吸引力，并帮助购物者寻找合理的价值。

发掘物品作为陈列装置

还有一个商店陈列装置的来源是——（视觉设计师）自己发掘的物品，如木质包装板箱、古董箱子、木桶、水桶、浴缸、20世纪50年代的厨房桌椅，甚至是汽车或卡车车身的局部。这些物品体积庞大，可以很好地融入某些商店的氛围或主题计划。

所发掘到的物品陈列装置可能不适合所有人，可能也不适合整个商店。作为强调部分使用，它们可以添加神奇的元素、奇思妙想或惊喜，这是每个设计师都乐于使用的——这是一种特色表达的陈述。然而，像这样的装置必须符合商店的大氛围，过度使用可能会限制其吸引力。用自己发掘的物体作为陈列装置的主要好处是它们的新颖性、价格和可处置性。由于它们不像传统的商店家具那样昂贵，所以当它们不再拥有推销工具的有效性时，很容易被丢弃。

供应商的陈列装置和品牌商店

商品供应商有时会向零售商提供专门为其公司产品设计的陈列装置。他们甚至可以提供给商店装饰元素、标牌和陈列架，来为自己的品牌创造一个整体的商店区。通过这样做，供应商希望控制他们的产品呈现方式，从而加强自己的品牌形象。

这种商业安排对零售商来说可能是一种降低费用的方式，因为他们不必为该商店区付款。但他们也必须接受这样一个事实，即他们可能需要将新商店的外观和销售的控制权交给供应商。接受这样的安排可能会损害（或至少挑战）零售商独特的品牌形象。这家零售商还面临着竞争对手可能在其商店里有相同的供应商商店的可能性。

在与供应商签订商店陈列装置协议之前，需要仔细考虑这些问题。在更小的范围内，这些同样的问题也适用于接受更小的供应商展台或落地式销售单元（销售陈列装置，用于存放商品并带有制造商的LOGO、标牌样式和其他品牌标识）。

▌定制陈列装置

激烈的零售竞争导致了定制陈列装置行业的发展，这使零售商能够通过独一无二的陈列装置来创造专卖店形象。如今，整个行业的零售趋势都倾向于在整个商店使用定制陈列装置（图4.34和图4.35）。事实上，拉斯维加斯的水晶（Crystals）购物中心的每一个店，都充满了定制陈列装置。你在商场里找不到一个传统的陈列设施，包括像巴利（Bally）、路易·威登和普拉达（Prada）这样的商店。你可以在谷歌上搜索"拉斯维加斯的水晶购物中心图片"来看看这个世纪最美丽、最艺术的购物中心之一。

小型零售商如果不能承担整个商店使用定制陈列装置的费用，可以考虑在商店最显眼的区域放置一些特别的装置，包括商店入口处和每个商品部门的入口处。

为了开发定制陈列装置，零售商会与自己公司或外包的设计团队合作（术语"外包"指由另一家公司执行的工作）。有兴趣生产定制陈列装置的制造商也可以参与，甚至提供他们自己内部设计师的服务。这对于将零售团队的设计理想转化为最终成品非常重要。设计阶段可以作为一个单独的项目处理，收取一定的费用，或者制造商可以免

图 4.34（左） 纽约市麦迪逊大街 Stuart Weitzman 的定制设计陈列装置，用来展示鞋子。
图片来源：Chinsee /《女装日报》/康泰纳仕出版集团。
图 4.35（右） 伊利诺伊州芝加哥 Ulta 的定制设计陈列装置。图片来源：《女装日报》康泰纳仕出版集团。

费提供这项服务，前提是保证制造商将获得建造陈列装置的合同。

一旦选定了设计团队，店长和设计师就需要讨论并勾勒出一些陈列装置的概念（想法），这些概念（想法）将加强公司的品牌形象。他们还必须就建造陈列装置所用的材料达成一致。在做出这类决定时，关键是要考虑整个商店环境及其所有的装饰元素、墙面覆盖物、地面覆盖物，等等。为陈列装置选择的材料必须补充整个零售环境。陈列装置也应设计为协调一致的组合。例如，如果约定的材料是拉丝金属和樱桃木，则分组中的一些陈列装置可以是拉丝金属，另一些可以是樱桃木，还有一些可以是这两种材料的组合。如果增加一个额外的枫木陈列装置，这将是一个不好的设计决定，因为它与整个组合不相适应。

在下一阶段，团队设计将概念转换成三维的计算机设计图，并在小型的模型中建模。如果设计获得批准，则建造全尺寸的原型陈列装置，如果可能，则进行现场测试，然后根据需要进行修改。最后，将原型设计发送给两到三个制造商，供他们作为**投标**材料提交。

选择哪一个制造商，不应该仅仅基于价格。制造工厂和生产人员的规模也必须合适，能够处理所需的陈列装置数量，并能够满足非常具体的交货计划。这对大型零售企业尤其重要。与任何报价一样，重要的关键考虑因素是信任、沟通、可靠性和质量。这使零售团队能够掌握整个流程，并在制造商遇到生产或交货问题而无法在到期日前履行合同时做出及时的反应。制造商必须及时更新进度报告。

投标（bid）是对生产陈列装置或提供服务的制造成本的估计，以及这样做的正式报价。一旦投标书及其所有条款被接受，即授予合同。买方和制造商之间的正式协议将成为实际生产、交货计划和付款条件的正式依据。

Shop! 的主管凯伦·杜德曼提供了以下关于购买陈列装置的见解和建议:

这些都不是秘密。用一个正确的方法和一个错误的方法来购买商店陈列装置,错误的选择将花费你大量的时间和公司的很多金钱。一个新的商店或商店改建中,陈列装置的成本可以高达60%或更多。无论这些陈列装置是供应商商店中的一部分,可能只有12~18个月的使用时间,还是要使用多年的陈列装置,正确的选择都是至关重要的。

购买商店陈列装置需要尽职调查,以选择最佳供应商为你的公司提供具体需要的产品。通过与供应商密切合作,了解他们的优势和劣势。然后在其薄弱领域考虑备用供应商,例如需要不同生产级别或材料的专业陈列装置或工作。

保持你的竞争优势。参观贸易展,如全球商店展(Global Shop),看看行业里有什么新东西。定期与你的设计师和制造商团队会面也是一个好主意,以集思广益地讨论新概念,并利用新材料和新技术,从而在竞争中占据优势。

定制陈列装置的准则

• 设计陈列装置的样式应适应现有的商店环境。

• 用目前行业中使用的材料和样式制造陈列装置。定制陈列装置的使用寿命约为8年,之后它们就开始显得过时了。随着客户在竞争激烈的零售环境中不断接触到新概念,这一时间跨度缩短得更快。换句话说,不要选择你的竞争对手已经拥有的造型。

• 设计陈列装置应可以容纳将在装置上陈列的产品类型。设计师应测试所有设计与预期的商品,以避免在装置最终成型并制造出来后还需要修改。

• 陈列装置的设计应兼容商店已经使用的五金配件类型。商店设计师必须了解商店在日常销售中已经使用的货架、箱子、横杆和正面臂的类型和数量。为一家商店的陈列装置准备两套硬件可能会非常昂贵和耗时。

行业专业协会采用各种各样的方式让其成员了解商店陈列装置行业的发展趋势。Shop! 是一个全球非盈利贸易协会,致力于改善零售环境和体验(见shopassociation.org)。Shop! 开展研究、制订培训计划、举行行业活动和会议,这包括全球最大的年度零售设计和购物者营销展全球商店展。全球商店展设有五个展馆,包括商店陈列装置馆、视觉营销馆、商店设计和运营馆、数字商店馆和零售市场馆——为整个零售行业提供数百家材料和设备供应商。

Shop! 还管理PAVE(规划和视觉教育合作伙伴)。这是一个致力于支持零售设计和规划以及视觉营销领域的学生组织，特别是组织年度学生设计竞赛。PAVE还致力于鼓励零售经理、商店规划师、视觉营销人员和制造商在各种相关活动中与设计专业学生互动并为他们提供支持。

饰品部门的陈列装置

在时尚饰品部门有许多商品分类：帽子、珠宝、围巾、皮带、手套、手袋、袜子和鞋子。从客户服务的角度来看，饰品的供应为商店的时尚展示增添了价值。

饰品部的最佳位置是靠近试衣间的地方，这样销售人员就可以很容易地为试衣的客户选择各种配套饰品。这在专卖店很容易做到，但百货公司通常有非常大的饰品区，可能与时装部不在同一楼层。如果无法

相邻，百货公司时装部门的销售人员应该定期检查饰品部门，看看库存情况，这样他们就可以建议针对服装采购来相应补充时尚饰品。

饰品展示指南

- 按最终用途分类商品。例如，耳环可以分为休闲、职业和正式风格。在图4.36中，显示的所有耳环都是休闲风格的。
- 按制作工艺划分配饰类别。不同制作工艺的物品（用于制造产品的材料）应放在不同的单独陈列装置上，或者至少放在一个陈列装置的不同侧面。例如，耳环可以都放在一个三角形的首饰旋转架上，两面陈列木制耳环，剩余一面陈列贝壳耳环（图4.36）。

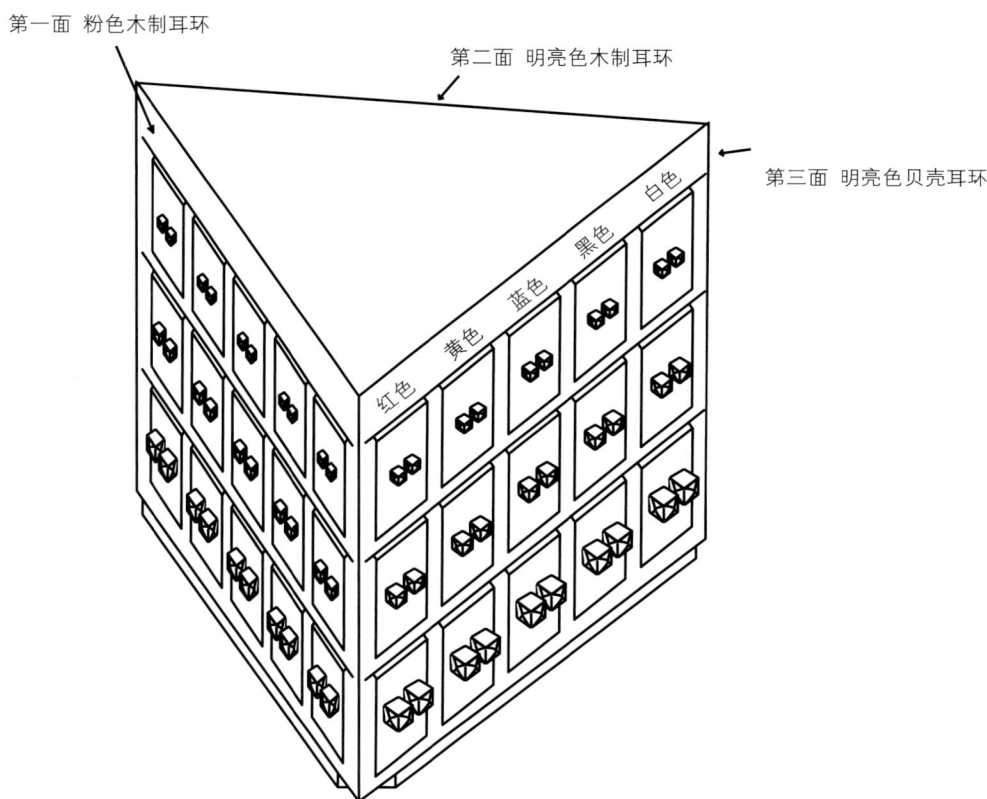

图4.36 桌面耳环旋转架。请注意以下五个陈列准则是如何使用的：①按最终用途分组；②按制作工艺分组；③按样式分组；④按颜色分组；⑤从小到大排列。图片来源：叶莲娜·萨弗罗诺娃。

- 在每个工艺中按样式划分。例如，在耳环旋转架一侧的木制耳环中可以进一步细分，有圆形木制耳环和方形木制耳环。请注意，耳环也从小样式排列到大样式（图4.36）。
- 在墙上的部分，你可能会展示帆布手袋的正面，并按照样式进行分类——肩包和手提包。这些手提包也可以从小到大排列（图4.37）。
- 在每个样式中，按色彩组分隔商品。在陈列装置的每一侧显示一个色彩组（图4.36）。明亮色的耳环呈现在首饰旋转架的两侧，粉色耳环则呈现在另一侧。现在看看图4.37，明亮色和中性色的帆布袋一起陈列在墙上。在同一段墙上的明亮色和粉色组绝对不能混合在一起。
- 每一个色彩组中，相同的颜色可以垂直放置在一起，也可以根据Roy G.Bv为所有色彩组安排顺序，只需删除当时没有库存的颜色即可。中性色跟随其他任意色彩组。在图4.37中，手提包按垂直方向排列颜色。请注意，陈列的中性色包以黑色开头，然后过渡到灰色。如果有白色的袋子，它们将会排在灰色之后，所以最亮的中性色

图4.37 一个迷你陈列墙，展示有明亮色和中性色的帆布手袋。这里遵循了哪些陈列指导原则？图片来源：伊莲·温克尔艺术。

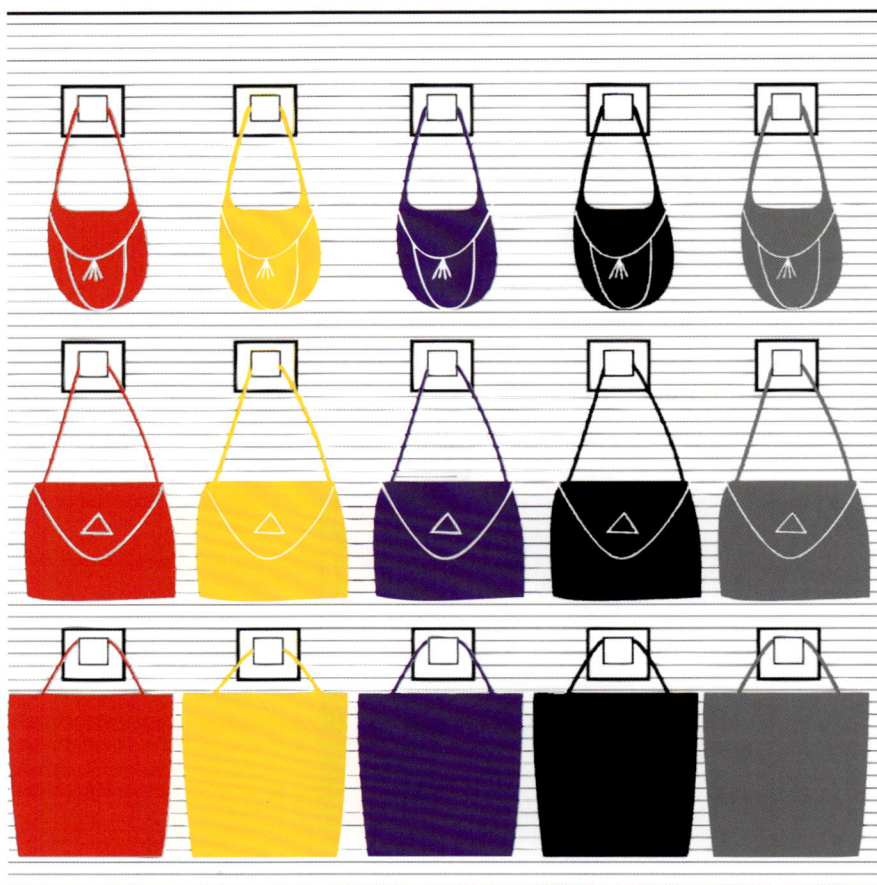

会在这一排的末尾。这提供了一个更愉悦的视觉外观。

- 将所有饰品排成直线，将长度相似的商品放在一起（图4.39和图4.40）。

- 尽可能成套提供饰品（图4.41）。这可以引导购物者将饰品和时尚服装结合起来，并鼓励多重搭配购买。你可以按下列方式分组和搭配：①帽子、围巾、手套和手提包；②腰带、围巾和手提包；③耳环、项链和手镯。

饰品陈列指南的例外情况

事实上，很多情况会限制你严格遵守本书介绍的饰品陈列指南。例如，在较小的商店，商店买手可能不会购买足够数量的耳环，这便限制了你使用色彩垂直排列的陈列策略。在这种情况下，你可以沿水平方向开始工作，例如，在第一行中有三对红色耳环、三对黄色耳环；然后在第二行中有三对蓝色耳环和三对紫色耳环。

当从不同制造商购买的耳环以不同尺寸和形状的耳环卡片到达时，会出现另一个例外情况。把这些卡片放在一个陈列装置的同一边可能会使它看起来杂乱无章。在这种情况下，如果先将耳环按卡片类型分开，再按最终用途、制作工艺、款式等分开，展示效果会更好（图4.38）。

◀ 工具箱4.3

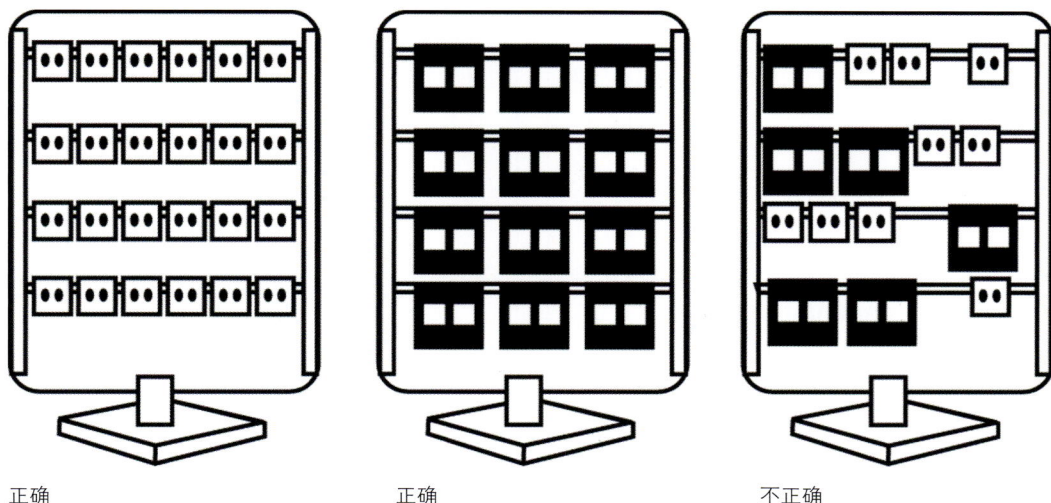

正确　　　　正确　　　　不正确

图4.38 桌面陈列装置上的耳环陈列。关注正确的例子中耳环的排列方式——在不正确的例子中不同风格的耳环卡片是混乱的。图片来源：伊莲·温克尔艺术。

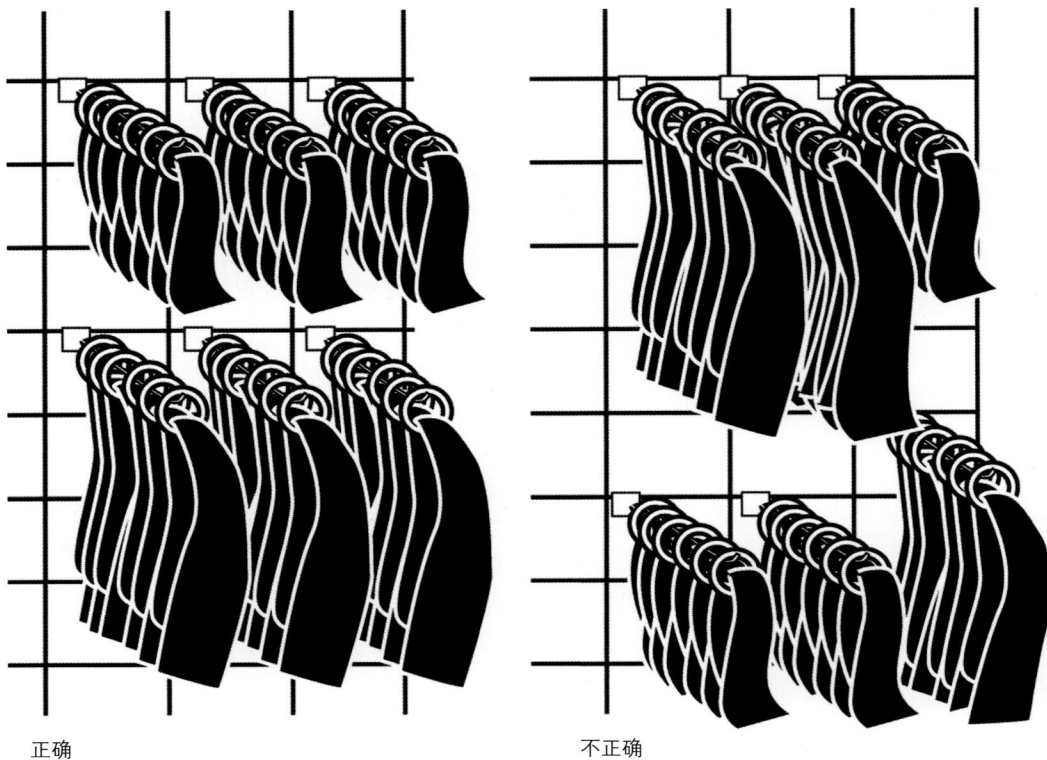

图4.39 网格墙面上的围巾陈列展示。在正确的例子中，每一行的围巾长度相同。在不正确的例子中，围巾的长度是混合的。图片来源：伊莲·温克尔艺术。

正确　　　　　　　不正确

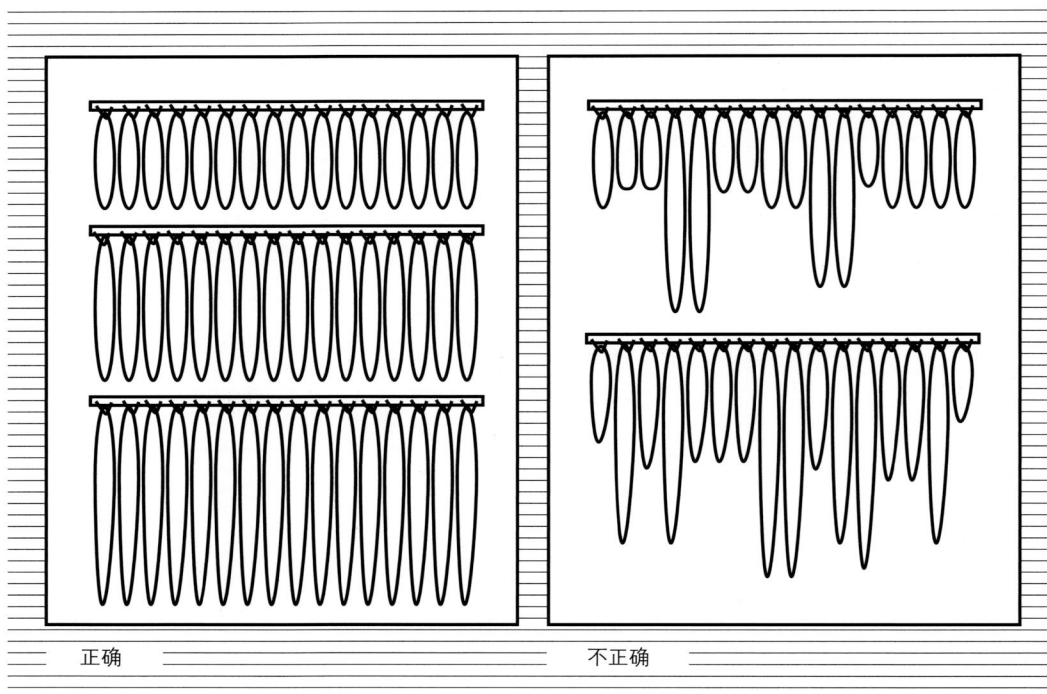

图4.40 迷你板条墙面上亚克力陈列板上的项链展示。在正确的示例中，项链从短到长依次呈现，每行只有一个长度。在不正确的示例中，项链长度是混合的。图片来源：伊莲·温克尔艺术。

正确　　　　　　　不正确

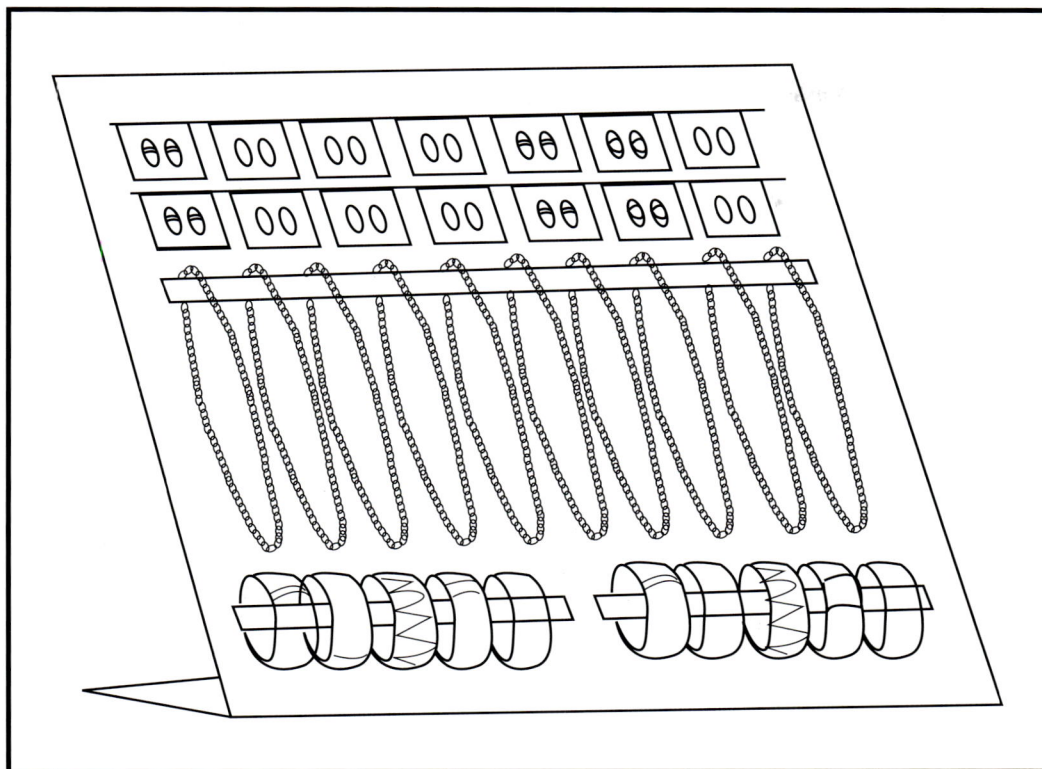

图4.41 混合陈列着耳环、项链和手镯的桌面亚克力斜板。图片来源：伊莲·温克尔艺术。

在商品**出售**的过程中必须维护饰品的陈列。理想的情况是，在当季中，每隔一段时间就会有新的物品进入这个部门。同时，密切监控销售活动，并经常进行合并或重新采购，以保持陈列架都摆满。重新组合排列并使不完整的产品组合看起来像新的一样，将此视为一个对你的专业挑战。实际上，在饰品区内转移商品会给每周常客留下一种印象：这个部门又上新了。尽可能遵循指导原则，创建动态的陈列展示，使你的客户更容易进行购物和选择。

饰品陈列柜展示指南

饰品陈列柜经常用于保护具有高浓缩价值潜力的配饰，较小、更昂贵的物品可能会吸引商店扒手。像这样的展柜通常是锁着的，或者展柜开口面向柜台岛的内部，柜台

岛上有一名销售助理。

陈列的商品可以通过几种方式展示：

• 单一分类的大存量商品展示，例如只展示独家手表的箱子。
• 单个设计师提供的大存量物品或搭配套装（莫奈珠宝或者拉尔夫·劳伦香水）。
• 多家供应商提供的各种珠宝产品的总体陈列展示。
• 陈列展示一些特别选择的商品，一般这些商品都是得到额外支持或有特别标识的。例如，围巾部门的特别促销活动，你可以选择搭配别针的名牌围巾。可以散布陈列一些如何系围巾的宣传小册子，设计师将在活动中赠送这些小册子，以在陈列中将商品与活动联系起来。这样，你可以用一个标有时间日期和设计师LOGO的标牌来

出售（sell-down）也叫销售过程，是一个零售术语，指一个商品或一组商品在卖场上销售的全部时间，包括从刚进入卖场的全价阶段到最后的降价阶段。

完成陈列。这种陈列方式并不经常使用，因为随着对每平方米的商店空间都要求有产出效益，陈列空间的价值也随之增加。

展柜陈列装置的营销应遵循本章中已讲述的基本陈列指南——按最终用途、制造工艺、样式和颜色区分产品。展柜产品展示还应依赖于基本的设计原则和元素，这些原则和元素将用于更大的展示区域——强调、平衡、节奏和比例（图4.42）。你能否确定图4.42中使用的具体设计原则和元素？现在再看一下图4.43，你可以看到采用对比设计原则的不同高度的陈列柜。

开放式销售的饰品陈列装置

饰品陈列装置的最新发展趋势是开放式销售。在保护商品的同时，鼓励（消费者）细看商品，是未来十年的挑战。陈列装置制

造商和零售商正在合作设计陈列装置，允许购物者细看和试戴曾经是存放在保险箱中的饰品，包括那些很可能被盗窃的物品。斯沃琪（Swatch）手表陈列装置的特点，是把表带连接在某个地方，这样得以允许购物者在没有销售员帮助的情况下就可以试戴手表（图4.44）。

尽管大多数零售商都认为开放式销售在降低员工成本和增加毛利方面具有经济效益，但他们担心销售量收缩也会成倍增加。尽管如此，他们仍面临挑战，并继续尝试创造性的解决方案，以消除客户和商品之间的障碍。

一些零售商将展示柜背靠背放置，从前面打开。箱子是锁着的，需要销售助理的帮助才能打开，但不需要人员站在柜台后面进行交流。

图4.42　在展柜里的珠宝陈列展示，蒂芙尼公司，拉斯维加斯市中心的水晶购物中心店。图片来源：伊桑·米勒（Ethan Miller）/盖蒂图片社为蒂芙尼公司拍摄。

图4.43　使用高低陈列柜，在洛杉矶罗伯逊大道的香奈儿陈列展示中创造了一种戏剧性。图片来源：《女装日报》/康泰纳仕出版集团。

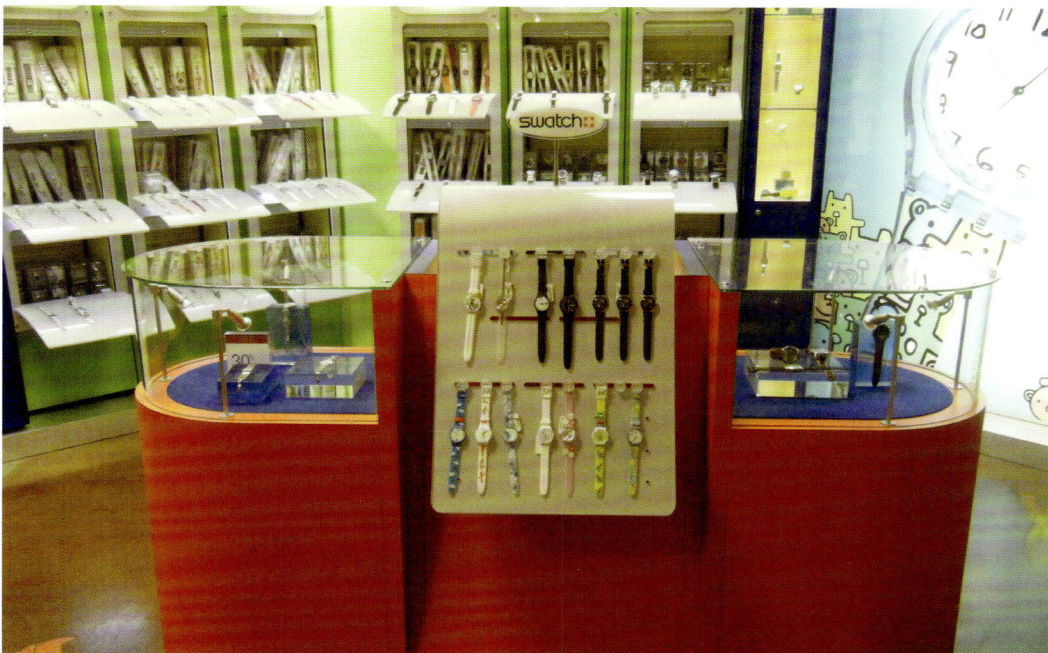

图4.44 这种开放式销售的手表陈列装置允许购物者将手腕放在表带下试戴，而不必从陈列架上取下手表。图片来源：朱迪·贝尔。

专门的饰品陈列装置

饰品产品最好在专门的陈列装置上展示。为了获得足够的视觉聚焦和光线分量，让消费者可以从远处看到商品，小型的陈列盒可以放在玻璃箱内，或放在珠宝台桌面或墙壁区的架子上。一些较小的陈列装置样式包括：

• 塑料（透明或彩色）或金属的耳环旋转架（可用滚珠轴承开启的底座高度可变的双面、三面或四面陈列架）、眼镜旋转架等。

• 带画板支撑架的耳环板和项链板。

• 底座上的多臂项链条、两栏项链架、手镯架和围巾架。

• 帽子架。

• 手提包架。

• 鞋子陈列架。

• 金属和透明塑料的陈列篮和托盘。

• 透明或彩色塑料的立体框和直立管。

• 墙面和挂钩。

实际上，任何桌面陈列装置都可以放大或加长，成为落地式饰品陈列装置。这样做的好处是可以在落地销售的有限空间里尽可能展示更多的商品，而不局限于桌面陈列。

"这一概念（开放式销售）为客户提供了大量的自由选择体验。能够让客户在没有推销的环境中体验商品，平衡美观和效率，并帮助简化购物体验，这是丝芙兰（Sephora）商店的设计驱动力。"

芭芭拉·爱默生（Barbara Emerson），丝芙兰商店设计副总裁卖场里摆满落地式陈列装置的缺点是视觉混乱。如果太多的独立旋转架占据了饰品部门的过道，它们可能会挡住饰品部门其余区域的视线。必须留出足够的过道空间，以方便人们在旋转架之间通过而无需移动陈列架。对顾客友好的地面布局和美观的陈列装置一样重要。如果人们因为感到拥挤和不舒服而离开，他们是不会购买商品的（图4.45）。

图4.45 一个艺术性的饰品陈列，拥有开放的、方便购买的购物体验。NorthArtful商店，达拉斯Tod's Park购物中心。图片来源：Centano /《女装日报》/康泰纳仕出版集团。

行业谈 "零售风水：古代概念的现代运用"，作者：琳达·卡汉（Linda Cahan），卡汉（Cahan）公司总裁

风水无处不在。唐娜（Donna）在做它，玛莎（Martha）在考虑它，卡尔文（Calvin）听说过它，你要么对它有所知晓，要么纳闷它是不是外卖菜单上的第10道菜。

1991年，我从一个朋友那里学到了风水，他看了我的视觉设计经历，把它和我在形而上学的兴趣加起来，给我提出了一个在中国存在了几个世纪的概念。当我开始读风水的时候，我停不下来了。我意识到我做的所有工作都有了一个名字和悠久的历史。在我的工作中运用风水原理加强了我的设计，也为我多年工作的商店带来了更大的成功。这也是有道理的——这是最吸引我的！"FengShui"翻译成"风"和"水"，是中国古代创造和谐环境以实现繁荣、平衡、幸福和健康的一套系统。

这种和谐是通过对能量流的感知，使金、木、水、火、土等自然元素平衡，并使内部空间中的物体正确放置达到阴阳平衡来实现的。它不容易，但也不像听起来那么复杂！

一切都从能量开始。能量必须在你的商店里舒适地流动。坏能量是指能量冲进过道、穿过商店、冲进后墙或者冲出储藏室的门。坏的能量会被困在L型区域、有角度的空间、楼梯井下、柱子周围，以及会被压缩在横梁或建筑中降低的天花板下。能量流是你在商店里创造积极风水的基本组成部分。当然，在你的能量流列表上，首先是一个好的通风空调系统！要意识到能量如何流动，需要以开放的心态和全新的视角来看待和感知你的商店。

要用风水的"眼光"来观看你的商店，走近你的商店，凝视它的眼睛——窗户。它们对潜在客户说什么？

它们有清晰的、清醒的、明确的焦点吗？或者，它们是肮脏的、模糊的、不集中的、混乱的吗？你的窗户告诉了世界你是谁，你是什么。在风水学中，这些代表了商店的灵魂。

设计画廊：索尼娅·丽基尔，纽约

索尼娅·丽基尔是一位法国设计师，她的职业生涯开始于时尚橱窗设计。她以"穷小子"毛衣的设计而闻名，该设计在1967年通过 *Elle* 杂志在世界范围内广为知晓。她所代表的名词"丽基尔主义"成为一种社会学的和风格化的运动，简而言之就是——自由地成为自己。

我们的设计画廊对2016年在纽约麦迪逊大街开业的索尼娅店进行了特写。这个商店概念是由索尼娅·丽基尔的艺术总监朱莉·德·利班（Julie de Libran）、艺术家安德烈·萨拉娃（Andre Saraiva）和导演兼出版商托马斯·伦塔尔（Thomas Lenthal）合作完成的。这家美国的商店随后增开了巴黎、伦敦和东京的一系列精品店。

图中的两间精品室是小型楼面布局的绝佳范例。一张红色的桌子是地面上唯一的陈列装置，衣服平铺卷成一个简单但有触感的展示。旁边搭配来自Patina-V品牌的红色人台模特，有助于表达凝聚力和优雅氛围。两侧的墙上是挂架，产品间隔6~12英寸（15~30厘米），每件物品都体现着奢华的特点。该陈列设计的灵感来自巴黎的文学咖啡馆，书架上有超过15,000册的法国文学作品，增加了一个居家环境的构成，有效地温暖了环境。请注意灯光所起到的作用，你可以看到在桌子上、墙上和人台模特上的商品，它们得到了突出展示。每一件商品都被光线美丽地点亮，在这个出色的商店陈列展示中，如明星般耀眼。到Sonarykiel.com网站点击"精品店"，可以看到这家位于麦迪逊大街的商店的另一间展示室，用格子瓷砖地板体现了对比的设计原则。

第四章　回顾问题

1. 列出并定义各种类型的零售店，并为每种类型举出一个具体的例子（文中提到的除外）。

2. 定义不同的商店布局，并给出与文中不同的每种商店的示例。

3. 为什么杂货店有跑道型布局？这种布局如何让消费者更容易购物？

4. 什么是趋势区？它们与测试区有何不同？从理论上讲，零售商应该在什么时候使用商店的这块区域？

5. 基本款区与核心款区有何不同？当这些类型的商品进行清仓时会发生什么？

6. 解释容量、特色和标志性陈列装置之间的区别。如果你正在推销几十种不同颜色的运动衫，你应该用什么陈列装置？为什么？

7. 圆形架应如何在营销中使用？作者所讨论的在圆形架上成功销售服装的颜色方法是什么？

8. 你会使用什么样的陈列装置来销售以下物品：内衣、牛仔裤、男式衬衫和西装。

9. 对比板条墙面和网格墙面，你会在盖普或老海军这样的零售商那里有什么发现？

10. 饰品陈列的指导原则是什么？你能把它们都列出来吗？

挑战——跳出条条框框

标志性陈列装置
观察

参观一个购物中心的五家商店，描述或速写商店入口处的陈列装置。尽量多找一些有独特陈列装置的商店。

比较

比较这些陈列装置。哪个陈列装置吸引了你的眼球？你决定去商店购物的时候，有没有这么吸引人的东西？陈列装置上的标牌是怎样的？标牌上写了什么？

创新

你如何改进你最喜欢的陈列装置？

批判性思维

项目1：陈列装置的购买
商店改造中的探险

你刚刚被指派为新的视觉营销员，为商店进行改造。你的公司使用的是传统的陈列装置，如四臂架、双臂架、圆形架和人台模特。商店的改造不能改变墙上传统的白色板岩与银色调的管子。

对于所改造的商店，视觉营销经理要求你访问几个陈列装置制造商或分销商的网站来选择新样式。你有很多自由，但你必须选择一个有凝聚性的陈列组合。

在研究过程中，选择你最喜欢的产品，并描述目前可用的产品范围。尝试在虚拟展示商店（A Virtual Display Mall, www.avdm.com）这样的网站或者在互联网上搜索"零售店陈列设备"，你也可以在杂志上找到设计网站，比如《设计：零售》杂志，Shop！杂志和《视觉营销和商店设计》。确保打印所有你需要的页面，如果可以，尽量得到这些陈列装置的价格。你的报告中需要这些信息。

现在，使用图4.46中的说明图，创建一个新的平面图，将销售陈列装置正确放置在一个可行的、自由流动的客流模型中。该模型中应包含悬挂在商店墙面上的商品和商店开放橱窗中的三个人台模特。陈列装置之间应有足够的步行空间，以便购物者能够在陈列装置之间走动，舒适地观看商品。

完成后，你将被要求向销售和门店运营团队展示你的想法。复印书页，剪下陈列装置并贴在新的平面图上，然后将其扫描成一份文稿来创建报告；或者，如果你有能力，可以使用计算机程序重新创建图像。你的报告应该包括你的最终建议、你通过寻找和比较而购买的陈列装置以及最终的商店布局。把你的调研报告给你的老板——即你的导师。

图4.46 在项目1中使用。图片来源：伊莲·温克尔艺术。

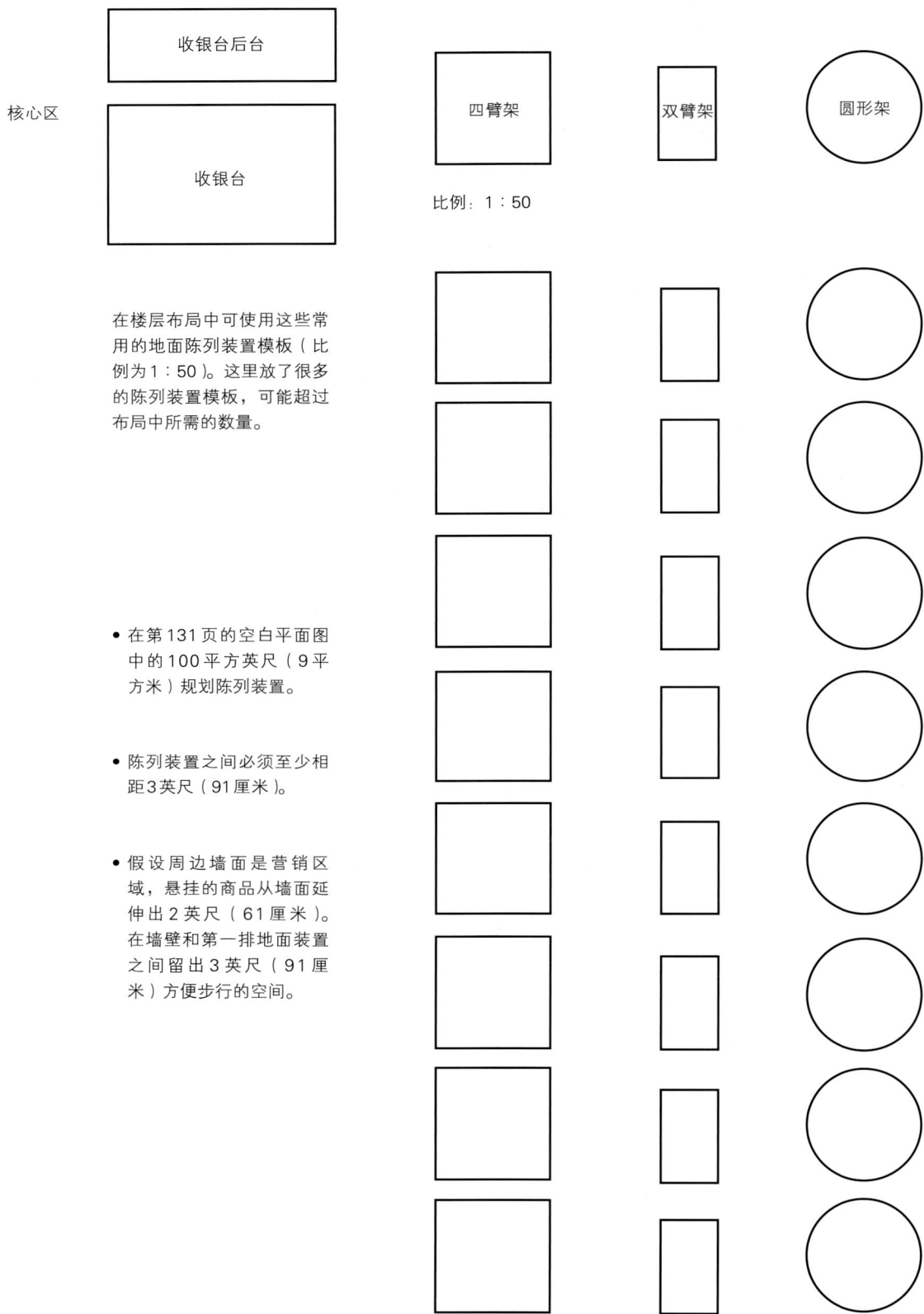

核心区

收银台后台

收银台

四臂架

比例：1：50

双臂架

圆形架

在楼层布局中可使用这些常用的地面陈列装置模板（比例为1：50）。这里放了很多的陈列装置模板，可能超过布局中所需的数量。

- 在第131页的空白平面图中的100平方英尺（9平方米）规划陈列装置。

- 陈列装置之间必须至少相距3英尺（91厘米）。

- 假设周边墙面是营销区域，悬挂的商品从墙面延伸出2英尺（61厘米）。在墙壁和第一排地面装置之间留出3英尺（91厘米）方便步行的空间。

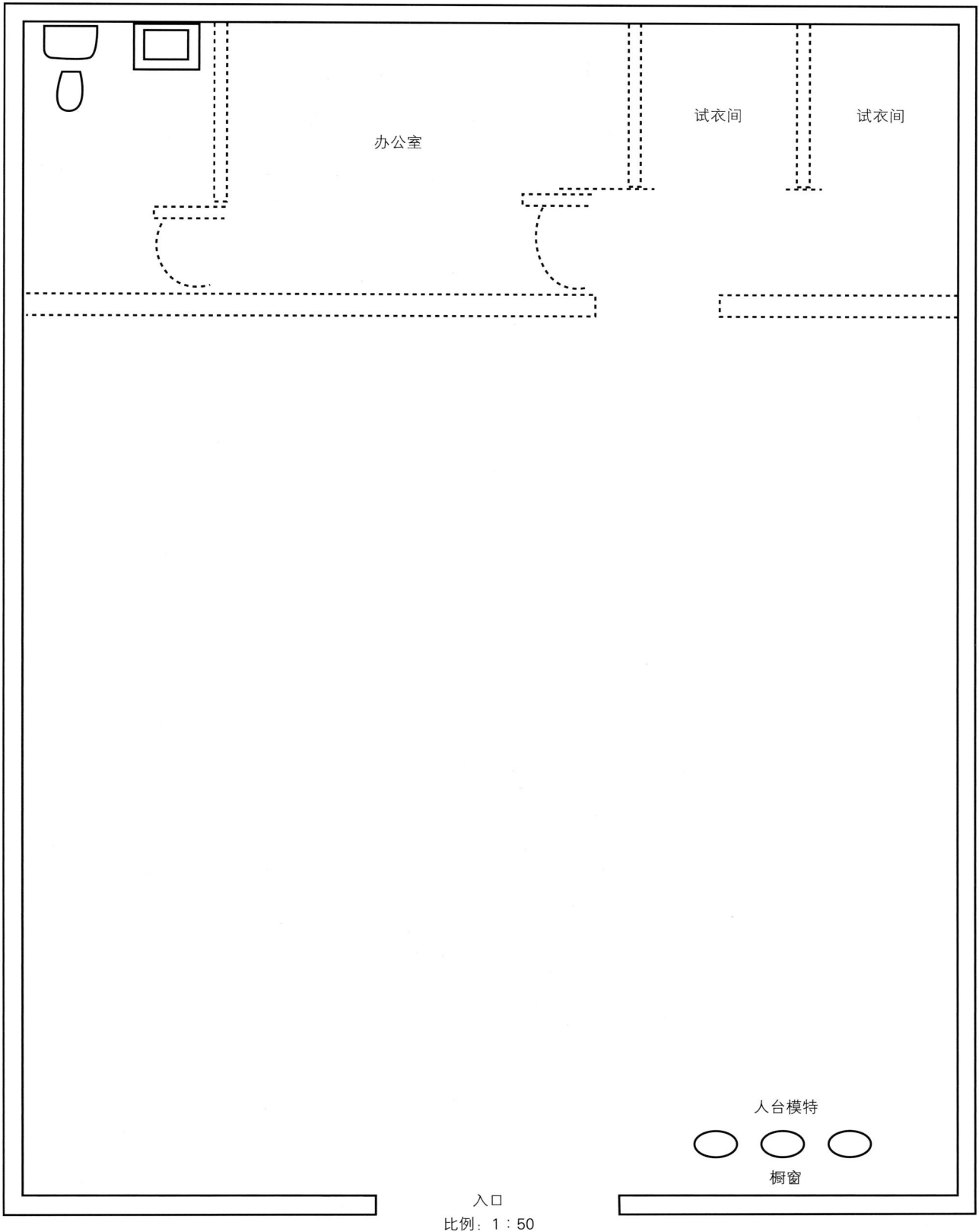

办公室

试衣间　　　　试衣间

人台模特

橱窗

入口

比例：1：50

项目2：开设一家新精品店

面积和陈列设备预算

想象你有机会在附近开一家价格适中的女性时装店。你的空间为一个30英尺×30英尺（9米×9米）的销售楼层，位于一个繁华的带状中心区，每周的每一天都有极好的客流。想知道你的购物空间有多大，可以去商场里的三家大、中、小不同的商店调研。询问店长他们是否能告诉你商店的面积。列出商店的名称和面积。这样做将有助于你了解你的商店面积，并将成为一个有用的参考框架。

作为租赁协议的一部分，房东打算在卖场四周安装板条墙面。商店的正面大部分是玻璃的。想想你能提供的商品种类。开张的陈列装置预算是10,000美元，你能为你的商店买什么样的地面和墙壁陈列装置？（有关想法，请参阅本章和批判性思维练习的项目1）

报告你的调查结果，列出你要购买的陈列装置的类型、数量以及价格，并为每一个装置提供图片。另外，讨论一下你可以用墙面来做些什么。你能在现有预算的基础上创建你想要的商店吗？为什么可以？为什么不可以？与同学和老师讨论你的报告。

案例研究

为饰品设计一个标志性陈列装置

背景

肯·辛克莱尔（Ken Sinclair）拥有一份婚纱摄影和咨询业务和一份蓬勃发展的花卉业务。他租了一幢大而旧的大楼主楼，这幢大楼曾经是中西部一个风景如画的大学城里的一家折扣店。大多数主要街道店面都是1900年左右用红砖建成的，外观华丽，有着迷人的建筑特色和花箱。

肯很高兴房东允许他在商店后面建造摄影工作室，但他对大面积的开放空间感到失望，因为当花卉客户和摄影客户进入他的工作室时，这里会是接待他们的空间。他认为这里太开放了，缺乏更亲密的气氛，他想创造一些连接，以在他的摄影、婚纱照咨询空间和他的花店间建立桥梁。

肯的想法是：他肯定会把他的商店前区作为一个新娘配饰项目的销售区域，目前这个项目展示并不是很有效果。除了常见的相框和相册外，他还出售宾客手册、敬酒杯、蛋糕层架、冰桶、中心装饰品、花瓶、镜子、蛋糕切割器、团圆蜡烛以及为新娘聚会成员准备的小纪念品。

肯认为，一个标志性陈列装置应该表明他的两项业务，展示他的新娘配饰项目，并鼓励冲动购物。他设想了一些引人注目的和原创的东西——一个超大的，多层的婚礼蛋糕！

讨论问题

1. 肯显然在跳出条条框框思考。从长远来看，他的想法对他的商店有好处吗？解释你同意或不同意他的想法的原因。

2. 婚礼蛋糕的想法会给店里的气氛增添什么？

3. 像肯建议的那些陈列装置会使他的生意与众不同吗？

4. 你想象的是一个传统的多层奶油蛋糕还是更抽象的东西？只是一个婚礼蛋糕吗？

5. 你认为这是一个开放式销售的陈列装置吗？

6. 在肯的等候区附近放置这样的陈列装置有什么好处？什么缺点？

你的挑战

肯聘请你为其标志性陈列装置概念的设计师。按照以下步骤进行：

- 在网上搜索，看看是否已经存在这样一个陈列装置，或者目前是否有一个类似多层婚礼蛋糕的陈列装置。

- 接下来，借用找到的图像，绘制一个符合肯的要求规格的陈列装置原型。

- 描述是落地式陈列装置还是放在大的、圆形的桌子上的陈列装置。

- 想一个方法，把肯的生意和你的想法结合到陈列装置设计中。在草图中展示你的想法。

- 在课堂上展示你的想法，或者由你的老师扮演肯的角色，一对一地展示你的想法。解释你的陈列装置将如何工作，以及它将如何有益于肯的业务，如何提高商店的气氛和整体形象。

CATAMARAN
Boys

CATAMARAN
Girls

ROLL WITH
ETMRN

第五章　时尚服装的墙面陈列

作为零售工具的墙面

在任何零售商的整体销售策略中，墙面都是最大的销售工具，也是最重要的陈列装置之一。有效地利用商店墙面作为销售工具符合视觉营销目标。精心设计的墙面能够引起进入零售区顾客的注意力。墙面上的展品能把购物者吸引到商店内更远的地方，让他们尽可能多地接触商品。墙面陈列能够传达时尚信息，并鼓励多次购买。显然，购物者看到的商品越有吸引力，他们购买的概率就越高。

商店的墙面起到了**路径寻找**的工具作用，引导购物者找到他们想看和想买的商品。墙面作为商品定位器，反映相邻销售楼层的产品类别。为了加强这些重要的营销信息，零售商经常使用吸引人的生活方式图像，即使从远处看，消费者也能知道此处陈列的产品类别和趋势方向。

图像元素必须足够大，并且放置在足够高的墙面上，以便从商店入口和过道就可以看到。如果销售楼层陈列装置的布置提供了通向墙面的清晰视线，那么有效的墙面标志牌将告知购物者下面和附近区域墙面上的商品类别。墙面上的标志牌特别有用，可以告知消费者品牌、尺寸、性别信息或商品类别。

除了吸引购物者的注意力和指引人们穿越商店，墙面也形成了零售背景。墙面通过有趣的质感表面、油漆颜色和墙面覆盖物的选择，强化商店品牌形象。

> 路径寻找（way-finding）是建筑师使用的一个术语，用来描述帮助客户在商店中"寻找路线"的任何工具。放置在墙上或悬挂在天花板上醒目区域的标牌是路径寻找策略的示例。

> "墙面在零售空间创造了不同的体验，有助于传达你希望消费者看到的内容。"
>
> 托尼·曼奇尼，全球视觉集团首席执行官

完成本章后，你应该能够：

- 解释墙面陈列作为销售工具的重要性
- 分析墙面对客流模式和销售的影响
- 使用各种陈列装置、标志牌、视觉道具和人台模特等各类选项来创建戏剧性的墙面展示

图5.0　红框、亮墙，填充了各种材质的商品。El Palacio de Hierro Polanco，位于墨西哥城。设计公司：TPG建筑公司，摄影师：亚历克·扎巴莱罗（Alec Zaballero）。

从建筑的角度看，墙（外墙）定义了商店的整体形状，并支撑其基本结构。墙通常被划分开，然后按不同区域进行营销，一般大小从4~20英尺（1.2~6米）不等（取决于商店的类型）。在商店空间内，战略性布局的内墙引导交通、分隔销售部门，并提高营销人员展示产品的能力。这些内部结构（有时称为T型墙或分隔墙）也有助于定义和分隔特定的销售空间和封闭试衣间，以及洗手间、办公室和储藏区。因为内墙的两边都可以陈列商品，所以内墙在百货公司非常重要。墙面可与天花板相接，也可能只有部分高度。由于墙面的尺寸很大，无论其结构或位置如何，墙面通常都为视觉营销人员提供了在商店中创造最具戏剧性展示的机会。

墙面作为目的地

如果商品被有效地展示在商店的墙面上，那么墙面就成了营销的目的地。商店规划师可以设计客流模式，将购物者推向商店的侧墙和后墙，而不是直接引导他们走下过道（行车道）或将他们停留在卖场的前三分之一处。将客流分散到各个销售部门并将购物者吸引到商品墙有许多战略优势，这些优势将对销售产生积极影响：

- 购物者将接触到并仔细察看更多的商品。
- 一旦从主客流模式中走出，购物者更有可能花时间浏览商店的所有商品分类。
- 一旦他们看过墙上的商品，客户将通过他们已经到过的商品部门返回主通道。在返程途中，他们会看到地面陈列装置背面的商品。

墙面作为商店陈列装置

由于墙面是最高的商店陈列装置，因而视觉营销员更应该关注最顶层货架和展示的高度。虽然他们希望购物者能看到墙上的商品，但不应鼓励他们把手伸过头顶去取下商品。安全和服务必须始终是首要考虑因素。

将货架放置成几层高，然后在货架上标明寻求帮助的方向，这可以提供销售人员与购物者合作互动并开展额外销售的机会。当然，这种策略意味着销售服务人员必须随时待命。如果不是这样的话，视觉营销人员必须确保大多数客户都可以拿到搁置在货架上

零售现实

作为一个有盈利意识的零售商，你的目标是有效地利用商店的每一平方米。利用商店从地板到天花板的墙面与购物者沟通，将使每一立方米（长×宽×高）都能得到有效的利用。

零售现实

营销人员经常忽略从后区到前区的销售机会。背对着销售部门的墙面，为参观完墙上陈列商品后返回主通道的购物者制定了促销策略。

零售现实

任何让购物者沮丧的事情都有可能让他们失望地、两手空空地离开。如果你的商店必须把商品放在卖场上方，那么每种尺寸和款式的相同实物都必须放在它下方的陈列架上。

的商品。

你可能喜欢为货架上的半胸人台模特穿上毛衣，也许你把它们放在那里只是为了展示，但购物者是碰不到的。这时，你需要问这些问题："陈列的毛衣是否有足够的库存？毛衣容易拿到吗？尺寸合适吗？"如果没有，应把架子调整到普通顾客能拿到的高度，在架子边缘的通道上标上尺寸，或者直接在毛衣的胸前贴上尺寸标签。

一些零售商声称自己是自助商店，但他们经常把产品放在伸手不可及的地方，这破坏了他们的意图。其他连锁店则在墙上摆出层层下降的瀑布形陈列，出售库存的毛衣和上衣，距离地面超过10英尺（3米）。他们没有销售人员为购物者提供服务，而是在周围的几个地方放置几根5英尺（1.5米）长的延长撑衣杆。通常情况下，这些撑杆很难被找到，因为消费者使用后，撑杆很快就会被隐藏在挂杆或商品中。在使用这种销售技巧之前要三思而后行——它并非没有缺点。

视觉营销工具包

视觉营销人员在制作令人兴奋的墙面陈列时，有许多工具可供使用。像大多数工匠一样，他们可能不会在每一项任务中使用每一种工具。木匠一直都要用锤子和卷尺，但他们也带着其他工具以备不时之需。视觉营销人员会使用他们的基本工具——主题、艺术原则和设计元素来创造每一面墙。其他工具——如墙面陈列装置、人台模特、道具和照明技术将根据需要使用。下面讨论的，是这些工具中的每一种对促进销售的墙面陈列所起的作用。

▎分隔物

分隔物的主要功能是将长墙分隔成较短的、明确界定的部分。分隔物可以是永久性的，如建筑柱，或半永久性的，如油漆墙或有质感的墙面覆盖物。随着商品种类的扩大和收缩，非永久性分隔物，如支架和用于展示服装搭配的可拆卸面板，可能会重新布置。无论风格如何，这些部分都可以有效地在商店内创建销售部门，并与方向标牌相结合，使客户能够方便快速地找到他们想要看到的产品。

请看图5.1。黄金色的后墙在宽阔的墙面上形成了一个焦点。在本例中，零售商在整个后墙上销售黄色、黑色和白色的商品。另一种选择是，如果需要，分隔墙可以创建三个独立的颜色和时尚表达。

分隔板及墙面的材料可以塑造商店的氛围，增强商店的实际形象。例如，对运动服装商店来说，镀锌金属**支撑架**隔板可能是非常合适的墙面延展工具——它干净整洁，可随时备用。抛光橡木面板与华丽的造型将增加高档专卖店的优雅形象，创造一个更亲密的气氛。

很多时候，最初没有设计隔墙的商店会用这些元素进行**改造**，以打破墙壁空间。每当安装隔墙时，选择既符合商店品牌形象又符合商品形象的材料是很重要的。如果材料不适宜，会令购物者产生困惑。

建筑**拱腹**处理——从商店天花板延伸到货架顶部或者可用墙面空间的一种长壁架，或永久性拱门或暗盒——会限制营销的灵活性。如果拱腹是一个延伸到商店几个墙段的拱门，最佳做法是将它的整个区域作为一个部分处理。即使拱门没有到达地面，它也能传达出一种整体的感觉。

支撑架（outriggers）是以直角安装在墙上的装饰性或功能性元素，用于确定、分隔和框定货架或陈列装置上展示的商品类别。

改造（retrofit）是在原有结构完成后添加建筑特色、陈列装置或其他元素。

拱腹（soffit）是一个长壁架、永久性拱门或暗盒，从商店的天花板延伸至货架顶部或可用的墙壁空间。它通常用于遮掩非装饰性（功能性）的照明设备，用于照亮商店墙面上展示的商品。

图5.1 该面墙的中间部分涂成黄色，这是分割长墙的有效方法。SoCa，加利福尼亚州科斯塔梅萨市。图片来源：Boye / 《女装日报》/康泰纳仕出版集团。

比较图5.2中的两种墙面陈列方式。你认为哪一个陈述更有力？在正确的例子中，分成三部分的休闲服装在一个单一的拱膜下展示，构成了一个戏剧性的时尚表达。在不正确的例子中，休闲装和正装在同一拱膜下展示，会产生一个让购物者困惑的墙面陈列。

■ 装饰性灯具

利用装饰性灯具，是一个在墙面处理中增加温暖、兴趣和个性的很好方式。作为唤起情绪的作用，装饰照明不应该是唯一的照明使用。有些装饰性灯具适合任何商店形象。它们可以为大型零售场所普通照明的冷色调、荧光色调增添温暖，并突出时尚色彩而不失真。它们包括小型的带珠光或织物灯罩的女性化陈列灯具、工业摄影陈列灯和高科技剧院灯等。

■ 墙面的灯光技术

商品墙的照明与商店的整体照明是分开的。理想的商店设计应将轨道照明设置在离商品墙5英尺或6英尺（1.5米或1.8米）远的天花板上。其目标是加强照明，突出该部门周边墙面上的商品。一般（泛光灯）和特殊（聚光灯）灯的组合使销售商能够灵活地改变视觉表现。当商店的初始建设不包括周边墙面的轨道照明时，重点照明设备可以加强总体的照明计划。

正确

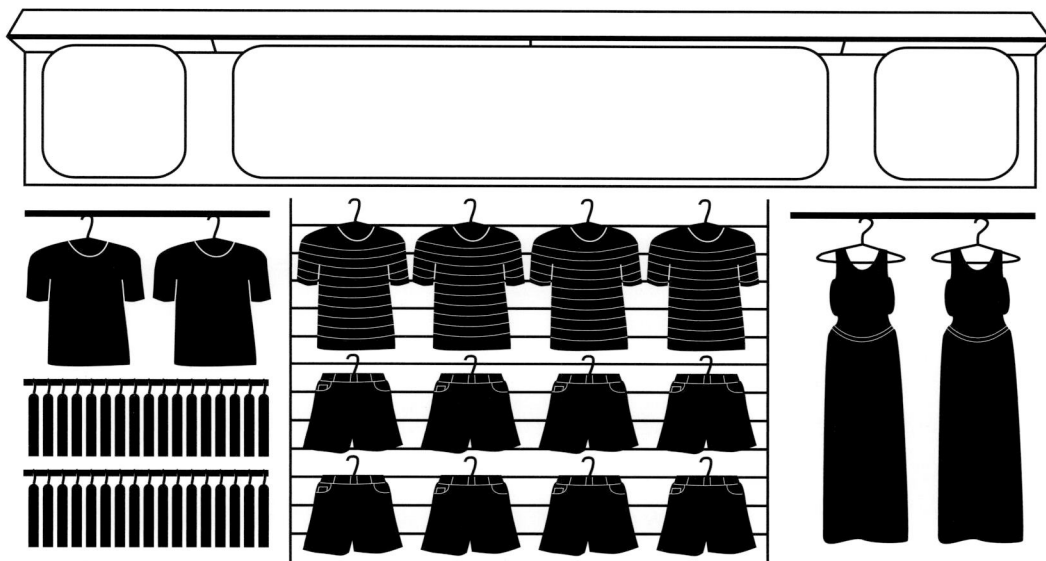

不正确

根据定义，重点照明比一般商店照明更引人注目。根据格雷格·戈尔曼的《视觉营销和商店设计手册》，这是为了将展示的商品在视觉"热点"中区分开来。他说，重点照明提供了焦点、方向和视觉冲击来支持商品展示："重点照明使墙面和销售地面上的特定区域从一般照明的其余部分中脱颖而出。如果使用得当，它可以控制通过空间的客流量。"

通常情况下，商家会设置泛光灯，用普通照明照亮墙上的产品，然后使用可调聚光灯来突出展示在人台模特上的商品或用道具

墙面陈列装置工具包

1. 正面：直臂架
2. 正面：瀑布架
3. 衣杆
4. 产品搁板
5. 箱子
6. 陈列搁架

工具箱5.1 ▶

钉墙（pegwall）系统
有一个带孔的网格支撑板，
钉墙钩和其他特殊的固定
装置可以插入其中。

展示的商品。在第九章中，你将学习更多关于照明的技术、实践和策略知识。

为墙面展示选择陈列装置

想象一下这样的零售墙景象：两排十个瀑布架，挂着中性色的亚麻夹克，跨度为20英尺（6米）。很单调。现在想象一下另一个景象：12英尺（4米）高的墙，同样的亚麻夹克挂在12英尺（4米）长的衣杆上。以每件衣服1英寸（2.5厘米）的填充率计算，这相当于144个肩和右袖子排成一排，视野里没有一点喘息。像这样平淡的墙面处理并不能有效地利用墙面提供的任何销售机会。

幸运的是，视觉营销人员有一套更有趣的工具来增强他们商店的墙景。各种墙面系统陈列装置、平面图形、道具和人台模特，结合平衡、线条和色彩等艺术元素，可以创造巨大的视觉兴趣和产品吸引力。比较图

5.3中的墙面展示。

墙面陈列装置有各种类型。每一期视觉营销行业的商业杂志都充斥着广告，展示着最新的墙面陈列装置产品。陈列设备制造商的目录册展示了板条墙、网格墙和**钉墙**系统的几十种商品专用陈列设备和展示配件。这些系统由制造商设计，配合各种配件设备，为零售商提供了很大程度的灵活性，同时保持统一的外观。创建有趣的墙面陈列的关键，是多次使用这些元素。要创建一个有趣的墙面陈列，你应该选择至少两个或三个不同类型的陈列装置（参见工具箱5.1中的墙面陈列装置工具包）。

墙面陈列商品的选择

当你准备建立一个新的墙面陈列，第一步将是调查整个部门内商品的库存。与为单个陈列装置选择商品的方式相同，按用途、制造方式、样式和颜色对商品进行分类。为你即将陈列的墙面选择一个用途或一个故事。不要在一个墙面上组合不同用途的商品项目。

如果一个时装部门的库存商品包括一个用丝绸衬衫和亚麻裙子塑造的新职业女性故事，和另一个用男装面料的夹克和裙子塑造的新职业女性故事，那么只选择这两个故事中的一个。这种有效的做法使购物者更容易选择，因为它提供了各种搭配件混合和匹配。另一个例子是两个独立的时尚故事：一组是活跃的夏季短裤和T恤衫，另一组是夏季太阳裙。尽管这两种组合都是在夏天穿的，但运动短裤和T恤也可以在锻炼时穿，而太阳裙则可以在便餐时穿着。由于产品的最终用途不同，这两类产品应在不同的墙面中呈现。

如果你要在墙面上突出陈列的产品有几

零售现实

术语"故事"强调营销者作为传播沟通者的角色。讲述一个营销故事，可以传递零售商的潮流意识、市场专业性和时尚引领地位。一个色彩故事突出一个对当下流行时尚很重要的色彩。一个面料故事可能介绍了一款新的面料产品。

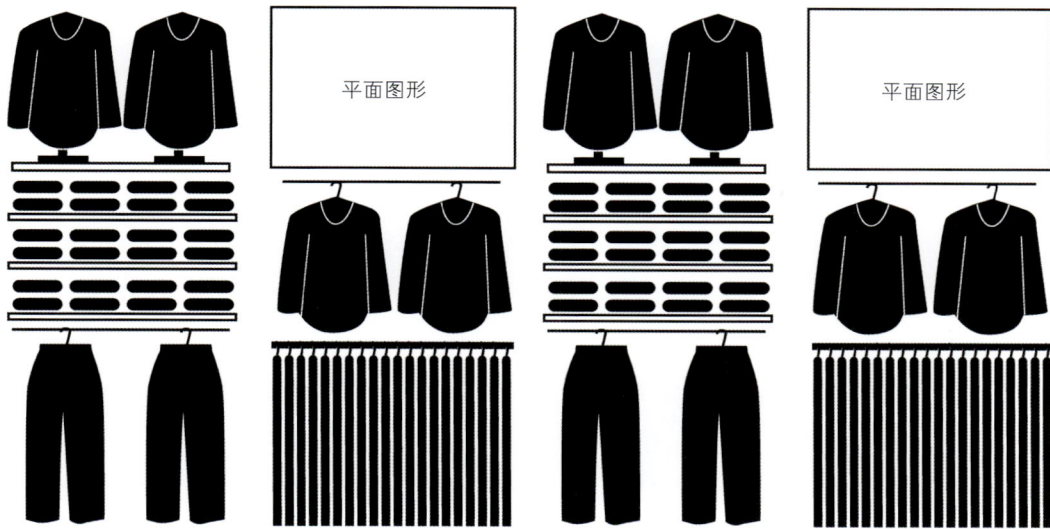

正确

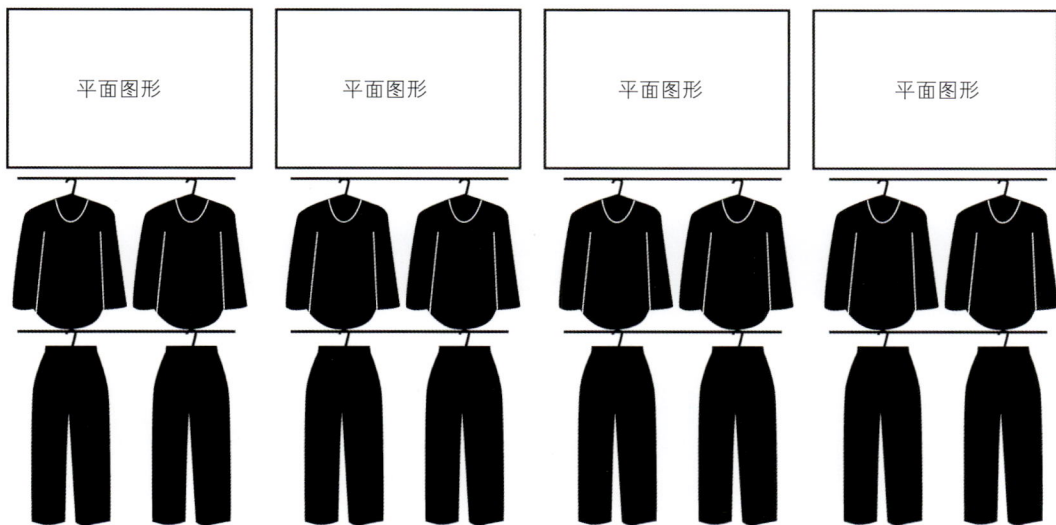

不正确

个不同的色彩组，而在亮度上也可以有所选择，则每个墙面部分只应选择一个色彩组（图5.4）。如果你正在设计一个有多种色彩（也称**配色**）的主体服装陈列墙，你可能需要选择明亮的色彩。如果你不能把所有明亮色调的服装都放在墙上，你可以把它们直接放在墙前的地面陈列装置上。任何剩余的商品项目或配饰、和墙面陈列的色彩不适合的部分，可以拉在一起放在附近的地面陈列装置上。这种"墙"的策略创造了一个"无声的销售人员"，帮助购物者轻松找到各种搭配的服装。

配色（colorways）是制造商为其时尚产品线选择的各种颜色或颜色组。比如，制造商的销售代表可能会告诉商店的买手，抛光棉裙子有三种不同的颜色：珠宝色调、粉色调和大地色调。

图5.4 正确的示例（上图）：以同一个颜色组的颜色——明亮色调为特征，并与中性色相结合，形成和谐的排列（请参阅图3.6以查看七个色彩组）。不正确的示例（下图）：墙面陈列了两种颜色组的颜色——明亮色调和粉色调。淡粉色的衬衫与一排鲜艳的衬衫互不相称。图片来源：朱迪·贝尔。

另一种来创建一个戏剧性的墙面陈列的方法，是从用重复的方式来创建一个色彩块。这项技术需要大量的单一风格的商品，也有很高的视觉冲击力。你可以用 Roy G.Bv 的颜色分类法，利用基本款马球衫给整个墙面涂上色块，以表明你的商店不仅相信马球衫的时尚性，而且总有一件可以与顾客衣柜里的休闲裤相搭配（图5.5）。

■ 平衡在墙面陈列中的使用

当你陈列墙面时，商品和陈列装置的排列必须巧妙地平衡，以创造令人愉悦的构图和自然秩序感，同时为购物者提供方便的选择。在第三章中，你学习了正式和非正式的平衡。你应为每个墙段只选择一种类型的平衡。观察图5.6~图5.9，了解正式和非正式平衡的示例。比较这四个陈列方案，看看平衡是如何有效地用于创造兴趣和变化的。

■ 墙面陈列的标牌和图形

在《顾客为什么购买》一书中，作者帕科·昂德希尔说：在商店内部增加标牌意味着它不再只是一家商店。"这是一个立体电视广告。这是一个可以随意进入的容器，里面有文字、思想、信息和想法。"他说，"人们走进这个容器，它告诉人们一些事情。如果一切正常，他们被告知的事情会吸引他们的注意力，促使他们去寻找、购物、购买，也许改天再回来购买更多的东西。"在讨论标牌时，昂德希尔强调，你"不能浪费任何一个机会去告诉购物者你想让他们知道的事情。"

图5.5 通过颜色重复而实现的具有戏剧性影响的墙面陈列。图片来源：伊莲·温克尔艺术。

图5.6 2016年的Shop！年度商店设计大奖获得者，这家店用"正式平衡"创造了一个动态的展示！安德玛（Under Armour）品牌店，芝加哥，Big Red Rooster设计。摄影：玛格达·比尔纳特（Magda Biernat），设计：Big Red Rooster和A+I。

图5.7 采用"正式平衡"设计的男鞋墙面陈列。Adora，菲律宾。图片来源：Lam /《女装日报》/康泰纳仕出版集团。

图 5.8　采用"非正式平衡"设计的墙面陈列，以各种衬衫、领带、腰带和夹克为特色。El Palacio de Hierro Polanco，墨西哥城。设计：Gensler，摄影：Paúl Rivera。

图 5.9　利用"非正式平衡"设计的手袋和靴子的墙面陈列，汤米·希尔费格，巴黎圣奥诺雷街。图片来源：Chomel /《女装日报》/康泰纳仕出版集团。

安全注意!

　　将人台模特放置在墙面搁架装置上时，确保采取了所有预防措施，以免造成任何安全隐患。检查支架是否足够坚固，可以承受人台模特的重量。接下来，你可能需要在人台模特的腰部（衣服内）绕一段铁丝，并将其连接到墙壁标准件或短支架上，以增加安全性。客户必须完全看不到你的所有安全机制。

工具箱5.2 ▶

　　如果视线畅通，购物者将看到商店上墙面的大部分——这更有理由用它们来吸引购物者进入他们的毗邻部门。在本部门墙面的前区使用大型标牌，可以让顾客识别部门的位置，表达季节性主题，为下面陈列的商品明确告知商品性别或品牌，或引起对特别产品特色的注意。

　　海报——广告牌大小的摄影图片可以取代人台模特，用来展示穿着搭配时尚服装的模特们。它们可以通过突出最新的颜色、产品风格和时尚设计，向购物者提供最新的潮流信息。它们可以通过展示服装在现实生活中的穿着方式，来传达生活方式信息。任何大小和形状的平面图形都可以安装在不同高度的墙面上部，告诉顾客重要的商品故事。充分利用商店的每立方米，提高产出效益。

　　为了使墙面标牌有效，它们必须在远处清晰可见。作为一个设计师，你必须考虑你想要的顾客体验是什么。你想让新来的顾客立即看到这些标牌吗？你希望购物者能够从商店的对面看到它们，还是仅仅从主通道

看到它们？确定天花板和墙面拱腹标牌之间理想位置的最佳方法，是在商店内进行测试。用你自己的眼睛观察，然后再用别人的眼睛来观察。尝试让高个子和矮个子、年轻人和老年人、戴眼镜的人和不戴眼镜的人来观看，让他们告诉你他们能看到什么。让他们把标牌读给你听。标识和平面图形尺寸是否合适？它们容易阅读吗？照片是否清晰，清晰到便于远距离观看？它们的意思清楚吗？

　　除了印刷的标牌和照片外，部门标牌还可以由木材、塑料、泡沫、织物或霓虹灯等多维材质制成。泡沫刻字轻便、便宜，可以自定义雕刻或模切成包括从 A 到 Z 的几乎任何字体。霓虹灯文字可能是最昂贵的，但它可能特别有用，特别是在提醒顾客注意墙后区或隐藏区域时。发光的照片灯箱可以使摄影照片更加突出，使这种艺术几乎成为动画。

　　采用粗体、简单的符号、图片和印刷样式的较大标牌和平面海报最适合上墙面，因为大多数购物者可以从远处更容易地阅读到。一般标牌上打印的信息必须非常简短。购物者通常不会花时间去阅读冗长的标牌信息。第八章详细介绍了标牌的一般和具体策略。在图5.6中，可以看到有效的墙面图形效果。

墙面陈列展示中的人台模特或替代品

　　根据墙面陈列所选择的商品形象，选择最适合的人台模特或人台模特的替代品。如果你计划在墙上展示年轻时尚的服装，那么吸引年轻顾客的人台模特可以是一种有脖子、肩膀、腰部和臀部的金属丝，它可以用来穿着上衣和下装。对于泳衣，你可以考虑

用霓虹色的塑料人台。无论你选择什么，所有的展示材料都应该始终和谐一致地使用。例如，传统的木制展示架不应与拉丝金属人台模型相结合。在这里，拉丝金属展示架是更好的选择。

你也可以把一个全尺寸的青少年人台模特放在靠墙的地面平台上，或者你可以把一个坐着的人台模特放在一个大的架子上，架子用支架固定在一个营销推广的墙面上。因为模特穿的款式与墙上深度表现的款式相同，所以购物者可以亲眼看到模特上协调搭配的服装是什么样的。不过，你一定要查看商店指南，看看这是否是一种可接受的展示方式，因为人台模特通常是作为本部门的引路人，而很少放在墙面区域。

■ 墙面陈列展示的视觉营销道具

一个精心挑选的**道具**可以是区分优秀商品陈列展示和平庸商品陈列展示的要素。但是，道具必须符合所展示商品的形象以及商店的品牌形象。例如，为了展示墙面上的印花上衣，一个花篮可能是一个合适的道具。

在考虑道具时，请记住："少即是多"的规则适用于墙面陈列的道具选择。每段墙面最多使用两个道具（加上一个标识），否则墙面会显得很拥挤。想象一下，你正在陈列一段墙面，墙上有灰白色绉乔其纱上衣、裙子和夹克。一个低调的货架陈列，可以是一个打印的马蹄莲照片相框，旁边靠着一个象牙色丝绸般的马蹄莲花瓶。

道具可能包括各种各样的物品，但今天最常用的是鲜花、绢花、镶框印刷品、花

图5.10　放置了花瓶、人台模特和生活方式摄影相框的墙面陈列。安·泰勒，芝加哥。图片来源：朱迪·贝尔。

瓶、古董、原创艺术品和带有公司标志的礼品盒（图5.10）。

墙面陈列展示指南

具体细节可能因零售商而异，但以下内容代表了现在整个行业墙面陈列的最佳实践指南：

1. 上装高于下装。这就是服装的穿着方式，所以对购物者来说，从上到下的展示会显得很自然。本指南的一个可能的例外情况，是儿童或青少年的时装。在这些时装中，你可以通过将下装挂在上装之

> **道具（props）**（舞台道具）是指舞台布景中使用的道具或物件，而不是彩绘布景和演员服装。这一术语已经转移到视觉设计词汇中，指装饰性的物品或物件，而不是用于陈列展示的商品和标识。

上，来获得俏皮的外观，如图5.11所示。当下装有装饰、超大口袋或其他特殊功能时，这样做也很有效。虽然这种展示可能对儿童或青少年的时装很有吸引力，但对成人时装来说是不合适的。

2. 把裤子悬挂起来，使裤脚下摆离地面约3英寸（8厘米）。商品永远不要接触地面。从收拾家务的人的角度来看，这不仅是一个不吸引人的外观，还可能导致这是破旧物品的感觉。同时，如果把裤子挂得太高，你就没有机会在上面陈列上装。上衣和裤子的有效展示会为零售商带来多个销售机会，并为客户提供增值购买服务（图5.12）。

3. 正确放置瀑布架、直臂架和服装杆，上衣和下装之间至少有5英寸（13厘米）的空间（图5.13）。服装之间的空间过大，会使墙面看起来库存不足，并可能导致服装在墙上放置的位置过高，超出购物者的接触范围。

4. 每段墙面的上装和下装都要搭配协调。仅以T恤衫为特色的墙面陈列，并不会使消费者多次购买。既然陈列的目的是增加销售，视觉营销人员必须利用一切机会向顾客展示完整的服装。添加帽子、围巾、手袋和鞋子等相关配件将进一步增强墙面展示效果，并增加销售机会。在偶尔例外情况下，如图5.5所示，如果有大量产品可用，则可以全部使用上装来陈列墙面。

图5.11　一个青少年服装部的墙面陈列展示，通过将有不同寻常的口袋的裤子挂在夹克上面，吸引了人们的注意力。图片来源：伊莲·温克尔艺术。

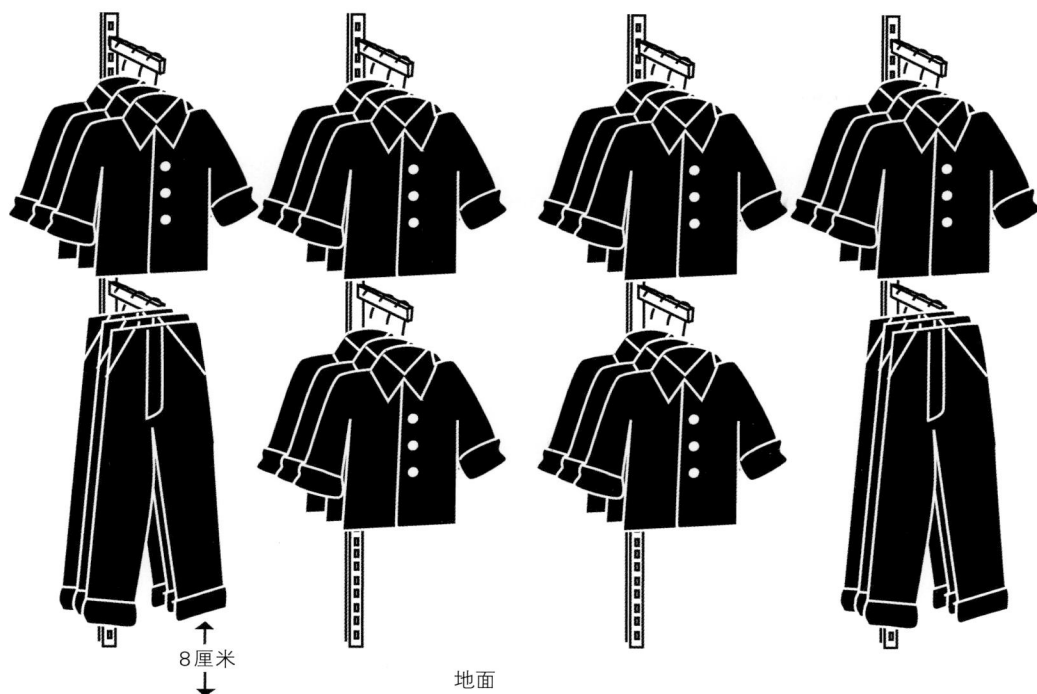

8厘米

地面

正确

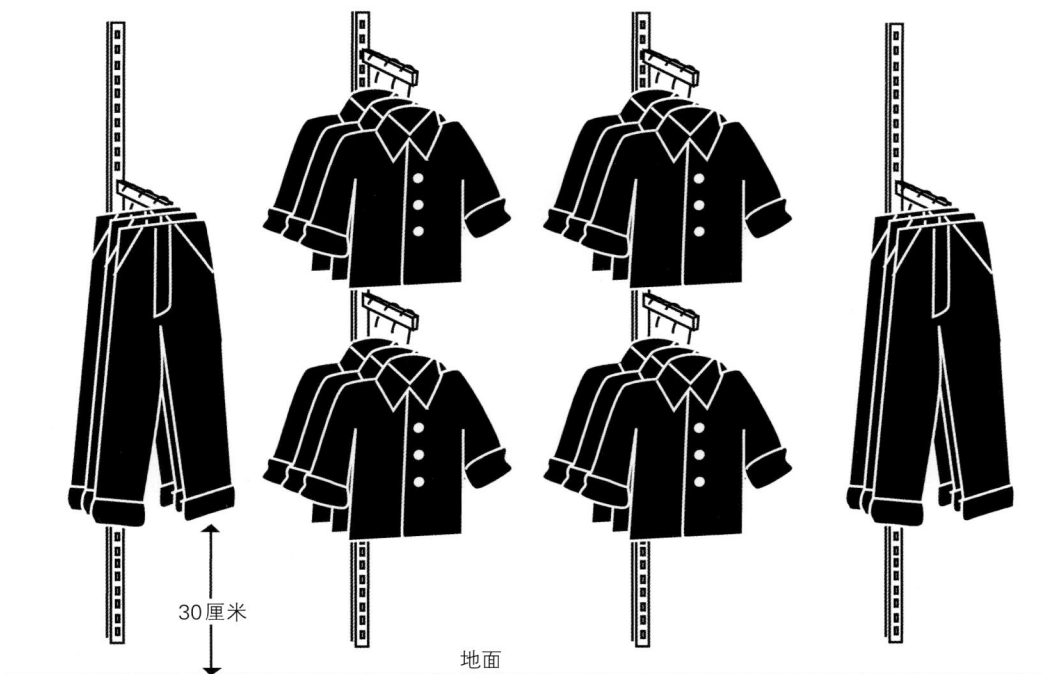

30厘米

地面

不正确

图 5.12 休闲上衣和裤子的时尚服装陈列展示。在正确的例子中，裤脚离地面大约8厘米。在不正确的示例中，裤脚离地面约30厘米。这不仅显得不自然，而且裤子上方也没有足够的空间来悬挂上衣，浪费了宝贵的销售空间。图片来源：伊莲·温克尔艺术。

图5.13 女装的陈列展示。在正确的例子中，夹克和裙子之间大约有13厘米的空间。在不正确的例子中，大约有38厘米的空间，这看起来很不自然。图片来源：伊莲·温克尔艺术。

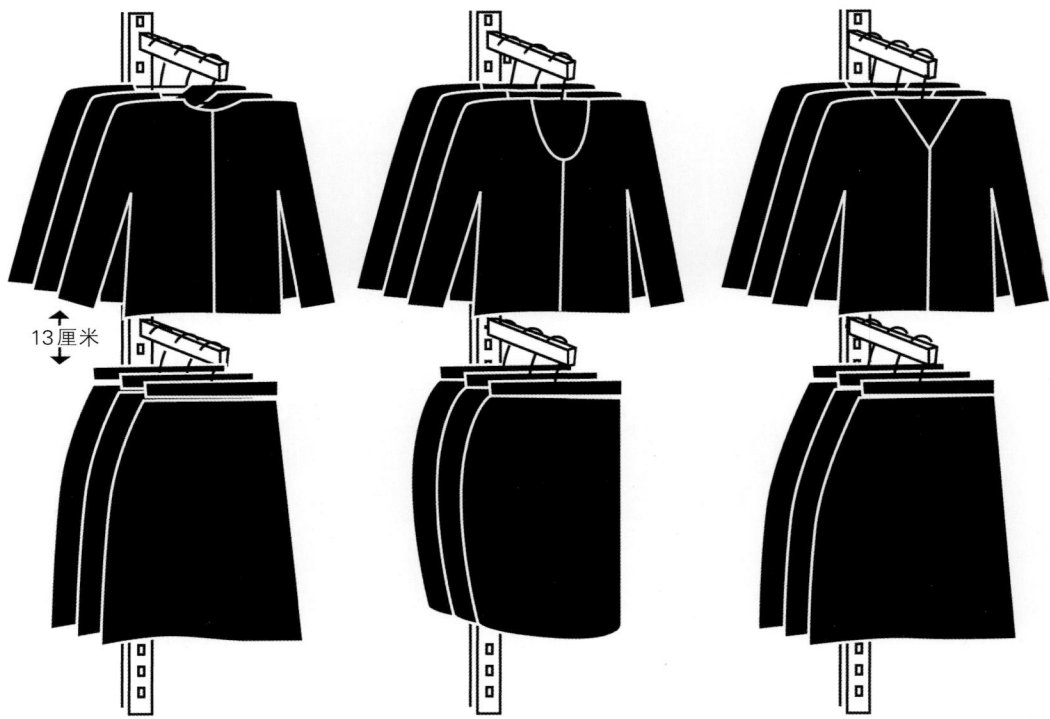

13厘米

正确

38厘米

不正确

5. 将袖长相似的衣服一起挂在服装杆上，这样更干净、更吸引人。如果确实需要，可在不太显眼的地面陈列装置上同时陈列袖子长度不同的服装（图5.14）。

6. 保持不同样式的下装分开陈列。不要在同一个服装杆上混搭裤子、裙子或短裤款式。混搭的款式会让那些在特定款式中寻找自己尺码的购物者感到困惑。例如，将带裤脚翻边的裤子和不带翻边的裤子混搭在同一个衣杆上，不是一个好的做法；也不要将有腰带和无腰带的裤子混搭在一起。

7. 每个正面臂只呈现一种款式和一种颜色的服装。每一个正面臂只有一种单一的颜色，这会使你的展示更干净，更容易被消费者购买。

8. 在墙上摆放男装时，要记住顾客的平均身高。不要以为男人比女人高，也不要

以为他们能够拿到挂在墙上比较高的商品。把一件长衬衫或毛衣挂在裤子的上方，会让男女购物者都够不着这件服装。除非有销售人员的帮助，否则更好的策略是将折叠的衬衫或毛衣放在悬挂的裤子上（图5.15）。

9. 不要把挂在墙上服装杆的产品按照尺码环来进行尺码陈列。按尺寸展示的产品会将颜色和图案混合在一起，使商品看起来就像是被降价清仓了一样。由于陈列在商店墙面上的产品是从远处看的，因此商品销售应首先按照获得最大的视觉冲击力进行陈列——首先按照最后用途和制作方式获得视觉冲击力，然后再按风格款式排列，最后由Roy G.Bv进行色彩排列。从左到右调整尺寸，不需要尺寸环（图5.16）。

本指南的一个例外是，当有大量相同

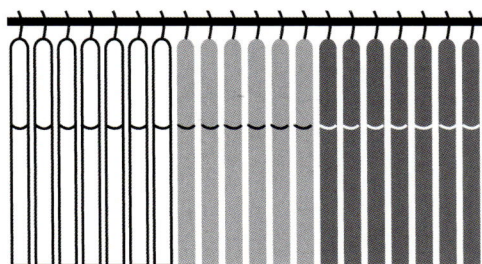

正确

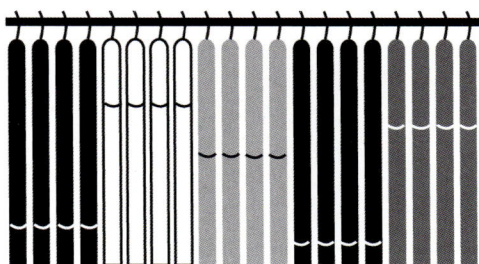

不正确

图5.14 毛衣的墙面陈列展示。在正确的例子中，展示的是具有相同袖长的毛衣。在不正确的例子中，袖长混合在一起，导致展示混乱。图片来源：伊莲·温克尔艺术。

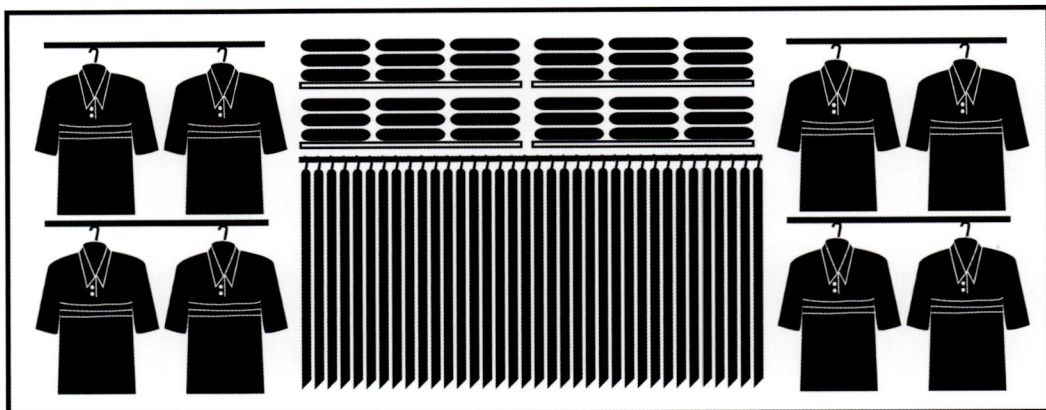

图5.15 男装的墙面陈列展示，将T恤折叠在裤子上方的架子上，而不是悬挂，以便普通顾客很容易拿到。图片来源：伊莲•温克尔艺术。

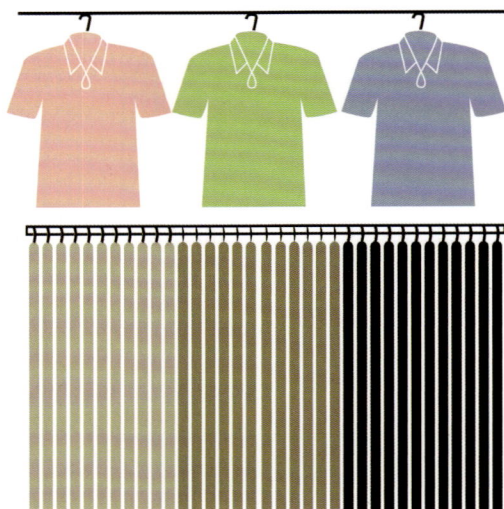

图5.16 在这面女装陈列墙上展示了一种款式的裤子。裤子从浅色到深色排列，然后在每种颜色内分尺寸，无须按尺寸环排列。图片来源：伊莲•温克尔艺术。

图5.17 由于大多数购物者都习惯使用右手，所以衣架挂在瀑布架上时应按照方便从右侧取下的方式。图片来源：伊莲•温克尔艺术。

款式和颜色的产品时，例如一条4英尺（1.2米）长的卡其色裤子，可以使用尺寸环，从左到右、从小到大排列。

10. 衣架应该在服装杆上挂稳，并容易被消费者拿到。因为大多数人都习惯使用右手，所以衣架挂起来的方式，应该让消费者可以方便地从右手侧拿起。（图5.17）。

■ 搁架产品的折叠技术

当你在商店的桌上和墙面上摆放折叠的产品时，你会发现每一家都有自己独特的展示风格。

毛衣和衬衫

以统一的方式将毛衣或衬衫折叠在架子上。我们有许多折叠方式，但在任何一个墙面区域，只能使用一种方式。大多数商店都选择了统一的折叠方式，并将其作为公司的标准。图5.18和图5.19中展示了两种常见的折叠方式。使用折叠板可以确保所有衣服折叠成相同的尺寸。垂直臂折叠最适合轻到中等重量的毛衣，而水平臂折叠适合厚重的手工编织风格的毛衣。

折叠板

你需要一个折叠板来实现这些技术。折叠技术的图表可以用丝网印刷或放置在折叠板上,以增强整个商店的一致性。折叠板可由苯乙烯、Fome Cor(防潮板)、有机玻璃或任何表面光滑的艺术板制成。光滑的表面使折叠过程完成后更容易取出折叠板。以下步骤将有助于你为任何尺寸的货架构建合适尺寸的折叠板(图5.20和图5.21)。

第1步

测量货架的深度。从这个数字中减去

5厘米,得到折叠板的垂直长度。减去的尺寸,是考虑到织物厚度的差异。35厘米深的货架需要30厘米长的折叠板。

第2步

测量货架的长度。将长度除以货架上要展示的堆叠数量,在每个产品堆垛之间以及货架的每一端留出2.5~5厘米的空间。

垂直臂折叠板

示例:一个122厘米长、35厘米深的架子可容纳四个堆叠。垂直臂折叠板宽28厘米,深30厘米。计算如下:

122厘米长的架子

这种较窄的折叠法可以在122厘米长的架子上放四叠毛衣。

30厘米 折叠板 28厘米
袖子正面
折叠板
折叠板
毛衣背面
袖子背面
毛衣背面

1. 把毛衣平放,毛衣的背面向上,袖子伸开。将折叠板放在毛衣背面的中央。

2. 将左袖子折叠到折叠板上。

3. 将袖子垂直向下折叠,使袖子背面向上。

折叠板
毛衣背面
折叠板
毛衣正面

4. 重复折叠右侧袖子。

5. 把毛衣的下半部分折叠起来,压住袖子。

6. 翻转毛衣,取出折叠板。

图5.19 水平臂折叠方式。图片来源：伊莲·温克尔艺术。

122厘米架子

这种宽大的折叠法只允许在122厘米长的架子上放两叠衣服。

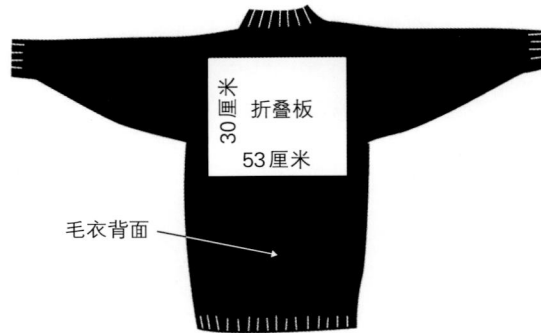

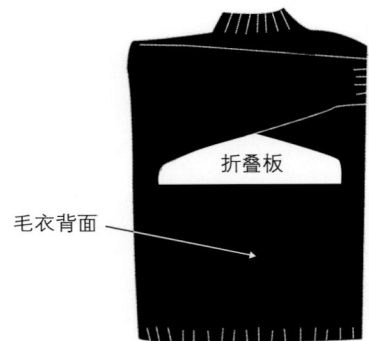

30厘米 折叠板 53厘米

毛衣背面

毛衣背面

折叠板

1. 将毛衣平放，毛衣背面朝上，袖子伸开。将折叠板放在毛衣背部的中央。

2. 把左右袖子都折叠进去。

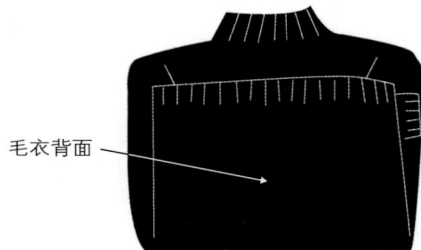

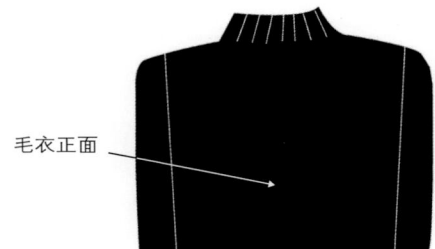

毛衣背面

毛衣正面

3. 把毛衣底部的一半折叠起来，压住袖子。

4. 翻转毛衣，取出折叠板

图5.20 垂直臂折叠方法在35厘米×122厘米架子上的间距。五个2.5厘米的空间可以用来分隔各叠毛衣和架子的边缘。图片来源：伊莲·温克尔艺术。

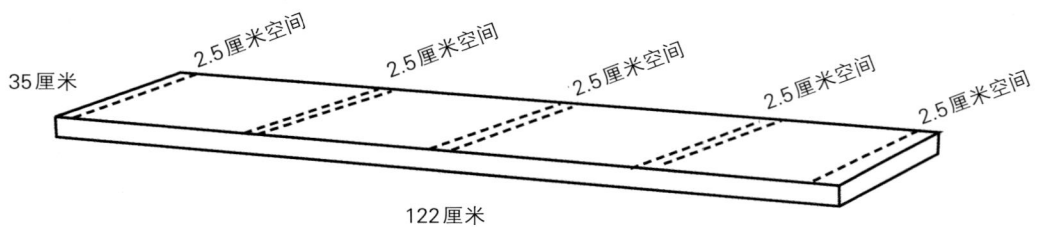

35厘米 2.5厘米空间 2.5厘米空间 2.5厘米空间 2.5厘米空间 2.5厘米空间
122厘米

图5.21 水平臂折叠方法在35厘米×122厘米架子上的间距。三个5厘米的空间可以用来分隔各叠毛衣和架子的边缘。图片来源：伊莲·温克尔艺术。

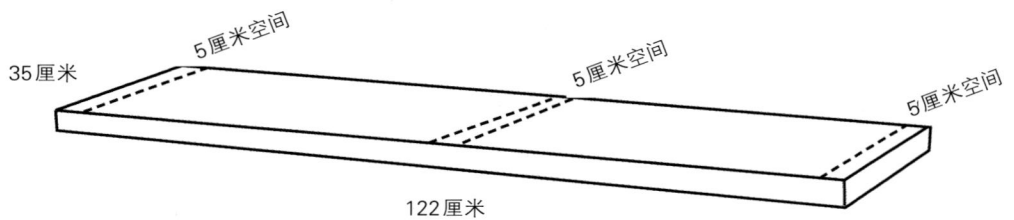

5厘米空间 5厘米空间 5厘米空间
35厘米
122厘米

1. 折叠板深度为30厘米（35厘米减去5厘米织物厚度）。

2. 折叠板宽度为28厘米。如下所示：从架子长度的122厘米中减去12.5厘米（四个堆叠之间的三个2.5厘米空间＋架子两端的2.5厘米空间）。这将为你提供109.5厘米的可用空间。将109.5除以4，并将数字四舍五入到28厘米。

水平臂折叠板

示例：一个122厘米长，35厘米深的架子可以放两个堆叠。水平臂折叠板宽53厘米，深30厘米。计算如下：

1. 折叠板的深度为30厘米（35厘米减去织物厚度的5厘米）。

2. 折叠板的宽度为53厘米。如下所示：从122厘米的架子长度中减去15厘米（物品之间的一个5厘米空间＋架子两端的5厘米空间），这将为你提供107厘米的可用空间。将107厘米除以2，取53厘米。

注意：如果53厘米对于毛衣来说太宽，只需在架子边缘和毛衣之间增加更多空间即可。

牛仔裤和普通裤子

摆在货架上的牛仔裤和普通裤子应以统一的方式折叠。正确的折叠方式将给产品带来更高质量的外观。图5.22展示了一种常用的折叠方式。

墙面平面图

平面图或商品的布局图是连锁商店确保视觉质量的最佳方法。公司总部创建和分发的、精心绘制或拍摄的平面图引导着商家统一地呈现时装。平面图有助于公司所有门店的时尚信息保持一致，无论这些门店位于何处。一个好的平面图也可以是一个有效的远程教学工具。许多企业会开设维护内部模型的商店／工作室，从而可以更新平面图，使用数码照片并通过互联网轻松传输，以闪电般的速度更新商店。事实上，这种做法已变得非常普遍，以至于主要供应商现在都在其大客户的公司总部附近设立了销售代表办事处，以便销售代表能够协助商店进行平面图设计，作为其客户服务计划的一部分。图5.23～图5.27所示的五个基本平面图展示了一个艺术性的、平衡的、协调的销售策略理想示例。

就像许多人写日记来提醒自己重要的生活经历一样，视觉营销人员也经常把自己制作的难忘的店内展示或橱窗记录下来。养成这种习惯有几个很好的理由：

- 在一个创意至上的领域，以往努力的记录可以激励你创造新的外观、新的营销处理方式。
- 平面图对于那些需要展示其零售经验深度的求职者来说是富有意义的履历材料。
- 雇主寻找的人不仅仅是能够完成平面图的人。他们寻找的人是可以设计平面图以及在竞争性展示中能和他人沟通需求标准的人。

使用平面图和创建平面图是两种不同的应用或实际操作经验。一开始（这份事业），你可能需要在纸上绘制草图之前，先进行一遍墙面的实际陈列。随后，经过若干时间的练习加上对商店指南的熟悉，你将无须在墙上把商品实际陈列一次，而直接着手绘制平面图。

> **"做好计划，然后让自己敞开心扉，等待发现。"**
> 阿诺德·纽曼（Arnold Newman），一位为名人拍摄环境人物肖像写真而闻名的摄影师。

> **平面图（planograms）**是展示商品和销售陈列装置应如何放置在销售楼层、墙面、自由陈列装置和橱窗陈列装置上的图纸。它们是一种规划工具，可以将一致的店铺布局和装饰指示传达到多个地点，从而为零售商创造一个强大的身份认知。

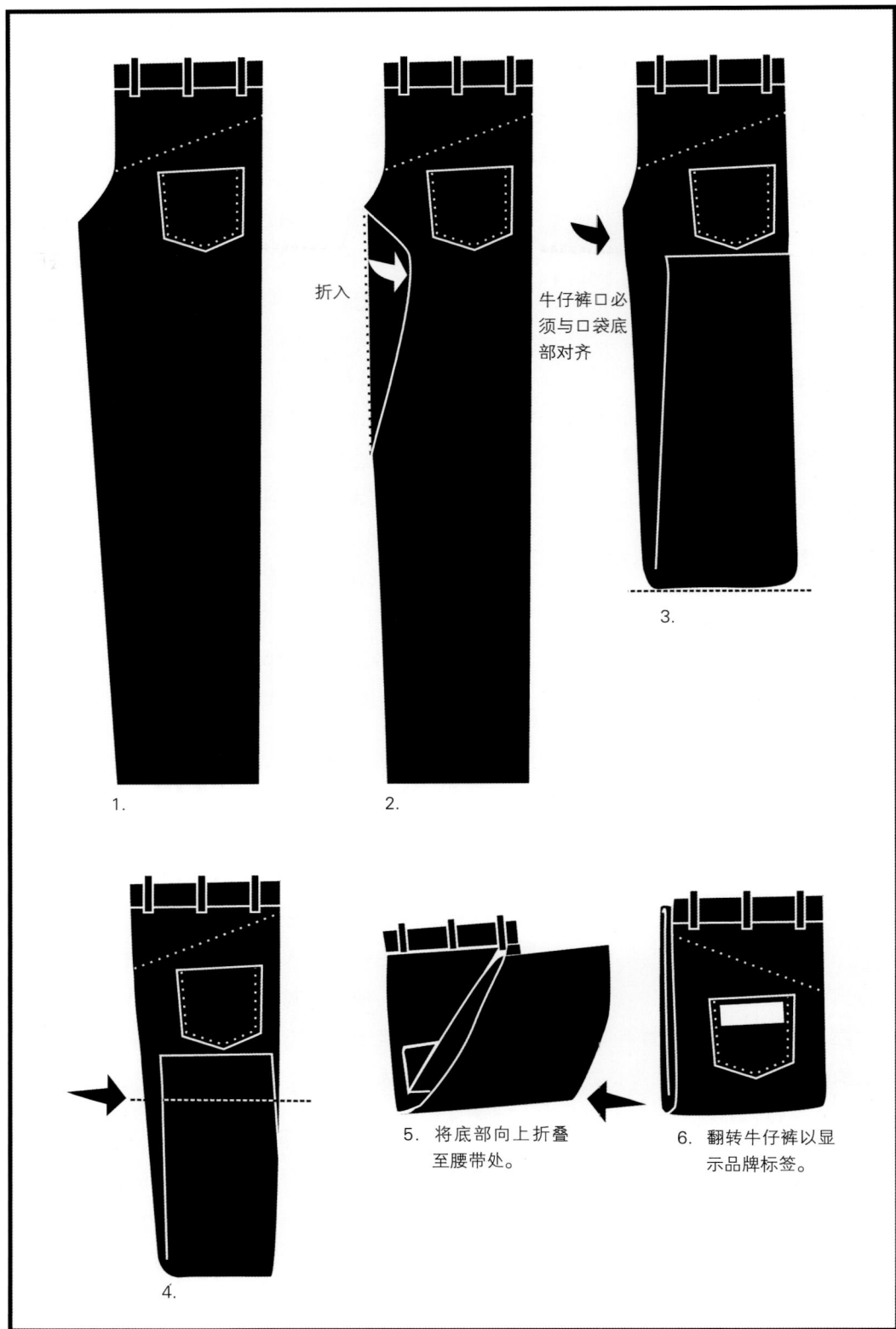

折入

牛仔裤口必
须与口袋底
部对齐

1.

2.

3.

4.

5. 将底部向上折叠
至腰带处。

6. 翻转牛仔裤以显
示品牌标签。

图5.22 牛仔裤的折叠方式。图片来源：伊莲·温克尔艺术。

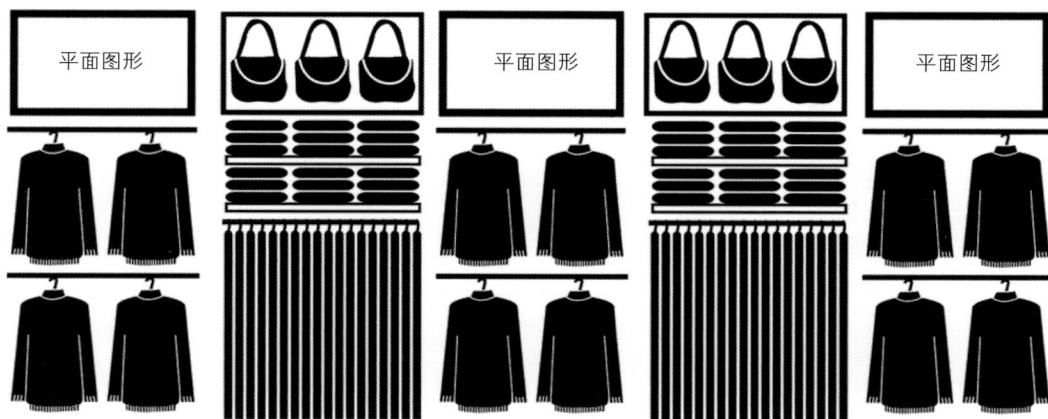

平面图形　平面图形　平面图形

图5.23 6米的墙面平面图，陈列了女装毛衣、裤子和手提包。图片来源：伊莲·温克尔艺术。

平面图形　平面图形　平面图形　平面图形　平面图形　平面图形

图5.24 6米的墙面平面图，陈列了女式运动衫和裤子，摆放了道具：花盆中的郁金香。图片伊莲·温克尔艺术。

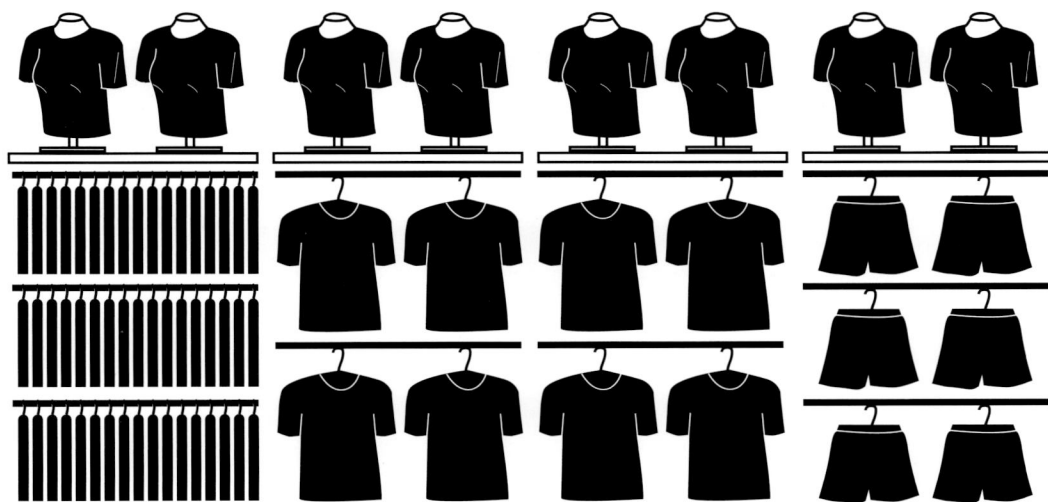

图5.25 5米的墙面平面图，陈列了女式T恤和短裤。图片来源：伊莲·温克尔艺术。

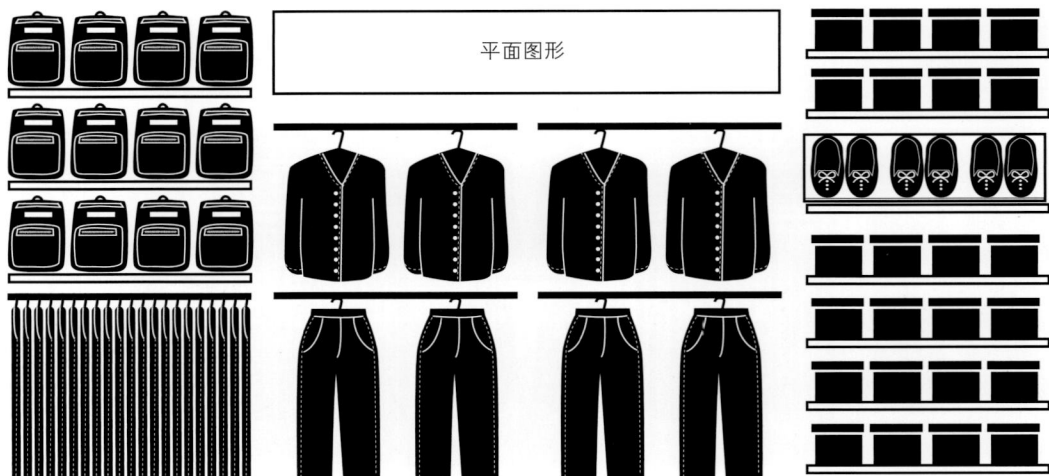

图 5.26　5 米的墙面平面图，展示了女孩的开衫、裤子、背包和鞋子，表现返校主题。图片来源：伊莲·温克尔艺术。

平面图形

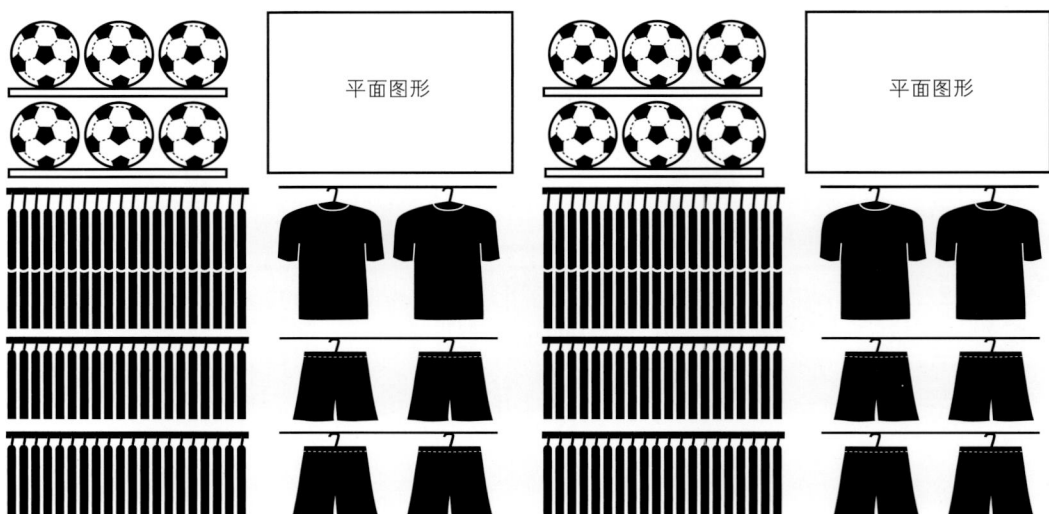

图 5.27　5 米的墙面平面图，展示了短裤和 T 恤，表现足球主题。图片来源：伊莲·温克尔艺术。

平面图形

平面图形

零售现实

当衣服正面悬挂和斜面悬挂相结合时，墙面平面图看起来效果最好。随着产品逐渐售出，斜面悬挂区域的衣服可能会暂时转换为正面悬挂，直到更多产品到达或有时间重置整个墙面。

创建墙面平面图

通过遵循下文列出的简单步骤，你将能够为任何时尚商品墙面制定自己的平面图：

1. 选择具有相同的最终用途、制作方式、风格和色彩故事的时装组合。

2. 从空白的墙面部分开始构图。从墙面上移除所有以前的陈列装置，例如直臂架和水平杆。

3. 从你选择的商品中挑选一件开始陈列。如果要陈列表现制造商的搭配组合，你可以从整个组合中各挑选一件衬衫、针织上衣、裙子、裤子、毛衣、背心或夹克组成一个衣架组合。

| 冷色 | 暖色 | 冷色 |

图5.28 采用冷—暖—冷色彩排列的墙面展示。图片来源：伊莲·温克尔艺术。

4. 在这个阶段，先将支架临时挂在标准墙面或网格墙面上，注意平衡的原则，会比直接安装硬件更好。当你在设计色彩组合的时候，可以使用 Roy G.Bv 色彩表，或使用从暖色到冷色的排列方式。例如，按冷—暖—冷或暖—冷—暖配置来安排颜色（图5.28）。

5. 添加和商品协调的道具、平面图形、标识或人台模特。努力平衡光线的亮暗、良好的比例、有趣的线条等。

6. 撤退一步，重新评估新墙面的组成。回顾本章前面提供的平面图示例和墙面陈列指南。如果你偏离了建议的格式，请考虑对墙面进行返工。

7. 一旦你对你的设计计划满意了，就画一个平面图来展示每个项目的位置。

8. 从墙上拆下原来的商品单元，并在其位置安装正确的陈列装置。

9. 替换最初的搭配系列，并在其后面填充

创建墙面设置

1. 清除墙上以前的陈列装置和商品。

2. 根据最终用途、制造方式、样式和颜色选择时装故事。

3. 从时装故事中选择单个项目。将支架临时挂入墙壁标准件中。

4. 以平衡的原则排列组合产品，使用 Roy G.Bv 色彩、暖—冷—暖或冷—暖—冷的色彩排列方式。

5. 在组合中使用道具或标识。

6. 观察、评估，并在必要时重置。

7. 绘制平面图。

8. 用适当的陈列装置替换初步放置的商品。

9. 根据完成的平面图在陈列装置上陈列商品。

10. 确认所有的标牌、图形或道具。

◀ 工具箱5.4

该样式和颜色的剩余库存商品。按照前面放置最小尺寸、后面放置最大尺寸的方式，悬挂排列在直臂架或瀑布架上。

10. 在平面图表上记录下本次陈列展示的所有标牌、图形或道具规格。这将成为你的历史记录。如果总部把你的墙面平面图发给其他商店，他们就可以很容易地复制它。这个记录也可以防止你重复以前做过的事情，或者如果你选择重复一次成功的陈列展示，它可以帮助你再做一次。

电脑软件在商店布局和陈列中的应用

正如我们刚才讨论的，平面图可以通过用实际产品填充墙面和陈列装置来开发，或者计算机软件可以使这项工作更容易。在商店布局和陈列方面，有许多可用的软件，但我们将重点介绍两个目前被教育者和零售商广泛使用的系统：Mockshop 和 CAD（计算机辅助绘图）。这两种软件系统都提供了一种通过在不同的装置中陈列产品来创建平面图的方法（图5.29、图5.30）。像正面悬挂架、隔板架和吊杆这样的陈列设备可以互

即使没有产品实物，也可获得视觉营销的最快速解决方案。你可以快速从其他系统导入产品信息，精确匹配流行的陈列设备。

想要多少模拟商店就可以创造多少，不受尺寸、设备、商品、材质的局限。不要被实体空间尺寸限制。

图5.29　用Mockshop来建立的平面图。图片来源：Visual Retailing BV公司。

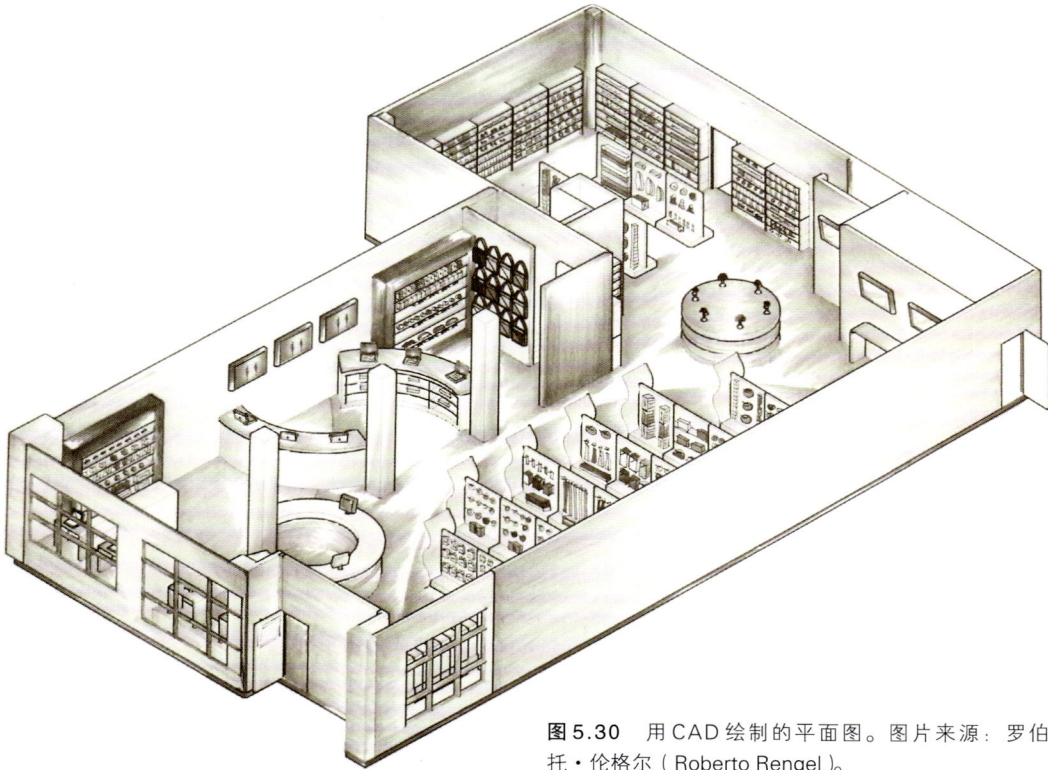

图 5.30　用 CAD 绘制的平面图。图片来源：罗伯托·伦格尔（Roberto Rengel）。

换，产品可以很容易地移动以测试各种颜色排列方案。

除了降低手工制作平面图的成本（这在百货公司和专业连锁店中尤为重要）之外，这些软件的应用还确保在诠释过程中不会丢失任何东西，从而提供一致的品牌认知。商店的规模可能会有所不同，有时甚至会根据商店所在地的人口划分为 A、B 和 C 级，而这些软件系统使得生成每个平面图的多个版本变得很容易。信息也可以很容易地传达给所有商店，并在新产品到达时迅速更改。

重要墙面区域

现在你已经基本了解了可用于创造令人印象深刻的墙面陈列的所有工具，你还应该了解商店内三个最重要墙面的位置。站在商店入口处，进入你视线范围内的墙面将是商店的后墙，以及任何可以从你的左右视角看到的墙（图 5.31）。这些是在商店里创造最强刺激的重要墙面。除了在各种墙面陈列装置上展示大量吸引人的商品外，重要墙面是使用通信设备（如霓虹灯标志、图形灯箱、等离子或激光屏幕以及交互式信息亭）的最佳场所。重要墙面有可能成为虚拟的磁铁人，吸引购物者进入商店，并在整个商店走动。

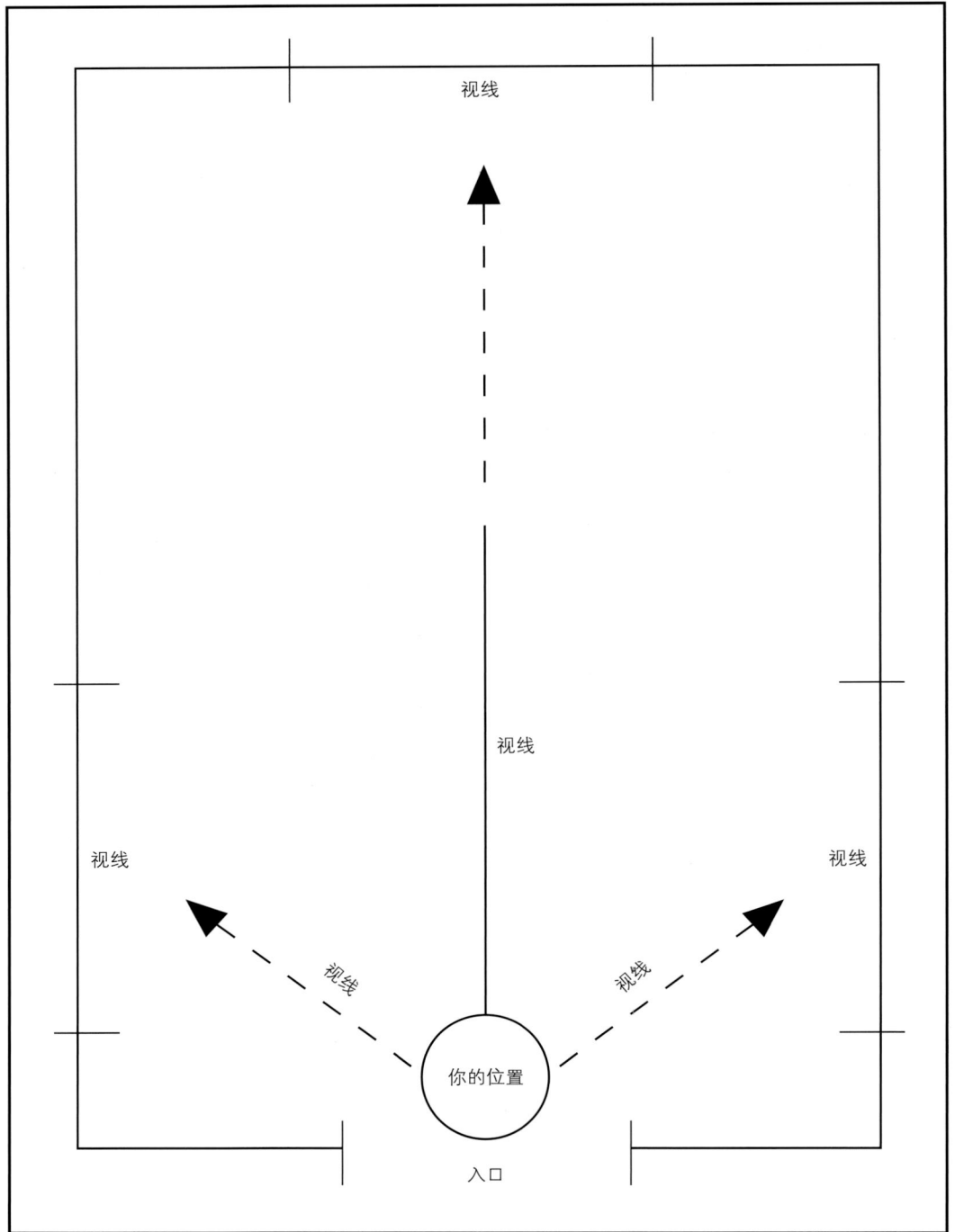

图 5.31　专卖店地面布局上的重要墙面。图片来源：伊莲·温克尔艺术。

设计画廊：El Palacio de Hierro

墨西哥城的El Palacio de Hierro是墨西哥最负盛名的百货公司，其核心价值观是忠诚、服务、诚信和创新。与哈罗德（Harrods）、内曼·马库斯（Neiman Marcus）和赛克斯（Saks）等奢侈品百货公司相比，它提供许多VIP购物服务，以满足高端消费者的需求。它拥有100多家精品店，拥有许多独家品牌，包括自己的自有品牌。EL Palacio de Hierro的这家旗舰店超过60万平方英尺（5.6万平方米），是拉丁美洲最大的时尚和豪华空间。

刷成鲜红颜色的嵌套桌子展示的是一家男童品牌Catamaran Shop。在霓虹灯的映衬下，这个陈列有效地吸引了人们对展示在架子、正面杆、吊杆上的各种夹克、衬衫和背心的注意。很容易看出使用各种陈列装置（包括突出支架）的优势，增加了购物兴趣。隔板架用来展示折叠的运动衫和卷起的牛仔裤，也用来展示男孩感兴趣的其他产品——机器人、游戏和足球，它们鼓励顾客去商店的其他商品部门停留。想象一下这面墙如果没有红框和灯光，在吸引顾客方面它会少了些什么？

设计公司：TPG建筑公司，摄影：亚历克·扎巴莱罗。

行业谈　"商业墙区的机会"，作者：托尼·曼奇尼，全球视觉集团首席执行官

商店的墙面唤起了零售组织中许多人的热烈讨论，通常有两种不同的思想流派。有些人认为它们很重要，有些人却根本不相信它们！没有墙的环境会是什么样的？是一个没有空间、没有定义的区域，根本就没有焦点。

墙面在零售空间创造了不同的体验，有助于传达你希望消费者看到的内容。它们可以定义一个区域，使一个空间有亲密感，或将你的目光吸引到似乎几米以外的狭长区域。墙面也不一定总是塞满商品，它们还可以传达品牌理念或表达沟通，帮助路线导引，或者成为背景。这完全取决于你作为一个零售商，想要为自己的业务传达什么。

最重要的东西是灵活性。我们致力于将建筑、照明、构图、商品展示、图形、标识无缝融合。我们交流的是一种生活方式。同样重要的是要考虑如何对产品和商店进行细分，以免混淆消费者对你希望他们关注的内容的看法。在设计过程中预设意图对结果至关重要。对墙面同样重要的，是通常在它们前面的地面陈列系统。如果创建一个阻挡墙面的陈列装置，墙的重要性会突然降低。

我总是从第四维度看商店。也就是说，我超越了显而易见的想象，全面地想象所有元素，以及它们如何相互作用，而不是相互干扰。

零售环境创造了一种体验感，一个信任的地方，你应该希望消费者在区分你的品牌和别人的品牌时感觉良好。

第五章　回顾问题

1. 为什么将周边的墙面划分为几个部分会对销售人员有帮助？

2. 为什么利用内墙分隔商店对销售人员很有帮助？

3. 平衡对墙面陈列的效果有什么影响？

4. 什么情况下可以将若干单件服装视为一个搭配服装组在墙上展示？

5. 为什么需要在每段墙面陈列中同时突出上装和下装？

6. 陈述在一个搭配服装组中展示配饰有什么零售意义？

7. 列举三种营销策略，分析这些策略是如何通过分散整个商店的客流，并将顾客吸引到商店部门的后区墙面来的。

8. 什么时候一个统一的或系统性的墙面陈列处理方法对视觉营销人员特别有用？

挑战：跳出条条框框

比较逛店——商店墙面陈列
观察

访问适合与目标市场做比较的类似商店。看看每家商店商品的墙面陈列。为每面墙拍一张照片或画一个速写，以帮助你随后进行比较。

1. 墙面陈列是否基于最终用途、工艺制造和样式讲述了一个单独的故事？是什么故事？

2. 墙面陈列讲述的是单一颜色故事吗？是一个什么样的故事？

3. 墙面陈列是否巧妙平衡？使用的哪种平衡方式？

比较

你想在哪家商店购物？解释原因。

创新

你将如何在每家商店的墙面陈列中运用创新？

批判性思维

活动1：门店分析

参观你最喜欢的服装店。如果商店是百货公司，选择你最喜欢的部门。

1. 商店使用了什么类型的墙面陈列装置？

2. 墙壁上使用了什么类型的建筑隔断？

3. 是否使用特殊的天花板或拱腹处理来设计商店？描述一下。

4. 是否在墙上使用了视觉营销人台模特、人台模特替代品或道具？描述它们。

5. 商店使用了什么类型的装饰照明设备将顾客的注意力集中在墙上？

6. 商店使用了什么类型的标牌？它们在墙上的什么地方？

7. 商店是否利用了墙上平面图形？描述它们并告知目标顾客可能是谁。

8. 以上所有功能对商店形象有何影响？

9. 你在墙面陈列处理中是否观察到任何会有损商店统一形象的陈列？

活动2：平面图创建实践

使用图5.32创建自己的平面图。

平面图形

平面图形

墙顶部

|←   1.2米   →|←   1.2米   →|←   1.2米   →|←   1.2米   →|

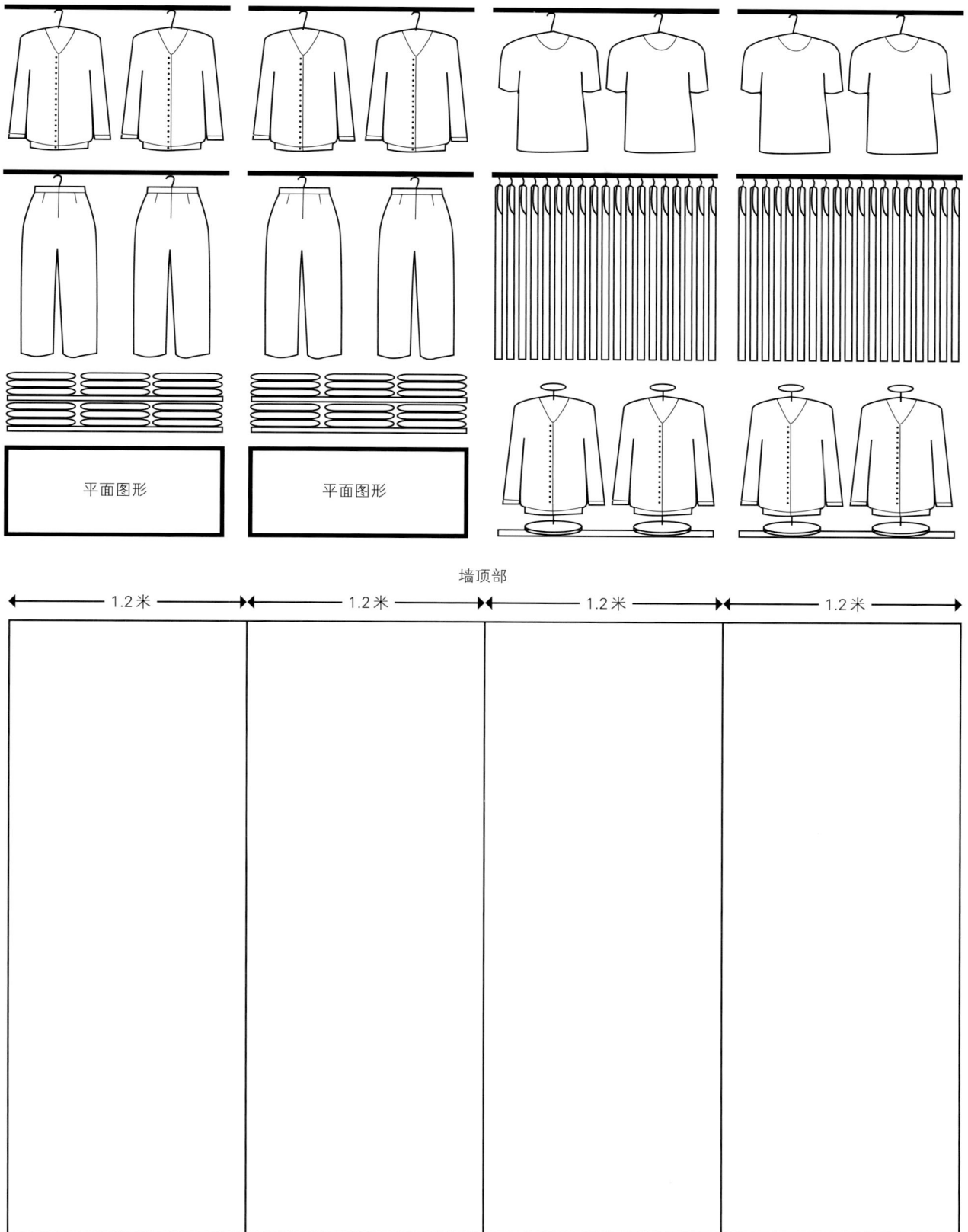

图5.32 用于活动2项目。图片来源：伊莲・温克尔艺术。

案例研究

有效的销售墙面

朱迪·埃文森（Judy Everson）刚刚在芝加哥郊区以独立承包商的身份开始自己的视觉营销业务。其他类似的视觉营销业务非常多，竞争激烈。为了使自己的业务与竞争对手的业务有所区别，朱迪在广告中宣传了自己擅长制作激动人心的墙面陈列展示。作为营销策略的一部分，她每月都会在购物中心会议上面对一群郊区购物中心的店长并发言。朱迪展示了她在其他商场制作的墙面陈列展示案例，并向听众中的经理们提供了一些基本技巧。她从经理那里收集名片，然后抽奖为获奖者提供免费的墙面陈列布置。凯伦·索利玛（Karen Solimar）是其中一个作品的获奖者。

凯伦是一家销售女性高管服装和工作日休闲服装商店的经理，商店定位在中等价格。与她交谈后，朱迪得知凯伦不仅拥有这家商店，还买下了它所有的商品。尽管凯伦很高兴朱迪重新布置了她店里的一堵墙，但她似乎对结果有点不确定。凯伦习惯于自己做所有的陈列工作，坦率地说，她认为自己在这方面非常擅长。

朱迪察觉到凯伦的犹豫。朱迪知道她必须让凯伦满意，因为这份工作的成功对于在商场发展未来的视觉营销客户至关重要。她必须想办法赢得凯伦的信任和热情支持。他们同意下周一在凯伦的店里见面。

当朱迪分析凯伦当前的墙面陈列时，她发现一些关键的视觉元素从展示中丢失了，并且凯伦没有使用最近研讨会中介绍的任何技术。在朱迪看来，凯伦目前的墙面陈列，只有上衣，显得无色而单调。此外，展示的上衣中有些适合高管穿着，有些显然是休闲装——这向购物者传达了一种关于服装用途的混乱信息。

朱迪注意到凯伦没有使用任何道具或人台模特来增强墙面或店里其他任何陈列的效果。当她问起它们时，凯伦告诉她，她认为道具不重要。"如果商品本身不能说明问题，"凯伦说，"我不认为增加道具会有所帮助。"她接着补充道："我不卖道具，我卖衣服。"

在凯伦这里的工作结果将影响朱迪未来的生意。她知道她正在和一位店长一起工作，这位店长对她（朱迪）的能力不确定，并且对目前已有陈列的任何消极评价都很可能让她感受到威胁。更为困难的是，朱迪看不到手头上有任何东西，甚至一个标识，可以加强她现在所做的任何陈列展示。

朱迪考虑到凯伦在陈列上衣时没有搭配下装和配饰，从而错过了多样销售的机会，于是她带着凯伦参观了商场里的竞争商铺。她们一边走着，朱迪一边指出了那些商店里陈列了全套服装的数量。她们实际上数出了每家商店陈列全套服装的数量。其中一家购物客流量很大的商店有25套配套服装。

朱迪记下了凯伦最喜欢的陈列展示，当她们回到凯伦的店里时，朱迪除了自己的一些想法之外，还使用了凯伦喜欢的这些想法，并为墙面陈列画了一些可供选择的草图。

她们决定在墙面上展示一个工作休闲装主题，因为这组主题服装拥有最可搭配的一些单品，有着大量的自然色调。在墙的中央，朱迪把搭配的围巾放在一个隔架上，手提包放在下面的隔架上。她把成套的服装面朝外悬挂在隔架两侧，以平衡墙面。朱迪在围巾和手提包上又加了一个隔架，问凯伦能不能从自己收藏的道具中拿出5个便宜的花瓶放在架子上。凯伦同意了，她们约了一个时间在商场的花店见面，在那里一起为每个花瓶选择一个简单的搭配——每个花瓶一朵葛伯雏菊和几根熊叶草。当它们被陈列在墙上后，朱迪调整照明，以加强整体墙面的表现。

凯伦显然对结果感到很兴奋。朱迪建议凯伦让她的员工跟踪每次销售的服装件数，因为墙面上陈列的是完整的成套服装。她还提议写一份包含几个阶段的提案，以使整个商店处于良好的状态。凯伦同意考虑她的建议。在开车回家的路上，朱迪庆幸自己处理了一个可能很棘手的情况，并在心里默默记下，过几天再和凯伦联系，看看销售情况如何。朱迪相信凯伦会看到销售的明显改善。她将签下那份合同，然后更新凯伦商店的其他部分。

问题讨论

1. 为了发展凯伦的业务，朱迪还能做些什么，以向那些没有赢得免费陈列机会的人推销她的业务？

2. 朱迪解决凯伦问题的方法有效吗？当朱迪将来遇到麻烦时，你建议她还可以做些什么？

3. 有了这些给凯伦商店的新建议，朱迪应该什么时候跟进？

你的挑战

- 朱迪应该对凯伦的商店做些什么工作？规划你自己的战略版本，用一幅平面图表现出来。这将是凯伦商店未来的新貌，所以要小心你的决策。如果你需要技术上的帮助，请翻看本书中可以复制的平面图元素。

- 为你上面的墙面陈列展示选择一个色彩故事，并将其添加到平面图中。

第六章　时装与服饰品的搭配

时尚消费者依赖他们最喜欢的零售商来获得在色彩、面料、尺寸和价格方面都合适的最新商品。他们还希望商品能够按照穿着的场合进行组合。当卖场布置好了，陈列架上摆满了符合潮流的服装时，你可能会想——唯一缺少的就是挤满的购物者了——其实还有一些未完成的非常重要的工作。

购物者该如何想象自己穿着货架上找到的衣服？在他们进入试衣间之前，谁会帮他们把整套服装放到一起？谁会给他们提供有关服饰品的建议？视觉营销设计师！

购物者即将购买一套服装时，他们依赖视觉营销设计师将服装和配饰组合在一起。考虑到这一点，你将明白，即将营业的商店最后一步是什么？当然是无声的营销！展示独特的时尚外观、搭配品味和风格，使商品能够以多种形式销售。这种零售策略提供了顾客真正欣赏的增值服务和高度视觉化的服务——时尚诀窍、衣橱指导、省时提示和简化购物。

时装搭配发生在每个时装部门的每一个地方——人台模特、各式造型和陈列衣架——任何一个通过把服装和配饰搭配一起而给购物者带来利益的地方。一些视觉营销设计师称其为协调地展示服装，一些人称其为胶囊套装或表演服装，一些人称其为陈列搭配，一些人称其为潮流外观。但这些术语远不能表达出它的净效应——将服装、饰品和购物者联系在一起。

就像展示技巧一样，时尚知识也是可以学习的。通过遵循本章的指导方针并不断练习，直到让服装搭配看起来像是你的第二天性，那么你很快就会成为一名专业的视觉营销设计师，甚至可以准备好培训经验不足的同事。新同事通常会添加自己的创意时尚元素，这可能会导致一些惊人的时尚失误。你将需要机智、专业知识以及在本章学习的其他策略，来解释最终所使用概念的重要性。向自己保证，你可以学会有效的时装搭配和展示技巧，你也可以教会别人。

> **"风格是一种无需语言就能说出自己是谁的方式。"**
> 雷切尔·佐伊（Rachel Zoe），美国设计师、女企业家、作家

完成本章后，你应该能够：

- 按用途、制作工艺、样式和颜色搭配时装
- 用展示衣架将服装和谐地搭配起来
- 获得资源以扩展你对当前时尚趋势的了解

图6.0　搭配精美的服饰品占据了这个奢华和复杂图案的橱窗陈列的中心。版权所有：WindowsWear PRO，http://pro.windowswear.com，contact@windowswear.com1.646.827.2288.

选择陈列商品

虽然本章中的时装搭配指南可能会让你以为你有很大的自由去选择展示什么样的服装，但其实很多选项是已经被决定了的。今天，大部分到达商店的商品是已经由生产商的搭配小组搭配好的。此外，当来自百货公司和专业连锁店的买手从市场返回时，他们会与广告部门密切合作，围绕他们的采购计划来安排时装广告、部门活动和时尚活动。视觉营销总监将橱窗空间、**时尚店首**空间和部门特色陈列指定给特定商品。销售部门人员或经理为新来的商品分配陈列墙面和特色陈列空间。他们制定平面图来放置这些商品。平面计划图可能来自总部，你的搭配职责可能包括执行这些预先确定的计划。

商店买手也会购买没有关联的单品。如果服装并不是由一个供应商提供，或者尚未由一个设计师来搭配，这时由你来搭配墙面和陈列架的机会就来了。学习如何根据服装的最终用途、制作工艺、风格和色彩来搭配，将为你提供必要的工具，以提高你自己的搭配技能，并为其他人提供一种方法。

按最终用途来搭配

正如时装在墙面、装置陈列和销售部门中按最终用途分类一样，你在部门中布置的每一件服装搭配都应考虑最终用途。

先自问一句："我为这次陈列搭配的所有物品，是否都可以在某个商务休闲日、工作日或者周末外出日穿着？消费者是穿着这套衣服和配饰去高级餐厅吃饭，还是去附近的咖啡馆吃快餐？"这里的基本原则是：无论活动性质是休闲还是正式，服装及其所有配饰都必须适合最终用途。购物者依赖你的建议和时尚引领力。

百货公司通常不会在同一销售区域内混搭为不同场合设计的服装。大多数时装部门都是独立的实体，具有建筑上独立的特征，例如使用分隔墙和不同的地板覆盖物，以使其有明显的物理分隔。一般来说，百货公司销售员必须留在指定的销售区域，不能随意将物品从一个部门带另一个个部门，尤其是从一个楼层带到另一个楼层。因此，不同最终用途的商品不太可能在百货公司的一组服装中搭配使用。

在专卖店中，各部门通常是相邻的，没有太多正式的界限。在协调时装购买要素的同时，在不同区域之间移动物品要容易得多——但**时尚失误**也容易出现。尽管销售人员可能熟悉自己区域的商品，但他们可能不知道其他销售区域的趋势方向（图6.1）。

按制作工艺来搭配

一套服装必须与相互呼应的制作工艺进行搭配。确定这一点的一种方法，是考虑它们是否用于相同的最终用途。如果一件衬衫的款式比较考究的话，轻薄的纱质衬衫可以很好地与亚麻西装搭配。如果它装饰了一个多彩的民间刺绣工艺，把它与休闲裤或牛仔裤搭配可能更好。了解面料如何搭配的另一种方法，是看看你最喜欢的商店里陈列的服装。下一步是扩大你关于混搭工艺的知识范围，看看那些你不经常去的店里的服装搭配组合。

时尚店首（fashion editorial）空间是商店里具有战略性位置的陈列展示空间，它以强烈的时尚宣言形式反映零售商对商品和流行趋势的支持。时尚店首空间总是放在人流密集的区域，如商店入口、部门入口、自动扶梯平台、主过道以及视线上的过道末端。零售商对这些地点使用的其他名称包括集中点、热门区、聚焦点和内橱窗。

时尚失误（faux pas）是一个来自法语的短语，意思是"错误的一步"——一种时尚判断的错误或协调技巧的错误。

图6.1 当休闲和商务两种不同最终用途的服装组合在同一套服装中时，就会出现时尚失误。图片来源：仙童图书公司。

不正确
休闲马球衫/职业套装

正确
休闲衬衫/休闲牛仔裤

正确
职业套装/职业衬衫

按风格来搭配

时尚服饰可分为两种截然不同的风格：经典外观和潮流外观。当你把时装商品放在一起，陈列在墙上衣架或地面陈列架上时，你的选择应该只反映这两种风格类别其中一种。如果你要把一件经典的马球衫穿在人台模特上，那就把它和经典的休闲裤搭配起来。如果你在模特身上穿了一件时髦的衬衫，那就搭配合适的潮流裤。附带的服饰配件也应加强这单一主题（图6.2）。

按色彩来搭配

在确定了一套服装的最终用途、制作工艺和风格之后，你必须考虑色彩。如果你是从一个制造商的搭配小组中挑选的一套服装，你的工作就很容易了。制造商们已经计划了一系列的衣服，如衬衫、夹克、毛衣、背心、裙子和裤子，这些衣服是用考虑过搭配而染色的布料和纱线制成，或者用精心挑选的机织纹样和印花图案制成。

图6.2 当经典和时尚两种不同风格的服装组合在同一套服装中时，就会出现时尚失误。图片来源：仙童图书公司。

不正确
潮流长裤/经典衬衫

正确
潮流长裤/潮流衬衫

正确
经典长裤/经典马球衫

从不相关的单品中创建搭配的外观更具挑战性。你可能会发现，参考图3.3中的色相环很有帮助。另一种方法是根据图3.6中的色彩分组来选择服装。

请紧密关注第三步——重复。重复的色彩必须和谐！不和谐的色彩会很突兀并扭曲整个配色方案。如果你正在寻找与彩色毛衣搭配的裤子，这些毛衣的色调有淡粉色、淡蓝色和灰白色，那么搭配的裤子也必须是灰白色。白色的裤子是不合适的，就像红色和酒红色放在一起无法奏效，即使它们都是红色系。

服装配饰也是如此。如果你想用金耳环来装饰人台模特，你可以选择金项链或彩色珠子，再加上微小的金链环。你不会想选择一条银项链的。但是，如果耳环是金色和银色的组合，你可以选择金或银的项链，或者加倍数使用其中一种项链。

图6.3显示了通过使用重复的设计元素来搭配服装色彩的难易程度。大图中的彩色衬衫被用作整套服装的**轴心单品**。衬衫上的色彩在耳环和手镯上重复出现。

轴心单品（pivot piece）
是时尚故事中的主导单品，因为它决定了所有后续单品在服装搭配中的使用方向（最终用途、制作工艺、风格和色彩）。

图6.3 通过重复轴心单品上的颜色，很容易搭配一套服装。色彩的重复创造了节奏，因为你的眼睛会在搭配的衣服和服饰品之间移动（大图）。服装也可以结合明亮和柔和的颜色（右上图）。两套单色搭配的服装展示了一种颜色的两个色调（右中图和右下图）。图片来源：仙童图书公司。

明亮的毛衣，浅色背心，浅色手镯。

在耳环和手镯中重复了衬衫的红色。

在鞋子上重复了腰带的棕色。

单色——两种色调的橙色。

单色——两种色调的蓝色。

第1步：任何一件衣服只选择一个色彩组（或色彩强度）。（使用图3.6中的色彩组）

第2步：如果你愿意，在搭配的服装或服饰品中添加中性色。

第3步：在搭配的服装或服饰品中重复部分或全部颜色。

工具箱6.1 ▶

▌高级色彩搭配

迄今为止，上文中解释的色彩搭配技术要求所有组合的色彩具有相同的强度。例如，柔和的粉红色可以与另一种柔和的绿色搭配，以达到美观的效果。

要打造一套与众不同的服装，你可以通过组合不同分组的色彩来扭转色彩理论。这在时装店中很少见到，因为要完成它有点困难，但这却是一种有趣的方式，让众多商店中几乎千篇一律的产品产生差异。

首先从两个不同的色彩组中选择颜色。例如：

• 柔和的绿色背心。
• 明亮的紫罗兰色棉质毛衣。

其次在服饰品中重复这些颜色，比如手镯上。穿上中性色的短裤和鞋子（图6.3，右上图）。

主色的简单重复是使这项技术发挥作用的关键，但它必须与品味和风格相结合。利亚特丽斯·伊斯曼（Leatrice Eisman），一位公认的美国色彩专家，著有9本关于色彩的书，包括《潘通色彩交流指南及应用》，系列书《色彩：信息和意义》和《潘通色彩资源》。这些书可以帮助你做出有效的、独特的、可信的色彩选择。基于色彩研究和数以百计的色彩组合和插图，利亚特丽斯的书提供了很多见解，确保能帮助你传达想要的色彩信息。基本的指导方针和插图均可以应用到你的各种项目中：品牌、包装、标牌、购买点、展示、广告、LOGO、网站等。

▌用基础的色环来色彩搭配

图3.3中的基本色相环为色彩搭配提供了无限的可能性。当使用明亮的紫色和黄色做大胆的组合时，使用这两种颜色中的一种作为重点会更令人愉快，而不是两者等量使用。过于大胆的色彩会让一套服装更适合舞台而不是街头。

在色彩组合的对立面是单色方案，指用相同色彩的不同色彩强度。更多的零售商已经开始提供这种色彩选择。然而，单色还没有被零售商广泛采用。在一家商店里，可能需要去几个部门，才能把所有的单色服装都拼齐在一起。这一份额外的努力，将让你为你的顾客带来一套独特的服装，他们在其他地方都不会见到。你的专业知识会一次又一次地把他们拉回来。尝试所有的色相环，记下你最喜欢的组合。得到正确的色彩组合将需要不断实践，但一旦你掌握了，这将是一个非常宝贵的技能。

▌季节性色彩方案

当你搭配服装时，最好避免与节日相关的色彩组合。首先，这些色彩组合经常是老生常谈和过度使用，直到毫无疑问它们代表了所代表的季节。当你看到鲜艳的红色和绿色衣服时，你想到了什么节日？橘色和黑色的衣服呢？当你看到薰衣草色、黄色和粉色的组合时，脑海中浮现了什么样的画面？被零售主导的美国人可能会想到圣诞节、万圣节和复活节。购物者不太可能购买这些色彩组合的服装，尤其是红色搭配绿色、橙色搭配黑色。尽管将色彩组合与节日联系起来似乎是一种有趣的方法，但你的重点应该放在流行时尚上。否则，可能会把精力和宝贵的销售空间浪费在这些永远不会出售的服装上。

例外的情况是，如果你的公司采购了新奇的季节性商品，例如带有绿色圣诞树和红色装饰品的节日运动衫。在这种情况下，选择一个中性的下装，让这种图案的运动衫在搭配组合中成为主要角色。

按单品来搭配

布料的图案有各种形状和尺寸——从大的水牛格到格子花呢，再到小的人字形花呢。在一套服装中搭配不同图案的最简单方法，是将一个小图案与一个大图案结合起来。一般来说，两种图案的主色应该匹配。你可以将一条中条纹与一个小花卉图案混合，或者将小格子与一个大的抽象图形结合起来，前提是两种图案的主要配色方案是匹配的（图6.4）。

你可能听说过条纹和印花永远不能混在一起。视觉营销是为你的商店解释时尚趋势和创造一个时尚形象。如果设计师在混合图案，你当然也可以这样做。购物者会注意到你放在一起的物件——可能会选择购买你已经搭配好的或决定选择比你所搭配外观保守一些的造型。这是他们的选择。你的工作是创造吸引眼球、时尚前卫的视觉展示，顾客可以依此进行重新编辑。

正确　　　　　不正确

图6.4 注意这两个示例中大小图案的组合方式。两件衣服的主色调必须和谐，以达到协调一致的时尚外观。图片来源：仙童图书公司。

按品牌名称来搭配

许多时装上都绣有或印有著名的品牌名称。最好是每套服装只有一个品牌名称。考虑到前面提到的最终用途、制作工艺、风格和色彩的标准，汤米·希尔费格的T恤可能与巴塔哥尼亚（Patagonia）短裤更搭配。问题是，你是否应该在一套服装中同时展示所有这些品牌名称和标志？永远不要这样做。你不应该向那些依赖你引领时尚的购物者推销一个支离破碎的品牌认知。

按潮流来搭配

时尚潮流往往与你刚刚学到的指导方针背道而驰。你可能会认为，明亮的紫色和柔和的粉色不应该在一套服装中搭配，但在媒体上出现的一种潮流趋势，可能会引领这种搭配的使用。媒体驱动的时尚潮流经常打破规则，凌驾于公认的准则之上。

我们说过，最终用途不同的时尚产品永远不应该结合在一起，这是规则。这里却有一个例外：一种时尚潮流可能结合最终用途不同的单品，以实现一个创新的外观。某个季节的流行趋势可能是穿一件更考究的上衣，比如一件黑色安哥拉羊毛衫，上面有彩虹色的纽扣，再配上牛仔裤。前卫的时尚人士会把这种打扮称为"盛装上行"（dressing down）。一个比较保守的顾客可能会无视这种前卫的新潮流，把同一件毛衣和一条薄薄的绉纱裙搭配起来，在一家高级餐厅吃饭时穿上它，并称为"盛装上行"（dressing up）。这就是时尚的伟大之处。顾客可以随心所欲地购物。然而，如果流行趋势是毛衣和牛仔裤搭配，那么在商店里就应以这种方式呈现。

为搭配展示衣架穿衣

大多数零售店都投资购置了专门的衣架，将上衣和下装作为一个整体摆放在一起。衣架在功能上是作为人台模特的替代品，给它穿衣就像是给人穿衣一样。它可能是一个简单的扁平衣架或印有零售商名称的装饰性衣架，甚至可能包括一个模制的胸部或胸围形状。衣架可能有传统的钩子或定制的钩子（例如用铜线绕成的圈），可以很容易地挂在衣杆架正面。有些可能带有与商店的板条墙面、网格墙面或其他墙面系统兼容的挂钩。另外，用于搭配的展示衣架在正常腰围的地方会有一个延伸部件，可以固定一条横杆用于悬挂裤子，或带有一个夹子将裙子或短裤固定起来。不要使用库存的衣架来挂一套要搭配的衣服，因为下装的腰线会在上装肩线低3英寸（8厘米）的地方——这可不是什么时髦的造型！

展示衣架有时在墙面陈列中作为单独展示，也常作为瀑布陈列架和直臂陈列架的前端展示。展示衣架应该始终强调特定墙面或陈列架上服装的特色。事实上，这就是在衣架上搭配组合一套服装的全部目的——让购物者对这些服装搭配在一起呈现出的外观有一个概念。既然你能轻易地卖出两件或更多件，为什么还要只卖出一件呢？

第1步

从要放置展示衣架的陈列架中选择一套服装。仅使用陈列架上的物品。

在为搭配的套装选择物品时，不要添加实际上不会一起穿着的衣服。即使两种颜色的马球衫能使一套衣服更亮丽，顾客也不会同时购买两件马球衫。引起注意力的陈列品在商店橱窗或高壁架上很有效，但不适用于卖场的展示衣架上。

第2步

整理展示衣架。如果你要展示一条裤子，那就把它挂在衣架的裤子横杆上。如果你展示的是裙子或短裙，你可能希望把上衣掖进去，以便展示下装的腰围。如果有皮带襻，则添加皮带；皮带襻不应该空在那里。对你来说，向顾客展示一个完整的外观，并利用这个机会进行多次销售是非常重要的。

第3步

用专业的熨斗熨烫衣服，去除褶皱。展示的服装必须始终熨烫平整。按照蒸汽熨斗上的指示灌水并预热。把陈列衣架穿好，再放在熨斗台的挂钩上。

将熨斗轻轻地滑动到面料上。你也可

以把手伸进衣服内部，将蒸熨头拉到面料上。蒸汽会透过衣服向你袭来，你从织物后面施加的压力可能会帮助你获得更好的效果。对于顽固的褶皱，可以在蒸熨衣服的时候拉一下衣服的下摆，轻轻地拉扯布料（图6.5）。

蒸熨针织品时，把毛衣平放在毛巾上。在它们完全干之前不要挂起来。针织物，特别是那些用较重的纱线制成的针织物，如果你在衣架上彻底蒸透它们，它们会被拉扯得太大。在准备展示服装时，一定要小心不要损坏它们。

第4步

衣服蒸熨后，穿着在展示衣架上，然后放在陈列架的展示挂钩上，如果（陈列架）

图6.5 蒸熨衣服。注意如何轻轻地拉扯衣服的袖子，以获得最佳的蒸熨效果。图片来源：仙童图书公司。

工具箱6.2

安全注意！

所有蒸熨技术操作时都必须非常小心，蒸汽非常热。

没有挂钩，则挂在直臂架或瀑布架最前端。

搭配的信息资源

作为一个小商店的视觉营销员，大家可能会期望由你带头决定店里的时装应如何搭配。许多较小的专卖店依赖于向目标顾客传达独一无二的差异化时尚信息。如果你受雇于一家较大的零售商，你可能会收到来自公司的信息，详细说明时尚服饰产品应如何展示。这些来自总部的时尚声明是为了保持公司的品牌形象和销售形式在各个商店的统一。

无论你是在一家大型还是小型零售机构工作，你都应该增加对当前时尚趋势的认识。在开始研究之前，先确定商店的目标顾客。如果商店的顾客群是由35～55岁的高管级别男性组成，你的研究应该更关注这类顾客。如果你是一个有着蓝领背景的25岁女性，正在为买车而担心，那么这类研究应该是可行的。但如果你刚20岁出头，想的只是把时髦的服装穿在一起，你可能不得不把个人喜好放在一边，去了解雇主客户的需求，或者再找一家正在寻求帮助的时髦商店（作为雇主）。

时尚杂志和时尚小册子可能是最简单和最便宜的资源，因为你可以剪下或划出一些时尚想法、可能喜欢使用的灵感。许多报纸定期开设时尚专栏，报道国家和地方的流行趋势，或出版季节性的时尚杂志，如《纽如果你依靠当下的杂志和网站来指引时尚方向，你很快就会培养出时尚搭配设计师的眼光。来自顶级服装和配饰设计师的高端造型，将教会你那些即将进入大众市场的重要时尚趋势。

约时报》的周日版。时装秀将使你接触最新的时装和配饰潮流。当模特们走上T台时，注意鞋子、袜子或靴子的款式，通常很容易发现强烈的趋势，因为你会反复看到某些配饰风格——芭蕾舞平底鞋配及踝袜，束带高跟鞋配带图案的袜子等。你可以在网站如www.firstview.com以及www.fashionwindows.com上看到世界各地最新时装秀的片段。世界时尚频道（World Fashion Channel）和wfc.tv等都是国际、国内和本地时尚信息的丰富来源。流行的电影和电视剧经常引发时尚潮流。要了解未来的趋势、了解当今市场的动向，可以每天查看《每日女装》（Women's Wear Daily，wwd.com）。

人群观察，是收集时尚创意的另一种富有成效的方式。你所要做的就是根据你想观察的天然环境选择一个地点——夜总会、咖啡店、购物中心或任何一个人们聚集的地方。如果你想了解更多关于商务场合可接受着装的知识，可以去写字楼，在午餐时间观察来来往往的人们。如果你在一家销售青少年时装的商店工作，那些还在上高中的店员助理可能会给你提供一些想法。

当你进行时尚调研时，寻找那些穿着不寻常颜色、质地和面料组合的人。你可能会发现他们正在以新的方式穿着熟悉的服饰。你可能会看到一些想法，你可以添加自己的创意变形。记住重新组织你观察到的内容，使之适合你的客户。观察，比较，创新！

别忘了去看看竞争对手。西蒙·杜南在《橱窗着装设计师的自白》中建议："橱窗着装设计师不去仔细看竞争对手简直是疯了。为什么不直接找到源头？"杜南以一种开玩笑的方式直言不讳："剽窃在温暖而模糊的橱窗穿衣设计世界里是一种奉承。如果有人不辞辛劳地盗用我的橱窗想法，我觉得这是极大的恭维。"他补充说："别人的橱窗也可能是反面教材的主要来源，比如'如果我那样做，杀死我算了！'"他的观点你认同吗？观察，比较，创新！

潮流趋势既简单又复杂，简单如一件物品，复杂如其他任何事情。最近，潮流趋势似乎更适用"复杂"的说法。个体习惯于跟随某种潮流趋势购买，以获得认可、认知或融入大众当中。如今，消费者对自己更有信心——潮流趋势仍然很重要，但应在潮流趋势中加入个人因素，使其成为自己的潮流。

我到处寻找未来的趋势：书籍、杂志、电影、艺术展览、聚会。今天的趋势似乎更加明朗和迅速——多亏了众多的沟通渠道。我敢说，一个人是不可能都跟上或参与我们今天所有这些趋势的。但好的消息是：即使某些趋势不一定是当下的潮流，它依然可以（而且应该）成为你个人风格的一部分。

第六章 回顾问题

1. 说出本章讨论的搭配时装的三种方法。在你最喜欢的零售店找到并列举出每种方法的一个案例。

2. 什么是展示衣架？如何利用它们营销商品？给展示衣架穿衣的步骤是什么？

3. 除了本书中给出的例子外，你还可以使用哪些互联网资源来帮助你进行时尚搭配？你所在的大学、学院或商业场所是否订购了这些资源？

挑战——跳出条条框框

在社交聚会场所进行的潮流逛店

观察

去你最喜欢的地方进行人群观察：咖啡馆、购物中心或机场。找三个穿着看起来不合适的人，用草图记下其服装。

比较

将草图与本章指南进行比较，按最终用途、制作工艺、风格和色彩为其搭配服装。

创新

在你的草图上添加注释，描述你将如何为服装搭配添加新的变化。

批判性思维

活动1：时尚搭配活动

你有一个新的职位面试，是大都市地区的奢侈品商店视觉营销员。你已经成功地完成了几乎所有的面试，而你的最后一项任务，是向零售商的男装销售团队负责人展示一个热门的新形象。公司要求你通过陈列最新的高档男装来面试这个职位。虽然你可以从不同的公司借用一些想法，但你的设计必须反映出这是你自己的作品。

公司男装销售团队的负责人是《无声胜有声》这本书的忠实粉丝。因此在展示最终造型时，你应该要展现本章中的创意。

1. 通过搜索杂志、时尚资源（如 WGSN、fashion Snoops）和互联网上的其他资源，以及访问各种商店，寻找热门趋势。

2. 将你的男装造型用视觉表现手法呈现出来，写下主题、你的愿景，以及这张图是如何遵循本书章节中的信息的。

3. 与全班同学和你的导师分享你的发现。

活动2：时装搭配信息资源

1. 去互联网、图书馆或书店，看看 WGSN 和 fashion

Snoops等时尚资源。为以下每个客户群选择一个你认为最好的时装搭配信息资源：

- 千禧一代
- X一代
- Y一代
- 婴儿潮一代

2. 摘录、打印或扫描你的信息资源，并将其带到课堂上。

3. 捍卫你的选择，并详述为什么你认为这些信息资源是优秀的。

活动3：你自己的时装搭配拼贴——一种自我反思的时尚评论

如果你曾经看过杂志上的时尚评论，想知道为什么摄影造型师或服装搭配师会用这些特定的衣服和饰品来做时尚宣言，机会来了——你可以开始成为自己的服装搭配师。

1. 创建一个时装拼贴的项目，把你想放到一起的物品放上去。你可以使用杂志、照片、目录或互联网打印件；但是，要确保每个时尚外观从头到脚都是协调的，你自己会穿上它，并且你觉得这是正确的趋势。每个外观应与以下最终用途之一相关：

- 适合工作场景的专业造型
- 适合校园的造型
- 作为观众的运动装造型
- 活跃的运动装造型（参加运动）
- 聚会造型
- 衣着考究或优雅的造型
- 潮流造型

2. 对于每一套新衣服，请选择：

- 上衣
- 下装
- 一双鞋
- 一个手提包、公文包或另一个合适的包
- 一对耳环或其他珠宝

- 其他合适的配饰，如帽子、手表等

注意：如果你选择了一件连衣裙或西装，请选择一件可搭配的夹克、毛衣或衬衫，以营造层次感。

3. 把你的身体加入拼贴中。在一张A4纸上拼贴每幅作品。为你呈现的外观添加标签，解释为什么你要把这些元素组合在一起，使得服装适合每一种最终用途。注意：如果选择的不同物件之间不成比例，不要惊慌。这样做的目的是配合独特的时尚造型。

4. 向全班展示你的拼贴集，并将你的解释与同学的解释进行比较。

5. 老师和同学对你选择的内容给出反馈。

6. 每个同学都应该相互比较这些搭配。所有的搭配有什么相似之处？有什么不同？

7. 关于时尚的一般情况，以及营销人员在确定时尚外观时所遇到的困难方面，这个练习告诉了你什么？

案例研究

展示时尚趋势的研讨会

视觉营销人员经常培训销售人员，以便让他们在卖场工作中有效展示当季的时尚趋势。在某些情况下，这种培训有助于员工更清楚地理解商店的时装形象信息，以便在一对一的销售展示中向购物者表达。在许多情况下，卖场上的众多商品展示实际上都是由店员完成的，或者至少是由视觉营销设计师陈列后由他们来维护的。

这个练习可以是一对一的，也可以是小组的。无论哪种方式都需要事先计划。创建团队方法是一个必要的技能。创建团队并与他们有效合作，对你的职业发展非常重要。

你的挑战

和全班同学组织一个时尚趋势研讨会，将第六章的元素结合在一起。有时候，视觉营销设计师会被要求在店里做这样一项任务。要展示的"商品"将来自你和你同学的衣柜。

第1步

- 选择服装所代表的性别。
- 为服装选择一个将要展示的时尚季节——春季、秋季、假日或游轮/度假村季。

你可以把这个项目计划为一组大团队，选择一个季节；或者你可以选择完成所有四个季节，分成四组小团队。分组越多，能体验到更多的搭配和展示技巧。

在这种安排下，不是每一个人都必须提供一件物品才能参加。如果你想要四个以上的团队，你可以在遵循下一章提到的标准指导方针之下，添加一个年代主题（20世纪50年代）或者一个书籍/电影主题。

第2步

- 选择一个按季节性分类的最终用途主题（例如假日的晚装），接着选择制作工艺主题（如闪亮面料），接着选择风格主题（例如派对短裙），再选择色彩主题（例如亮色），最后是潮流主题（例如不对称的裙摆）。一旦你确定了这些原则，你就可以集思广益，看看每个人都能为不同的展示主题做出哪些贡献。
- 想象一下，你正在为挂在墙面展示或者陈列架上的展示衣架做服装搭配。如果教室里没有展示衣架，就用普通衣架即兴创作一个吧。展示一个穿得整整齐齐的衣架，比把衣服披在胳膊上或放在一个平桌面上展示，更具视觉效果。
- 规划应包括可选的几件上装搭配一件或两件下装——这是通常的搭配组合比率——如果你是在展示单品的话。记住，你应该展示足够多的商品，以形成一个衣柜胶囊，让购物者在一次购物之旅中得到多件服装的选择，努力鼓励多件销售。甚至派对服装也可以配上优雅的披肩、考究的晚礼服和披风，再加上鞋子、袜子、晚装包和珠宝。

第3步

选择一个完整的饰品搭配，以增强你的展示。即便像凉鞋和太阳镜这样的东西，不大适合挂在衣架上，你也应该展示搭配模特时你使用的所有东西。这样可以教会销售人员一些有价值的交叉销售技巧，并传达一个完整的时尚宣言，使商店的形象保持一致。

第4步

- 一旦你的团队完成了计划，则与其他团队碰面，设计一份评估表，供所有人的展示使用。
- 为此次展示确定重要的评价标准，并准备评估表格。你可以选择使用一个量化表格，对展示的各个方面进行评分，从0（展示中完全缺少元素）到5（各个方面都是典范的展示）。然后，当每个团队展示时，其他团队可以对其展示进行评分并提供反馈。你可以给展示者从以下方面打分：是否有效地处理季节性主题；他们在最终用途、风格、制作工艺和色彩方面的完成程度；他们是如何搭配饰品的，等等。

第5步

- 把所有的服装和服饰品放在一起（干净、熨烫过的、挂在衣架上的"套装"）准备展示。
- 准备好使用当前的流行术语和趋势信息描述服装和服饰品。学习正确的面料名称和使用保养说明，这对销售人员特别有用。这些信息（以及任何你能告诉他们的、关于制造商和当前时尚趋势的信息）很适合视觉营销人员在培训课程中了解和分享。
- 描述你计划如何在销售部门展示这些挂在陈列装置前端的商品。

第6步

使用评估表，安排一个五分钟的演讲，然后建设性地反馈意见，讨论搭配工作的有效性以及展示的优势。同行的反馈很有价值。你可能不同意你所听到的，但你可以从中吸取教训。

第七章　家居时尚展示

家居时尚商店

曾经，家居时尚只指墙面装饰物、墙漆、窗饰和家具。如今，设计精良的家居产品源源不断地涌入，从厨房的锅碗瓢盆、胡椒磨到卧室的床上用品和毛毯，应有尽有。购物者热衷于他们生活中的所有饰物，而不仅仅是他们的穿着。威廉·姆斯索诺马公司（www.williamsonomainc.com）说得很好："人们爱他们的家。他们形成了终生的记忆，并与他们展开生活的房间建立了牢不可破的联系。"

今天，时尚甚至触及在传统上不起眼的家务用品，如橡胶手套、扫帚和水桶。参观任何一家家居店或折扣店，你会看到成百上千有着流行色和最新的人体工学设计的基本款家居用品。此外，在专业礼品店中你会发现常用的家居用品并不罕见——这些家居用品都有搭配的主题和当前流行的色彩。打开有线电视，你会发现多个频道致力于推送家庭、花园和生活方式的内容。像宜家这样的零售商是民主设计的倡导者，就如宜家（IKEA）网站所推广的："我们认为质量和设计应该让大众都可以负担得起……使用'民主设计'的五个要素——形式、功能、质量、可持续性和低价。因此，我们并不是跳出框框思考，而是摆脱了框框。"

人们对于如何让自己的日常生活方方面面都更舒适非常感兴趣——尤其是宝贵的空闲时间。这包括用好看的、有用的、功能性的家居产品和装饰品来包围自己。因此，家居产品在数量和种类上的销售都有所扩大，专门销售时尚家居产品的专卖店数量也在不断增长。对专门经营时尚家居装饰产品的知名零售商的样本调研，包括以下：

> "一个空间，不应该让你的眼睛只停留在一个地方。它应该对你微笑，创造幻想。"
> 胡安·蒙托亚（Juan Montoya），室内设计师

> "家。去那里，留在那里，在那里娱乐。设计师们，接着很快世界上的其他人，将发现自我表达不仅仅在于他们穿什么，而突然地——很有可能从现在起——在于他们穿着时所在的地方，以及当他们到达那里的时候在做什么。"
> 彼得·格伦（Peter Glen），《彼得·格伦的十年》

完成本章后，你应该能够：

- 识别不同类型的时尚家居商店
- 识别几种风格的时尚家居商店入口
- 根据最终用途、制作工艺、风格和色彩搭配时尚家居
- 创建桌台和墙面陈列展示
- 识别信息资源以扩展对当前家居时尚趋势的了解

图7.0　RH（Restoration Hardware），位于自然历史博物馆的画廊。RH波士顿旗舰店以优雅的展厅为特色，其雄伟的1863年的建筑，最初是新英格兰自然历史博物馆的所在地。图片来源：凯瑟琳·巴纳德（Kathryn Barnard）。

- 百货公司——布卢明达尔斯（Bloomingdales）百货、梅西百货、利伯蒂（Liberty）百货、诺德斯特姆百货。
- 专卖店——Crate&Barrel、无印良品（Muji）、1号码头（Pier 1）、Pottery Barn、Room & Board、RH（Restoration Hardware）、West Elm、Williams-Sonoma。
- 折扣店——宜家、Bed Bath&Beyond、塔吉特、沃尔玛。
- 奥特莱斯店——Pottery Barn 奥特莱斯、RH 奥特莱斯。

商店入口

从进入该领域的竞争对手名单中，你可以看到差异化是将家居时尚商店作为一个品牌实体定位的主要因素。对于实体零售业，差异化从入口处就开始了。商店或商品部门的入口为家居时尚零售商提供了第一个创意的机会。

过去，家居专卖店的入口大约有16英尺（5米）宽，门的两侧都有一个标准的平板玻璃橱窗。在图7.1中，苹果商店有一个30英尺（9米）见方的玻璃立方体入口，这是零售业建筑设计的真正原创。透明的入口让人好奇，并欢迎购物者进入内部。在他们接触到地下商店的商品之前，开放的空间会为即将到来的产品建立视觉预期。在像安德烈·杜曼（Andrei Duman）画廊这样的商店里，更大的空间是必要的，以便让戏剧性的照片呼吸以及可以从远处看到。请留意，白

图7.1 一个30英尺（9米）见方的玻璃立方体形成了历史上令人难忘和独特的家居科技商店入口。苹果商店，第五大道，纽约。图片来源：Tim Clayton/Corbis，盖蒂图片社。

图7.2 宽敞的空间和巧妙修剪的树木吸引购物者体验大自然般的环境。安德烈·杜曼画廊，位于洛杉矶托潘加（Topanga）购物中心的韦斯特菲尔德村（Westfield Village）。图片来源：蒂玛·贝尔（Tima Bell）。

色切出的树木为以自然为主题的艺术创造出了一个合适的自然环境（图7.2）。

视觉设计师们将一个标志性的陈列装置直接放置在商店入口处，他们相信顾客看到的第一件商品会被印在他们的记忆中，随后会被唤醒。虽然设计师需要销售商品，但他们也希望做出时尚形象或价值陈述。这个策略是为了吸引购物者来到陈列装置前更仔细地查看特色产品。购物者可能不会立即选择他们的产品，但他们会将这些信息归档，以便在进入商店的过程中与特色类别中的其他商品进行比较（图7.3）。

图7.3 一组光滑的金属竖板引领人们进入一个充满艺术版画、书籍和礼物的幻想世界。洛杉矶的布洛德博物馆（The Broad）零售店。图片来源：Ryan Gobuty/Gensler。

商店布局

中等价位或打折的商店（如Bed Bath & Beyond、沃尔玛和塔吉特）以及其他大卖场如百思买（Best Buy）的商店布局通常结合了网格和环形赛道布局。

环形赛道布局可以引导客流经过独立的商品部门，在这些部门中，陈列装置以网格模式排列。这种布局模式适用于长度在8~24英尺（2.4~7.3米）或以上的框型敞开陈列装置（图7.4）。现在看图7.5，可以看到南非一家高档百货公司沃尔沃斯（Woolworth）的陈列装置，沿着后墙排列开的简单网格布局。高档专卖店通常采用自由流动的布局。再看图7.3，位于洛杉矶市中心的布洛德博物馆，自由流动的布局把客流引向礼品店里。

地面陈列装置

在家居时尚商店或商品部门最常用的地面陈列装置是**高低架**和桌子。这些装置被归类为功能装置（见第四章），因为它们具有"店首"功能——用来显示最新的家居时尚趋势。已故的零售顾问彼得·格伦称这些"店首"功能为"标点符号"。

你可以从陈列装置制造商目录册中购买各种尺寸和形状的高低架装置。包括有机玻璃或聚碳酸酯高低架管，立方体形、塔形、圆形和矩形，有透明、不透明的，白色、黑色或彩色饰面的。常见的矩形尺寸为11英寸×11英寸×24英寸（28厘米×28厘米×61厘米）、11英寸×11英寸×30英寸（28厘米×28厘米×76厘米）和11英寸×11英寸×36英寸（28厘米×28厘米×91厘米），这些尺寸为服装展示提供了良好的基础，可以实现令人赏心悦目的陈列高度变化。

木质展示立方体或矩形高低架通常具有层压表面，以确保耐久性和易于维护。白色层压板饰面最受欢迎，但也可以定制饰面，从黑白照片到最新流行的彩色印刷品和图案，应有尽有。

你还可以找到不同直径、高度的圆形立柱和基座的高低架，由各种材料制成，从人造（假）大理石到光滑石膏。就造型而言，你可以订购希腊柱式或未来主义基座式，以及介于两者之间的任何造型。因为你要三个或两个为一组地使用它们，所以你需要不同高度的搭配组合。总的来说，它们必须与桌面的平均大小或比例，所以要确保每一个底座不会占用太多的陈列台的宝贵表面空间。

高低架越是基本款或中性款，在处理各种商品主题时就越有效。大多数视觉陈列部门的高低架系列都是从中性或不起眼的高低架开始的，这些高低架将与各种各样的商品结合在一起，从而建立展示空间。

桌台也可通过陈列设备制造商获得。它们可以用金属、木材、MDF（中密度纤维板）或任何其他材料制成。它们的形状变化是无穷无尽，可以是弯曲的、笔直的、正方形或圆形的。桌台在零售商店中被广泛使用，陈列设备制造商也强调它们对于有效展示的重要性。这归因于众多创新设计的可用性，包括木制框架和帆布织带桌子，以及其他带有大自然元素的桌子，如把树叶、草药、干花压制在丙烯酸或玻璃层中间。

桌台可以与高低架搭配，以增加展示的高度，创建从远处观看的视觉效果。家居品牌Williams-Sonoma在它的地面陈列组合中，把各种自然颜色的木制案板桌与白色的高低架结合在一起。桌台也经常是2到5张嵌套为一组。再次参考图7.3，观察布洛德博物馆在商店入口处的桌台组合。

> **高低架（risers）**是用来抬高商品的任何展示单元，使陈列整体呈现视觉趣味和多样性。

图7.4 围绕中心标识陈列台的环形赛道布局和网格布局陈列装置。百思买，宾夕法尼亚州北法耶特。图片来源：凯文·洛伦兹（Kevin Lorenzi）/彭博社，盖蒂图片社。

图7.5 南非的沃尔沃斯，陈列装置采用网格布局。图片来源：朱特·格德曼（Chute Gerdeman）。

专卖店经常用篮子和陈列架组合来展示更小的东西，比如巧妙卷起的手巾、家庭用品小物件和餐巾纸环。篮子可以为一个陈列组合增加特别的质感和家庭般的温暖，软化硬边桌子的外观。它们还可以给一个桌子组合一种非正式的户外市场的感觉。篮子可以放在桌子或台座顶部，或放在桌子下面并向前拉出一些，以利用桌子腿之间的开放空间。一个很好的放篮子的经验法则是：任何时候，你只能在一个篮子里放三到四个相同的东西。如果物品太大了，则不能放在篮子里。

图7.6 一组立方柜堆放在一起进行营销推广，将这个建筑柱子变成富有成效的销售空间。图片来源：伊莲·温克尔艺术。

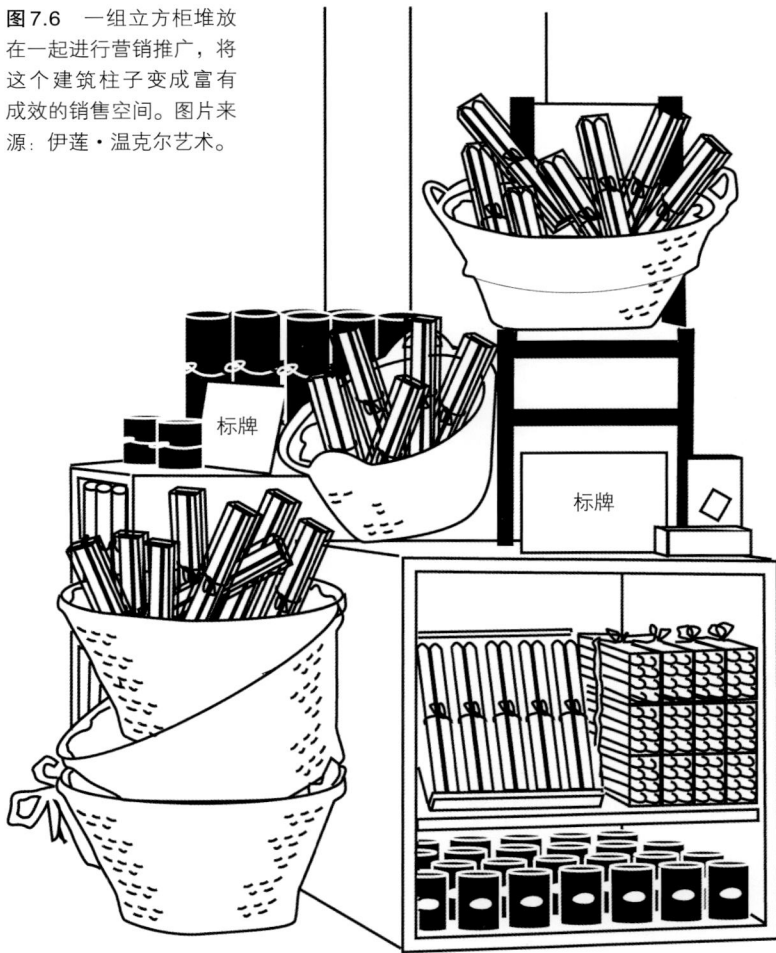

地面容量陈列装置

在中等价位或折扣商店中使用的容量陈列装置（见第四章）包括基本款的框型柜。它可以是隔板架式的，或者是钉起来的柜子。你可以定制高档的外观，例如彩色的或压层质感的。

另一种提升框型柜外观的方法是使用纯色或带图案的彩色纸张覆盖柜子的背板。最好是定制打印的纸张，以便将其合适地装入框型柜中。尤其是一些产品如灯具等无法填满整个货架空间时，这种技术很有用，否则会露出钉板面板平淡单调的背景。纸张可以很容易地更换，以配合不断变化的产品颜色。如果钉板孔需要方便地悬挂产品，可提供带有预穿孔的面板，这些孔可以很容易地留出以插入挂钩。

百货公司、专卖店和一些中等价位的家庭商店会使用定制的容量陈列装置。如果这些陈列装置安装有脚轮，可以永久性放置，也可以移动放置。如有必要，脚轮可以方便地将陈列装置移动到另一个位置。有的陈列装置被认为是永久性的，因为它们在不拆卸的情况下无法移动。

立方柜组合可以兼作特色陈列装置或容量陈列装置，这取决于它们的大小、高度以及它们在销售部门的使用方式。它们通常以奇数分组，不应单独使用，因为它们的有效性就来自大量的展示。大多数立方柜都有可调整和可移动的架子，这使它们成为多功能的展示工具。它们很容易安装在建筑柱子的周围，可以将通常失去的销售空间转化为有利可图的立体空间。立方柜可以堆叠起来，创建快速的墙体处理方法。图7.6可以看到一组立方柜如何有效地营销推广，把它变为自助的陈列装置，并同时成为本部门的一个焦点。

家具和发现的陈列装置

在一些时尚家居商店或部门里，地面陈列装置都是家具类的，这是合情合理的，比如搁物架、门柜、架子橱柜和桌子。搁物架是开放式的隔板架子，门柜是指带门的隔板柜（有些柜内还有抽屉）。架子橱柜的上方有隔物架，门或抽屉则在餐具边柜的下方。所有这些都是展示家居时尚产品很自然的选择。事实上，有些橱柜本来就是为了展示家居时尚产品的，因为早期的家居设计不包括我们今天习以为常的内置壁橱和橱柜。图7.7显示了各种类型的柜子。

每次纽约之旅，ABC Carpet & Home都是一家值得一游的商店。这个多层次的家居商店是视觉营销人的梦想之境，那里有你创造舞台布景进行营销展示所需的一切。古色古香的床和搁物架都铺着最好的床单和羽绒被，层层叠叠放着柔软的平纹毛毯，高高地堆着用纯棉、丝绸和亚麻布制成的豪华枕头。色彩丰富的窗帘从天花板上垂下，整场展示宛如被奢华的郝薇香小姐风格（Miss Havisham-style）水晶吊灯笼罩上皇室氛围，完全超出了人们的期望值。ABC的哲学是什么？即所有东西都是可出售的，家具变成了陈列装置，反之亦然（图7.8）。

纽约的另一家必看店是Fishs Eddy，它将收集来的物品如破旧的桌子、木质包装箱和箱子用作展示装置（参见www.FishsEddy.com）。该店运用复古的开放市场展示风格，将商品置于整个零售环境的中心（图7.9）。

威尔士餐具边柜

搁物架

门柜

图7.7 威尔士餐具边柜、门柜和搁物架等家具将视觉兴趣集中在特别的产品上，增加额外的销售空间，同时塑造了商店形象和氛围。图片来源：伊莲·温克尔艺术。

图7.8 ABC Carpet & Home是纽约的一家多层家居商店，里面的展品看起来像来源于童话故事。图片来源：ABC Carpet & Home。

图7.9　纽约市的Fishs Eddy里放满了用作陈列装置的陈列台。图片来源：朱迪·贝尔。

墙面陈列装置

折扣店和中等价位的商店经常使用框型货架作为独立的陈列装置，也利用它们作为时尚家居部门的内墙。战略性地使用墙上区的平面图形和展示是非常重要的，可以吸引客户经过众多的框型货架到达后墙区。在《顾客为什么购买》一书中，帕科·昂德希尔描述了他所说的"回头率"，它用来衡量购物者没有走完一条购物通道（从一头走到另一头）的次数。"它（回头率）是指购物者从一条过道开始，选购了某样东西，然后转过身来，沿着她或他自己的足迹往回走，而不是继续前进的次数。"

书柜和搁物架是两种常见于专卖店和百货商店的墙面陈列装置。Pottery Barn采用了带有装饰性檐口的更高档的书柜效果，给商店一个强烈的家庭感觉，而Crate&Barrel却是用最简单的白色或天然木纹开放式货架来实现效果。每种陈列装置策略都适合商店的品牌认知，强化了其室内设计的方方面面。

商品陈列

家居时尚产品的分类，与在商品部门销售时尚服装的方式完全相同，按最终用途、制作工艺、风格和色彩来进行。让我们假设你正在为一个想象中的桌面用品部门绘制一个地面陈列装置平面图，这个部门销售一些用餐场合陈列物及小件瓷器、陶器和塑料餐具。

以下步骤，列出了为陈列装置分配商品分类的过程：

1. 按最终用途分类：高级餐饮、休闲餐饮和户外餐饮（或野餐）。

2. 按制作工艺将每个类别分类：例如，将野餐用具分为塑料制品和金属制品。

3. 按样式对物品进行排序：例如，如果塑料板有方形和圆形两种样式，则必须将这两种样式分开。

4. 把样式按色彩分类：每次陈列只选择一个色彩组。记住，服装章节中的色彩规则同样适用于时尚家居。例如，如果你展示的是明亮调的野餐用具，你可以把一束鲜艳的花塞进一个野餐篮子里。然而，以精致的粉色花环为特色的餐具图案则需要粉色花卉来搭配陈列。在所有色彩组中，始终将亮色调与亮色调、粉色调与粉色调一起使用。中性色调可以单独使用，也可以与其他任何一组色彩结合使用。

5. 在营销计划图上添加标签并加入相应的陈列布局。数码照片也可以作为有效的平面图。

▊ 墙面陈列的成功展示策略

参考图7.10～图7.13，看看沃尔沃斯家居用品部门使用的以下七种成功的墙面营销策略示例。

• 使用大幅的平面图形和简单的展示来创造戏剧性的焦点。

• 在墙面展示中使用"图书馆式风格"来陈列床上用品，折叠好的床单一部分正面朝外，一部分侧脊朝外。

• 所有的搁物架空间都填充满产品。通过完全填满货架或将货架移近来减少空间浪费。

• 排列可以固定用挂钩的物品，使每个产品的顶部排成一条直线。

• 将用固定挂钩的产品放在最上方，搁物架的产品放下方。

• 将较小的物品放在顶部，将中等大小的物品放在中间的货架上，较大的物品放置在底部货架上。

图7.10（左图）
南非沃尔沃斯家居用品部门活力十足的墙面陈列。图片来源：朱特·格德曼。

图7.11（右图）
沃尔沃斯家居用品部的一个中央陈列区，便于消费者购买。图片来源：朱特·格德曼。

图7.12（左图）
沃尔沃斯的洗浴用品部。
图片来源：朱特·格德曼。

图7.13（右图）
沃尔沃斯的床上用品部。
图片来源：朱特·格德曼。

• 对视觉水平线和货架顶部的展示，通过重复等艺术手法得到加强。另一个重要的艺术手法策略是——每段墙面只有一组色彩——这对于任何零售店都是一个重要的陈列展示工具。

■ 基本的墙面陈列平面图

即使你目前没有在一家时尚家居店工作，你也可以训练你的眼睛，以批判性地评估你在社区中参观时尚家居店时所看到的东西。唯一的要求，是拥有对图7.14～图7.18所示的五个基本墙面平面图所展示基本元素的感觉。如果你遵循他们提供的一些简单指令，并在商店中复制其中任何一个，你的陈列展示将符合当前的行业标准。你现在就可以开始练习了。在下面的平面图中，你可以找到几种上文列出的关键墙面陈列展示策略？

本章中的平面图代表了当前来自时尚家居领导者的最佳实践范例。如果一家公司还没有规定你如何销售和展示它的墙面，你会发现它们很有用。许多领先的公司已经创造了墙面陈列展示装置的标志性式样，他们通常提供包含特定指南的样式手册，供员工在销售商店里遵循。如果你在这样一家公司工作，你就应该遵循它的指导方针。你还必须尊重这样一个事实：式样手册是一种专有出版物，这意味着它是公司的财产，而不能与竞争对手的商店分享。

时尚家居展示技术

时尚家居产品，如小家电、炊具、餐具、玻璃器皿、灯具、画框、花瓶、桌布和蜡烛，可以使用传统的组合技术和基本设计原则来展示。

■ 自选式陈列

根据购物者喜欢挑选和查看待售物品的理念，这些物品的许多陈列都是自选展示（自助服务），这样客户就可以直接从陈列架上选择要购买的物品。零售商使用柜台和

图7.14 展示晚餐餐具和其他器皿的12英尺（3.7米）墙面陈列平面图。图片来源：伊莲·温克尔艺术。

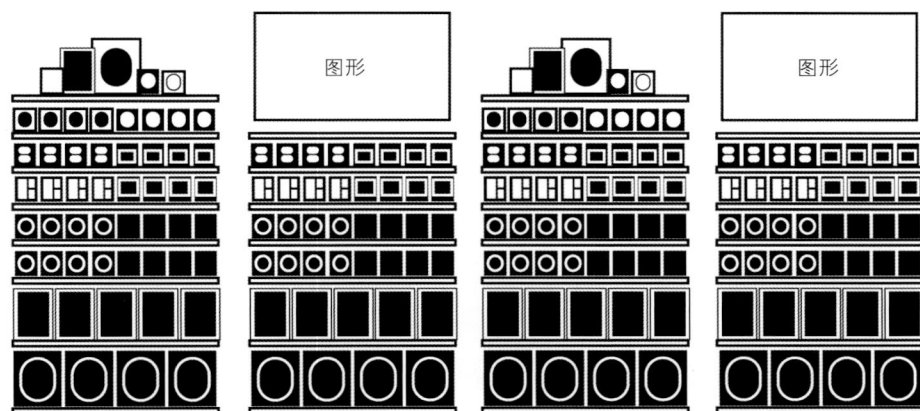

图形 图形

图7.15 展示画框的16英尺（4.9米）墙面陈列平面图。图片来源：伊莲·温克尔艺术。

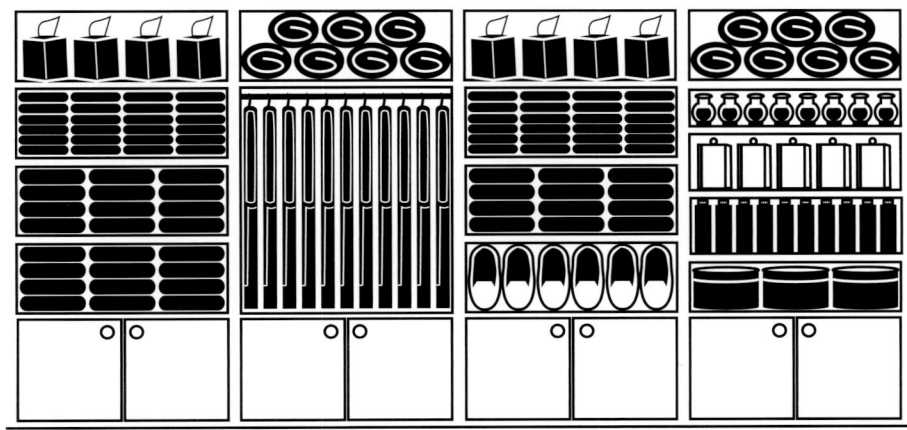

图7.16 展示毛巾和沐浴产品的16英尺（4.9米）墙面陈列平面图。图片来源：伊莲·温克尔艺术。

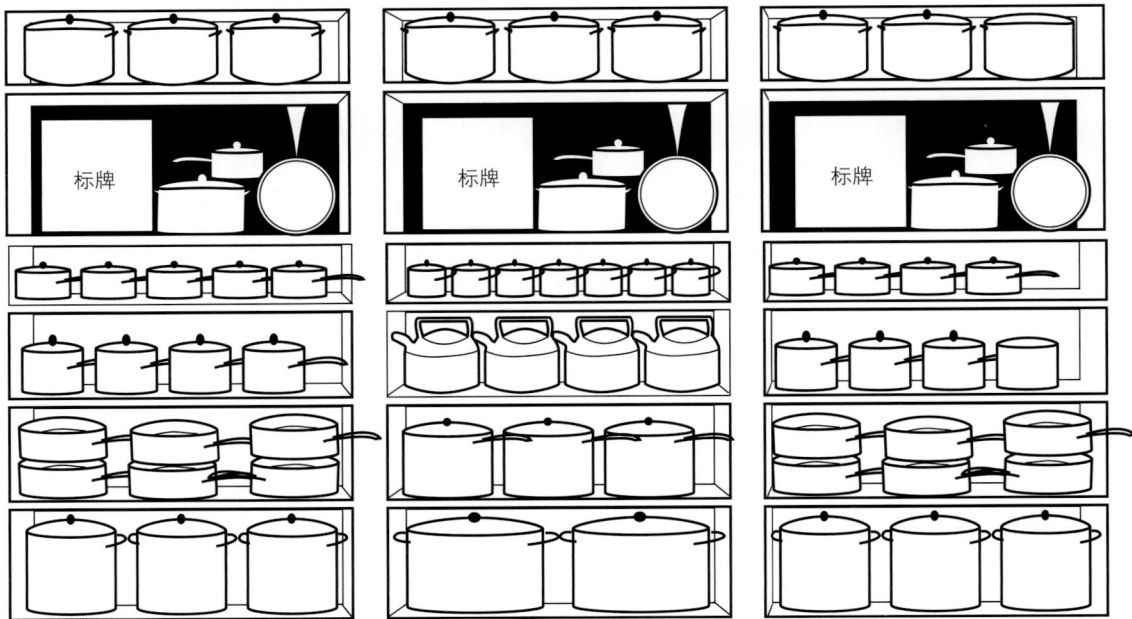

图7.17 展示厨具的12英尺（3.7米）墙面陈列平面图。图片来源：伊莲·温克尔艺术。

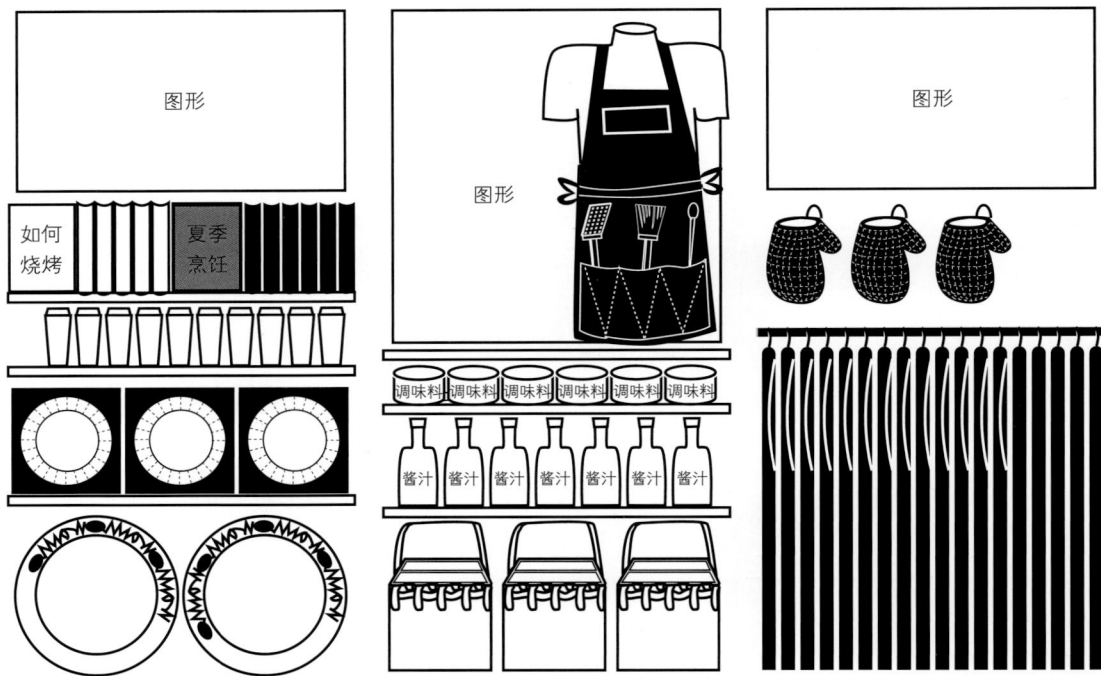

图7.18 以夏季烧烤为主题的12英尺（3.7米）墙面陈列平面图。图片来源：伊莲·温克尔艺术。

桌面结合的方法将大量的可购买商品进行陈列，其中一些商品装在盒子里，随时可以出售。由于鼓励购物者在这些陈列品上挑选产品，每天保养是必须的。视觉营销员和销售助理必须小心残品、灰尘和指纹。这些都不利于进行销售。

■ 店首空间

通过组合几个大型的销售装置，如搁物架、高架、装饰桌、立方柜（有或没有搁板的）、梳妆台、桌子和椅子，你可以在商店里创建落地式室内橱窗，告诉购物者一些他们家中可以有的装饰性和功能性家居搭配的商品故事。

主要的店首陈列可以建立在一个平台上，把它和其他陈列分开，作为一个特别关注区域。一组大型陈列展示的家具或销售装置可以放置在一块大面积的地毯上，以确定其边界。在任何一种情况下，标牌和特殊照明都应该是合适的。在可能的情况下，这些店首陈列应该在两边展示，向进出该区域的人呈现想法和销售产品。

■ 桌面和展示架的基本展示结构

几乎所有时尚家居区的展示搭建都是以三角形为基本形。在此基础上，你可以创建具有高度变化、光学平衡和视觉趣味的有效桌台和展示架。当你收集产品展示其特点时，应选择奇数的产品个数（3个或5个的最有效）。如图7.19所示，展示搭建是一个逐步的过程。另外，请参考图7.20，看看戏剧性的桌面陈列。

寻找展示道具的第一个地方是你工作的部门，然后是任何在逻辑上相邻的地方。时尚家居产品很自然地既适合用于销售也适合用作道具。例如，用擀面杖作为大理石糕点板和食谱陈列的道具，使用野餐篮作为休闲餐具陈列的道具。

这里有一打的最佳实践案例，可管理时尚家居展示搭建。一旦你学习了，就会明白其中的逻辑。一旦你使用它们，就会以成倍的利润销售商品。

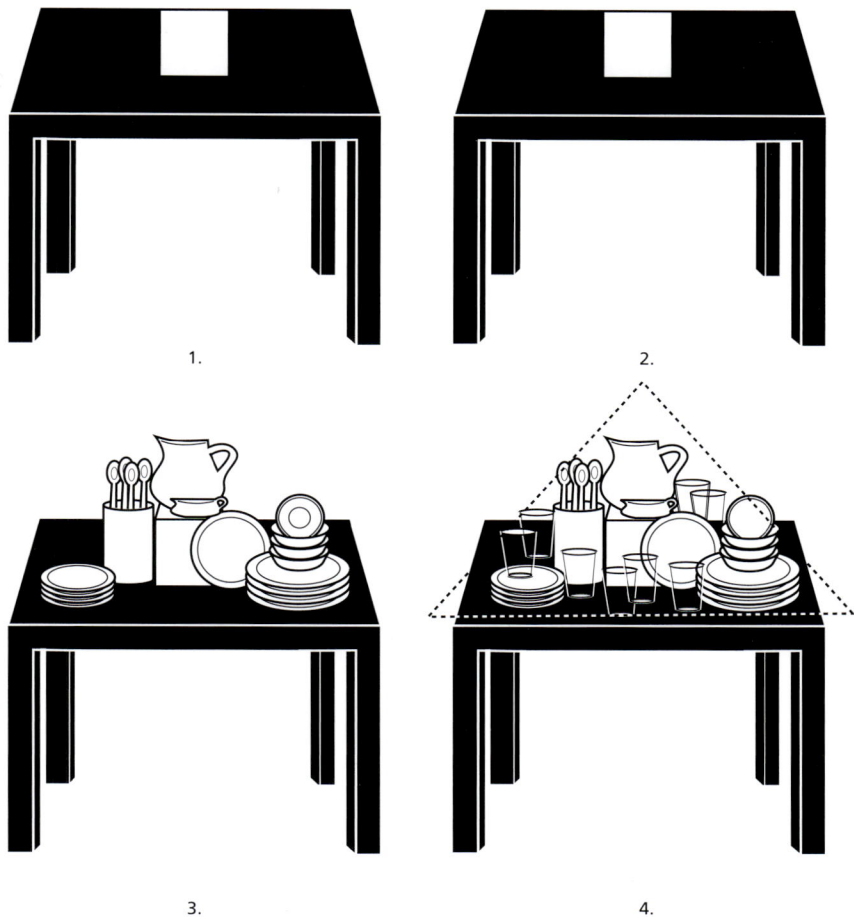

1.   2.

3.   4.

图 7.19 三角形构图增加了高度、焦点和视觉趣味，将吸引购物者购买时尚家居产品。图片来源：伊莲·温克尔艺术。

图 7.20 采用一种色彩和"金字塔"模型，戏剧性地展示餐具。图片来源：朱迪·贝尔。

时尚家居陈列展示指南

以下是一些有效的家居时尚陈列展示指南：

- 如果待售商品也能作为道具使用，不要使用其他道具。
- 每个桌面或展示架仅使用一个制造商或品牌的产品；所有搭配物品的使用，都应该是为你所选定的样式而设计的。例如，为米卡萨（Mikasa）餐具搭配玻璃器皿和银器，只有米卡萨的所有可能产品都用尽之后，才可以使用其他制造商的产品。
- 只使用一个主题。例如：亚洲餐饮。
- 如果一件商品有开口，就在上面或里面放另一件商品。例如：
- 将长柄餐具放入水杯
- 将饼干刀和擀面杖放入玻璃杯
- 将折叠或卷好的餐巾纸放入玻璃杯
- 将鲜花、筷子或风车放入花瓶
- 将小碗放在大碗里
- 将餐巾、锅架和垫子放入盆中
- 将桌布、浴巾、肥皂、蜡烛、鲜花、相框、书籍、文具和香料放入篮子
- 遵守有节制地装满容器的规则。不要把所有东西都填满。每个桌面有两到三个巧妙的"填满"就足够了。隔板架陈列只填满一个。
- 请记住，进入该区域的购物者看到的桌面展示背面，是那些离开该区域的购物者看到的正面。在一个4英尺×4英尺（1.2米×1.2米）的桌面上，将你的高低架居中放置，镜像对称地两侧陈列。陈列那些可以从两个方向看到的商品。
- 大量的商品暗示着富足和慷慨，这正是主

人和女主人想要向拜访他们家里的客人所传递的感受。你如果希望购物者成倍地购买，陈列商品越多越好。

- 在桌子上从前到后排列多行商品。在你的布置中使用重复的原则。
- 在小表面（如底座和高低架）上将所有的产品都以相同的角度展示。将搁物架上的展示产品朝前摆放。
- 数量有限的库存产品和纸箱中的产品（如果有吸引人的图案）可以存放在嵌套的桌子下。纸箱应整齐地平行堆放，标识图形均朝前。小物件可以放在有吸引力的洗衣篮大小的篮子里。纸箱和篮子不应遮住平台边缘或桌腿。
- 如果桌面没有很好地陈列，不要将任何产品放在这个桌子下面。
- 密切注意是否有售空和需要补充或重新配置的产品。购物者通常经过半空的货架。

■ 花卉陈列展示

花卉设计，从搁物架和桌面上小小的干花饰品，到超大尺寸比例的落地式花樽布置，通常都被视为视觉营销部门的领域。视觉营销人员是商店的驻店艺术家，花卉在装饰艺术的各个方面都占有突出的地位，从美术到家居装饰的纺织设计。视觉营销人员通常负责创造一个温馨、友好的商店环境，没有什么比一束束新鲜切花或一瓶瓶鲜活的春花的奢华布置更能增加气氛了。

商店里的花都放在哪里？花卉（新鲜或干花）在许多地方和场合都是自然的：

- 在商店的主入口——作为一种欢迎的姿态，是情绪设定器。

- 在主要的地面展示柜顶——宣布季节的变化。
- 在自动扶梯顶部的展示平台上——补充时尚店首和家居时尚观点。
- 作为橱窗道具和舞台道具——补充完整主题。
- 作为家居时尚搭配物的补充——展示一个插上花卉之后的花瓶或容器外观。
- 在客户服务区、礼宾服务台和办公室——作为人性化要素来分散紧张感或可能的冲突。
- 在样板间里作为家庭装饰物中——营造更像家的气氛。
- 在舞台或餐桌上，作为特别活动的中心——构建主题或者给活动增添节日气氛。

　　一些零售商与花店签订合同，在一年中的重要时期为商店的主入口提供大型插花。其他人则从专门从事大型季节性花卉装饰的定制展示公司购买现成的干花和丝绸装饰。最后，视觉营销部门的成员可以创造精彩的花卉布置——大大小小的——通过练习这门艺术，直到它成为你的第二天性。

　　你可以在容器中构建基本的花卉设计形状，从休闲花篮到正式花瓶和装饰架。最常见的排列有扇形、圆形、复杂三角形、垂直、简单三角形、新月形、S形曲线和水平线。图7.21显示了这里列出的各种排列样式。

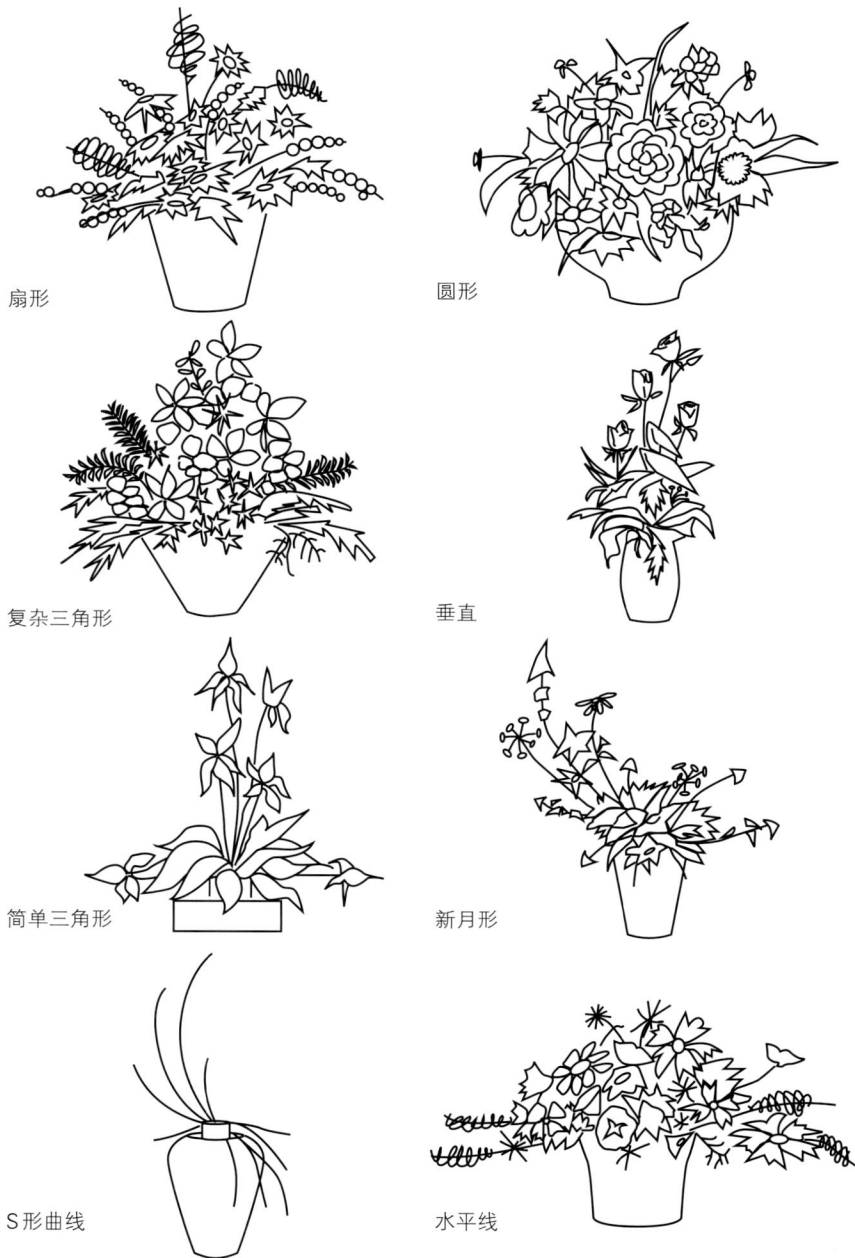

扇形

圆形

复杂三角形

垂直

简单三角形

新月形

S形曲线

水平线

图7.21 基本花卉设计样式。图片来源：多萝西·库塞尔（Dorothy Kuesel）。

除了插花的基本知识外，以下是一些实用的小窍门：

- 为每款插花选择一个色彩组（参考图3.6）。不要将不同色彩组的颜色混合在一起（图3.7）。另一种选择是，你可以选择使用传统的配色方案，如单色，以获得有吸引力的布局。

- 使用奇数（1、3、5、7）量，会更令人赏心悦目。

- 花束布局要"绕一圈"查看，所有侧面都照顾到。所有侧面视图都和前面一样重要，在所有侧面重复使用的前面的元素。

- 花束放置区域的主题将决定它的样式和放置什么花器。主题还将告诉你布置的结构应该是正式的还是非正式的。目前有一种趋向于不太正式的布置，看起来像是刚从野花园中采摘回来一样。

- 容器的大小和比例决定了布置的大小和比例，你计划使用的空间也是如此。如果用于特别用餐活动的餐桌中心，花的布置不应太高，以免干扰视线，从而影响餐桌上的交谈。但是，如果餐桌是作为店内展示来陈列，超大的插花布置可以引起人们对餐桌陈列的关注和重视。

如果你想学习大师的插花，可以去艺术博物馆或图书馆的艺术图书部。佛兰德和荷兰的画家以及年轻的印象派画家确实对花卉作品有很好的理解，所以你可以由此入手。看看扬·勃鲁盖尔（Jan Brueghel the Elder）（《木制容器中的一大束鲜花》）、安布罗修斯·博斯查尔特（Ambrosius Bosschaert）（《花瓶和花》）、扬·梵·海以森（Jan Van Huysum）（《花瓶里的花》）的写实的、几乎是摄影般的作品。然后研究埃德加·德加（Edgar Degas）（《戴菊花的女人》）和文森特·梵·高（Vincent Van Gogh）（《向日葵》《鸢尾花》《红白康乃馨》）所作的不受约束的、富有创意的花卉展示。作为一个终身学习者去研究，会有一个奇妙的灵感世界等着我们去发现。

作为花卉的另一个替代选项，水果可以用来创造不寻常和意想不到的布置。图7.22中宝格丽的餐桌布置巧妙地将五颜六色的新鲜水果放在桌椅上。绿色被用来增加质感，烛光在餐桌上散发出温暖的光芒，给人一种诱人的感官体验。

时尚家居的信息来源

除了自己家之外，扩展你对家居装饰和搭配产品知识的最好方法，就是购买你能找到的所有资源——先别管你或商店的预算。有很多东西可学，即使某项工作目前还不需要做。你可以通过浏览互联网上的家居时尚网站，在世界各地购物。你可以从这两个网站开始：

- www.homepolifolio.com。这个网站不仅有所有可能用到的家居产品和搭配品，还有优秀的彩色图片和描述，可以增加你的家居时尚词汇。

- www.marthastewart.com。这个网页上有许多与家庭相关的活动，当中你会发现插花、家务小贴士、工具和娱乐性想法，以及如何能即刻了解那些影响商品销售的时尚趋势。

时尚家居店品牌分析

时尚家居店可以运用本章中讨论的许多元素来创造自己独特的品牌形象。

图7.22 用水果、花边绿叶和蜡烛创造了一个非同寻常的台面。宝格丽重新开业派对，大都会艺术博物馆，纽约。图片来源Eichner /《女装日报》/康泰纳仕出版集团。

Crate&Barrel是一家具有卓越品牌形象的零售商。它一贯擅长使用色彩鲜艳的长款印花织物，这已经成为它的标志，还有以轻松愉快的、对话式的图形为特色的醒目标识。Crate&Barrel用来自全球各地灵感的产品为你带来一场旅行。

RH（以前的 Restoration Hardware）品牌认知已经演变成一个高档、优雅、庄重的居住环境。它对产品展示细节的关注是无与伦比的，因为它不仅以美丽的床品为特色，还搭配了毛巾、浴衣和拖鞋。

Pottery Barn 的品牌形象主要来自其产品，特别是其独特和丰富多彩的季节性更新的枕头和桌布品种。即使你没有买家具，Pottery Barn 也可以通过更换枕套和抱枕来帮助你的房间焕然一新。它还告诉你，通过图案和丰富的房间布置，进行简单的更新是多么容易。

Williams-Sonoma 以其独特的季节性美味佳肴和拥有烘焙、搅拌、备餐所需的一切用品而闻名。橱窗里和整个商店里五颜六色的生活方式图形和食谱是它的标识。

请看图7.23。不看图片说明，看看你是否能认出图片中的四家商店。现在比较一下图片中的商店：哪些设计元素和视觉营销元素有助于区分每家商店的品牌形象？

你可以使用相同类型的分析来比较其他商店的陈列展示，并确定哪些是最有效的陈列展示。在你分析时，通读所有的设计原则和元素可能会有所帮助。你可以参考第三章来回顾核心设计战略，并为你的分析写下一些问题。例如：这个陈列是否讲述了一个色彩故事？有节奏或动态的运用吗？你看到了什么样的线条，曲线、水平线、垂直线，还是对角线？陈列中有没有让人惊喜的东西？这样的问题会让你的分析更容易，并最终有助于创造你自己的戏剧性陈列。并不是每一个原则或元素都会在每次的陈列中使用。例如，你不希望在布置的每个陈列中都有"意外"的元素。但是在一开始练习时，检查设计工具包中的所有可用选项是非常有用的。

图7.23a　Crate&Barrel。图片来源：朱迪·贝尔。

图7.23b　Pottery Barn。图片来源：朱迪·贝尔。

图7.23c　RH（Restoration Hardware）。图片来源：凯瑟琳·巴纳德。

图7.23d　Williams-Sonoma。图片来源：朱迪·贝尔。

设计画廊：RH，位于自然历史博物馆的画廊

RH（最早的 Restoration Hardware）是一个位于历史建筑场景里的令人赞叹地融入优雅氛围的家居装饰店。它位于波士顿的前新英格兰自然历史博物馆内，有四层楼高的豪华展厅，上面装饰着闪闪发光的枝形吊灯。RH 最初是一家五金店，随着时间的推移，已经演变成一个奢侈生活方式品牌。在亚利桑那州、加利福尼亚州和得克萨斯州，这个著名的品牌已经用"画廊"取代了一些较小的门店。建筑事务所 Bergmeyer Associates 的高级负责人 Joseph P.Nevin Jr. 承担了该项目，2013 年 3 月 6 日，《波士顿环球报》引述了他的话："多年来，这处房产一直是孤立排他的。RH 所做的就是重新唤起广泛的吸引力，让更多人感到温暖和欢迎。"

中性的色彩、位置良好的建筑和居家式照明设备的组合是创造空间色调和光影效果的关键。卧室和陈列室呈现出完美的对称性，营造出一个奢华而舒适的环境。从地板到天花板的透明窗帘营造出一种宁静的效果，很适合卧室的环境。在大堂展厅中，对称性再次扮演着重要的角色，因为同样的沙发、椅子和桌子在画廊中重复出现。超大地毯提供了布局的基本结构，因为它们是每个房间设置的框架。你能说出这些展厅的一些设计原则和元素吗？

图片来源：凯瑟琳·巴纳德。

行业谈 "家居时尚店设计" 作者：丹尼·格德曼（Denny Gerdeman），朱特·格德曼设计公司创始人

1999年末，我们开始为艾迪鲍尔（Eddie Bauer）家居开发一个新概念。在研究了其他家居时尚零售商在专卖店和百货店做的陈列展示后，我们决定，我们需要围绕艾迪鲍尔品牌和家居店产品创造一点浪漫。而要做到这一点，最好的方法就是向消费者讲述视觉故事。商店内创造更私密的区域，但仍然保持视线相对开放，将会是一个挑战。这些区域将成为故事的舞台，让顾客在穿梭商店时有一种探索的感觉。

在一家家居时尚店里，创造一种房间的感觉似乎很自然。为了实现这一点，我们设计了两种可移动的定制产品陈列装置。一种是独立的半透明墙，可以让视线

继续延伸。另一个是高高的陈列架，足够吸引顾客的眼球。这两个装置都作为背景，以便在小篇章中讲述一个视觉营销故事；而另一侧的视觉陈列故事则呈现大量商品。我们还用一些大家具，如床和衣柜，作为营销陈列装置。

设计任何零售空间的诀窍在于在亲密与开放、特色与大众、品牌元素与运营效率、客户与零售商之间创造恰当的平衡。我们的工作是找到创造性的方法来达到这种平衡。如果你做得对，你就告诉了消费者一个他们想要的故事，来帮助他们做出购买决定，并增加销售额。当它起作用了，就变成了魔法。

第七章 回顾问题

1. 各种类型的时尚家居店都有哪些？请说出每种类型（包括本章中未列出的）在本地的范例。

2. 家居商店入口的各种类型都是什么？给出三个范例。

3. 本书讨论了时尚家居产品的营销陈列标准。列出步骤并解释为什么每个步骤都很重要。

4. 时尚家居陈列展示的规则是什么？列出它们。

5. 时尚家居潮流有哪些信息资源？举例说明你所在的大学、学院或销售场所使用的资源。

挑战：跳出条条框框

比较商店入口
观察

参观至少有三家时尚家居商店的购物中心。这可能包括有家居用品部的百货公司。回答以下关于每家商店使用的入口类型的问题：

1. 这家商店有中间的过道吗？或者在入口处的正前方有陈列装置吗？

2. 如果有中间通道，通道通向哪里？通向陈列装置还是后墙？

3. 如果没有过道，距离商店入口的第一个陈列装置有多少米？你认为这是一个特色陈列装置吗？它是突出潮流特色还是特别的价格？

比较

通过回顾你的笔记，比较这些陈列展示。你最喜欢哪个？为什么？

创新

在所有的陈列展示中，你有何创新改进？

比较商店布局

观察

参观三家家居用品商店或部门，并记下它们的布局。每家商店采用的什么布局？是网格、自由流还是两者的结合？

比较

比较三种布局。你喜欢哪一种？为什么？

创新

对这三种布局，你有什么创新改进？

比较商店陈列装置

观察

至少去两家家居商店，最好一家是Crate&Barrel，另一家是Pottery Barn或者Williams-Sonoma。回答下列关于每家商店的问题：

1. 商店使用什么样式的墙面陈列装置？它们是什么颜色的？它们是什么材料做的？
2. 商店使用什么类型的地面陈列装置？它们是什么颜色的？它们是什么材料做的？
3. 如果有桌台，整个商店有多少种不同的款式？桌台样式是否因区域而异？如果它们真的有所不同，你认为原因是什么？
4. 墙面和地面陈列装置的样式是否符合商店的品牌认知？

比较

比较这两家商店的墙面和地面陈列装置。你喜欢哪一种？为什么？

创新

如何创新改进陈列装置的选择？

批判性思维

活动1：时尚家居桌面陈列展示

在图7.24中，你将看到一张空桌面的草图，以及各种时尚家居商品和搭配物品的图纸。创建一个桌面陈列以展示这些为你提供的餐具。使用高低架和篮子的组合来设计一个展示平面图，突出一些主要的商品和其他商品，以便有效地利用桌面空间。添加任何你认为还需要的东西，去掉不需要的东西。

1. 仅使用图7.24中的道具。
2. 使用图7.24中为你提供的商品，展示在桌面上。
3. 盘子上的花卉颜色应该是当前的色彩趋势之一。选择任何你喜欢的色彩作为主色调。
4. 准备好在小组展示或与导师的一对一展示中解释或论证你的选择。

活动2：时尚家居墙面陈列展示

在图7.25中，你会发现一个8英尺（2.4米）高的墙面草图，以及在专卖店的后墙面上陈列的、折叠起来的各种商品和搭配物品的图纸。请按下列规定陈列物品。添加任何你需要的物品，去掉不需要的物品。

1. 对墙面部分的垂直色彩陈列按照Roy G.Bv原则。
2. 给陈列架上折叠的物品进行色彩陈列。
3. 陈列架之间的空间距离要适当。
4. 在适当的地方使用重复原则。
5. 在架子上创建两种陈列展示，尽可能突出商品的用途。
6. 准备好在小组展示或者与导师的一对一展示中解释或论证你的选择。

图 7.24
时尚家居桌面陈列
展示。图片来源：
伊莲·温克尔艺术。

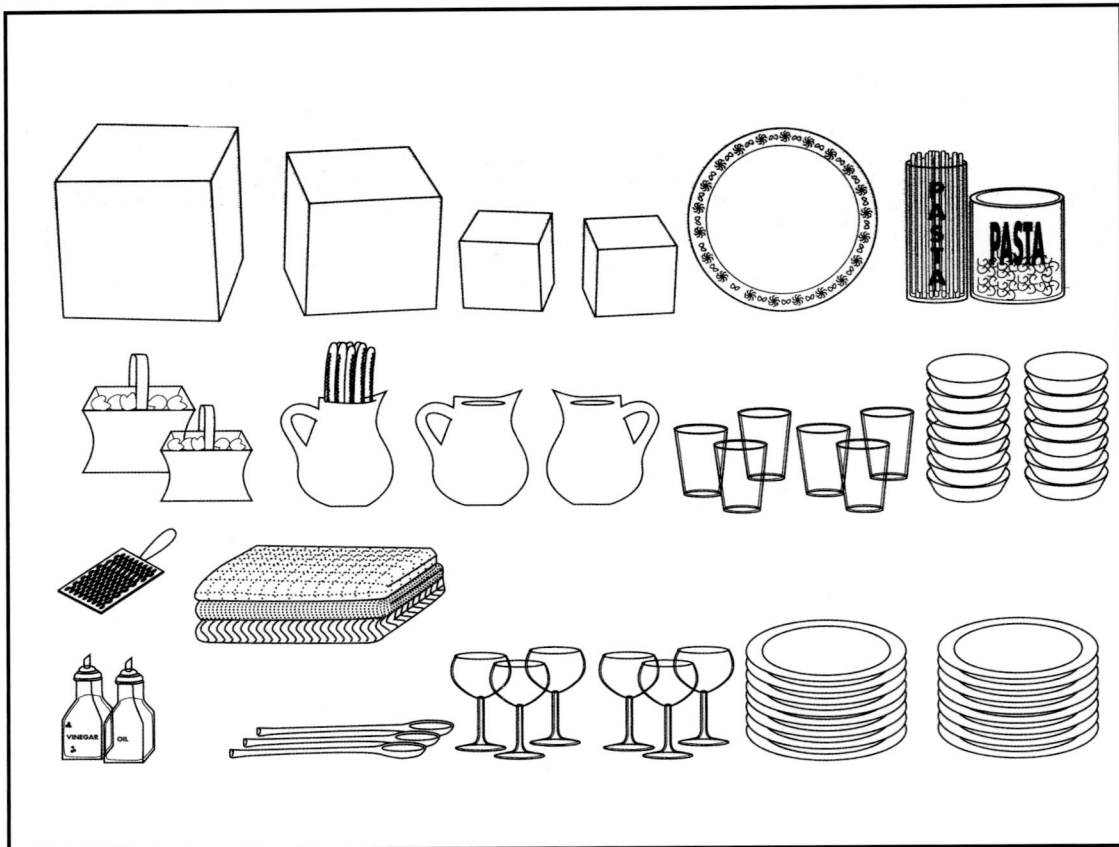

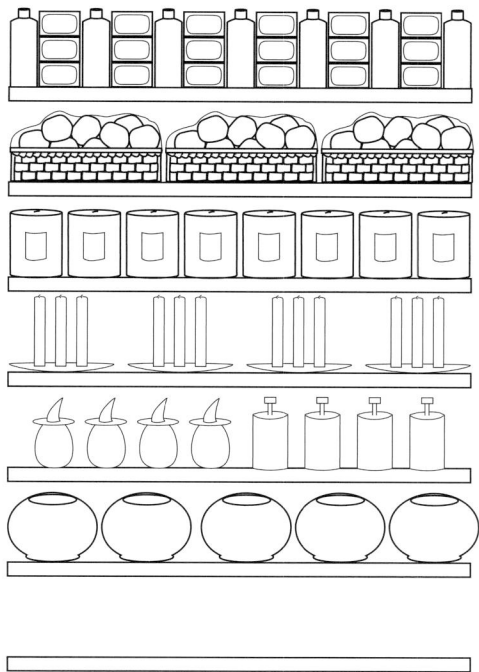
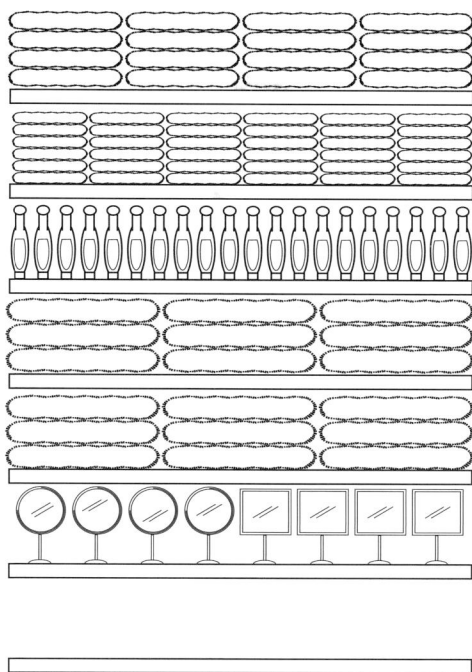

图 7.25
时尚家居墙面陈列
展示。图片来源：
伊莲·温克尔艺术。

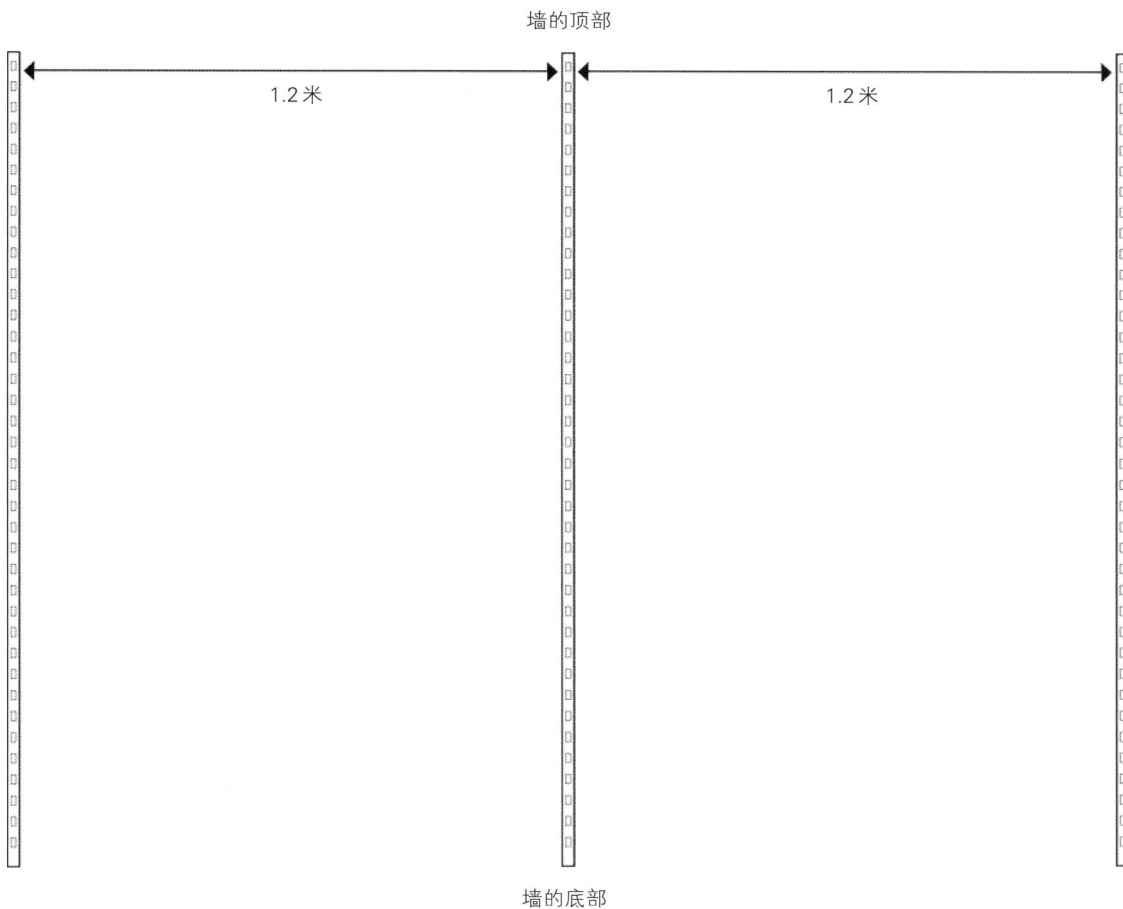

墙的顶部

1.2 米

1.2 米

墙的底部

案例研究

季末神秘展示

这个案例呈现了视觉营销人员经常遇到的一个问题。当商品很快就销售完的时候，一个部门会呈现出一种商品稀少的、被抛售的面貌。这时你必须拿出一份临时的声明，在等待新产品的时候给顾客传达一个时尚信息。

背景

以团队形式，为休闲餐饮区准备一个新的桌面陈列。假设这是一个短期项目，陈列展示只持续一周。然后，该陈列装置将被用来介绍新生产线上未能准时出厂到货的一组产品，包括餐具、玻璃器皿和平底餐具。目前的销售季节是夏天。你的导师扮演部门经理的角色，并指定色彩和整体销售主题。你希望这个临时桌面陈列是令人兴奋的，充满吸引力的，因为这个主要的陈列展示空间必须始终保持高销售量。

战略

你的导师会宣布，班上每个人都会从他或她家的"储藏室"里带一件物品，以适合商品和色彩主题。如果班级人数较少，有些人可能需要带不止一件物品。不要提前把你所带的东西展示给其他同学看，直到你们碰面那天为止。你们作为一个团队所面临的挑战——正是

这个让这场陈列成为现实的模拟——无论带来的商品有什么，你们都可以创造出一个具有吸引力的陈列展示。我们鼓励你跳出条条框框思考，尽可能地发挥创造力。

导师将分派每个人带上以下元素之一：

- 一张桌子的覆盖物（桌布或桌垫——甚至一块小地毯或一条沙滩巾，视主题而定）。
- 四张餐巾（或餐巾替代物——彩色的手帕，等等）。
- 四个餐盘。
- 四个沙拉碗。
- 四个玻璃杯。
- 银质餐具四件套。
- 一个盛菜的容器或大碗。
- 一个盛菜的篮子。
- 一个盛菜的盘子或大盘。
- 用于中心装饰的材料——适合主题的人造花、植物、雕像、玩具。
- 用于中心装饰的容器。
- 一个咖啡壶或一个水罐。
- 某种高低架／柱子。

方向和目标

把所有的材料带到教室，组合成一个桌面陈列展示。其主要目的是向购物者展示一个令人赏心悦目的陈列，将和谐而又有吸引力的一桌子混搭元素组合在一起。

卖场的实践与策略

当你在进行这个项目的下一部分时，请参考你在本书第一部分的第一章、第二章和第三章的基础上所做的初步研究。到现在为止，你应该对你梦想中的商店有一个相当清晰的印象。以下内容将指导你完成项目的下一部分（基于本书的第二部分——第四、第五、第六和第七章）。注意：你将要做楼层规划和平面图，所以坐标纸（或你的班级正在使用的软件程序）可能会很有帮助，它将帮助你为将来的平面图和立面图建立一个一致的比例（例如，1方格=1英尺）。

第1部分

- 在给出的基本平面图中列出你的商店的销售部门。在上面，找到办公室/储藏室、洗手间和试衣间（如果合适）。如果你能证明额外的楼层空间是合理的，你可以沿着商店的后墙为这些项目增加空间。在这种情况下，指出到达（增加空间）的路线。解释为什么你觉得需要额外的空间。请参阅第四章中的示例。
- 考虑你的目标客户，在店铺布局方面列出一些必备品。

第2部分

- 根据商店的气氛元素——声音、灯光和照明水平、陈列展示和客流模式设计商店的内部。这可能需要草图和书面描述相结合。阅读完本书第三部分的第九章后，你将能够完善你的照明计划。
- 阐明你希望这家商店传达什么样的实体形象。描述你的店铺布局将如何影响顾客对自己、对你的新店的心理印象。
- 你计划如何处理ADA（美国残疾人法案）对顾客和员工的考虑？如果你有意加入ADA标准，一定要在你的平面效果图中反映出来。
- 选择墙面和地板的颜色，如果可能的话，包括油漆色卡、样品等。解释这些材料将如何支撑你商店的品牌形象和气氛。参考第三章，回顾色彩和其他艺术元素。

第3部分

- 在向顾客展示商品时，选择能够传达商店品牌形象信息的家具和陈列装置。你可以设计自己的陈列装置或使用印刷品或互联网来源的照片和插图。
- 解释为什么你选择的陈列装置将有助于商品展示和商店形象。
- 开发一个平面图键来标记你所选择的陈列装置类型。
- 设计一个比例平面图来显示整个商店的陈列装置位置（一个楼层）。说明你将在每个陈列装置上或其中陈列的商品类型，例如，折叠牛仔裤、长袖毛衣、幼儿玩具、灯具或餐具。

第4部分

完成至少一个与第五章和第七章中的平面图相似的墙面陈列图和商品展示图。必须要包括一个基本原理陈述，解释为什么你做出了这些具体的选择。

第三部分　传播沟通零售氛围

第八章　标牌

通过标牌进行沟通

　　零售店在潜在购物者进入商店之前，就开始与他们进行沟通了。从购物者读到店名或在店面上看到店铺LOGO的那一刻起，他们就开始接受信息。一个有效的标牌能吸引人们的注意力并传达品牌认知，让购物者对他们在商店里所能找到的东西形成第一印象。图8.1中，Marciano的平面海报就是一个很好的例子。只要看一眼橱窗里的海报，信息就很清楚了：Marciano销售的是迷人的时装。

▌ 传播品牌形象

　　零售店的品牌形象应该贯穿于整个店面环境的每一个标牌上，从运营标牌到商品标牌。成功的标牌都有一个非常清晰的认知，即使把它们从商店环境中拿出来，商店的名字也会很明显。本章后面将引入一个对四个家居用品商店标牌进行比较的练习。

　　一些商店会在商店内不断重复它们的品牌名称。William Rast在建筑设计元素上就大肆宣扬自己的品牌，显示该公司不仅仅代表时尚。半成品木箱和桌子在人们心中唤起这家高端牛仔零售商拥有手工制作品质的形象（图8.2）。另请参见图8.4，以了解安德玛如何在收银台后墙亮出它的品牌名称。

▌ 通过运营标牌来沟通

　　有关**运营标牌**的信息，如商品部门、结账台和洗手间的位置，可以通过多种方式进行沟通传播。单层商店通常使用天花板或墙面来安装标牌，而多层商店会把商品

> "使人心兴奋，手就会伸向口袋。"
>
> 哈里·戈登·塞尔弗里奇
> （Harry Gordon Selfridge）

> **运营标牌**（operational signs）与商店的日常业务相关，通常需列出商店的营业时间、退货政策、紧急出口、求助电话的位置、商品部门位置和试衣间规定。

完成本章内容后，你应该能够

- 识别各种标牌的功能
- 比较不断扩展的各种标牌媒介
- 决定何时对商品加上标牌
- 解释在商店环境中设置标牌的指导原则
- 使用各种技术编写标牌复制物
- 自己设计标牌布局

图8.0ab　安德玛品牌店以醒目的信息欢迎芝加哥购物者。2016年The Shop！年度商店设计奖。这家店的外观统领了芝加哥的零售景观。项目管理：Big Red Rooster，摄影：玛格达·比尔纳特（Magda Biernat），设计：Big Red Rooster和A+I。

图8.1 曼哈顿Marciano橱窗上广告牌大小的海报清楚地传达了你将在商店内找到什么风格产品的信息。图片来源：Antonov / 《女装日报》/康泰纳仕出版集团。

部门和洗手间位置张贴在电梯和自动扶梯附近。有些商店有交互式显示屏，你可以在地图上确定特定项目的准确位置。

在图8.3中，沃尔玛通过在整个娱乐用品部门使用统一的蓝色进行导航，并用信息标牌来创建一个娱乐世界。这种连续性将一个区域内的众多标牌联系在一起，提供高水准的信息来引导购物者。乍一看，人们会认为在这个部门购物是很容易的。图8.4中的安德玛品牌店也使购买过程变得容易。它采用了图形和粗体字来帮助购物者定位到像篮球用品这样的销售部门，结账台上也清楚地贴着安德玛品牌名称。

Ruby是一家小型早餐咖啡馆，以前位于明尼阿波利斯的洛林公园区，它在人行道上的夹板牌上张贴了运营标牌，上面写着：

Ruby's Café 吃到深夜!

星期四/星期五/星期六晚上10点到凌晨2点

- 新鲜出炉的菜单
- 巨大煎饼

图8.2 William Rast通过醒目的标牌传达了强大的品牌形象。图片来源：Saradella / 《女装日报》/康泰纳仕出版集团。

沃尔玛的娱乐用品标牌使商店导航变得简单，笑脸照片为佛罗里达州杰克逊维尔（Jacksonville）的购物者带来了乐趣。图片来源：Albert Vecerka / Esto。

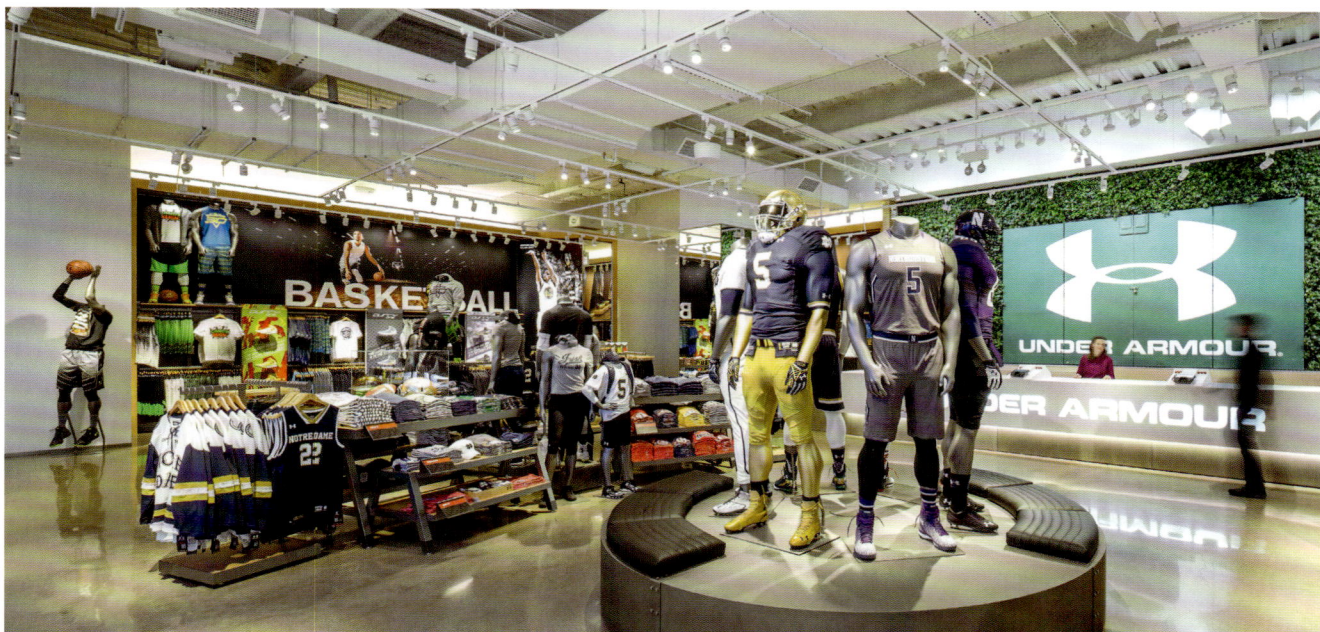

图8.4 芝加哥安德玛品牌店，采用运营标牌帮助购物者定位到篮球用品部门，并在商店的背景墙面处设置醒目的收银台。摄影：玛格达·比尔纳特，设计：Big Red Rooster和A+I。

- 外卖
- 大声的音乐
- 美妙的灯光
- 趣味无穷！

谁说你必须孤独回家？

正如你所看到的，运营标牌可以改善商店环境和品牌形象——而且从来不像"运营性"这个词所表现得那样平凡！

通过标牌媒介来沟通

通过使用以下图形元素，商店的沟通能力得到了增强：

- 立体的字母在创建一个强有力的焦点方面是有效的，如图8.5所示。这些字母使用彩色亚克力、木材和金属材料。许多字体

和不同尺寸的泡沫字母可以用金属纸覆盖，以创造出价格适中的高档外观。

- 静电贴花可以贴在玻璃门或玻璃窗上，以获得巧妙的手绘外观。它们很容易取下来，如果小心存放，可以重复使用。
- 由真丝和涤纶等织物制成的面板（挂板）可以印上图像或标志。
- 地面图形会添加意想不到的强调效果。地面图形可以永久性地用地砖贴出，或者以非永久性的形式粘贴在地板上。一个制造商赞助的跳房子游戏图，印在食品杂货店谷类食品过道地板上，实际上可以确保一位带着孩子前来购物的父母在特定的品牌前多停留15~20秒。如图8.6所示，可以看到梅西百货在其中一个部门的中心区人台模特组下，加入了地面灯光图形，获得

图8.5 梅西百货公司的标牌采用传统拱廊风格的立体字母照明。梅西先驱广场，One Below专卖店，纽约。图片来源：马克·斯蒂尔（Mark Steele）。

图8.6 天花板上的射灯有效地照亮了彩色横幅上的图形，霓虹灯点亮了数字媒体墙，将购物者进一步吸引到该部门。梅西先驱广场，One Below专卖店，纽约。图片来源：马克·斯蒂尔。

令人愉悦的效果。

- 光源标牌系统包括霓虹灯、光纤、投影图像和装有灯片图像的灯箱。再看图8.6，梅西百货One Below专卖店部门，看看顶部光源是如何强化位于一根柱子前面的彩色横幅标牌，成为专卖店的入口，以及霓虹灯是如何吸引购物者进一步走入该店的。

在开发标牌时，可以考虑选择其他多种媒体。苹果商店在不同尺寸大小的聚碳酸酯板上打印商店图像，并制作了半透明的应用程序图标（图8.7）。为了公布苹果的APP应用商店，宣传"万物皆有应用（APP）"的理念，这款"悬挂式应用（APP）"显示屏创造了引人注目的3D效果。

■ 沟通的语调

你想过一个标牌的语调吗？看看下面两句话之间的区别：

"进入试衣间前先拿一个号码！和"请在进入试衣间前先拿一个号码。"字体、大小写和样式等微妙的细节会使沟通的语调发生巨大的变化。一个大写字母的标志会发出大喊声，而小写字母则更友好，更容易阅读。在伦敦的一些商店里，标牌很有礼貌。你可

图8.7 苹果商店的3D"悬挂式应用（APP）"显示屏。苹果公司，加利福尼亚州，库珀蒂诺（Cupertino），图片来源：路透社/迈克·布莱克（Mike Blake）。

图8.8　Bebe位于旧金山的年轻2b概念店，在后方墙面上展示了使用不同大小和字体的标牌。图片来源：Antonov／《女装日报》／康泰纳仕出版集团。

能会发现一个上面写着："如果您能在进入试衣间时带上一个号码，我们将不胜感激。"

标牌很少有俏皮的语气。但或许你可以在一些独特的精品店和家居店中看到。

在纽约的一家商店里，试衣间里五颜六色的卡通风格标牌上写着："劫匪来了，我们报警。"芝加哥一家精品店在试衣间的镜子上写着"您看起来很漂亮！"从这个标牌的语调来，你就可以想象出商店的其他部分可能是什么样子的。一个强调购物是多么愉快的标牌，增加了商店感觉或基调，并加强了顾客对零售商的品牌认知。来看图8.8，Bebe的2b概念店（www.bebe.com）在其

标牌中使用了各种字体和不同大小尺寸，创造了一个有趣的墙面。语气年轻有趣，召唤你一路往店里走入。这种有效的技术是真正的销售驱动力。

营销推广的标牌

营销推广的标牌上可以写**价格点**或沟通以下信息的文本：

- 以销售价格作推广。
- 以销售定价为潜在广告的店内促销。
- 物超所值的推广。
- 品牌名字的推广。

价格点（price point）是在标志牌上用于标明价格的实际数字（例如，12.99美元）。

- 流行趋势推广。
- 特别功能的新产品。
- 清仓推广。

　　很明显，这些都是使用标牌装置的绝佳理由。然而，当你决定有多少陈列装置需要使用标牌时，你要考虑一下商店的常规定价策略。价位中等或打折的零售店通常会在店内的每个陈列装置上使用标牌，这向低价购物者传递了一个强烈的节约信息。购物者希望在每次光顾商店时都能看到超值商品的告知标牌。一些真正的廉价购物消费者甚至只看那些有标牌的陈列架，而不会去看其他商品。

　　当一家采用固定价格策略的商店只有很有限的促销活动时，它就必须要非常谨慎地挑选在陈列装置上使用的标牌。如果商店里的每一个陈列架都是按常规标签的，那就很难强调特定的商品，因为它们不会引人注目。一个大减价可能会失去作用，因为购物者不会注意到特殊减价日和正常营业日之间的视觉对比。

　　太多的价格点标牌会对商店的品牌形象产生负面影响。想象一下，麦迪逊大街的一家高档时装店里摆满了标价牌，是否不协调？廉价商店的策略根本不符合专卖店的形象。

　　零售顾问彼得·格伦曾写道，零售店标牌泛滥是管理层对卖场没有足够多的销售人员表示歉意。商店形象的正确标牌数量，介于过多和完全没有之间的某个点。过多的标牌会让购物者忽略它们；过多的文字会让购物者看不到任何东西；太少的标牌或文字会让购物者得不到足够的信息。

　　推广也可以用生活方式图片——表达正在穿用的时装或使用中的家居时尚品——可以单独使用或者和价格点结合使用。一些生活

图8.9　赛琳在米兰的专卖店，在柱子上贴大幅平面图片，以推广一种精致的风格。图片来源：Miranda /《女装日报》/康泰纳仕出版集团。

方式图片只显示实际产品的一部分，更多地关注模特的脸。这是一个软销售策略。它告诉购物者，零售商不仅关心产品的销售，也同等关心他们产品带来的快乐。通过展示表情或设定情绪的照片，购物者可以成功地将其与品牌形象联系起来。例如，赛琳在米兰的商店采用了一张生活方式图片，为商店设定了一个明确的基调——精致的女性缩影（图8.9）。

　　也有一些时候，使用一些不是完美无瑕的时装模特，会更有效果。一些零售商已

经尝试通过描绘日常生活中的普通人来拍摄生活方式图像。French Connection——一家纽约和欧洲的青少年和年轻男性时装店——曾经展示过年轻女性戴眼镜的大型特写镜头，尽管它并不卖眼镜产品。Club Monaco展示了如广告牌大小的婴儿潮一代的图片，模特留着浓密的白发和满脸的胡须。Eileen Fisher商店用艾琳（Eileen）和员工在一起的照片。这些平面图像吸引了购物者的注意力，因为它们是如此不同寻常，如此容易辨认。他们展示了像你一样真实的人，做真实的事情，穿真实的衣服，使用真实的产品。作为一个视觉营销员，你必须时刻留意能吸引顾客兴趣的下一个新创意。

标牌的展示

标牌的准确性、清晰度和外观传达了有关商店品牌形象的信息。不准确或不清晰的标牌会引起负面反应，因为购物者讨厌花时间寻找销售人员来获得正确的价格或其他信息。如果标牌损坏、撕破或卷曲，购物者可能会觉得商店不在乎顾客或自己的形象。购物者的回应可能是：在试穿完衣服后，毫不在意要把衣服重新挂回去或叠起来。

以下是有效标牌展示的五条准则：

• 一定要使用标牌。
• 标牌一定要放在衣架上。绝不要将标牌钉在墙上或用胶带粘在陈列装置上。
• 不要在预印刷好的标牌上书写。不要划掉旧价格或将新价格贴在旧价格上。如果价格发生变化，必须更换标牌。
• 不要混淆使用的标牌类型。如果你的商店使用商业印刷的标牌，另外的手工制作的标牌显然是不合适的。
• 更换任何弄脏或损坏的标牌。

▮ 手工制作的标牌

在今天的商场里，用记号笔或书法笔手写的标牌已经很少见到。然而，像旧金山卡斯特罗街地区和纽约格林威治村那些有趣的商店一样，独特的商店会使用手工制作的、甚至是古怪的标牌，以此取得了巨大的成功。在这些情况下，手工制作的标牌会吸引购物者来享受商店的休闲氛围。很多这些商店的经营特色是可穿戴的艺术和工匠制作的产品，非正式的标牌呼应了商品。

像纽约Fishs Eddy这样的商店，通过与零售商形象相对应的手写纸标牌来传达品牌理念。这些都是迷人的增加物，是精心设计过的独特装饰的组成部分。在这个有时似乎一切都必须完美的世界里，手工制作的标牌可能会有一些个性化的东西。然而，你也必须知道，这些商店是个例外。

如果一个零售商致力于手写，聘请一个书法家是明智的做法，他的作品是统一的、完美的呈现，并符合其品牌形象。"书法"（calligraphy）是希腊语的一个词，意思是美丽的文字。一家优雅的设计师商店可以利用手写这种特殊效果，向顾客传达一种独一无二的感觉，这些顾客习惯于接受书法家精心书写的请柬，并习惯在摆着手写席卡的餐桌上用餐。

零售现实

在大多数零售业务中，用朴素的方式来制作标牌是不起效果的，因为手写字体与商店的情绪、形象和装饰策略相矛盾。在那里，手工制作的标牌会让整个操作显得很不专业。当负责书写的员工不知道字母拼写、标点符号或校对的时候，这种情况尤其突出。

■ 标牌的设计

在大多数公司组织中，商店买手会通过填写列出商品和任何想要沟通信息的表格，为他们的产品申请标牌。他们会注明预交货日期和暂定广告日期。例如，买手可要求提供图像或照片，并说明其偏好——例如，是仅限产品照片还是生活方式照片。在某些情况下，制造商提供拍摄的艺术作品和/或合作广告费。然后将要求发送到店内营销（ISM）部门（在某些公司也称为视觉营销）。

店内营销经理需审查和确认标牌的准确性——拼写、日期和价格，加上适合商店形象和品牌标识的要求。当然，也有买手想要独特的部门标识。然而，如果每一个标牌都以不同的风格印制，商店将失去品牌连续性、外观一致性和强调的重点。

采用新面料制成的服装或采用新技术的电子产品可能值得特别对待。有一种简单的方法可以将额外的注意力集中在一个标牌上——添加一个"顶部"标牌。这是一个额外的标牌，可以插入标牌支架的顶部。它可以模切成任何形状，可能以一个商店的标志或广告主题短语为特征。或者，如果标牌持有人允许，可以在标志的侧面添加一个"侧边"。

在店内营销部门批准后，该请求将被传达给设计师和文案人员，他们按照既定的风格制作基本标牌，例如列出一些要点和价格。更大的系列或公司范围内季节性主题的标牌可以在公司内部完成，也可以外包给创意机构进行包括标牌的多媒体广告活动。公司的视觉营销部门通常会聘请代理机构来管理这些项目。概念需要返回公司进行批准。管理者必须保持公司的品牌形象，同时允许设计师有一定的创作自由度。

为了提供有效的指导，视觉营销人员必须了解基本的排版原则和文案写作。无论他们是一个多部门企业的一部分，还是一个独特商店，标牌制作的过程要求他们培养出能看出优秀设计的眼光。

■ 标牌的布局 / 排版

在职业生涯中的某个时候，大多数视觉营销人员都会被要求设计和制作商店标牌。你可能会用电脑来设计，但在你建立和强化构成技巧的时候，最好是练习用手绘来设计一些标牌。

在准备标牌的过程中，你可以在一张标牌上逐字排布元素，因此称为"布局排版"。标牌的要素包括：

- **标牌文案**——有关产品的事实。
- **艺术作品**——绘画或者摄影照片。
- **空白空间**——图片或艺术作品之外的部分。

所有这三个要素都同样重要，而且这三个要素都要遵循你在前面章节中学习的艺术和设计原则。例如，你可以决定使用完全对称的正式布局，通过标牌中心的假想垂直线将图形元素镜像对称分开布局。或者，你可以使用一个非正式的、不对称的格式，凭着自己的眼睛来实现一个令人愉快的元素安排。在任何情况下，你的目标是通过设计一个能催生购物欲望和使人迅速行动的标牌，来吸引人们对商品的注意。要做到这一点，你必须编排标牌元素，通过信息之线，吸引购物者的目光，鼓励他们购买产品。迈克·史蒂文斯（Mike Stevens）写的《掌握布局：眼睛吸引力的艺术》，包含了大部分的基础标牌排版。你可以在网站www.books@stmedia.com上找到它，并找到其他与标牌相关的出版物。

史蒂文斯的书涵盖了如何观看、组织和运用平面元素，以创造统一、易读的视觉效果。

■ 标牌的文案

具有创造性的文案可以强化一个商店品牌的认知。Crate&Barrel独特的标牌书写风格采用简短的段落，其中包含产品信息，以对话的语气直接与购物者沟通：

我们精选的胡椒粉磨和盐磨绝对不会让人打喷嚏的！各种材质和尺寸的透明亚克力材质，单件或套装，任你选择。啊……啊……啊啾！

Williams-Sonoma通过对话式的标牌文案建议消费者选择相关产品，来创造额外的销售：

肉桂枫糖浆——天然佛蒙特州枫糖浆，加入了中国肉桂，风味甚佳。它能使华夫饼和薄煎饼更加美味。融入咖啡中，味道甜香无比。香草冰淇淋上点缀Williams-Sonoma的糖晶姜，感觉会非常棒。Williams-Sonoma的特有产品，12.75美元。

对话式的标牌，会假设购物者站着不动用足够长的时间来阅读它们。如果这些招牌写得特别好，读起来很有趣，而且被一家鼓励四处环顾的商店使用，购物者真的会喜欢这些"无声的销售人员"。然而，大多数购物者没有时间阅读冗长的文案。如果对话式标牌不符合你商店的形象，你也可以用简洁的描述性短语列出要点，来传达产品信息。把要点限制在三个或四个。信息太多，可能会阻碍购物者接受其中任何一个要点。

简单的短语是季节性概念的最佳主题，在这里，概念是重复的、推广活动风格的，用横幅或者其他类型的标牌布满整个商店。应避免过度使用以及陈词滥调的短语——除非你可以把它们巧妙地转变。理想情况下，你的商店应聘请一名专业的文案人员，他/她可以用全新的方法带来一个全店的广告突击。熟练的文案写手工作速度非常之快，成本往往比你想象得要低。如果外包不是一个可选项，而你被选为做这项工作的人，那么就寻找杂志和目录上的创意。购买一本同义词库和一本押韵词典，对你的专业书库而言是一笔不错的投资。

创意文案包括以下文学技巧：

- **头韵**——使用两个或两个以上首字母相同的单词：放松（Relax），提神（Refresh），活力恢复（Rejuvenate）！
- **熟悉的短语**——为之发狂！（Seeing Red!）
- **双关语**——尝试替换熟悉的短语里一些听起来相似的词：值得尝试（Fit to Be Tried）。
- **引语**——"我把时尚品味建立在无关痛痒的东西上。"吉尔达·拉德纳（Gilda Radner）。
- **押韵词**——拥抱蕾丝（Embrace Lace）。
- **主题形容词**——宠爱、滋养、满足。

■ 设计你的第一个标牌

下列的说明将告诉你，如果你打算下单打印定制一个标牌，如何通过绘制简单的草图来做一些准备。当你当面或通过电话和对方讨论标牌时，草图可以给你和打印店一些有形的参考。

假设你的标牌将以肖像格式（即垂直方

式）放置在一张11英寸×14英寸（28厘米×36厘米）的纸上。你需要一把尺子和一支铅笔来勾勒出这个标牌的空间。你要做的第一件事是画对角线，从每个顶角连接相对的底角，两条线相交的点正好是页面的中心。

标牌的**视觉中心**——眼睛自然落下的一个点——就是位于中心点上方（距离标牌顶部边缘大约三分之一的距离）。这将成为标牌的焦点。用一个小x标记它。标牌的标题将位于这附近。

标牌的边线或边框将在标牌的顶部和侧面各留1英寸（2.5厘米）。底部边距将更宽——约1¾英寸（4.5厘米），这符合框架艺术印刷品的一般规则。在标牌上画上边线。它们应该在你画的对角线上相交。现在你可以看到你的标牌组成的框架或边界。边框用来保证你的标牌将适合标牌架，周围有足够的空白来框定标牌的图片和文本。这些比例边距是标牌制作的习惯（图8.10）。

在确定了边线和视觉中心后，必须在标牌的中心填充文本。想象一下你推广的是闹钟。标牌要求列表（见工具箱8.1）描述了闹钟促销计划。图8.11~图8.13展示了三种陈列装置标牌的样式：对话式、要点公告式和项目/价格列出式。

常见标牌尺寸为5½英寸×7英寸（14厘米×18厘米）、7英寸×11英寸（18厘米×28厘米）和11英寸×14英寸（28厘米×36厘米）。这些尺寸主要用于陈列装置标牌。全开〔22英寸×28英寸（56厘米×71厘米）〕和半开〔14英寸×22英寸（36厘米×56厘米）〕的纸用于安装在落地式标牌架和海报框架（例如在自动扶梯墙上）上。陈列装置公司有许多种样式和制造工艺的标牌架，可以使用这些标准尺寸。

■ 标牌的制作

专业的标牌制作是做生意的必要开支。虽然这比用马克笔手写标牌要贵，但你需要权衡一下，没有高质量的标牌项目会给你的商店带来哪些形象损失，以及那些与购物者有效沟通方面的损失。

克里斯·贝利（Chris Bailey）来自一家为中西部零售商服务的数字标牌和印刷公司As Soon As Possible（ASAP），说道：

> 标牌的样式越来越注重快速清晰地传达信息，同时保持视觉吸引力。在这个充斥着网络和社交媒体的时代，普通消费者的注意力跨度非常短，因此在吸引他们的注意力方面，是迫切需要的。

一个标牌的**视觉中心**（optical center）是它的焦点，眼睛会自然地停留在中心点的正上方（大约是标牌顶部边缘的三分之一处）。

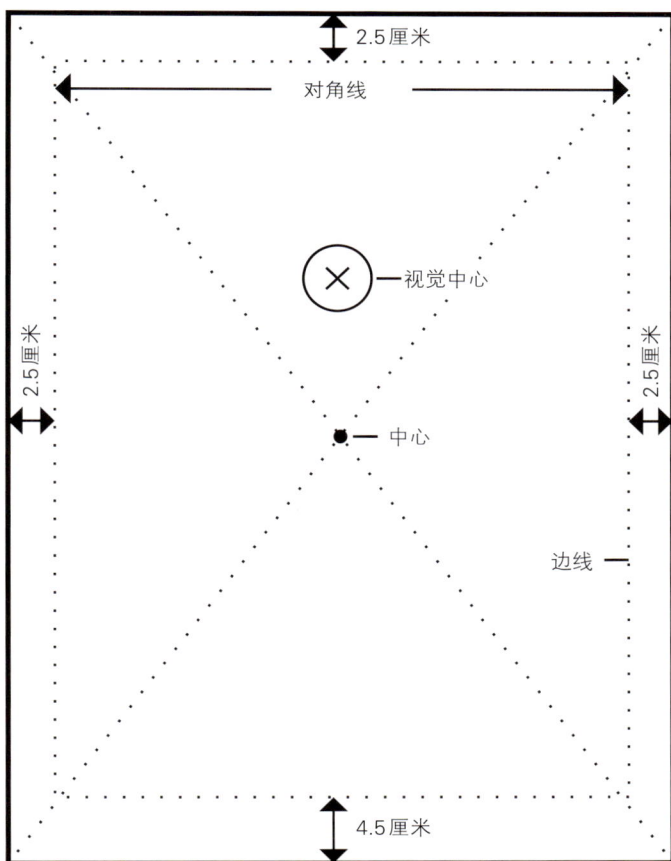

图8.10 留意此空白标牌上标记的中心、视觉中心、对角线和边线（边框）。图片来源：伊莲·温克尔艺术。

标牌要求列表:

部门: 家庭用品——床品和浴室用品。

买手: 杰克·史密斯 (Jack Smith)。

产品: Tymepeace™ 闹钟。

特别功能: 柔和的闹钟铃声, 音量可调。

颜色: 不锈钢、黄铜、白色、黑色。

其他: 可用任何依然走动的闹钟, 更换新的 Tymepeace 闹钟。以旧换新将进入求职人员项目。

价格: 以旧换新 29.95 美元; 普通价格 39.95 美元。

产品到店日期: 2017 年 8 月 15 日。

广告日期: 2017 年 8 月 21 日。

工具箱8.1 ▶

图8.11 (右图) 用正式的对称性排版呈现的对话式文案。图片来源: 伊莲·温克尔艺术。

图8.12 (左下图) 要点公告式的文案, 采用非正式的平衡排版。图片来源: 伊莲·温克尔艺术。

图8.13 (右下图) 仅呈现产品和价格, 采用非正式平衡的排版。图片来源: 伊莲·温克尔艺术。

宁静地开启一天
一台 Tymepeace™
鸣叫闹钟

可用任何依然工作 (但噪声较大) 的闹钟, 更换新的 Tymepeace 闹钟。

周末的清晨, 我们设置的鸣叫声会轻柔地唤醒您; 工作日的清晨, 鸣叫声则会稍微大一点。

您可以选择不锈钢、黄铜、黑色或白色, 可以搭配任何房间。

所有的以旧换新闹钟都将进入 "求职者" 项目, 此项目响应了本地一个社会服务求职组织的倡议, 为重新就业的人提供专业服装。

您微笑着醒来, 伴随着两个非常美好的缘由:

以旧换新: 29.95 美元

普通价格: 39.95 美元

Tymepeace™
鸣叫闹钟
可调节的轻柔鸣叫声

不锈钢、黄铜、白色、黑色

29.95 美元
以旧换新
(普通价格: 39.95 美元)

Tymepeace™
鸣叫闹钟

29.95 美元 以旧换新

(普通价格: 39.95 美元)

以旧换新进入 "求职者" 项目

贝利补充说："一种省钱的技术正在被应用，就是'数字丝网印刷'，或直接在底板进行的数字印刷。"在这个过程中，"设计可以直接印刷到几乎任何刚性或柔性的材料上，仅1英寸厚度。"贝利接着说，"当在几种不同材料上印刷时，数码印刷比传统印刷节省，少了相关的设置、制版和拼晒版的成本。"

目前正在使用的另一种技术形式是基于数码的刨切或定制裁剪印刷。贝利说：

"在过去，一个昂贵的模具不得不'模切'为独特的形状。现在，刨切机的存在，可以方便廉价地切割定制几乎任何形状。这提供了一个独特的外观，可以让你获得竞争优势，你必须在非常小的时间窗口里，抓住客户的注意力。"

贝利还指出了他所描述的两个更强劲的未来印刷趋势，他说："视觉上令人愉悦的标牌正以'商业速度'产生，它利用最新技术实现，我把它看作当下成功和经济高效的信息传达方式。"

不管你公司的技术落实点在哪里，贝利建议："要看你在跟谁说话。当你想为你的商店标牌定制设计时，你应该和一个平面设计师合作，不管是你自己的还是打印店的设计师。"他指出，较大的标牌必然属于专业打印店的领域，这仅仅是因为非商业打印机的条件限制。"比7英寸×11英寸（18厘米×28厘米）标牌更大时，你的内部选择基本上已经没有了。"他补充说，传统的文字处理程序通常不兼容PostScript语言，这意味着在小店的后台进行的图形设计和文本排版将无法有效地转换到专业印刷店进行大型标牌制作。

贝利说，如果小标牌的卡纸非常薄，可以用喷墨打印机或激光打印机打印。他将Mac和Windows系统上的InDesign、Illustrator和Photoshop称为具有良好图形功能的专业软件程序，经验丰富的设计师和经过培训和实践的中等技能的电脑操作员都可以使用这些程序。

贝利说："当你考虑到定制标牌的效果时，看起来很好的定制标牌其实并不一定昂贵。我们的行业趋势带来了提高我们速度和质量的技术。更快、更好、更便宜——这是我们的目标。"

ASAP网站（www.asap.net）有一个令人印象深刻的印刷术语表部分——这是一个非常有用的工具，可以提高视觉营销人员的专业词汇。

标牌的支架

在陈列装置制造商的产品目录中，你可以找到每一种可能的传统标牌支架（图8.14）。所有类型的标牌支架都可由金属、木材和亚克力或各种材料组合制成，各有优缺点。金属标牌支架坚固，因没有塑料覆盖物，没有反光问题。亚克力的优点是，支架或多或少为透明不可见，让标牌突出（似乎更明显）。两种类型均可接受。为了整个商店的视觉连续性，好的零售商只使用一种类型的标牌支架。

许多零售商会开发定制自己的标牌支架，以进一步区别于竞争对手。说到竞争，标牌支架行业也存在竞争。在当今的陈列设备市场上，标牌支架包括有趣的曲线和尺寸效应，以响应零售商对新陈列设备的需求，这是印刷行业的新发展。

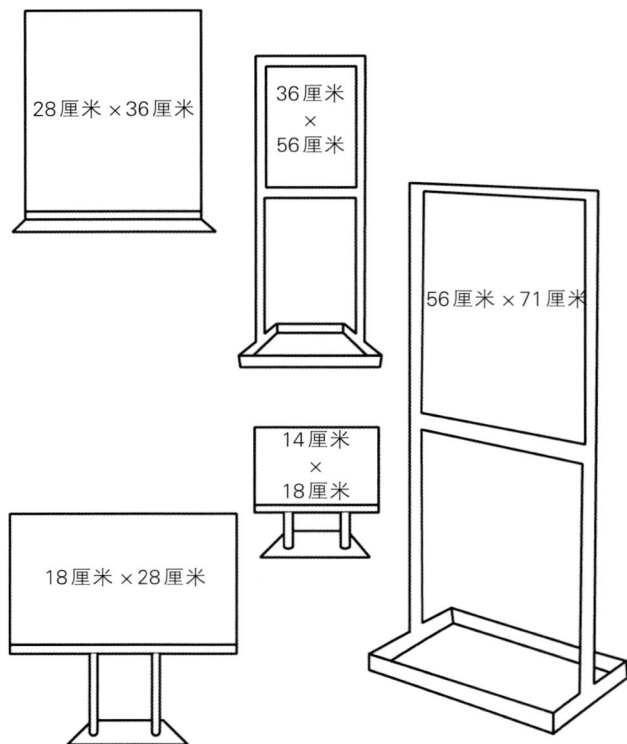

图8.14 各种常用的、传统的标牌支架。图片来源：伊莲·温克尔艺术。

标牌的信息来源

寻找标牌创意的一个特别棒的地方，就是《时代标牌》（*Signs of the Times*）杂志。自1906年以来，它一直是一个综合的标牌行业新闻、技术信息和深入分析的来源。它的在线杂志SignWeb（www.signweb.com），使命是指导和激励全世界的标牌和图形领域专业人员。视觉营销人员也会发现，定期阅读当地杂志摊很有用。像杂志 *Wallpaper* 和 *Real Simple* 都有令人惊讶的资源，可以为前沿的标牌文案写作、版面设计和类型风格提供参考。这两本杂志都对这一主题采取了巧妙设计、新颖的方法。

目录画册也是另一个特别棒的资源，特别是对话式文案、生活方式摄影和当前的色彩命名。宜家、Crate & Barrel、Pottery Barn 和 West Elm 都是家居时尚的绝佳资源。时尚服装目录画册已经基本上被线上销售战略所取代。看看任何一个品牌服装网店都可以得到灵感。

要亲眼看到使用中的一手标牌，可以去你最喜欢的购物中心。看看各种各样的商店，了解信息是如何传达的。请看图8.15中的标牌。不看图片说明，你能根据他们的标牌识别出多少商店？标牌风格与公司品牌形象的契合度如何？哪些最容易阅读？大多数购物者更喜欢哪种风格，对话式还是行列式？哪些标牌给出的信息最多？哪些标牌最能影响购买决策？

零售现实

两张半开纸等于一张开纸，这不是偶然的。从历史上看，标牌打印机使用的六层卡纸通常是22英寸×28英寸（56厘米×71厘米）的整张全开纸。将整张纸切成两半［14英寸×22英寸（36厘米×56厘米）］，然后再切成两半［7英寸×11英寸（18厘米×28厘米）］，再切成5½英寸×7英寸（14厘米×18厘米），可以制作出更小的标牌。这是一个经济地利用整张纸的方式。

事实上，纸的尺寸不再是一个限制，这为巨大的标牌创意铺平了道路。

We've reeled in a fresh catch of seafood and corn gadgets to make easy work of your next feast. Steam up succulent fresh lobsters and sweet corn on the cob in our classic enamel speckleware steam pot. Melt the butter and serve your feast with our Kittery porcelain.

Lobster Feast

FLATIRON BATH ACCESSORIES

		MEMBER
EXTRA-LARGE BOTTLE	$31	$23
SOAP DISPENSER	$31	$23
TISSUE COVER	$31	$23
TRAY	$27	$20
LARGE BOTTLE	$27	$20
SMALL CANISTER	$20	$15
MEDIUM BOTTLE	$20	$15
LARGE CANISTER	$27	$20
SMALL BOTTLE	$16	$12
TUMBLER	$16	$12
SOAP DISH	$16	$12

031116_U_R_BHW

- INTRODUCING -

TOSCANA COLLECTION IN SEADRIFT

○ A white wash gives this collection the look of casual driftwood

○ Hand planed to show small dents and carvings for the look of salvaged lumber

○ Extending table seats up to ten

POTTERYBARN

WILLIAMS-SONOMA

TRADITIONAL FINISH BAKEWARE

Our classic commercial-quality bakeware combines a natural finish with the same durable aluminized stainless steel as our Goldtouch Collection. Developed with the professional baker in mind, it features folded construction and wire rims to prevent warping—even with everyday use.

设计画廊：安德玛品牌店，芝加哥

作为消费者梦寐以求的Shop! 2016设计大奖年度商店，这个以运动为中心的体验式零售中心坐落在芝加哥Magnificent Mile，占据了一方夜空。一个动态的黑色入口塔楼作为向运动员致敬的信标，并为这个占地30,000平方英尺（2,800平方米）的品牌店的最新创新产品展示定下基调。注意直径30英尺（9米）的LED光环如何显眼地欢迎芝加哥购物者进入两层圆形大厅。视觉营销设计师利用巨大的空间，为一个巨大的半身胸像穿上一件鲜红的安德玛T恤，给这个中心焦点的创意赋予了新的含义。胸像周围的开放区域，在购物者进入众多经营跑步、训练、高尔夫、狩猎和渔具的专卖店之前，提供了喘息的空间。当你进一步进入这个空间，视频和平面图形会不停更新赛事分数和社交媒体，呈现高能量的氛围。

天然木材、钢材和混凝土等材料在整个商店中提升了能量和力量感。陈列装置是流线型的，主要是金属与木材材质，以确保主要吸引力放在产品上。该获奖旗舰店由Big Red Rooster公司设计，你可以在它的网站bigredrooster.com上看到更多照片，并查阅更多有关该店的信息。

摄影：玛格达·比尔纳特，设计：Big Red Rooster和A+I。

行业谈　"标牌设计与制作"，作者：肯·辛克莱尔（Ken Sinclair），曾任职于明尼阿波利斯彩虹标牌公司

我相信专业的零售店标牌制作，会将与客户的有效沟通视为其使命的一部分。一家提供全方位服务的公司，有经验丰富的咨询销售人员和内部创意人员，可以支持你想要的一切，以在某个指定市场上实现与购物者的沟通——这可能在其他大多数公司都做不到，除了那些使用最先进印刷设备的公司。

通过解释你的公司想对顾客说的内容，并将其转化为富有创意的店头标牌、横幅、全幅海报和全尺寸图形，抓住顾客的注意力，专业的标牌制造商将加强你产品的传播，为你建立品牌资产。如果没有专家的帮助，你怎么能做到这些呢？

一家专业的标牌和图形公司拥有更多更新的设备、

更好的创意资源（通常是内部的），并且能够生产出大多数比你自己创造的标牌更高质量、更具创新性的印刷品，从长远来看，这可以节省时间和金钱。你的公司不必拥有或更新设备、配备系统员工、购买供应品、维护设备、打印足够的标牌数量来分担成本、库存或完成标牌后的分发。合格的印刷公司甚至雇用他们自己的"督察"——经过培训的印前检查人员，专门检查完成作品上的文字或语法错误。很难对这项服务命名——除了

说它是一种对细节的承诺、对工作的自豪感和对客户的关心。永远记住"形式服从功能"这一古老的智慧。最出色的视觉营销创意，很容易变得过于昂贵和不可能实现，如果你不考虑它们是如何制作的，事情就会变得过于烦琐。新手设计师需要了解他们的标牌制造商的能力，然后在设计过程中与他们密切合作。这样，设计工作就可以创造经济效益和富有成效。

第八章　回顾问题

1. 不同类型的商品标牌都有哪些？商品标牌最重要的要素是什么？
2. 说出标牌的三个功能。制作标牌的步骤是什么？
3. 在零售店设置标牌的指导原则是什么？
4. 用于开发标牌的信息资源有哪些？

挑战——跳出条条框框

标牌排版

观察

参观当地一家商店，在它卖场的商品营销中，标牌是特色之一。找出一个只列出产品和价格的标牌，一个使用对话文案的标牌，一个使用公告式文案的标牌。速写每个案例的文本和排版布局。

比较

将其与本章中的标牌排版指南和示例进行比较。

创新

在家或课堂上，使用任何文字处理或标牌制作软件，设计商店标牌的改进版本。

• 根据标牌的功能性和文本量使用合适的字体和字体大小。

• 正确绘制边距。

• 确定标牌的视觉中心。

• 考虑平衡感、引导视线穿过文本的有趣线条、适当使用空白、比例（文本内容之间的关系），有效沟通。

在课堂上或向导师展示你的标牌，并解释你对字体、字体大小、排版和文本的选择。

特色杂货店产品标牌排版

要求：使用以下信息，为此处描述的特色产品创建7英寸×11英寸（18厘米×28厘米）公告式文案和对话式文案的排版。

观察

阅读以下产品说明。确定每个标牌中要显示的信息。产品：PICNI-KIT。

一个柳条野餐篮，内装有密封包装的、安全、方便、即食的熟食类食品，在烤架上重新加热即可食用。Picni kit有三种尺寸，有足够的食物和空间，可供2、6或10人食用。价格从30美元到150美元不等。包含开胃菜、面包、肉类、奶酪、干果和甜点。

为你的公告式标牌和对话式标牌准备至少两个草图。对于每个草图，请包括以下操作：

- 画出正确的边距。
- 确定标牌的视觉中心。
- 考虑平衡、空白、比例（各部分之间的关系）和有效沟通。选择合适的字体。

比较

为你的对话式标牌和公告式标牌选择最好的草图。准备好在课堂上解释你的选择，并与同学交流。

创新

考虑同学的建议，完善你的设计。

批判性思维

品牌凝聚力：分析比较零售标牌与店内营销或直接营销

一整套的零售店品牌化可以包括诸如标牌、店内营销、广告和直接营销等项目。

- 从同一家商店收集至少两个广告或营销活动的例子（互联网广告、直邮广告、广播、电视或杂志广告），然后去该商店查看相关的零售店内标牌和店内营销活动（柜台卡、传单、其他印刷材料——可定义为促销工具的任何材料）。
- 通过回答以下问题，将店内标牌与外部广告和营销项目进行比较和对比：

1. 各自的目标市场是什么？
2. 你在哪里找到的广告或促销？在哪里发现商店里的销售标牌？他们看起来像吗？
3. 零售商试图塑造什么样的品牌形象？
4. 商品是否有特色？广告是否关注价格或其他因素？
5. 如果显示价格，商品是正常价格还是销售价格？
6. 这些项目中如何使用插画或艺术作品？
7. 广告是否借鉴了文化和/或历史资料？

8. 所提供的广告商品的信息（文本）是什么类型的？
9. 这些广告有什么特别之处吗？
10. 店外营销如何反映零售商在店内使用的标牌，以创建完整的品牌形象？

把你所有的发现写下来，和全班同学分享。根据你的调查结果，这家零售商是否利用广告和店内标牌创造了一个有凝聚力的品牌形象？

案例研究

你的标牌是什么？
背景状态：第1阶段

你是一家商店的新任视觉营销部门经理，你认为这家商店的标牌工作很糟糕，令人困惑。它从一个商店设备目录手册上订购所有的机器印刷标牌，依据最后一刻促销决策和价格的变化而制作手写标牌。你的店主要求你为公司位于城市两端的两家门店制定新的标牌标准。你收到的唯一指示是"使标牌统一，以便我们可以同时为两家商店制作标牌"和"请注意预算"。

这家名为 It's All in The Game 的商店销售以下类型的游戏产品：

- 儿童和成人的棋盘游戏，从大富翁和拼字游戏到爬梯子和飞行棋。
- 几乎所有软件公司的流行电脑游戏。
- 高尔夫和射击等小型手持游戏。
- 跳棋和国际象棋等经典游戏。
- 角色扮演游戏。
- 槌球和地掷球等草地游戏。
- 与数学、语文、科学相关的教育游戏。

所有的商品都装在箱子里，搁在架子上。展品仅限于最高货架上的顶框面朝外摆放，这样沿着过道走向天然桦木货架的顾客可以很容易地看到它。没有存货，所有的东西都放到架子上。部分货品因价格昂贵或体积小存在安全风险而被锁在安全箱中。目前，在堆放的商品下方，每个货架的前边缘都要贴上标牌。关于它们的唯一信息是商品名称、SKU编号和价格。清仓商品和降价商品都用彩色圆点标出，收银台后面的墙上有一张解释定价方案的图表。

　　商店的沟通目标是强化商店好玩的游戏主题。这个还没有达成。购物者从商店标牌上得到的信息，需要比目前更多更好。游戏在货架上是按字母顺序分组的，而不是按类型或年龄分组的。唯一的桌子陈列，是放在店门前的清仓桌子。

你的挑战

1. 描述你将通过新的标牌计划传达的语调或氛围。

2. 选择你认为有助于实现此沟通目标的字体或样式。检查文字处理软件中包含的各种字体再开始使用。

3. 使用你选择的语调和字体样式，创建一个22英寸×28英寸（56厘米×71厘米）的标牌，欢迎购物者进入商店。

4. 假设你将保留当前的清仓/降价点系统。写一份向购物者解释的标牌文案。你可以提供任何你需要的额外细节。描述你要把这些信息放在哪里（例如，货架端盖标牌或落地式全开海报），并解释你的理由。

5. 描述按字母顺序排列货架上商品的销售缺点，并设计另一种组织商店商品的方法。然后描述，比起当前使用的标牌，新标牌如何更有效地为购物者服务。

6. 解释为什么生活方式图形可能是（或不是）适合你的新标牌计划的工具。

7. 描述一个"顶部"或"侧面"标牌，可能有助于你在两家商店标牌计划中增加一些视觉一致性。

背景状态：第2阶段

　　除了修改商店的标牌，另一个创新是实施一个开放的电脑游戏库，使购物者可以在真正试玩货架游戏之后购买。工作人员中有人提议设立一个有桌椅和两个计算机的区域来促进这一概念。这一区域将是一个客流繁忙的地方，这将需要许多信息标牌，以便购物者知道如何使用它，而不必从销售人员处得到广泛的指导。

你的挑战

1. 写下标牌文案。使用视觉化的装置和标牌文案，内容为欢迎客户到该区域，并解释了如何使用游戏和设施的步骤。例如，"在每个计算机旁，游戏按字母顺序放置在盒子中"和"试玩结束后，请在适当的位置归还游戏"。

2. 说明你希望为这次沟通选择的语言和语调。

3. 描述你将在何处找到此信息标牌，以及它的可读尺寸大小是多少。

第九章　灯光照明

灯光照明定义商店的品牌形象

灯光照明在定义和加强商店的品牌认知方面起着重要作用。它有助于提升商店环境的整体氛围和感觉。想想维多利亚的秘密商店里的灯光，它可能会让你想起自己家里的灯光，影影绰绰，柔和而温暖。将这种精神上的形象与沃尔玛明亮、凉爽、无阴影的灯光照明比较。现在再想象一下维多利亚的秘密使用沃尔玛的灯光照明，反之亦然。当然这样的事情绝不可能发生，撇开这个事实不谈，想想这种改变会对两家店的品牌形象造成什么影响？维多利亚的秘密的亲密环境将完全改变。如果沃尔玛像居家环境一样设置灯光，它的价值信息就看不清楚了。这个例子展示了灯光照明对商店品牌形象的影响。

佩特森（Pettersen）零售咨询公司的埃德·佩特森（Ed Pettersen）描述了多年来零售环境中的照明是如何变化的：

> 照明已经远远不仅是曾经认为的实用设备。它已经被用来为空间设置一个整体调子，同时强调特定的产品。通过不同的颜色和温度范围，照明既可以用普通的方式照亮空间，也可以明显聚焦特定产品，以提高其感知价值，特别是在涉及软商品线的情况下。

灯具造型也有助于品牌认知，如图9.1所示。诺德斯特姆屡获殊荣的LED光编织展示表明——照明设备不仅仅是功能性的。它们为商店设计增添了有趣的氛围，有助

> "当顾客停留在您店里时，灯光会显著影响他们的舒适感。他们感觉越舒适，往往停留的时间就越长。"
>
> 布拉德·斯图尔特（Brad Stewart），赫拉（Hera）照明公司销售执行副总裁

完成本章后，你应该能够：

- 描述灯光照明如何帮助商店定义品牌认知
- 解释为什么在购买灯光照明系统时必须咨询照明专家
- 确定灯光照明的三个功能
- 识别各种灯光照明系统
- 确定灯光照明的优先级
- 讨论当前最佳的灯光照明实践

图9.0　Page餐厅的花朵灯雕塑获得Shop！2016年设计奖。罗纳德·里根华盛顿国家机场A航站楼，华盛顿特区。图片来源：ICRAVE，设计师和事件景观（Designer and Eventscape）制造商。

图9.1 加拿大温哥华太平洋购物中心，诺德斯特姆获奖的光编织LED灯具悬挂在开放区域的天花板上，效果耀眼。图片来源：由诺德斯特姆提供，摄影：Connie Zhou。

图9.2 佛罗里达州蓬帕诺海滩的全食超市屡获殊荣的绳索照明装置。图片来源：ID & Design国际公司。

于在整个环境中吸引购物者。以云般的白色天花板和柱子为背景，这种如空气般，闪闪发光、星星般的照明激发了一种自然的感觉。

在图9.2中，佛罗里达州蓬帕诺海滩的全食超市（Whole Foods Market）在其40,100平方英尺（3,700平方米）的商店中，围绕一个古老的航海主题设计了他们的店内环境。他们的绳索照明装置以一种独特的、引人注目的方式传递着放松的海滩感觉。想象一下这个座位区如果没有任何装饰灯具，品牌会失去影响力吗？照明对环境的整体形象和感觉有多重要？

灯光照明技术

显然，灯光照明技术在不断变化。这对商店设计师和视觉营销人员来说是一个特殊的挑战，因为照明设备和系统都是昂贵的物品。前期的深入研究是确保店面规划人员选择的照明系统能满足长期需求的唯一途径。幸运的是，零售商可以咨询熟悉零售环境的照明专家，让他们帮助制定照明策略，以尽可能低的成本保证氛围、安全和安保。

照明制造商可能拥有专家团队，他们可以为零售商制定全面的一站式照明计划。他们首先询问关于商店、品牌认知、产品和顾客的问题。一旦他们了解了零售商的业务，他们会为特定的照明系统提出建议，并就如何管理这些系统提供建议。最大的照明效率和最小的能源开支是目标。由于运营成本很容易超过照明系统的初始价格，他们还会审查能源和维护要求等隐性成本，以及运输、搬运和加工成本。也可以雇用独立设计师，其中许多是国际照明设计师协会（IALD）的成员。

有时候，你可能会参与现有商店的照明系统更新。你首先要寻找的是与当前系统兼容的新**灯具**样式。用新的、更高效的灯代替旧的灯可以大大降低商店的电费。然而，更新系统需要接受不同的灯具或光轨，可能涉及另一组费用，有时费用会更高。这就是照明顾问的价值所在。他们可以衡量利弊，帮助你找到前期费用和长期节约之间最好的平衡。

不要忘记改变现有照明系统的主要原因——用最好的光线展示产品的机会。你应该优先考虑这样做会给你的商店带来金钱机会，而不是担心它会让你的商店损失金钱。比较所产生的成本和所获得的优势。除了节省运营成本外，新灯具还可以提高展示商品的色彩清晰度。那些利用照明系统新技术的商店，是为了增强商品色彩的外观，并为顾客提供最佳的购买决策条件。

50年前，欧洲照明公司BARO创立，其理念是为食品商品提供照明，使其新鲜度和质量更加显著。如今，他们提供LED光

零售实践

谱和针对不同产品定制的特殊光色彩。在食品杂货店，最大限度地保护产品至关重要，没有热辐射的LED照明提供了最佳解决方案。他们网站上的一句话清楚地表明了他们的热情和专业知识："没有什么地方比鱼（的照明）更能清晰地感受到新鲜：冰必须闪闪发光，鱼必须闪耀。明亮、凉爽的光线和较高的照明水平最适合这种情况。"（www.baero.com）

灯光照明功能

灯光照明系统在商店环境中实际执行四项功能：环境照明、重点照明、任务照明和装饰照明。

■ 环境照明

确定色彩再现的一般整体照明称为**环境照明**。如果你曾经要求售货员把两件衣服带出商店，放在日光下比较或搭配颜色，那么你就是在没有足够照明的商店环境中购物。鉴于照明行业最近的发展，这是不可接受的。为商品提供最佳**色彩再现**的照明从来不是一种选择，而是一种必需品。

就像色彩会在晴天下显得更亮，在阴天里显得更暗一样，商品的色彩在店里的不同灯照下也会发生变化。

不同商店的色彩再现会有所不同，就像不同商店的灯具会有所不同一样。即使两

灯（lamp）这个词至少有两种不同的含义。在照明行业，灯即是照明。对一般人来说，灯是指带有灯泡、电源、底座和灯罩的照明设备，这些灯罩或者是装饰性的，或者是纯粹的功能性的。

环境照明（ambient lighting）指一般的、整体的照明。

色彩再现（color rendition）是指在最接近自然光的条件下，灯光照明允许人们观看到色彩的程度。照明行业在列出每盏灯的规格时使用显色指数（CRI）这个术语。

图9.3 加利福尼亚州贝弗利山路易威登牛仔竞技大道（Louis Vuitton Rodeo Drive）不同层次的环境照明与重点照明相结合，形成了一个引人注目的商店内部环境。

零售现实

零售和商业照明中最具视觉效果的趋势之一，是环境照明和重点照明之间的平衡。越来越多的零售商正在降低环境照明水平并增加重点照明。采用新的LED技术，零售商正在降低成本并提高照明水平。最终结果如何？顾客对各种各样的产品更感兴趣，销售额也随之上升。

家商店使用相同的照明系统，天花板、墙壁和地面覆盖物等其他因素也会影响任何环境中的照明水平。例如，深色地毯会比浅色地毯吸收更多的光线，从而降低商店的环境照明水平。环境照明也可以有意改变，以创造一个像路易威登豪华购物环境的气氛（图9.3）。

重点照明

重点照明是一种辅助照明设备，可为展示添加闪光或强光，在已有常规光源的区域创建特别聚焦点。请看图9.4，注意环境光减少如何加强了重点照明对人体模特的影响。因为电线和灯具巧妙的安排为平面图形设计，这个重点照明也为背景墙增加了吸引人眼球的趣味。

任务照明

在工作区域——结账台、更衣室、试衣间、储藏室、洗手间和办公室——需要实施**任务照明**。照明专业人士特别注意服装试衣间和卖场全身镜上方的任务照明。设计师们明白，购物者需要在一个既能增强肤色又能增强时尚色彩的照明环境中完成试衣（图9.5）。

理想情况下，试衣间的照明水平应该最接近于家庭使用中的照明水平，使购物者能够看到自己在与住宅照明相匹配的条件下的服装试穿效果。在设置试衣间时要记住一

图9.4 重点照明在这个橱窗展示中扮演着两个角色，它既聚焦于人体模特，同时也将你的眼睛吸引到后墙的巧妙照明展示中。梅西百货，纽约。版权所有：WindowsWear PRO，http://pro.windowswear.com contact@windowswear.com1.646.827.2288。

图9.5 纽约中央车站的一个大型任务照明面板，俯瞰着MAC的化妆台。图片来源：《女装日报》/康泰纳仕出版集团。

点：带有高**显色指数**（CRI）LED的侧镜照明既能忠实地显示服装的颜色，又能提升顾客的颜值，使其显得更苗条、更有魅力。在这方面投资是明智的，将直接影响到顾客的接受底线。试衣间是一个私密的空间。光线应该能增强隐私感，使观者和服装更好看。调查一下化妆师使用的那种灯光，柔和而讨人喜欢。

■ 装饰照明

装饰照明主要用于营造氛围和提升商店品牌形象，但也可以有效地影响顾客情绪。将装饰装置放置在显眼的位置，如位于商店中心或商店内部的桌子上方，以吸引顾客进入独特的品牌区域。它们也可以放置在自动扶梯上作为客流导航的解决方案。再次查看图9.1和图9.2，了解装饰照明的示例。

照明系统

为满足各种零售照明需求，目前最好的两种照明系统是荧光灯和LED。白炽灯（普通灯泡）照明在零售业中已被逐步淘汰，除非纯粹用于艺术效果。LED技术现在可以在显色指数上与白炽灯竞争，且竞争优势是显而易见的。卤素灯现在和白炽灯走上了同一条道路，LED的效率几乎是白炽灯的七倍。在这里仍然提到白炽灯和卤素灯，是因为它们仍然可用，所以了解它们在化妆或者艺术效果上的特性，也是有帮助的。

■ 荧光灯照明

荧光灯提供环境照明。它们操作成本低廉，通常用作折扣店和仓库零售店的唯一光源。最近改进的荧光灯系统寿命长，每瓦特流明高。流明是任何光源发出的光与燃烧的蜡烛产生光量的比较。

在百货公司和专业零售店，荧光灯通常与其他照明系统相结合。尽管荧光灯在商店环境中提供了廉价的普通照明，但它们不能有效地突出商品或陈列品——而这是大多数零售商店的要求。它们也是没有阴影的，这使商品显得扁平或无维度感。零售商们对荧光灯系统进行全面改进提出了要求，作为回应，有几家灯具制造商合作生产了一系列高光输出和彩色的灯泡，能弥补商品表现和外表色呈现。

■ 白炽灯照明

白炽灯照明长期以来一直被用作现实生活中重点照明和任务照明的最佳方法，但这种能源效率低下的照明方法在今天已经很少见到。白炽灯发出的是特定区域的暖光，而不是荧光灯系统产生的整体冷光。所使用灯的类型决定了照射区域的范围。泛光灯照亮的区域很广；聚光灯覆盖的区域较窄。聚光灯有各种尺寸和强度。它们能有效地覆盖1英寸（2.5厘米）到6英尺（1.8米）的范围。一旦你了解了各个聚光灯和泛光灯的范围和功能，这就只是一个简单的问题了：选择一个正确的选项，并安装到一个可调节的插座或轨道系统中。

白炽灯系统提供了出色的色彩再现，但它们的使用寿命较短，每瓦特产生较低的流明，比荧光灯系统有着更大的成本。白炽灯可以增强红色、橙色和黄色，但会减弱蓝色。它们分反射型和无反射型，可以获得更大的冲击力。

■ 卤素照明

卤素灯和金属卤化物灯是其他类型的白炽灯，传统上提供最接近日光的色彩再现。它们提供更长的灯具寿命和更高的流明效率，比标准白炽灯的效率高10%~20%。

卤素灯通常用于重点照明和任务照明，有时也用作环境光源。卤素灯系统的初装成本很高，但随着时间的推移，它的耗能效率低使其具有成本效益。重要的一点是，你不能赤手处理卤素灯，手上的油脂会导致灯烧毁得更快。在考虑使用卤素灯系统时，你应该记住，负责更换灯具的人员需要经过专门培训。此外，卤素灯和白炽灯一样，也正在被逐步淘汰。

■ LED照明

目前照明行业的宠儿是**LED**灯，它已经从十多年前的变色显示技术发展成为越来越可靠的白光光源。LED系统具有固有的方向性，它们几乎将所有的光输出都发射到所需要的方向，而不是分散到别处。它们不需要凝胶或过滤器，这些都会极大地阻止一个设备的光输出百分比。在比较照明设备的光传送时，LED照明设备的性能通常也很好，在某些情况下明显优于传统照明设备，同时消耗的能源要少得多。

■ 照明系统的技术趋势

可调白光LED技术正在成为零售照明的支柱。用户可以通过"调节"空间中的光量来改变特别活动的气氛，这在今天变得越来越重要。随着网络购物竞争的稳步增加，零售商在到处寻找吸引顾客的方法。再看看图9.3，观察不同层次的环境光如何加强路

易威登的奢华购物体验。

正如2016年4月《视觉营销和商店设计》所报道的那样，其他趋势也越来越受欢迎。纽约流明（Lumen）建筑事务所的尼尔森·詹金斯（Nelson Jenkins）解释道："随着LED变得更小、更紧凑，其输出变得更亮，将这些光源整合到建筑细节中就更容易了，比如背光表面或凹槽后面"（图9.6）。巴尔的摩市CallisonRTKL建筑公司的朱尔斯·金姆（Jules Gim）说："您也可以看到集成在半透明材料中的LED，比如说，一块可以编程的动画和动态屏幕，但当您按下一个按钮，它就会变回一块透明的玻璃。"

照明橱窗和店首陈列

在橱窗和店首陈列展示中，对商品的照明——当你在学习这门手艺的时候——是一个反复试验的过程。如果可能的话，你可以通过增加色彩的暗示或者强化产品以达到突出和戏剧性的效果，使其在展示中脱颖而出。你最不想要的就是扭曲产品的真实颜色。为展示橱窗照明可能需要增加彩色照明，以纠正因阳光照射到商品上而导致的色彩失真，或增强中午时刻橱窗购物的色彩对

图9.6 动感的重点照明，为店中央活跃的人体模特注入活力，芝加哥安德玛品牌店。
摄影：玛格达·比尔纳特，设计：Big Red Rooster和A+I。

比度。

在《视觉营销和展示》（*Visual Merchandising & Display*）里，马丁·佩格勒（Martin Pegler）指导视觉营销人员通过选择彩色灯来增强橱窗和店首展示中的产品色彩，这通常是一个很困难的过程。在非开放式的橱窗中，你将使用特定显示的光源，而不是环境照明，这样可以更好地控制照明效果。对于开放式的橱窗和卖场，你可能需要考虑环境照明产生的特殊影响。你可能还需要为某个部门的氛围创建一个独特的彩色照明方案。这时你就会知道佩格勒所教的内容是多么的好。例如，他说，红色涂料或纺织品上的红光会"弹出"红色，为物体底色增添光彩。同样地，红光照在蓝色的衣服上会使它看起来是棕紫色的。红光映照在绿色衣服上会使它看起来像深灰色。红光映照在橙色衣服上会使物体看起来很苍白。在黄色上，红光会使其褪色，使其外观接近白色。这意味着你在向陈列展示中添加彩色灯光效果时，必须小心谨慎并做出正确判断。为你的展示道具和总体展示增添气氛的灯光，可能会向购物者传递一幅扭曲的商

品图片。

蓝光会使红色商品变成紫色，而蓝光作用在蓝色商品上，会使呈现的效果更加强烈。蓝光在黄色物体上会产生绿色，蓝光在绿色物体上会产生绿松石色。在紫罗兰色上，蓝光会产生蓝紫罗兰色，也许会增加悬垂织物的深度和丰富性，这可能是一个让人仰慕的结果。记住运用你最好的判断力。

绿光照在红色上，会使物体变成棕色。绿光照在黄色上物体则变成黄褐色，绿光照在绿色物体上会给你一个更明亮的绿色。绿光照在橙色上，会把它打磨成旧的金属色。绿光照在紫色物体上，会呈现一个深灰绿色。

如果你想强调橙色，就用琥珀色的灯光来表现更明亮、更真实的橙色。洋红色照在橙色上会给你一个明亮的红橙色，洋红色照在红色上会呈现樱桃色。洋红色照在蓝色上表现为群青蓝色，照在黄色上表现为橙色。为了得到这些灯光效果的线索，你可以用彩色的醋酸透明纸或者用彩色铅笔做实验（把彩色灯光照在一张颜色纸的上面）看一看彩色灯光照到彩色纸上，颜色会有什么变化。

优先照明检查表

视觉营销经理和商店规划师，如果正在研究现有的照明系统更新，他们会使用列表检查的方法，以避免忽略关键项目。列表可作为一种规划工具，有助于确定关键区域的优先级。在这些区域，改进过的照明将对商店形象和销售产生影响。列表也有助于在安装改进后评估维护需求。此清单上的项目，将显示哪些区域在照明和商店形象方面是真正重要的：

• 商店或部门租赁线上的陈列装置。
• 商店或部门入口两侧的重要墙面。
• 商店的后墙。
• 店首空间、壁龛和凹龛。
• 销售楼层展示区，展示橱窗。
• 工作区：结账台和试衣间。

你可能认为所有这些更新和改造都是一种管理活动，而不是初级营销设计师需要关心的事情。在某种程度上，这是真的。你可能不用选择照明系统或下订单，然而，你确实需要兴趣和关心，因为作为一名操作实践者，你将每天查看照明检查表。你也可能会被要求去培训销售人员做同样的事情。在你未来的职业生涯中，你可能是参与研究和规划的决策者之一。

照明一般指南

以下指南适用于各类商品的照明：

• 将任何可调光聚焦在商品上。如果移动灯具，请检查是否需要调整灯具。聚焦在空白墙壁或空白地板区的灯光没有任何作用（图9.7、图9.8）。

• 将可调灯光设置成一定角度，而不是笔直地照射，可以最大限度地扩大照明区域（图9.9）。

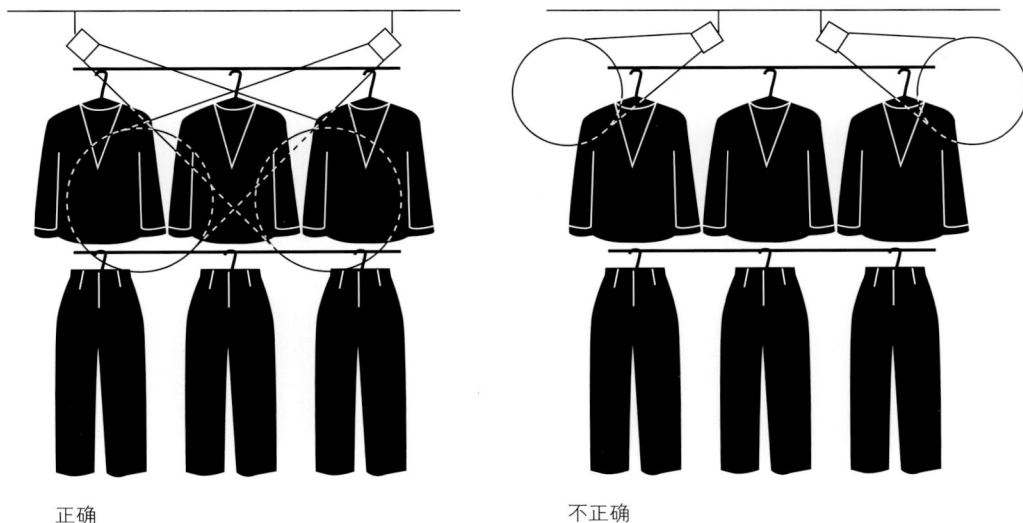

正确　　　　　　　　　不正确

图9.7 时尚服装展示中的泛光照明。在正确的例子中，带有泛光灯的灯具聚焦在商品上。在不正确的例子中，灯具聚焦在空白墙上，而不是商品上。图片来源：伊莲·温克尔艺术。

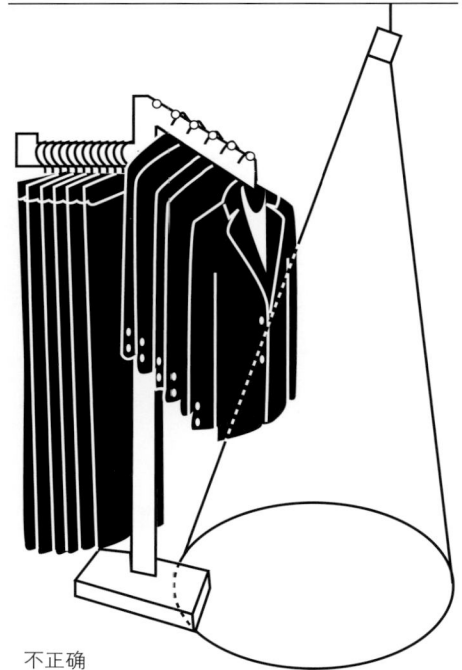

正确   不正确

图9.8 时尚服装展示中的灯光。在正确的示例中，带有泛光灯或聚光灯的灯具聚焦在地面陈列架的商品上。在不正确的示例中，设备照明聚焦在地板上。图片来源：伊莲·温克尔艺术。

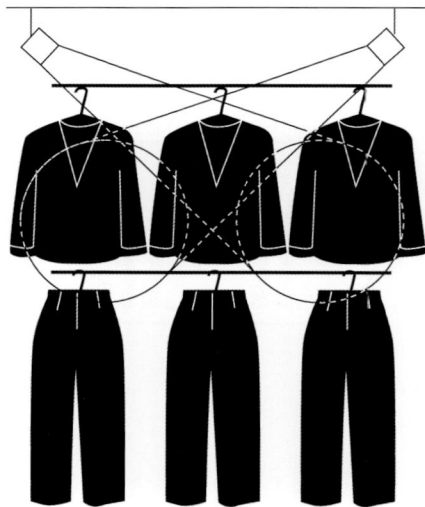
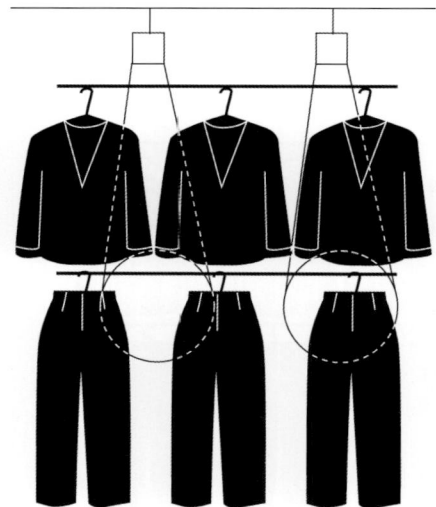

正确   不正确

图9.9 时尚服装展示中的泛光照明。在正确的例子中，带有泛光灯的灯具交叉照过商品，以最大限度地提高照明效果。在不正确的示例中，灯具没有交叉照射。请注意照明范围是如何被最小化了的。图片来源：伊莲·温克尔艺术。

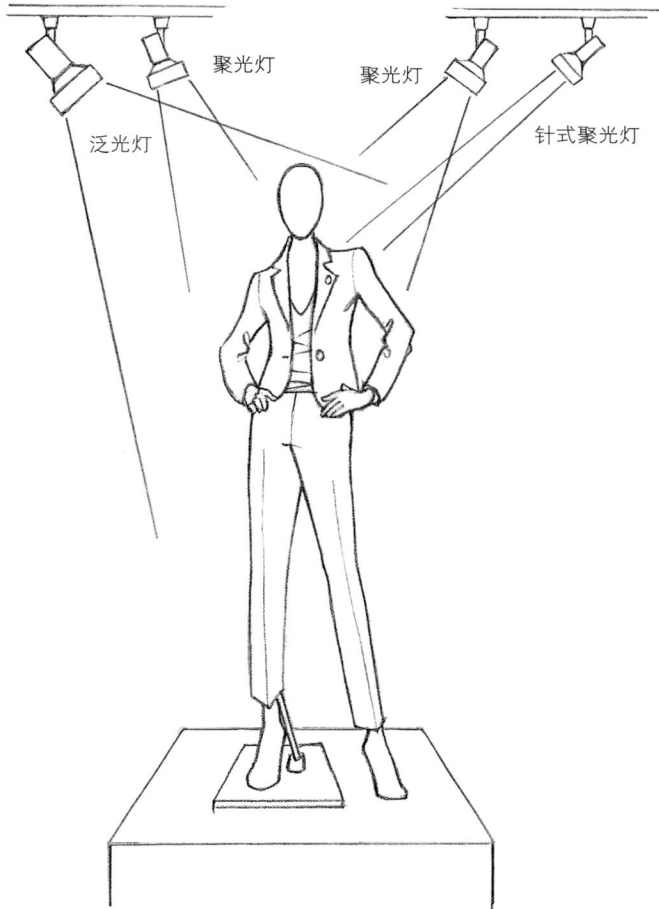

图9.10　带有泛光灯、聚光灯和针式聚光灯的照明设备组合在一起，为站台上的人体模特展示创造了冲击力。图片来源：克雷格·古斯塔夫森艺术。

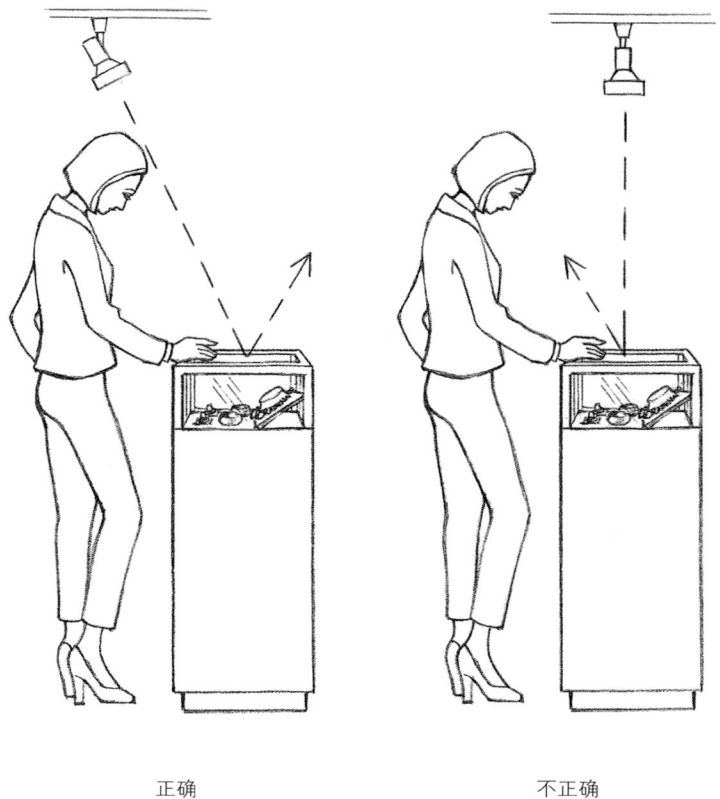

正确　　　　　　　不正确

图9.11　展示照明。在正确的示例中，照明设备的位置是斜向的，这样灯光就不会产生眩光。在不正确的例子中，灯光的位置会产生眩光，这可能会刺激购物者的眼睛。图片来源：克雷格·古斯塔夫森艺术。

- 将显示区域中的聚光灯和泛光灯组合在一起，以获得更生动的外观，如图9.10所示。
- 为展示而设置的重点照明，应比商店环境照明的亮度高出三到五倍。
- 区域内有玻璃台面或镜子时，要调整灯光，让顾客的眼睛不会感觉到眩光（图9.11）。
- 如果灯烧坏了，只能用相同样式的灯更换。聚光灯应更换为聚光灯，泛光灯应更换为泛光灯。
- 保持灯具和灯泡清洁。有灰尘的灯可能会大幅减少照明输出。也要清洁灯具内部，因为其表面可作为照明的反射镜。
- 定期清洁或粉刷商店墙面和天花板。这些表面的灰尘和污垢会减少光线反射。
- 深色地板和地毯会吸收光线，因此浅色、中性色是更好的地板选择。

人口统计学方面的意识

你已经阅读了照明行业的一些最新技术发展，了解它们每天都会有更多的变化。在未来十年里还会有其他一些因素将影响你完成照明任务。在本节中，色彩营销集团（CMG）和安威罗塞尔公司分别指出了两个重要的人口统计学变化。

色彩营销集团是一个为制造商预测色彩方向的专业组织，它看到了那些影响消费者色彩反应的变化。色彩营销集团预测，消费者已经从"快节奏的数字时代"中醒悟，而在周围环境中寻找更多舒缓和精神层面的元素。

店内照明，应创造一个不那么繁忙、压力较小的购物环境，有可能为商店吸引更多的顾客和捕捉更多的业务。如果零售商使用高科技照明工具来促进令人满意的高触摸购物体验，他们将会平衡重要的哲学上的和环境上的趋势。

安威罗塞尔公司的研究预测：婴儿潮一代很快将会难以看清色彩的层次。这只是年龄增长的结果。安威罗塞尔公司主管帕科·昂德希尔表示，"对许多（年长的）购物者而言，察觉蓝色和绿色的区别将变得更难。设计师使用黄色将变得更难——因为所有东西看起来都有点黄。"在这个年龄段的人群中，由于人口群体的庞大，色彩感知的扭曲对视觉营销人员产生了影响。

我们的眼睛像照相机一样工作，光线必须通过一个开口（光圈）和形成图像的光学元件。老龄化会模糊和黄化眼睛的光学元件，并缩小瞳孔。由于整整一代人的眼睛随着年龄的增长而变黄，视觉营销人员将不得不寻找各种方法来补偿照明技术，使商店和展示的颜色尽可能真实。

关于购物所需的光照量，昂德希尔说："典型的50岁老人的视网膜接收到的光比20岁的普通人少四分之一，这意味着许多商店、餐馆和银行应该比现在更明亮。如果购物者要看清他们要买的东西，甚至是在他们走动的过程中也能看清，就不可能只有一小片昏暗的光线。照明必须明亮，尤其是在一天中老年顾客会去购物的时候。"

当台阶和高低架之间的明显区别消失时，楼梯必须有更好的照明。针对定向标牌的照明必须相当强烈，因为眼睛老化也会降低观察对比边缘和边界的能力。单词和数字必须要大一些。更不必说，比起目前很多零售店里所使用的标牌而言，所有标牌——特别是对话式标牌——需要更易于阅读，以及更好的照明水平。

设计画廊：Page餐厅，罗纳德·里根华盛顿国家机场

Page餐厅位于华盛顿特区的罗纳德·里根华盛顿国家机场，它的装饰照明引人注目。俯瞰餐厅吧台的花灯雕塑获得了Shop! 2016年度设计奖。显而易见，将外部引入室内，是这一灯具对大自然的敬意。其花瓣与天花板肋架对齐，通过隐藏在花瓣内的定制LED灯具强调。定制的LED灯具具有单独控制的通道，色彩从白色到琥珀色。照明可以用编程调节，以平衡白天窗户的自然光，并在晚上创造一个温暖的环境。

再看看在云状天花板结构中宛如星星的灯光。在机场环境中，大自然的魅力让旅客安静下来等待航班，这是为他们提供舒适生活的有效方式。在这个美丽而创新的照明设备的保护伞下，他们还配备了iPad用于订餐、上网和接收实时航班通知。我们很容易理解，在机场将高科技含量的功能和戏剧性的建筑结合起来，会成为提升顾客体验的一部分。Page的视觉营销是一个很好的例子，让我们记住如何利用灯光来影响顾客的情绪，并在繁忙的工作时间里为他们提供一个受欢迎的休息时间。

图片来源：ICRAVE，设计师和事件景观制造商。

　　我会建议商店设计师应有一个唯一的目标：设计商店要让公司的现金流和利润得到最大化。合适的照明在以下两个方面都至关重要：

　　增加销售额：照明对顾客在商店里的舒适感影响显著。他们感觉越舒服，往往停留的时间就越长。那么，我们如何利用灯光让顾客在商店里待得更久呢？事实证明，日照较多的环境有助于这项工作。有趣且照明良好的后墙往往会吸引顾客深入商店。他们冒险越深，停留的时间就越长。

　　此外，使用适当的和战略性的陈列照明将提高我们所说的视线—产品比率（Eye to Product Ratio，ETPR）。ETPR的定义是：顾客的眼睛集中在商店里的一个产品上的时间与任何其他物体上的时间的百分比。考虑到70%的零售购买是冲动购买，ETPR的每一次增加都会增加单次客户访问的销售额。适当的陈列照明是提高这一比率的主要关键。

　　降低成本：LED技术已经发展到比荧光灯便宜，它的生命周期成本已经降低了一段时间。现在，它的前期成本更低了。根据NRF（全国零售联合会）的数据，在零售店更换灯泡的成本是每盏灯10~15美元。一个质量好的LED灯可以使用7年或更长时间，而不需要更换一个灯泡。将耗电量的节省和更换灯泡的节省结合考虑，使LED灯成为大多数实践中的最佳选择。

第九章　回顾问题

1. 照明如何反映和定义商店的身份？举一个你觉得光线很好商店的例子。这家商店的灯光让你感觉如何？这是会影响你在那家店购物的原因吗？

2. 为什么在设计新店时，照明专家必须是设计团队的一员？为什么在安装照明系统时，热量是一个重要的考虑因素？

3. 照明的四大功能是什么？举例说明零售商店中使用的每种类型的灯。

4. 在零售商店中，灯光如何引导顾客？你能想到有哪家零售商，在顾客购物时用灯光引导他们穿过商店吗？

5. 举三个例子说明使用照明的一些最佳实践，以及照明如何提高产品质量。

挑战——跳出条条框框

照明评估
观察

　　参观你选择的两家零售商店。回答以下关于这两个商店的问题。

1. 这家商店租赁线上的照明是否明亮？

2. 看看商店的所有墙面，包括后墙。它们的光线好吗？它们使用什么类型的照明？

3. 是否有灯光聚焦在空白墙面或地板区域？

4. 展示区域是否比商店的其他区域更明亮？

5. 结账台照明是否足够亮，以便于处理交易？

6. 你对试衣间的照明有何看法？

比较

　　比较这两家商店的照明情况。哪家店的整体照明方案最好？

创新

你如何提高这两家商店的照明？

批判性思维

生活中的照明

你可能不会真正注意到，你每天都会遇到各种类型的照明。你的教室、你的房子、杂货店、你最喜欢的零售店里，照明都是什么样的？你的电视和电脑屏幕用的是什么照明？

选择一天，记下你遇到的所有类型的照明。

1. 写下日期。
2. 使用日历的格式，标出一天中的每一个小时。
3. 每次遇到新环境或去任何新空间时，使用移动设备记下笔记并查看是否有照明。
4. 完成一天的工作后，研究并做出最佳判断：每台设备、屏幕、房间，以及你所处的空间里的照明类型是什么？你去给汽车加油了吗？加油泵那里有照明吗？你去星巴克了吗？等等。
5. 那天你遇到了多少种不同类型的照明？
6. 对于每个零售空间：你遇到的照明类型是否与你使用的环境相匹配？或者你觉得在那个特定的空间使用的照明很差？

与同学分享你的评论和发现。

案例研究

让光出现
背景

假设你是一名视觉营销设计师，在为三位即将进入零售业的企业家提供咨询服务。他们心中已经有几种可能的商店概念，在他们评估可能性的时候，你将给他们一些指导。

他们关心的一个问题是商店的照明，因为他们发现燃料成本又在上升。由于他们拥有自己的大楼（以前有一家五金店），并且必须支付店面改造和每月能源费用，因此他们考虑控制成本："我们希望运营效率足够高，以保护资产负债表上的底线，但我们也不想削减必要的氛围元素。"

企业家们正在研究两种类型的零售选择：

- 一个低价的自选画框仓库，也出售廉价的艺术印刷品和摄影作品。
- 一个拥有定制画框的高端摄影设备/照片画廊业务。

无论怎么说你都不是一个照明专家，但你确实想给他们提供一些基本的照明指导。

你的挑战

1. 为每种类型的商店提供一种照明类型（或者几种照明类型的组合），并解释为什么每种类型的照明在这种情况下最有效。规划通过讨论开始，为每个零售概念建立一个强大的品牌认知/形象所需的照明类型。注意环境照明、重点照明和任务照明的问题。
2. 确定几个信息来源，从中可以收集有关当前零售照明技术的更多信息。
3. 该建筑有传统的商店橱窗。提出建议，如何将它们用于每种类型的业务。讨论该决策对室内照明和橱窗照明的影响。例如，你认为这个商店的橱窗应该是开放式的还是非开放式的？
4. 为每家商店绘制照明布局（请参阅本章中的指南和插图）。
5. 浏览 www.visualstore.com 或任何其他商店陈列设备网站，选择一些照明设备，用来完成你的标准清单中列出的每个商店的任务。打印照片或绘制下来，并将其附在你的案例研究中，然后再将其提交评估。

零售氛围传播

现在可以决定你的标牌和照明计划了——这是向购物者传达零售氛围的重要手段，如第八章和第九章所述。在第一部分（第一章~第三章）和第二部分（第四章~第七章）已经完成工作的基础上继续进行。

第1部分

你的顶点项目商店将如何向路人和潜在顾客宣布它的存在？他们如何知道你卖的是什么？这家商店的标牌如何迎接他们？

- 设计（绘画和/或描述）你的顶点项目商店的外观和外部标牌。请参阅第一部分中的店面说明。
- 准备一份基本原理说明，说明你的室外设计策略如何支持你的品牌形象，以及你的室内氛围选择，这些在第二部分中已经完成。

第2部分

- 生活方式类图像是否进入你的沟通策略？解释为什么它们适合或不适合你的店铺。
- 解释你为店铺内部的标牌选择的语言方式和语调，你希望实现什么样的目标。
- 手写标牌是否适合你的顶点项目商店？为什么适合？为什么不适合？解释目标顾客的年龄是否会影响商店的标牌策略。
- 撰写标牌文案，以提升商店的品牌形象，并展示你与客户沟通时使用的语调。选择字体、字体大小和排版方向（垂直或水平）。在8英寸×11英寸（20厘米×28厘米）的纸或卡片纸上绘制每个示例。为以下每一类准备一个示例：
  - 方向标牌——例如服务台、洗手间或试衣间的位置——一个标牌。
  - 政策声明——例如退货或营业时间——一个标牌。
  - 特别促销或特别活动——一个标牌。
  - 商品的正常价格标牌——三个商品的标牌。
  - 商品的促销价格标牌——三个商品的标牌。

第3部分

在第二部分中，你对商店的整体氛围元素做了一些基本的选择——包括声音、照明和照明水平、陈列和客流模式。在本节中，你将制定更具体的照明计划。

- 描述并准备一份商店照明方案的基本原理说明：

  - 环境照明方案。
  - 重点照明方案。
  - 任务照明方案。

- 解释为什么目标顾客的平均年龄可能会影响你的照明设备/灯具选择。

- 请参阅第九章中的照明计划示例，你将为你的顶点商店制定并呈现一个全面的照明方案。考虑用醋酸透明纸或描图纸覆盖在现有的商品和陈列布局图上。设计一个界面图标来代表你计划使用的灯具类型。特别注意安装和展示区域。

- 使用任何来源的照片或目录插图，表达你认为可以实现目标的照明灯具，让你的商店获得吸引人的、有效的照明。

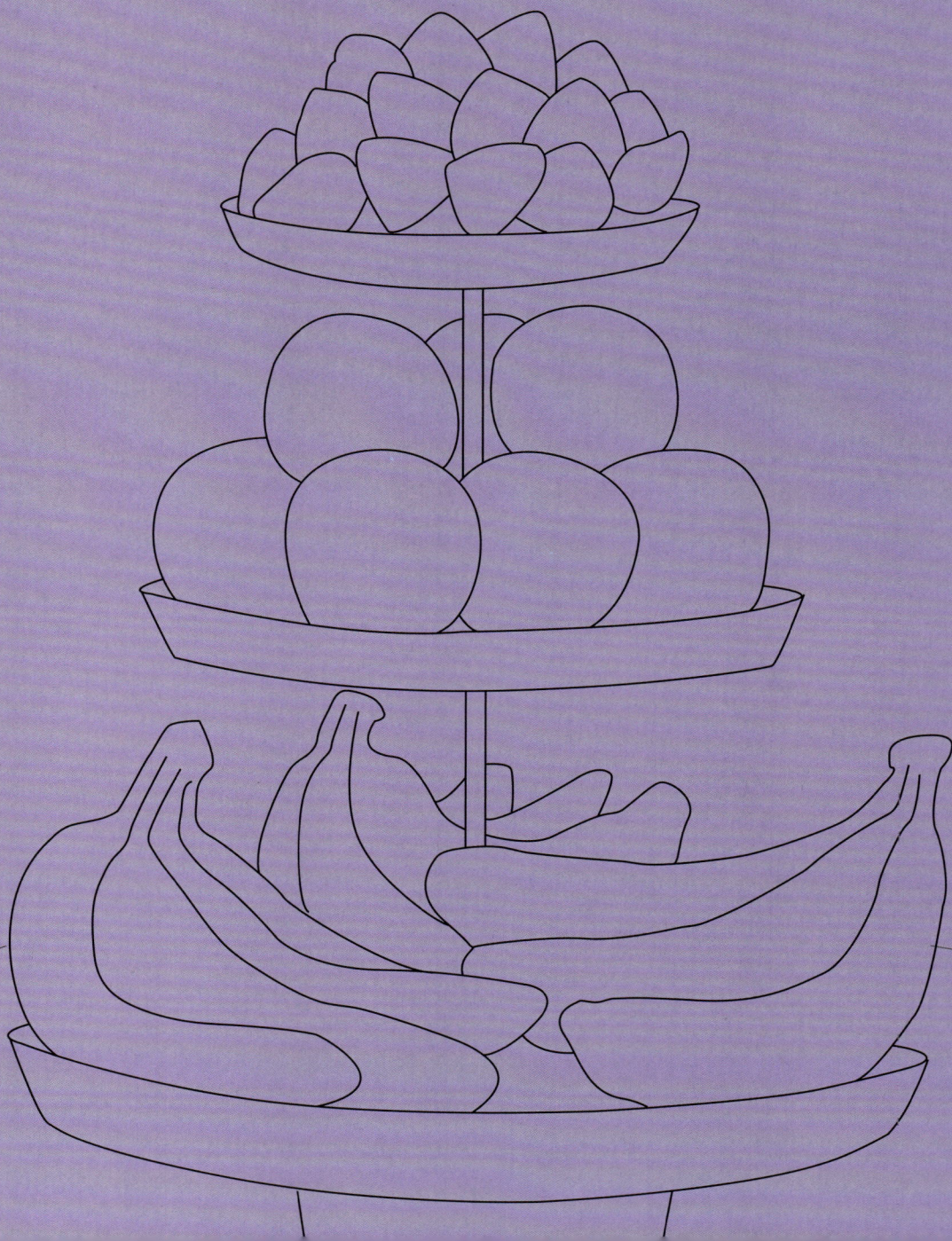

第四部分　非传统场所的视觉营销实践

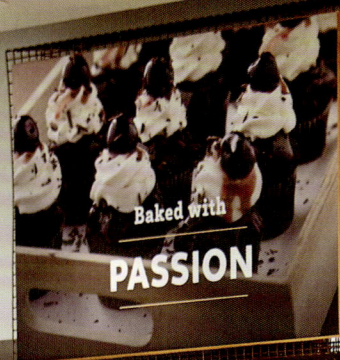

Baked with
PASSION

Freshly
**MADE
RIGHT
HERE**
by us everyday

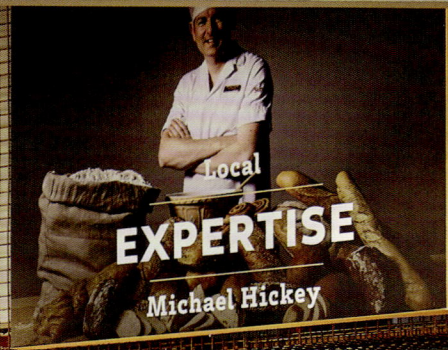

Local
EXPERTISE
Michael Hickey

**FLIPPIN'
BEAUTIES**
Delicious and fresh
pancakes all day

Bread

Our
FOOD FRIENDSHIP
tastes good together

*HIGH FIBRE BREAD is delicious
with MOORE RHUBARB AND
GINGER JAM*

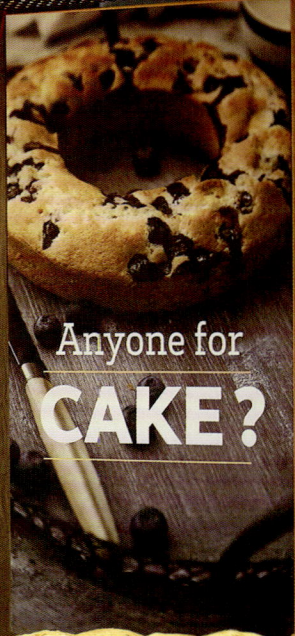

Anyone for
CAKE ?

第十章 杂货店和食品服务商店

美食即时尚

时尚已经触及家庭生活的方方面面，从流行色蔬菜刷到禅宗风格竹垫，也同样触及美食。总部位于明尼苏达州的Byerly's的营销活动最好地阐释了这种趋势：在明尼苏达州枫林（Maple Grove）镇分店的开业庆典上，它推出了"人如其食"（You Are What You Eat）的特别活动。这次不同寻常的促销时装秀上，模特们穿着用肉桂棒、巧克力片和可口可乐罐等美食制作或装饰的时装。见图10.1，模特身着巧克力制成的迷人连衣裙。

明尼苏达州《明星论坛》报（*Star Tribune*）记者特里·柯林斯（Terry Collins）报道如下：

周四，丹尼西亚·西蒙兹（Denishia Simmonds）经历了一阵阵的寒颤，但这位明尼苏达州模特却并没有显得不安。她在枫林镇一家即将开业的高档食品店参加了一场慈善时装秀，她不得不连续三次每隔一段时间就花2分钟待在2℃的冰柜里，以保持自己穿的牛奶巧克力时装免于融化。随后，模特道恩·金（Dawn King）穿着铝制可口可乐罐制成的礼服在舞台上走秀，令众多观众惊叹不已。

Byerly's将"美食即时尚"的主题更推进一步，它在商店入口处张贴全幅海报，展示一位戴着红色贝雷帽的女人——头上插着羊角面包的羽毛！每位购物者看见了都不禁露出了微笑。通过这个出色的营销活动，Byerly's证明了食物不仅可以是时尚，而且也可以很有趣。

> "美食始终处于时尚的巅峰——无论是在纽约最新、最别致的餐厅，还是在家乡当地的农贸市场。视觉展示是任何美食策略的关键要素。色彩、质感、形状和样式融合在一起，创建一个吸引所有感官的视觉和谐。"
>
> 辛迪·麦克拉肯（Cindy McCracken），独立零售专家

读完本章，你应该能够：

- 识别推动杂货店零售的重要趋势和时尚
- 识别不同类型的杂货店和食品店
- 识别通用店面布局和装置
- 描述产品展示的关键位置
- 利用技术创建批量陈列和焦点区域
- 寻找资源，获得创意灵感

图10.0　巧妙的对话标牌和开胃的开放式陈列，不停邀请购物者进入这家曾获大奖的SuperValu旗舰店。黑岩石（Blackrock）购物中心，爱尔兰都柏林。客户：SuperValu，设计代理：Household，摄影：马尔科姆·门齐斯（Malcolm Menzies）。

图 10.1 在俄罗斯莫斯科的第五届巧克力沙龙上，一个模特穿着一件巧克力制作的裙子。图片来源：Sefa Karacan，设计代理：Anadolu，盖蒂图片社。

"美食即时尚"的趋势在当今的杂货店里如何体现？这种趋势从地板到天花板上都随处可见——在商店设计、标牌、包装，甚至包装产品的内部。良好的设计和有效的零售策略并不仅限于服装零售。它们既可以给美味的巧克力带来新的刺激，也会给一罐普通的绿色豆子带来新的刺激。杂货店可以凭借极其多样化的产品种类，拥有成千上万的机会变身为时尚！

1968 年，Byerly's 被评为全美国第一家顶级食品/杂货店。这家商店在双城（Twin City）的报纸上大放异彩，开业时有顶级美食和私人品牌产品、高档熟食店，干货部有宽敞的地毯过道、带着水晶吊灯的优雅礼品

店，并在商店入口处开设服务处。

2015 年，该店更名为 Lunds & Byerlys（由 Lunds 食品控股公司长期拥有和运营的杂货店），2015 年 3 月在 www.groceryheadquarters.com 网站发布。理查德·图尔奇克（Richard Turcsik）报道了位于明尼苏达艾迪纳市的最新 Lunds & Byerlys 商店："该地区的经济已经迎来复苏，许多开发项目就在 Lunds & Byerlys 商店大门口进行。"这里包括一个拥有 250 个商铺单位的全新综合体，51,000 平方英尺（4,700 平方米）的旗舰店里，创意咖啡厅内摆满了美味的即食产品，提供烤肉和三明治、比萨饼和意大利面等众多产品，包括早餐、午餐和晚餐的加热盒。Lunds & Byerlys 还推出了"同类最佳"营销策略，以推广数十种产品类别，如新鲜蘑菇、香料、橄榄油、咖啡、肉类、奶酪和手工面包。

该店首席营销和商品官菲尔·伦巴多（Phil Lombardo）说："在'同类最佳'项目中，我们希望顾客在趋势前瞻和创新产品中，认为我们是顶级的。"请参阅 lundsandbyerlys.com 详细了解这家独特的杂货商店如何将其品牌与其他杂货商店区分开来。

杂货店品牌形象

杂货零售商如何开发适合其品牌形象的视觉营销技术？一些品牌如爱尔兰的 SuperValu，采用创意和巧妙的标牌，通过公开的商场展示来邀请和吸引购物者。SuperValu 经营着 222 家门店，都是位于爱尔兰的马斯格雷夫集团（Musgrave Group）的一部分。图 10.2ab 是其两个最佳品牌认知的杰出示例。建筑设计元素（如弯曲的通

图10.2ab 通过色调友好的标牌、平易近人的杂货店和开胃的陈列展示，清晰的品牌形象得到沟通传达。SuperValu旗舰店，黑岩石购物中心，爱尔兰都柏林。客户：SuperValu，代理：Household。

道）为视觉销售搭建了舞台。注意柠檬和蔬菜是如何排在鱼柜的边框架上，提醒购物者去拿那些重要的海鲜提味配菜的。沿着奶酪通道，在镀锌桶中陈列着面包，旁边放着一个装有盘子、饼干和梨的箱子和桌子，购物者对制作开胃菜所需要的一切皆触手可及。现在，仔细看看各种各样的标牌：高悬过头的海报插图、生活方式摄影图像、手写板、横幅，都真正地把各种丰富的品类联系在一起，以建立一个独特的SuperValu品牌认知。

杂货店——往日与今日

在传统零售智慧中，有一句闪着瑰宝光彩的俗语："一切都会周而复始。"在当今的杂货店经营中，这句话可能比任何其他形式的零售经营都真实。有时，预测未来的最佳方式是了解过去。

消费者可能会说，他们渴望曾祖父母一代的购物体验，但当中也有重要的差异。你需要了解已经发生的变化，并了解"美好旧时代"的怀旧特征在今天依然具有市场吸引力，是因为其仍然保持21世纪的所有实践优势。

20世纪初，美国杂货店严格实行全方位服务。你把写下的订单交给店员，他（很少有"她"）为你装捡商品。由于这些商店极少运营多个品牌的商品，并且他们只卖干货，所以你并不是一站式购物者。烘焙食品来自面包店，农产品来自绿色食品商，肉类来自肉店，乳制品来自奶店或奶农！1916年，杂货店购物模式在美国东海岸发生了转变，孟菲斯企业家克拉伦斯·桑德斯（Clarence Saunders）想出一个革新概念——申请了专利的"自助商店"，它名字新颖——Piggly

Wiggly。当被问到这个奇怪的名字时，他告诉记者，每个人都问"为什么？"他太高兴了，因为这给了他一个机会来解释他独特的自助商店是如何运作的。

在美国西海岸，另一位企业家正在开辟一条历史性的道路，在淘金热中寻找自己的财富。从纽约布鲁克林来的路上，19岁的弗雷德·G.迈耶（Fred G. Meyer）在芝加哥停留了很长时间。他看到了一家名为The Fair的大型商店，在那巨大的屋顶之下，你可以买到任何能想到的东西。在俄勒冈州，迈耶进入零售领域，一开始只是在马车上销售商品，但很快升级为租赁波特兰一个公共市场的摊位，他在那里按磅卖茶和咖啡豆。不久，他接管了整个市场，并制定了至今仍在使用的"为吸引顾客低价出售商品概念"（loss leader concept），作为增加利润的策略。

迈耶每周将某件商品的价格以低于成本的价格出售，吸引购物者来到存放商品的市场后部，这趟小旅行会带顾客经过其他摊位，很好地增加了客流量。迈耶后来把零售杂货卖成"付现金随身拎走"的模式——在那个大多数人收取购买费并送货上门的时代，这是一件新鲜事。

在公共市场让优秀的经理负责各个摊位，引发了迈耶的下一个创新——一站式购物。他和妻子以及兄弟投资了他们的合资企业——迈耶兄弟（Mybros）公共市场——在那里所有散装商品都预先包装（另一个创新），这与店员按照顾客订单从散装集装箱中称量和打包面粉、糖、玉米粉等的方式大相径庭。很多年之后，迈耶发明的自助服务给公共图书馆增添了便利，他说他只是为他们的系统找到了一个很好的用途。此外，汽车让迈耶的一站式购物得到真正实现。购物者不再需要将购买物品步行带回家，也无需在无轨电车上搬运笨重的包裹，因此他们可以在一次购物之旅中购买更多东西。

虽然，在今天杂货店经营中看到的许多零售策略都是桑德斯和迈耶等先驱者创新的结果，但真正值得注意的是，他们许多想法至今看起来依然如100年前一样新鲜。事实上，当你读到本章中的其他潮流引领者时，你可能会想到：杂货行业正在掉头回归到那个方向——但这次，你会看到21世纪的许多转变。

消费者驱动的变化

在闪电般速度的技术时代，普通消费者白天的日子变得越来越繁忙和越来越长了。基于购物、准备和吃饭所需的时间——当你要满足家庭成员的不同需求被拉扯到十个方向时——一顿晚餐或说准备一顿晚餐，有时感觉像是买不起的奢侈品。为应对这种趋势，食品营销人员开发了即食产品，被称为 **HMRs** 或 **家庭膳食替代品**。消费者可以从广泛的餐品中选择，以使每位家庭成员开心满意。他们开始提供类似家常菜的餐点，用微波炉或烤箱快速加热即可食用。

▌家庭膳食替代品

NPD 是一家总部设在美国并在20个国家开展业务的市场研究公司，它在其新产品开发网上发布：

> 寻求更健康、更方便的食品是一个挑战。消费者在决定下一顿饭在哪里吃的时候，仍然在时间和金钱上纠结。因此，他们开始寻找家庭膳食替代品。在接下来的十年里，美国人有望用超

市、折扣店和价格会员店提供的方便替代品取代更多的家庭自制食品。

杂货零售业是真正由消费者来驱动的。今天的杂货零售店消费者希望在哪里、在什么时候、以什么方式购物呢？在大多数情况下，他们将会希望在家附近，在白天或晚上的任何时间，并快速地采购。消费者希望杂货店提供一个愉快的氛围、易于理解的店内布局和货架陈列、准确且信息丰富的定价和标签，以及创新和增值的产品或服务（例如，多样性、促进健康和功能性的食品的增加）。

许多邻里杂货店已经解决了这些消费者的需求。一些人在他们的家门口附近设立了一个真正的便利食品部门。这些"特色商店"除了汤、沙拉、葡萄酒、面包和甜点外，还提供家庭膳食替代品，在微波炉中加热片刻即可食用。结账通常只有几步之遥，或就在熟食店柜台，为时间紧迫的购物者提供快速进出服务。

即使在超大型的杂货店，新鲜农产品、烘焙食品、肉类、乳制品和熟食区也在商店入口附近环绕，为购物者提供一站式服务，使购物者在下班回家的路上寻找方便的家庭膳食替代品。在某种程度上，这种店面布局创造了一个食品精品店，以更高端、更高毛利（利润）的便利食品为特色，值得在大型商店的楼层布局中占据最佳位置。在氛围方面，这种方式会立即向进入大楼的购物者展示大卖场最吸引人的景观（花园的新鲜农产品）和香味（新鲜出炉的面包和烤鸡），呈现出愉快购物体验的氛围元素，见图10.3。

▌冲动购物

消费者的时间紧迫无疑导致了更多的冲

> **家庭膳食替代品**（home meal replacement, HMR）是完全的即食餐（可在微波炉中安全加热的分装食品）或准备好的主菜，如肉饼或烤鸡。

图 10.3　冰镇水果和新鲜的蔬菜为购物者提供健康的提神饮料。Super-Valu 旗舰店，黑岩石购物中心，爱尔兰都柏林。客户：Super Valu，代理：Household，摄影：马尔科姆·门齐斯。

动购物。爱尔兰的一家便利店 Centra Hi-C 向购物者发出信息说：在他们在跑步时，它可以提供好的、健康的食物购买（图10.4）。

迈克尔·沃尔（Michael Wahl）在他的书《店内营销》（*In-Store Marketing*）中写道：

> 典型的消费者走进一家有 20,000 种选择的商店时，每天都会有 5 种更新的选择。她每分钟扫描 300 多件商品，寻找她自己需要的商品，并就自己想要的商品寻找建议。消费者几乎是没有目的性地进入这个市场的。超过三分之二的人

根本没有购物清单。十有八九的人在特价商品到达时都懒得去查看商店的特价通知单。十分之八的人不带优惠券。

除了一些引发消费者去商店的特定商品和几乎每次都会购买的产品外，大多数商品都是冲动购买的。

■ 网络便利购物

据 Grocerystories. com 的约翰·卡罗列夫斯基（John Karolefski）说："2016 年的顶级趋势表明，传统购物模式正在发生

图10.4 这家商店的标牌既满足了消费者对健康食品的渴望，也考虑到了当今消费者面临的时间紧迫性问题。爱尔兰。客户：Super Valu，代理：Household，摄影：马尔科姆·门齐斯。

到晚上10点提供服务。它还提供即时送货服务（约10分钟），每个城市提供3~5个日常菜肴。

■ 有机种植食品

美国人饮食习惯的一个重要变化，反映在消费者需求更健康食品，包括有机食品的强烈趋势上面。美国农业部（USDA）已开发出一个认证生产商和制造商的系统，以确保商店货架上标有"有机食品"的食品是按照可接受的有机标准生产的。作为该系统的一部分，美国农业部为销售有机产品的食品公司提供了指南。

标明"有机食品"以及标有"天然食品"的视觉营销商需要密切关注其定义。天然食品不一定是有机的，那些标有"有机食品"的产品通常都有批准印章。这会影响相邻商品的展示，因为这些产品必须明确分离。随着当今对有机食品需求的增长，视觉营销商应确保购物者在走过杂货店的通道时，可以方便地看到那些标明有机产品的标牌。

■ 有机和自然食品市场

传统的杂货店将和进入它们社区的特色食品店进行竞争——像全食超市这样的商店和小社区合作社。为了有效竞争，一些传统杂货店将有机干货区和冷藏产品区布置在新鲜农产品区附近，为这些不断增长的零售品类创造了区域标识。另一些则将有机产品与非有机产品集成，但用特殊的标签来区别每类产品。在库存单位（SKU）方面，致力于这一概念的商店在有机食品部门运营400~1,200件物品，其中许多是自有品牌产品。

Wedge 社区合作社（http://www.wedge.coop）位于明尼苏达州的明尼阿波利

变化。寻找那些有创意的杂货商，让日常琐事变得活跃。"卡罗列夫斯基预测，今后在线订购食品将出现激增。许多没有这种服务的超市将加入这个潮流。H-E-B和Hy-Vee已经开设了令人印象深刻的在线商店。作为另一种选择，65家零售商已与Instacart达成合作，由购物者在消费者喜爱的商店挑选商品，然后提供送货上门的服务。

UberEATS提供"点击按钮"送餐服务。UberEATS现已在亚特兰大、芝加哥、休斯顿、纽约、洛杉矶、旧金山和多伦多开设，与这些城市的数百家最佳餐厅合作，从早上斯，是一个自然／有机的杂货商店，它的名字来源于它在20世纪70年代刚创立时的社区位置。社区合作社商店并没有真正的面积大小，因为它们经常在其他商店旁边开设，从便利店到以前的加油站等，在这些商店的租赁空间突然出现。它们经常出现在城市的老城区、大学附近和公共交通线路上。

Wedge的会员服务主管伊丽莎白·阿切尔（Elizabeth Archerd）说，它是以会员为主体，基于共同利益而拥有、使用和控制的。它作为会员所有制企业经营，将其利润重新投资于业务，并在经营状况良好的年份内，基于会员的购买情况将利润的一部分返还给会员。

阿切尔说："指导合作社的历史主要原则与1844年该运动在英国开始时非常相同。合作社的七项原则是：公开和自愿加入；成员经济参与；民主的成员控制；自治和独立；成员教育、培训和信息分享等特殊做法；表现出对社区的关注；与其他合作社的合作。

■ 民族的和异域的食品

随着美国消费者越来越频繁地旅行，体验到了不同地区的文化美食，他们对异国风味的食物产生了偏好；随着越来越多的不同种族群体迁移到美国城市，对来自本土文化食物的需求也在增长。杂货商对待这些不断变化的偏好和要求已经做出了明智的回应。无论这些新来者是在养活自己的家庭，还是通过开设民族特色餐厅来养活其他消费者，他们的外国菜都是美国普通消费者饮食中的新主食。不是少数民族的购物者也可以在当地的杂货店购买到以往很难见到的食品，他们也会寻求食谱或民族烹饪课程的帮助。

杂货店和食品服务商店的类型

这一品类下共有九种类型的商店：传统超市、特色专卖杂货店、大卖场／大型超市、仓储商店、会员／批发俱乐部、公共市场／农贸市场、药房／食品坊、便利店和合作社。

■ 传统超市

传统超市是一种年销售额达200万美元或以上，全系列商品的自助杂货店。这些商店面积一般在50,000~90,000平方英尺（4,600~8,400平方米）的范围内，出售各种食品，还有各种家用电器、纸制品、保健和美容辅助用品，有时还包括书籍、礼品和贺卡。他们甚至可以提供一站式购物便利设施，如药房、银行、邮局、视频、咖啡店和其他服务。一些商店专注于特色食品，如有机／天然产品和国际产品。美国的例子包括艾伯森（Albertsons）、中央市场（Central Market）、克罗格（Kroger）、Harris Teeter、Lunds & Byerlys、梅杰（Meijer）、Publix、韦格曼斯（Wegmans）。伦敦的例子包括特易购（Tesco）、Sainsbury's、玛莎百货。

■ 特色专卖杂货店

与大多数传统超市相比，特色专卖杂货店的面积从1,000~40,000平方英尺（93~3,700平方米）不等，主要集中在某一特定的杂货类别。

被称为"加拿大绿色杂货店"的皮特精品食品公司（Pete's Fine Foods）就是一个例子，它最初是一家1,800平方英尺（170平方米）的商店，现在平均有20,000平方英尺（1,860平方米）。在美国，易特滋（Eatzi's）大约有11,000平方英尺（1,020平方米），特色是新鲜农产品、美食和甜点、新鲜出炉的面包和热腾腾的熟食。全食超市则注重未经加工的天然食品和已认证的有机食品。然而，它的商店平均面积为39,000平方英尺（3,600平方米）。Fresh Thyme是一家更新且迅速扩张的有机食品杂货店，平均面积28,000平方英尺（2,600平方米）。美国其他著名的专卖店包括Dean&Deluca、Trader Joe's和Zabar's。欧洲的专卖店包括巴黎的Bon Marché和伦敦的哈罗德102。

大卖场/大型超市

面积超过150,000平方英尺（13,900平方米）的商店，既有食品杂货，又有时尚服装、家居时装和其他硬产品线（通常占总空间的40%或以上），被视为超级市场或超级商店。这两类"商店"并排，只有一条交通通道将它们隔开。他们也被称为组合商店，可能有单独的入口，但经常共用一个共同的结账台，服务柜台沿着商店的整个正面排开。例如美国的弗雷德·迈耶超市、沃尔玛、塔吉特以及法国的家乐福。

仓储商店

像Cub Foods这样的仓储商店的面积为45,000~70,000平方英尺（4,200~6,500平方米），为注重预算的消费者提供物超所值的产品。他们经营超过35,000件商品，主要是包装好的干货食品，通常也售卖各种各样的易腐坏食品，如新鲜农产品、肉类和烘焙产品。干货有时会留在货架上的货运纸箱里。

会员/批发俱乐部

会员/批发俱乐部如山姆会员商店和好市多是零售/批发混合体，平均面积为135,000平方英尺（12,500平方米）。他们倾向于去掉虚浮装饰，而是在仓库环境中注重价格吸引力。他们运营60%~70%的普通商品和保健品、美容产品，还有一条专门从事批量销售的杂货品生产线，以及多量打包、大包装和多包装的物品。许多这样的商店也出售新鲜和冷冻易腐食品，通常是散装包装。

公共市场/农贸市场

公共市场代表了一个有着百年历史的销售理念——将各种各样的食品小贩和小农集中到一个地方进行联合经营。缅因州波特兰的波特兰公共市场就是一个例子。这个33,000平方英尺（3,100平方米）的空间还包括一个咖啡厅、演示厨房和位于夹层的社区空间。到西雅图的游客可以轻松地花一整天的时间吃饭、购物，人们还可以在长长的派克市场（Pike Place Market）街区观看来往人潮。

药房/食品坊

像沃尔格林（Walgreen's）这样的商店除了提供全套服务的药房、非处方产品和洗漱用品外，还提供数量有限的方便干货杂货、乳制品、冷冻主菜和冰淇淋。

便利店

便利店的平均面积为2,000平方英尺（190平方米），销售各种最畅销的基本商品，通常配有自动售货区，并和加油站在一起。

合作社

合作社是人们共同拥有的企业，他们利用合作社来自给自足，而不需要在别处购买商品和服务。合作社是由其成员投资者建立的正式组织，通过民主控制的企业，以满足他们共同的经济、社会、文化的需求和愿望。

商店布局和陈列装置

如今，大多数杂货店都使用简单的网格布局，因为商店的规模庞大，需要大量的框型架来存放数千种库存物品。请看

图10.5ab，魁北克的Valmont Galerie美食中心，可以看到以网格布局排列的结账台。引导进入一排结账台的是一个标志性陈列装置，带有弧线的面板以随时更新图形外观。在第二张照片中，以一个切割站作为中心区，顾客可以在这里免费处理蔬菜。请注意陈列装置周围的干净过道，以及其他产品是如何以网格模式陈列布局的。

■ 框型架陈列装置

框型架是杂货店的基本陈列设备。在挑剔的眼光看来，它们往往显得冗长而单调，但它们可以用新的饰面和材料进行更新。框型架也可以通过增加具有成本效益的灵活的标牌、有趣的图形设计以及沿着整个运行轨迹或空间间隔的标牌，来创建线性的关注点。

■ 定制的陈列装置

定制的陈列装置在杂货店和食品店的"装饰"中越来越普遍。这家Landmark超市的建筑设计团队在2010年的ARE's（现在改名为Shop!）大赛中，因其创新的环境设计和陈列装置而获得设计大奖（图10.6ab）。设计师们面临着翻新66,450平方英尺（6,200平方米）无窗地下室的挑战，他们在浅色平面板上做了碗状挖空，让其漂浮在裸露的天花板下方，为商店带来新的生机和光明。框型架和陈列货柜的边是弧线形的，使它们更具吸引力，并增加视觉趣味。商店位于菲律宾，那里的森林砍伐是一个问题，所以商店使用了石膏板和玻璃纤维强化的石膏形状被用来整合为一个便宜的木材装置要素。弧线的地板砖有助于突出弧形的陈列柜，并增加其视觉戏剧性。

图10.5ab 干净清爽的设计和固定的营销装置，以网格模式布置，使购物更具吸引力和便捷性。加拿大魁北克省布罗萨尔市Valmont Galerie美食中心。营销设计：GH+A设计工作室，摄影：伊夫·列斐伏尔（Yves Lefebvre）。

图10.6ab　菲律宾马卡蒂的Landmark超市，具有优美曲线、定制地板的陈列装置。Landmark的葡萄酒部（上图）。Landmark的新鲜农产品区（下图）。建筑设计：休·A.博伊德（Hugh A. Boyd），摄影：托托·拉布拉多（Toto Labrador）。

图 10.7 丰富多彩的图形在塔吉特的生鲜产品区创造了一个令人信任的购物体验。图片来源：大卫·保罗·莫里斯（David Paul Morris）/彭博社，盖蒂图片社。

平面图形

图形是任何陈列装置设计中的一个重要元素，这里有一个很好的例子：塔吉特的生鲜产品区（图10.7）。营销和设计团队添加了一个圆形天花板标牌，以强调的方式在下面分层陈列设计柜中的新鲜产品。在冷藏长敞柜的背景图片中，超大的开胃蔬菜和其他绿色蔬菜的图像也起到了吸引人的导航系统的作用。这为如何使用图形来创建引人注目的购物体验提供了另一个例子，并将目标购物者进一步吸引到该区域。

视觉营销员的角色

我们很容易认为杂货类的视觉营销是货架商的责任，其实这和事实相差很远。由于有线电视上食品和生活方式节目的日益增长、产品的激增以及消费者复杂性的增加，提高了人们对零售环境下食品展示的期望。

职业发展

无论你从事什么样的零售行业——时装、食品、五金或家居用品，持续的职业发展都应该是你的首要任务。这三种策略：观察、比较和创新，总能帮助你的职业发展。你几乎可以在零售业的任何领域使用它们。此外，你可以在本章中应用它们，通过以下方法发现甚至预测百货/杂货零售趋势：

- 阅读专业的食品行业杂志，学习有关消费者饮食和购物习惯的有价值的统计数据。
- 访问有关食品制作、家庭娱乐的网站，以及高级餐饮的网站。
- 观看餐饮业的活动，探索饮食文化趋势。
- 回顾最新的烹饪书籍和生活方式杂志，发现家庭娱乐中与食物相关的流行趋势。
- 在各种杂货店购物，记下正在展出的商品及其展示方式。
- 参观例如 Williams-Sonoma 这类出售食品的专卖店，研究它们的销售台展示。

在观察和比较之后，你可以接受这些趋势，并利用它们来改进你的工作——突出产品，并创造出焦点，从而刺激在杂货店（或任何其他类型）商店环境中进行更多的冲动购物。正如超市行业的先驱弗雷德·迈耶经常建议他的同事们："调整别人的想法，不要照搬。对别人有用的东西可能对我们不起作用。找到并保留最好的部分，而忽略其他部分。"

记住，商店的品牌标牌总是与每一个零售元素联系在一起的——标签、陈列装置和展示方式。在心中牢记：食物即时尚。

杂货店和食品店的产品展示

在本章中，你已看到一些杰出的杂货店和食品店原型，以及行业中的最具创新性的案例。你可以看到区域环境和定制的陈列装置如何帮助吸引购物者进入商店。一旦进入商店，消费者对你要做的事情的基本期望就是：让他们有轻松愉快的购物体验。

迈克尔·沃尔的《店内营销》列出了在选择杂货或食品店时对消费者最重要的十个标准：

- 清洁度。
- 价格标签齐全。
- 良好的产品区。
- 精准、令人愉快的员工。
- 价格低廉。
- 产品上标明的新鲜日期。
- 好的肉类区。
- 货架上通常有充足的存货。
- 有单价标志。
- 便利的商店位置。

沃尔接着描述了是什么使商店与众不同：

事实上，每个成功的商店经营者都能达到这些标准，但我们知道有些商店非常成功，因为他们提供更多的东西。有两个因素使某些商店与众不同。首先，他们设法向商店的顾客灌输主人翁精神："这是我的商店"或"这就像我设计的商店"。另一个因素是向顾客灌输一种熟悉感的能力，这种熟悉感会使顾客产生购物的速度和效率感——一种掌控一切的感觉。"我只是觉得在那里很舒服""一切对我来说都很容易找到"。

一种市场方式：全食超市

全食超市网站（www.wholefoodsmarket.com）在网页上强调它是一家杂货商，提供的不仅仅是食品：

在全食超市，"健康"有着比一般理解更多的含义。它超越了良好，包含了"更棒"的食物之意义。无论您是渴望更好的，还是仅仅对食物好奇，我们都为您提供了一个购物场所，这里的价值是众多价值中不可分割的一部分。

早期，全食超市采用了一套核心价值观来指导其宗旨：销售最高质量的天然和有机产品，满足和取悦客户，支持团队成员的幸福和卓越，通过利润和增长创造财富，关心社区和环境，与供应商建立双赢的合作关系，通过健康饮食教育促进利益相关者的健康。自1970年单店开业以来，全食超市继续将这一价值驱动理念应用于其在北美和英国的270多家门店的运营。公司对食物产品的感觉的一个重要表达方式，就是日常的产品展示。

丹·布莱克本（Dan Blackburn），全食超市中西部地区的执行总监，分享了一些他用在食品货架和终端上的指南，他称为"三个C"：

- 清洁（Cleanliness）。
- 常识（Common sense）。
- 色彩突破（Color breaks）。

关于保持商店清洁和使用常识的建议很容易理解，但是色彩突破呢？布莱克本用果汁来说明他的色彩策略：为了避免购物者对商店货架上摆满的各种各样的果汁产品感到

> "我以顾客的角度观察我们的产品。如果它不干净、不鲜艳、不新鲜，我就不买了。"
>
> 丹·布莱克本，全食超市中西部地区执行总监

困惑，布莱克本认为红莓汁不应该放在商店货架上草莓汁的旁边，因为颜色太相似了。他建议用不同颜色的果汁排列：蔓越莓（深红色）、桃子（金黄色）、草莓（中红色）、梨（中性色）、蔓越莓（深红色），这样购物者就可以更容易地区分口味。

布莱克本还推荐了在货架上放置干货类食品的指南：

- 产品应该总是往前摆放：也就是说商品总要放置于货架的前沿，这会使货架看起来很满，即使它需要再进货了。
- 产品应该永远都是中心：所有商品的标签都应该朝前，即使它位于第一排之后。这样第一排商品售出后，就可以清楚地看到下一排商品的标签。
- 所有商品都应该摆正：从前到后排列的商品都摆正，给人一种专业、清爽的外观。

布莱克本更喜欢垂直展示——将品牌选择按从上到下的顺序排列。例如，传统杂货店的意大利面区可能会有并列的品牌，Creamette 品牌的产品放在货架上中下三层，而 Vigo 品牌的产品也从上到下排列在一旁，然后类似排列其他品牌的意面。

他还建议，每个货架端盖的置货不应超过三种不同的杂货品种。例如，如果所有罐装汽水都在打折，布莱克本建议你只选择三个最畅销的产品（通常来自同一个饮料生产商）进行端盖展示，这样实际上就缩小了购物者的选择分类。他补充说，几倍数地使用一个品牌、颜色或包装设计，可以创建一个更强大的品牌标识，并具有更丰富多彩的视觉冲击力，从而远远地就吸引购物者。

在许多传统的杂货店，货架和端盖都要在营业时间检查、重新进货和整理好几次。主要的补货装运或计划表变更通常安排在夜间或至少在人流较少的时段进行。采用这种策略，货架看起来总是满满的，而且排列得很吸引人。在全食超市，货架在营业时间内不断地重新进货，以便工作人员能够在工作中与购物者互动。

全食超市有许多特色，使购物者感到舒适，并使他们感到他们家附近的全食超市是"他们的"商店。农产品和奶酪以市场化的方式呈现，丰富的数量被巧妙地堆放和安排，以吸引人和让人愉悦。墙上的大幅图像讲述了人们为整个全食超市生产食品的故事。特色产品陈列在整个超市的桌子上。一个自然采光的餐厅为顾客提供了一个愉快的场所，让他们认识朋友、放松身心，并享受商店提供的各种熟食和热食。

一种市场方式：味觉营销（Taste Marketeria）

Jump 设计公司 (Jump Branding & Design)，总部位于多伦多（www.howhigh.ca），讲述了 Catch Hospitality 集团是如何找到他们，并帮助其：

了解安大略省奥克维尔的饮食和购物方式，然后在商业中表达出来。他们把味觉营销想象成一种精品店式的购物体验，由他们自己的厨师挑选最好的、最新鲜的当地美食，以此作为市场特色。我们面临的挑战是如何创造一个足够灵活的空间，既可以是杂货市场，也可以是餐厅，偶尔也可以是教室。最重要的是，我们必须有足够的灵活性，以适应主人对发现和循环利用物品的热爱，为他带来的独特材料和物品找到家。

当他们在2016年度Shop！设计大赛中赢得银奖的时候，人们意识到了Jump设计公司对该项目的成功设计。如图10.8ab所示，这家商店带着乡村、温馨的风格，一个清晰的品牌认知从内到外得到清晰建立。超大花束从店外陈列到店内，以保持连续性。有趣的包装产品与水果和蔬菜的混合摆放，鼓励顾客在商店里四处寻找宝物。在这些照片中，视觉营销设计师的手法很明显，添加了质感和色彩，以创造一种触感和愉快的购物体验。要了解更多关于这一独特概念的信息，请参阅 tastemarketeria.ca 公司。

交叉视觉营销：桌面陈列展示

销售桌面为视觉营销人员提供了一个机会来强化食品即是时尚的理念。桌子是可移动的舞台，给了杂货店极大的灵活性，以刺激人们对商店产品的胃口。一个简单的桌面上摆放着一篮子柠檬、一个水罐、一个玻璃杯、一个搅拌器和一袋用来制作柠檬水的糖，仅凭视觉建议的力量就可以在农产品区销售成箱的柠檬。如果这些展品还包括一块桌布、一个餐巾和一个装满柠檬冰曲奇的菜篮子、一个有柠檬糖霜蛋糕的诱人盘子，或者除了柠檬之外还有一个柠檬蛋白酥皮派，那么你就可以设计出一个多品种交叉销售的机会。

你可以应用你从其他章节学到的所有原理，来构建比如像虚构的柠檬主题餐桌的陈列设计。事实上，时装展示的注意事项与杂货店展示的考虑事项完全相同。如果你正在为一家杂货连锁店设计一个平面图，你可

图 10.8ab 在店门口摆放了粉笔黑板，放着新鲜鸡蛋、手工烘焙派食品、一桶鲜花和新鲜水果，这家店展示了一个乡村的、温馨的市场环境。图片来源：味觉营销，希腊布朗尼特，由Jump设计公司设计。

交叉销售影响许多杂货店的购物决策。当像面包片和调味料这样的沙拉配料，放在产品区与主要的沙拉产品一起方便地销售时，购物者会很高兴。早在供应商开始用塑料袋包装之前，明智的杂货商就开始销售一站式沙拉"套装"。

零售现实

能会列出一张类似于时装展示应考虑事项的清单表格。

今天，食物真正成为了时尚，或者至少是时尚的一个方面。我们如何看待食物和其他与我们家庭生活有关的因素，我们如何以及和谁一起度过闲暇时间，我们放下工作后在哪里生活，都是我们对所珍视的价值观的表达。

虚拟现实（VR）技术

虚拟现实（VR）技术是目前世界上最热门的技术之一，三星等公司在2016年发布了耳机，主要用于沉浸式游戏体验。然而，在过去的十年里，虚拟现实技术已经在零售业得到应用，帮助企业创造全新的零售理念，并在虚拟零售店中做出决策，这比建立实体店更快、成本更低。

Kantar零售虚拟现实公司是零售业虚拟现实的主要供应商之一。其客户名单包括英国的特易购、玛莎百货和美国的塔吉特等零售商。正如Kantar首席执行官塞德里克·盖约特（Cedric Guyot）所解释的：

> 不久前，当零售商和供应商进行一系列方案审查时，一方或者双方会建立一个新平面图的物理模型。然后，他们会邀请另一方进行讨论，进行修改和迭代，直到找到一个双方都能接受的模型。对于大型供应商来说，这可能需要10万美元。Kantar零售虚拟现实公司将这一过程转变为一个更高效、更便宜的过程：我们使用一个虚拟环境，在这个环境中供应商和零售商可以在实时模式下共同设计平面图，然后像在第一人称游戏中一样在商店中导航。他们可以反复试验多次，可以在流程的各个阶段邀请购物者反馈，他们可以在每个新产品、每个新的包装概念、每个新的活动、每个系列范围的审查中尽可能多地这样做！

对于零售商来说，虚拟现实技术已成为一种强大的持续创新工具。随着零售业变革步伐的加快，传统渠道的定义越来越模糊，全景频道仍然处于初级阶段，购物者在推动他们想要的体验方面的发言权和影响力越来越大。随着利润率的缩水，零售商和供应商需要更好的渠道，为未来商店设计更灵活的工具。从设计未来五年的商店概念到下周上架的新产品，虚拟现实技术都可以提供一个工作平台（图10.9）。

行业资源

与服装和家居时尚陈列装置一样，可从百货/杂货陈列装置制造商处获得各种功能、各种容量的陈列装置，可用在地板和墙面上。

■ 陈列装置贸易展览会

每年6月在芝加哥举行的FMI Connect（食品营销研究所）展会展示了最新的陈列装置和食品类产品，此外还举办一系列研讨会，主题从电子商务到未来的商店。FMI是一个非盈利性组织，代表其成员及其子公司食品零售商和批发商，及其在美国和世界各地的客户，开展研究、教育、行业关系和公共事务方面的项目。你可以在www.fmi.org得到更多相关信息。另一个出色的贸易展欧洲商店展（Euroshop），每三年在德国杜塞尔多夫举行。它的网站将自己描述为"第一

图10.9 使用虚拟现实技术创建的杂货店框型陈列架图片。图片来源：总部位于英国的Kantar零售虚拟现实公司，它为全球零售商提供服务。红点广场解决方案。

个满足商店装修行业整体需求的交易会"。这个国际展会有十几个仓库，里面摆满了来自数百家国际制造商的展品，以及任何零售店所需的陈列装置。与杂货店和食品店相关的产品包括：结账台、购物车、熟食和肉类展示柜、乳制品箱和特色烘焙设备等。专门为食品产品照明的制造商也在展会上展出自己的产品。有关详细信息，请参阅www.euroshop.de。

▌杂志、图书和电视

你应该经常浏览书刊和杂志，因为每天都有新的食品趋势出版物出现。当下最好的刊物包括：*Real Simple*，*Bon Appetit*，以及 *Food & Wine*。The Food网络有线频道是另一个非常棒的资源，有着最新的食品趋势和食谱书。

设计画廊：SuperValu，黑岩石购物中心，爱尔兰都柏林

SuperValu 是爱尔兰最大的杂货和食品经销商马斯格雷夫集团的一部分。他们在爱尔兰有222家商店，已经运营了30多年。他们位于都柏林的新概念店在2016年的 Shop！设计大奖中获得了金牌！来自 echochamber.com 网站的马修·布朗（Matthew Brown）说得好：

创新是由那些有价值的品牌驱动的。这将是零售业最深刻的趋势之一：改变旧的价值观和质量观，并将民主的奢华带到大众市场。爱尔兰黑岩石购物中心新开的 SuperValu 旗舰店就是一个完美的例子，也是品牌的一次激进背离。凭借手工制作以及手工制作的设计表达，新概念店拥有一个强调丰富性、质量和新鲜感的新身份，其核心在于叙述故事和表达专业内容。

看看标牌在传达这家商店的价值观方面所起的作用：专业性以自信的面包师形象展现出来，而热情则是由一个超大的令人垂涎的巧克力餐盘来描绘，上面覆盖着打发糖霜和淋着焦糖。一条横幅上写着："新鲜，就在这里制作，我们每天如此。"为了增加一点趣味性，营销人员用"谁要蛋糕？"这样的问句，这家迷人的面包店甚至在他们的"食物友谊：一起品尝美味"的招牌上，提供了将高纤维面包和姜酱等最受欢迎的食物搭配起来的想法。

产品本身以一个开放的市场方式占据了中心舞台，面包如此新鲜，随时可以拿走，谁能抗拒呢？有质感的、撒着面粉的面包，各种烤制的颜色，放在桌子和拖车上，为一个娱乐购物体验的舞台增添了立体维度。

Shop！设计大奖：Household 设计。

行业谈

"新点子，快！"，作者：格雷格·杜普勒（Greg Duppler），塔吉特前高级副总裁，杂货营销经理

在当今竞争激烈的世界里，创意和创新是任何零售商成功的基本要素。当你走过购物中心和大型购物广场时，你会发现"千篇一律"到处存在。敢于冒险、勇于创新的人将获得最大的乐趣，成为成功的人。

在进入食品杂货行业之前，我从事的是玩具行业，这是我工作经历中最令人兴奋的工作。创意、潮流和创新是给玩具带来活力的方法。与此同时，食物被视为一个平凡的范畴。然而，在过去的几年里，食品的商品化、包装和视觉呈现都有了巨大的飞跃性进步。

今天的商业是一个快速冲刺的世界。如果站着不动，你将会被超越！伟大的想法很快就会被复制，所以你需要坚持不懈地追求差异化。你总是需要倾听、观察、保持开放的心态，真正的开放——来产生新的想法，然后迅速实施，从而在竞争中保持领先。

底线是……玩得开心，跳出思维的桎梏，让事情快速地发生！

第十章 回顾问题

1. 说出一个反映时尚或时代精神的杂货零售业的主要趋势。两者有什么关系？它们有什么不同？

2. 说出在杂货店的民族或异国风味食品区中可能发现的一些食品或非食品项目。这些项目有没有被纳入主流文化？

3. 说出三种类型的杂货店，并描述每种类型的独特性。

4. 杂货店采用哪种类型的平面规划？为什么？干货类杂货区的导航定位指南是什么？

5. 杂货和食物产品展示的指导原则是什么？创造杂货店灵感的资源有哪些？它们与时尚资源有何相似之处或不同之处？

挑战：跳出条条框框

进一步思考

观察

参观三家杂货店，观察他们是如何呈现最新的食品趋势的。

比较

对每个陈列展示进行记录，并进行比较。

创新

你认为哪种陈列展示是最好的？为什么？你会如何改进所有的陈列展示？把你的想法告诉全班同学。

批判性思维

活动1：交叉营销项目

1. 参观杂货店，列出产品的交叉销售"购物清单"，包括：
   - 秋季苹果陈列展示，包括苹果酒、焦糖苹果和烘烤苹果派所需的一切（图10.10a）。
   - 姜饼饼干烘焙展示（图10.10b）。
2. 为每个陈列展示画出适当的道具元素，最多画三个。
3. 在每个陈列展示的设计中加入一个标牌和标牌文案。
4. 为两个指定的陈列展示项目绘制一个平面图（使用图10.10a和10.10b）。在你的图画中应包括商品、标牌和道具。
5. 在课堂讨论中展示并证明你的选择是正确的。

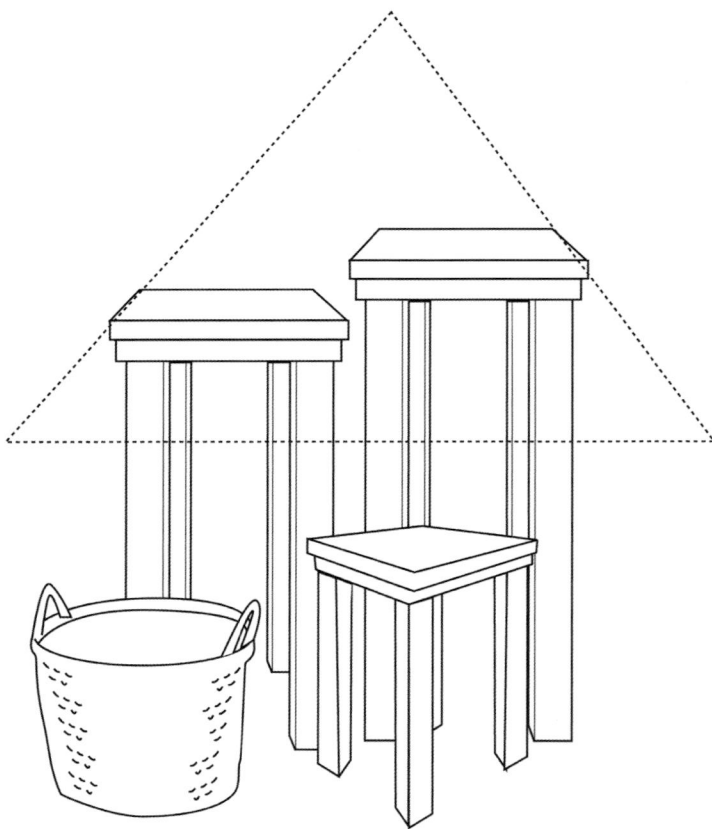

图10.10a 图片来源：伊莲·温克尔艺术。

图10.10b 图片来源：伊莲·温克尔艺术。

活动2：杂货店视觉营销趋势：有机VS非有机

1. 访问当地大型杂货店。
2. 找到5~10种杂货店提供的有机和非有机的商品。确保商品代表不同的类别，如农产品、冷冻食品、肉类、乳制品、谷类食品等。查看以下内容：价格、包装、体积或数量，以及商店中产品的摆放位置。
3. 这两类产品中哪一个有着更好的交易？哪种视觉呈现方式更好？为什么？
4. 经过你的调查，你会选择有机的还是非有机的产品？为什么？
5. 商店对某件特别产品进行视觉营销陈列，对你的选择是否有影响？为什么有影响？或者为什么没有呢？
6. 有机产品与非有机产品的位置是否不同？有机包装与非有机包装有何不同？它们是否反映了不同的目标市场？

91厘米

案例研究

人口群体相关的设计
背景

你正在为一个老年人住宅开发区的 Town Center 购物中心开设一家小型但完善的杂货店，该社区包含一层住宅、多层（但完全实现无障碍）公寓单元和一个养老院综合体。"Town center"一词指类似于小村庄的小购物中心，在这种类型的社区中很常见。老年人之所以与这里有联系，是因为这让他们想起了年轻时的城镇。Town Center 的其他商店包括理发店和沙龙、药房、自选小工具店、眼镜店、牙科诊所、邮局、男装店、女装店和旅行社。

你的商店将提供新鲜肉类、农产品、面包和乳制品，以及小包装的冷冻食品和罐头食品。

你的挑战

根据你读到的内容、自己的个人知识以及其他的研究，写一篇报告，描述你要求设计师在此商店布局中应该包含的功能，以满足该店所在地的杂货店购物者。利用你从前几章学到的知识，画一个实际商店布局和面积的草图。考虑走道宽度、标牌、座位等。报告中应包括一个关于购物环境中的服务要求部分，这些服务是这个人口群体购物者所看重的。通过访问美国政府对 ADA 的要求，确保你的商店遵守了 ADA 指南和要求（https://www.ada.gov/ business/retail_access.htm），以免让你的市场潜力受到限制。

第十一章　非传统零售

特别市场营销

不断变化的购物偏好和新兴的技术，鼓励零售商改变一些传统的沟通方式，来宣传他们的商店和销售的产品。在某些情况下，零售商甚至改变了商品的销售地点和销售方式。这些新的零售策略可能会对你的职业道路产生影响，因为它们为视觉营销设计师提供了新的机会。你永远不能说视觉营销是静态的。本章讨论了几个发展趋势，这些趋势将影响你未来的工作内容，以及你将在哪里完成它们。在本章中，我们学习三种类型的特别市场营销，视觉营销设计师将在其中发挥他们的能力：零售亭、互联网零售和特别活动。

零售亭

零售业总是以实验精神向前发展，然而它的一些最新发展看起来却似曾相识，比如全国各地购物中心人行道上手推车、零售亭和摊位的激增。在拥挤的城市里，手推车把街头小贩的货物从一个街区运到另一个街区。零售亭为户外卖报纸和食品的小贩提供庇护。小小的半永久性摊位被用来在城市人行道上兜售门票或热狗。

如今，最新型的零售亭仍在出售食品和饮料，以及时尚小商品和家用电器。一些零售亭出售的产品太大，无法在零售亭储存，但可以直接送到客户家中。其他一些零售亭则提供新娘和新生儿礼物登记，娱乐零售亭出售活动门票。在 2016 年的

> "从高科技的互动零售亭到电子商务网站再到购物中心的手推车，非传统零售业正在各个领域呈现爆炸式增长。它提供了无限的发展机会，并迫切需要有才华的视觉营销设计师来让这些非传统的销售环境对购物者充满活力。"
>
> 玛丽安·威尔逊（Marianne Wilson），《连锁店时代》（*Chain Store Age*）主编

完成本章后，你应该能够

- 识别各种类型的零售亭
- 讨论视觉营销设计师在互动零售亭中充当的角色
- 在手推车上展示商品
- 在互联网上探索视觉营销设计师的职业潜力
- 评估视觉营销设计师在时装秀和特别活动中的角色
- 开发一个特别活动或时装秀概念

图 11.0ab　ShopWithMe 是一个移动快闪店，首次在芝加哥的先锋广场（Pioneer Court）推出，它提供了非传统零售业的终极体验，因为它将在线零售与实体零售相结合。图片来源：本尼·陈（Benny Chan）/ Fotoworks 公司。

一篇题为"自动零售亭：最新趋势"的文章中，《零售亭市场》（Kiosk Marketplace）讨论了自动零售亭如何从零食扩展到各种不同的细分市场，并提供甚至包括汽车在内的产品！一些人甚至希望在医生的办公室里看到自动零售机分售药品。访问www.kioskmarketplace.com了解更多关于零售亭行业的信息。

传统的零售亭可能仍然出现在人行道上，但现代的零售亭店可位于购物中心甚至一些零售店内。手推车、摊位和零售亭现在通常都被定义为零售亭店，即便它们是带着轮子的手推车形式。现在的零售亭可能只需要一名销售人员，这取决于所售商品和亭子的大小。在没有开放式中心区的小型零售亭中，销售人员就站在亭子附近。一些最新型的零售亭建在了商场走廊的墙壁或隔墙中，最大限度地扩大了销售空间，同时也能兼顾到密集拥挤的交通。自助零售亭越来越多，特别是在人们需要耗时等待的机场和其他类似的地方。

目前，零售亭最令人兴奋的用途之一是在购物中心培育一份新的零售业务，以测试一个具有商业概念的初创者是否有足够的潜力投资于一个全尺寸的商店空间。许多小型孵化零售业务作为一个小摊或手推车试用后，被酝酿成功，就发展成为实体企业。通常，新的零售亭店的商业名称和设计概念都受到版权保护，以确保其原创者不会很快被竞争对手淘汰或模仿。

因为它们在面积上可能相当小，所以零售亭有助于实行利基营销战略，通过高度专业化或季节性的产品供应，接触到非常特定的潜在客户群体。例如，附近有一家成熟健身服装店的购物中心广场，初创零售者在这里建立一个向健身爱好者出售蛋白质粉和能量棒的零售亭，可能是一个理想的地方。这就创造了一个合理的邻接关系（对两个商店而言）和一种针对非常专业客户的营销方法。小微商店可以先测试市场，而不必一整年地租赁、装置陈列、装饰、清点库存或雇用员工。

零售亭的陈列装置设计

就在几年前，零售亭是简单的、独立的单元，仅有几种不同的形状和大小。迷你零售亭仅能容纳自动柜员机（ATM）和零售店礼品登记处，开始通常是覆盖着淡雅杏仁色的盒子形，毫无虚饰的功能性似乎是一贯的设计标准。今天，零售亭设计行业已经迅速发展，包括各种各样的交互式模型（图11.1）。Fashionology就是一个例子，它设置了一个零售亭空间，通过使用互动技术，为十几岁的女孩提供设计自己衣服和配饰的机会。女孩们一进亭子就开始了自己的设计过程，店里的墙上挂着一系列炫目的图案，以获取灵感。女孩们使用触摸屏设计板，从各种上衣、下装和连衣裙中挑选她们想要的衣服。在她们为自己的衣服选择了装饰要素之后，她们会遇到一位时尚专业顾问，帮助把关键设计元素热转印到衣服上，然后送给女孩们一个装饰托盘。她们的下一站是"Make It"定制桌子，在那里她们可以坐下来完成她们的新造型。当衣服制作完成后，女孩子们会试穿她们的新作品，并在数码相机前做模特造型展示。随后，这张照片会被显示在店内一块70英寸的屏幕上，同时通过电子邮件发给她，与朋友们分享。但Fashionology已经闭店了，尽管它承诺一直开店的。之所以在这里写入这个案例，是

图11.1　比佛利山的互动零售亭。图片来源：Boye /《女装日报》/康泰纳仕出版集团。

因为它是一个令人兴奋的视觉例子，展示了一个零售亭应如何完美地融入零售商店的环境中。

　　现在观察图11.2。这个引人注目的美容精品亭成为纽约市先驱广场Duane Reade店内的焦点。这个零售亭是用来介绍新产品的，这确实是一个设计卓越的例子，使它成为一个标志性的陈列装置。

　　如图11.1和图11.2所示，零售亭可定制设计，以配合商店或购物中心的建筑和品牌形象。品牌制造商经常精心设计他们的零售亭，以便在百货公司内建立自己的品牌形象，或者在商场中作为独立的迷你商

图11.2　纽约市先驱广场的Duane Reade商店，一个名为"LOOK boutique"的美容精品亭成为焦点。图片来源：Mitra /《女装日报》/康泰纳仕出版集团。

零售现实

在一个空间内过度使用零售亭可能会导致视觉混乱和失去连续性。开放的流动空间对于楼层布局的价值，如同空白区域对于签名的价值一样重要。开放空间有助于购物者阅读商店的布局，并对整个商店有一个整体的了解，帮助他们在商店中移动。当太多品牌商的零售亭填满空地时，购物环境（商场或商店）可能会失去自己的品牌形象。

店。根据其尺寸和预计寿命，零售亭可以用纸板、胶合板和太空塑料压层板等材料制造。

他们的设计包括从基本的带顶棚柜台，到精心设计的小型商店。

使用商店内零售亭的一个主要优势，是零售商能够建立一个只占用很少空间的利润中心。例如，一个折扣店的相片打印亭占地不到3平方英尺（0.3平方米），但却能产生非常高的利润。以每平方英尺的销售额来说，刺激百货公司家庭用品部销售的展示亭也同样可获得高利润。

零售亭的类型

零售亭有五种基本类型：

- 位于购物中心、火车站和机场的高流通区域的独立式永久单元。
- 位于商店内的独立式永久单元。
- 位于商场交通繁忙区域的非永久性移动单元（也称RMU，零售移动设备）。
- 位于商场或商店内的微型永久性装置单元，如自动取款机或礼品登记处。
- 报摊或休息亭，可能是永久性或移动式装置单元，位于商场或城市街道上。

微型交互式零售亭

带交互式显示器的微型零售亭为零售商提供了一些非常杰出的创新和技术。即使视觉营销设计师可能不会亲自设计零售亭的陈列装置或显示屏上的程序，但他们可能会被要求对装置设计是否符合其商店的品牌认知提出建议，或被咨询显示屏上使用的颜色和艺术品是否恰当。这些新的销售工具的布局也很关键。视觉营销设计师应了解自己商店的布局，并且能够确定吸引购物者进入商店的位置，并在购物者到达后将他们留在店里。他们也会了解自然光照和环境光线会如何影响交互屏幕的观看，注意零售亭内的声音和其他环境中的声音会不会冲突（图11.3）。

零售亭陈列装置的设计资源

今天，设计零售亭的第一步从购买点（POP）开始。品牌制造商创造他们自己的商品陈列装置时，应以极低或零成本提供给零售商。从战略上讲，他们希望为产品提供更大的店内知名度，在商品紧俏的商店里确保占地面积，最大限度地提高品牌知名度，并推动冲动性购买。

大多数最早的购买点展示架都是使用寿命有限的临时结构，通常只用于特殊促销活动的一段时间。后来，许多品牌商提供了更多的永久性货架和陈列装置，专门用来存放他们的产品。那些陈列装置设计预算有限的商店喜欢这种方式。唯一的缺点是，品牌商提供的购买点陈列装置并不总是符合商店的装修方案，并稀释了顾客对商店的品牌认知。随着统一的商店设计对零售商越来越重要，品牌商的购买点陈列装置变得不那么受欢迎。

　　早期，收银台附近的购买点旋转货架上摆满了连裤袜和一次性剃须刀的包装盒。后来，那里摆满了免费试用品。零售亭至今已经经历了很长一段路，虽然它的起源形式已经被废弃。如今，专注于零售亭的竞争者们提供了完整的设计和造型服务、广泛的仓储和配送设施以及最先进的制造资源，尽管他们仍在继续设计使用时间较短的购买点展示架。

■ 在零售亭展示商品

　　原来的品牌商零售推车造型得到更新，现在经常被设计成和购物中心般配的风格，并且经常被分组放置，以创建一个统一的中心市场。

作为可移动零售单位的售货推车

　　拉里·格罗（Larry Gerow），Area Code 212展示和设计公司的总裁，在负责美国明尼阿波利斯购物中心众多零售推车的设计、执行和商品销售时接受了采访。这些推车是由个体租户租用的。

　　格罗说道：

　　　　零售推车和商店一样，每平方米的空间都被利用了，目的是找到一个能吸引购物者注意力的"诱饵"。尽管零售推车不像商店那样有实体入口，但当推车的一侧作为商店入口时，具有最高的交通功能。

　　在进行零售推车的商品设计时，格罗说：你必须了解商场的规定，包括标牌的位置以及标牌或展示物可以从推车外延多远。需要考虑安全问题，因为推广道具是固定到

图11.3　明尼阿波利斯的塔吉特的互动迷你站允许客人在娱乐区购买电子游戏。图片来源：克雷格·拉希格（Craig Lassig）/彭博社，盖蒂图片社。

车顶和其他地方的，所以必须小心注意。每个购物中心都有不同的指南，但每个购物中心都有零售推车——通常从10辆到30辆不等。

零售推车的设计策略

　　格罗接着说，Area Code 212零售推车的营销和设计策略包括八个步骤：

1. 发现租客的需求。尽可能多地了解他们的产品和个人品味，甚至是他们最喜欢

的颜色。格罗说,这些人离零售推车很近,他们和推车生活在一起,所以得让他们和它们在一起很舒服,这点非常重要。

2. 了解商场对零售推车设计和签约的规定。
3. 提供一个既能满足租客需求又能满足商场规定的设计。
4. 为陈列装置、道具、标牌和任何特殊照明设备编制预算。
5. 获得设计和预算批准。
6. 收集道具和其他材料并制作零售推车。
7. 进行安全检查,确保没有未解决的问题。
8. 对盲点进行安全检查。车上可安装镜子,以便从所有有利位置提供更好的能见度。推车通常有下拉式门或帆布包装,以确保安全。

互联网零售(电子零售)

随着互联网零售竞争的持续升温,可预见最成功的零售商将是那些以两种主要方式提供服务的公司:第一,提供可靠、有吸引力、易于导航的网站;第二,提供准确、快速、廉价的产品。线上零售商已经认识到,仅仅拥有一个漂亮的购物网站是不够的,他们必须兑现他们的视觉/虚拟承诺。因网页延迟而感到沮丧的客户、在下订单时遇到困难,或者那些没有按时收到产品的人只会简单地"点击离开"(实际上相当于走出一家无法提供令人满意服务的商店),要么转向竞争对手的网店,要么回到实体店,而不会冒着失望的风险再次进入该店网站。

互联网零售网站的激增对你的职业生涯有影响吗?曼苏尔设计公司(Mansour Design)创始人詹姆斯·曼苏尔(James Mansour)这样认为:"互联网正在为在网上应用我们的技能创造新的机会。我们可以走在最前沿,利用我们对当前线下视觉营销和客户购物模式的理解,将购物体验整合到网络空间中。"曼苏尔说,他的设计工作是"打造消费者体验",他预测,娱乐、电子零售、交互技术将以人们原有想象的方式结合在一起。

▎为镜头展示形象

你在网站上看到的每一张产品图片,都是在某个时刻被相机的镜头捕捉,被转换成数字格式后传送到你的屏幕中。为这些镜头准备的产品,非常类似于在实体店中建立展示台或为模特着装。但网络零售视觉设计师通常有一个不同的头衔——摄影造型师(photo stylist)。这名视觉专业人士并不是受雇于商店,而是在一家摄影工作室工作,他/她专为商品设计摄影造型。

明尼阿波利斯独立设计师丽莎·埃维登(Lisa Evidon)在零售视觉营销领域工作三年后,开始了一名摄影造型师的生涯。她的特长是时装和台面装置。额外的视觉技能——例如,使用照明,使得摄影造型师在工作室里更具价值。埃维登说,这些技能中的许多技巧都是通过严格的亲身体验得来的,而且是在当助理设计师时从经验丰富的设计师那里学到的。如何能够有效地在镜头下控制一件商品,例如一件较大的衣服,可能需要特殊的悬垂技术,使它们看起来不那么笨重——视觉营销设计师早已胸有成竹。

重复的物品必须经过特别的折叠或叠放,以在非常有限的空间内显示整个颜色系列,对于视觉营销设计师来说也不是什么新鲜事。食品和杂货产品可能需要特殊处理，使其在光线下闪闪发光，或在工作室照明产生的极端热量下依旧如新。对于视觉营销设计师来说，这些复杂的任务可能更容易学习，因为他们已经了解如何为了外观即兴创作，如何将产品布置得更有吸引力。有了足够的实践经验，许多造型师会进入特定的商品摄影领域，如食品展示领域，继续深耕。

在摄影棚布景时，无论这次摄影是为了平面广告还是为了网络零售，埃维登都把自己的角色描述为艺术指导。"艺术指导帮助我决定如何组合摄影的各种构成要素，"她说："例如，我会知道拍摄需要满版或留白，或者我会知道我们是在建立一个垂直的还是水平的形式。"埃维登说，她的视觉营销设计技能已经"完全转移"了，准备拍摄——包括寻找并确保准确的道具和视觉元素，如古董或花卉和绿色植物，是她工作的一大部分。"那么从那一点到拍摄结束，构成了所有。"

对埃维登来说，一天的工作意味着：从准备一件熨烫好的、不起皱的衣服、为时装模特采购符合潮流的配饰，到为一家家居时尚出版社设计制作一个构图优美的桌面陈列。她说，拍摄后的照片发生了什么，是艺术总监或摄影师的问题，而不是她的问题，她不必为了这张网站预订的图片做任何其他的事情。"我总是密切关注构图的颜色、图案和其他视觉元素，无论镜头将在哪里，"她又补充道，"我喜欢每次拍摄中遇到的小挑战。"

■ 在显示屏上展示形象

展示网页内容上真实而兼容的色彩，是另一个挑战。在网络发展的现阶段，屏幕上的色彩显示并不完美。因为色彩很难准确地再现，所以决定在线零售产品外观的将是网站技术人员、软件开发人员和计算机制造商，而不是零售商。目前，许多网络零售商只是登出免责声明，说明你看到的（就商品颜色而言）可能不是你得到的。

软件供应商意识到需要精确的彩色图像显示，以及需要更高的分辨率来产生更清晰的产品图像。生产商已经允许摄影师同时拍摄和存储多功能图像，并用 Photoshop 这样的软件为网站提供较低分辨率的照片，为印刷媒介提供更高分辨率的照片。他们知道，在线或离线的购物者都希望在屏幕上看到的内容与送货卡车或邮递员送到家中包裹里的物品是相匹配的。明尼阿波利斯一家后期制作公司 Tele Edit 的肖恩·克林斯塔德（Shawn Kringstad）说，他们也知道，在线准确性的主要限制是终端用户的家用彩色显示器。

显示器就像一个电子过滤器，它告诉观众，"这就是我校准的方式，所以这些是我将要看到的颜色。"人们可能没有技术能力浏览我们拍摄的所有东西，所以我们必须准备我们了解的普通网上购物者能够接收到的图像。在今天（技术水平），这通常是 25 种颜色，而不是我们可以使用的数百万种颜色。

像 Tele Edit 这样的后期制作公司会将摄影师拍摄到的胶片或数字格式的图像转换成可用于视频制作的图像。其他公司也可以使用这些图像，也可用在印刷媒介上。

互联网零售商走向实体店

越来越多的在线零售商已经开始转向实体空间。这一新兴的趋势对于视觉营销设计师来说是非常重要的，他们应该意识到并注意到这是另一种创造性表达和职业发展的途径。

亚马逊于2016年在西雅图大学村购物中心开设了第一家实体店。把所有的书封面朝上放置，这样会看起来更友好。除了书籍，电子产品也陈列在桌子上，供读者互动。Birchbox的在线商业模式鼓励顾客"尝试、学习、购买"美容产品，向注册者发送粉色盒子的样品。2015年，他们在苏荷区开设了第一家实体店。Bonobos是一家男士在线零售商，曾经只在网上销售自己的招牌男裤，现在已经有超过20家实体"导购店"。这些商店的库存很少，但旨在帮助购物者找到适合自己的理想之选。沃比·派克（Warby Parker）是一家非常成功的眼镜在线供应商，它不停地快速开设零售店，发现这些空间会帮助他们的在线业务：90%在商店购物的人也会查看网站，一旦他们在店内购物，他们很可能会在网上购买更多款式的眼镜。Hointer在西雅图开了一家商店，目标是帮助男士找到适合任何场合穿着的完美牛仔裤。他们决定提供便利的网上购物和店内购物，以创造终极体验。你可以访问www.hointer.com网站从Hointer首席执行官纳迪亚·舒拉博拉（Nadia Shouraboura）那里了解更多关于零售业的未来，它是一个令人印象深刻的在线商店和实体店合并的创新型榜样。

特别活动

特别活动将潜在客户带进商店。在特别活动的类型中，时装秀、企业展示、文化展览、产品展示、工作坊和签售都是顾客受邀来店或到店外参观促销活动的。它们是一种对提升社区形象的善意姿态——"行善做好事"。特别活动用于：

- 商店成为提供娱乐和教育，以及商品和服务的地方。事实上，这十年来最流行的词汇之一是"零售娱乐"。它表明，对那些几乎可以在地球上任何地方买到各种商品的购物者来说，商店作为娱乐来源的功能变得越来越重要。
- 通过将时装设计师以及与产品相关的专家或名人带进商店，以提升品牌形象。
- 通过赞助和参与当地活动，零售商获得社区领导者的地位。
- 教会购物者如何使用那些看起来过于复杂或技术含量太高而无法购买的产品。

从历史上看，特别活动一直是大型百货公司的经营范围（相应地会有大量的促销预算）。然而，随着许多规模较小的零售商看到大型零售商从特别活动中获益，增加了商店的客流量，增强了领导形象，增加了与活动相关的收入，它们也决定进入特别活动舞台。他们这样做，既是创造性的，也是低成本而有效的。Fashion Bug是一家平价时装连锁店，它邀请经常光顾的女性为店内时装秀做非正式模特。它为参与者提供有吸引力的奖励折扣（她们经常购买在表演中穿的服装），展示作为奖品的商品效果图，当然还邀请模特们带着她们的朋友和家人一起去看演出和购物。像这样的活动，只需几张海报、客户的电话、当地邮寄名单上的客户邀请函以及为模特着装所需的时间，就能产生可观的销售收入。

园艺、面料和家居商店通常都会提供店内指导工作坊，教购物者如何最好地利用他们的最新产品。来这里学习贴墙纸或装饰画的购物者可以得到实用的演示，然后带着产品信息以及产品和配件回家——这时他们已有足够的信心自己去完成这些工作。一些精明的家装店，如 Lowe's 和家得宝（Home Depot），为周末陪同父母到店的儿童提供适合的锤子、钉子和手工艺活动，这是一个让顾客乐于参与的事（销售者也乐观其成）。

视觉营销设计师在特别活动中的角色多种多样，和活动本身一样丰富。他们可能会被要求在场外搭建和装饰婚礼、专业工作坊或投资研讨会的摊位、帐篷和舞台。他们可能会被要求设置标牌、桌子和产品展示，或者用绳索和支柱建立预约处的交通路线。他们可以为产品搭建展示平台和演示展台，也可以为日常销售空间之外的产品展示做辅助支持设计。他们可以参与设计和执行花展、晚会、节日动漫、时装秀或针对特定消费群体的特别兴趣节目（如全国婴儿周、返校促销活动或女性健康博览会）。

对于参与特别活动的视觉营销设计师来说，需要能够预料到让活动顺利进行所需的东西。备料清单是无价的。想想在离你的商店十个街区远的银行大堂里，要设计时装秀接待台的台裙和标牌装置，你需要准备好所有需要的标志、标牌架、桌子套、预先准备好的踢脚板、别针（万一台裙送来的时候没带夹子）和胶带（万一装饰带太长）。

如果像一个视觉营销设计师一样思考，你可能会觉得这样还是不满意。你可能会想把接待台变成一个小曲目活动处，把场外的位置变成一个为商店推销更好的机会。同样，任何为加强大堂接待台所做的展示工作都需要你曾经学会的技能。

也许在路牌附近的一些高高的绿色植物可以为接待台创造更好的背景。也许一个穿得漂漂亮亮、配饰精美的人台模特会强化时装秀的主题。如果你是一个真正的视觉营销设计师，你会一直考虑可以添加什么来强调重点和引起兴趣。你总是想给出额外的惊喜。

▌特别活动和商业出版物、专业组织

今天，零售特别活动的规模、范围和体量都在增长，从简单的室内时装秀到一年一度的梅西百货感恩节游行，再到内曼·马库斯百货（Neiman Marcus Fortnight）在得克萨斯州达拉斯的活牛"西班牙盛宴"。零售特别活动部已演变为公司广告部、时尚部与展示部之间必要的组织桥梁，从而实现商店成为"零售娱乐"目的地的转变。从事零售特别活动的大多数人都是从其他领域开始，进而被该部门每季度举行的创意和多样性项目所吸引。

尽管以下出版物和机构并未严格关注零售活动，但它们代表了这一独一无二的行业，是设计师的灵感源泉，也提供了与供应商和服务的联系。

Event Solutions 杂志（www.eventsolutions.com）帮助全国和世界各地的活动专业人士及时了解活动的新理念、新产品和新策略。该杂志每月出版一期，随着专业活动的频繁，该杂志的数字版迅速得到普及。

Special Events 杂志（www.

specialevents.com）为在酒店、度假村、宴会设施和其他场所设计和制作特别（包括社交、企业和公共活动）的专业人士提供资源。每一期都提供设计和菜单灵感、举行活动时解决问题的实用技巧、出色的产品和服务的来源、销售建立策略以及商业管理技巧，所有这些都有助于使读者成为具有创造力、生产力和盈利能力的专业人士。

国际特别活动协会（ISES）是一个行业机构，其宗旨是教育、促进特别活动行业及其专业人员网络以及相关行业。它的会员可以通过专业课程、在职经验和对赛事行业的服务来获得认证的特别活动专业（CSEP）证书，这体现了对职业行为和职业道德的承诺。ISES是唯一一个代表特别活动行业各学科专业人士的国际性组织。要了解更多信息，请访问www.ises.com。

Eventwise（www.eventwise.co.uk）是ISES的一个成员，它有一个额外信息的网站，其特点是客户和案例研究，甚至有一些活动包——这可能会给你自己的零售特别活动带来一些灵感。

▋时装秀

时装秀包括了模特在设计师样衣间的展厅地板上的临时过道展示和正式的表演艺术——有着灯光、音乐、**T型舞台**和全套舞台设施的戏剧性表演。在这两个极端之间，你可能会看到模特们在零售店餐厅的桌子之间来回走动，或作为静止模特站在商店橱窗中，甚至她们还会在非正式的时装秀中漫步在百货公司的过道上。零售商总是在寻找新的方法来吸引顾客购买商品。

作为视觉营销设计师，你可能会被要求参与到商店的时装秀活动中来。你可能会为商店、制造商、设计师或制作公司工作，或以自由职业者的身份为他们服务。这些秀场活动可能发生在不同地方：零售店、剧院、礼堂或酒店宴会厅。

你参与时装秀制作的程度将取决于你的技能、经验和在极端压力下依然优雅工作的能力。时装秀通常是直到演出结束最后一刻才算真正地完成作品，并且由于租金和场地的限制，通常在商店之外举行的秀只有一两天的制作时间。如果你在商店里举办一个时装秀，则你可能只有几个小时来执行计划，因为对商店正常运作的干扰必须最小化。

时装秀的类型和场地

即使有各种各样的限制，时装秀也会非常有趣。时装秀给视觉营销设计师提供了一种机会，让他们能够运用并非经常可以练习的技能。以下是典型时装秀模式的剖析：

- 高级定制时装秀，销售季节（半年一次）的开幕式以及媒体预告会，让有影响力的顾客和时尚记者在特别的节日气氛中看到原创设计，随后才让世界其他人看到它们。这些活动可以发生在时尚城市的任何地方——设计师展厅、主题餐厅、时尚夜总会或酒店舞厅——这取决于设计师的预算和预期人群的规模。

- 内部新品时装发布会，或称"衣箱"发布会（Trunk show）专门提供给优质的、有销售渠道的、设计师品牌的制造商代表，给顾客展示来自精选时装系列中的特别或独家的商品。在某些情况下，这些商品实际上就是从衣服推架上的行李箱中取出的。但在大多数情况下，"衣箱"发布会

T型舞台、猫步台（catwalk）是指一条窄长的步行小道。在剧场中，它指舞台照明中架在空中可以让照明"飞"动的轨道区，允许技术人员改变和定位灯光。在时装领域，它是从舞台延伸出来的窄长走道，允许服装秀的观众畅通无阻地看到服装和模特。

将使用一到两个模特试穿服装，以获得客户的认可和特别订购。准备这种类型的时装发布会通常考虑的是方便而不是大制作——创造舒适的沙龙式座位区，重新布置陈列装置，增加时装部的家具和配件，布置摆台式茶点桌，增加鲜花布置，并在主干区增加特别照明。

- 茶室/餐厅时装发布会大多是非正式的，模特们在餐区按设计好的方式走动表演。这通常在合适的音乐和没有解说中进行。正式的T型台时装秀需要解说、特殊照明以及根据舞台和场地进行的舞台处理。非正式的时装秀会更多涉及模特和服装，而不涉及其他。如果有销售代表或零售时尚总监的解说，活动可能会变得更加正式。也许会搭建一个低矮的舞台，这时你需要设计舞台上的装饰或简单的背景，也许还需要提供特别的重点照明。如果有舞台，通常会提供座位。

- 主题博览会（例如女性健身博览会或婚礼博览会）一般在大厅或观众厅举行，零售商通常参与赞助活动。如果你的商店举办时装秀，则通常在主舞台上进行。你可能需要为这场秀提供一个特别的舞台装置，作为商店对整个活动的贡献。此外，你的商店可能需要装饰一个很大的展位空间，展示与博览会主题相关的商品，并与商店的企业形象和品牌认知相关。

- 社区中的特别活动时装秀经常与其他机构合作，共同作为赞助商。例如，一家大型时装店也许与报纸或杂志合作，在剧院、音乐厅、礼堂、竞技场或其他公共场所举办春季和秋季时装秀。这些活动可以是市中心的零售商将购物者吸引到城市来的举措的一部分，也可以通过与慈善机构合作，将自己定位为资金筹款人。这些时装秀往往相当精巧，预算庞大，收效也巨大。它们通常具有百老汇舞台表演的激情，为视觉营销设计师提供了一种富有挑战性但令人满意的创作媒介。

地点

时装秀可以在多种类型的**场所**举行。一场秀的地点选择，只有在你负责选择场地并完成相关安排的情况下，对你而言才是重要的。否则，你和你的视觉团队只需应付场地提供的任何挑战。

场所（venues）一词是指举行特别活动或娱乐活动的地点。这个词来自拉丁语动词 venire，意思是"来"。

主题

所有时装发布会都有主题，或鲜明、或隐喻。有时它们反映时装流行季，有时它们致敬著名的时装设计师，有时它们将零售商与非盈利事业或公民社会组织联系起来，有时它们与重大的社区活动联系在一起。主题通常决定着这场秀的气氛和节奏。

设备

大多数选择来举办时装秀的地方都没有适合的照明或音响设备。这意味着需要指定和租用设备，并安排灯光和音响专业人员来安装和运行设备。请注意，大多数非零售场馆都有合同要求，为任何舞台照明或音响制作提供工会劳工。

一般来说，商场的周边和过道都有足够的聚光照明，但没有舞台照明装置。室内音响系统不一定要非常精心准备，大多数商场使用带有无绳麦克风的便携式音响系统。与照明一样，如果场地没有内置系统，场外演出可能需要租赁设备。当然，这些都是昂贵的物品。在室内或者不同场合的时装秀，都会把主要设备的租赁费用包含在制作预算

活动案例

为了解这一切是如何运作的，让我们设想一场大型虚拟慈善时装秀，将在交响乐大厅举办一个春季流行音乐会系列。它将由几个赞助者合作运行。

主题

塞纳河上的春天。

受益人

USO 是一个为旅行的军人及其家属提供接待和帮助的慈善组织，它在各大机场均设有站点。这个非盈利性组织需要升级其机场设施。这次活动的所有收入（扣除费用后）将捐给这个项目。

细节

以下细节代表了时装秀策划过程中需要考虑的各种因素：

- 管弦乐团作为其春季系列音乐会演出的一部分，捐赠了需要增加的走秀舞台、灯光和音响技术人员的费用。由于活动是计划内发生的音乐会，因此不收取大厅租赁费。
- 航空公司将在音乐会期间为参加演出的人提供两张往返巴黎（或其正常航线上的任何目的地）的机票，以及为出席人提供食品和软饮料。这次旅行将是本次活动的主要奖品。
- 花商捐赠新修剪的鲜花，用来装饰顾客的桌子和餐具。鲜花将放在花瓶里，手推车上的鲜花将装在与手推车相配的镀锌容器中。
- 报纸媒体捐赠了三个整版的广告，外加一个关于 USO 的良好运作、当前需求和受益时装秀的专题报道。它保证了在黄金时段的提前宣传。它还提供了活动签名台和操作流程图。
- 零售商供应所有服装，安排知名时装设计师做解说，安排试衣排练和预演，并支付模特报酬，支付服装协调人员的工资，配备专业舞蹈编导，捐赠布景设计、制作、道具，以及视觉营销部的服务。

- USO 负责门票销售和所有相关费用。

在这场设想的时装表演中，布景设计将受到音乐厅结构变化的影响。场馆管理人员计划安装一个临时地板，以覆盖他们原有主楼层的剧院式座位。按照地板的自然坡度排列，新的地板放置桌子和椅子，顾客可以在欣赏音乐会和时装秀时享用点心。比桌面高的装饰性白色围栏和灌木状绿色植物提供了安全性，并增加了公园般的氛围。

视觉营销团队与服装协调人需坐下来决定以下内容：

- 设计布景，以配合演出大厅现有的公园式装饰。
- 安装两条从舞台到第一层走廊的过道，以便模特们可以走进人群，并进入后台的侧厅。作为一项安全措施，夏季花卉盆栽摆放在 T 台边上。
- 建造 12 辆白色花车作为舞台布景，并用鲜切花填充。模特们将从其中一辆手推车上采集鲜花，并在她们走下 T 台时将花呈现给坐在餐桌边的顾客们。
- 将巴黎形象的光效剪影投射到悬挂屏幕上，颜色与每个部分的时装主题相匹配。

虽然计划必须在活动前几个月开始，但由于花车、平台升降装置和 T 台只能在最后期限前夕完成，并在排练时间前才交付，因此本项目将在几个小时内完成。视觉营销设计师的其他琐事杂务将取决于鲜花到来的时间和摆放它们所需的时间。

主题也有助于活动策划人员创建有效的广告和宣传活动，以吸引目标观众参加时装秀。零售赞助商经常安排和调整时装橱窗，作为整体宣传和广告活动的一部分。主题还为视觉营销设计师提供了基本的橱窗设计和布景设计线索。

里。如果是在店内的时装秀，你的制作费用可能会基本用于商店自有设备的复原和内部员工的酬劳。

舞台设计

设计一场时装秀与设计一个封闭式的时尚橱窗使用的元素基本相同，但有一个明显的区别就是：真人模特是会走动的，而且你不必给他们着装。但是，你提供的背景必须与时尚和色彩趋势相配合，并重复地表明主题，为观看待售时装营造良好的氛围。就像橱窗背景一样，时装秀的T型台布景永远不要喧宾夺主，显得比展示的服装更重要或更精致。

▌盛大演出

一些大型时尚活动通过使用等离子屏幕、大型横幅海报和其他视觉设备将分为许多层的场景引入一个基础舞台上。这一个场景可能为特定的时装设计师作品而设计，下一个可能会呈现晚礼服的主题，而随后一个则可能为了展示一种新兴的流行趋势。许多时装秀还包括舞蹈表演，以及从合唱团到摇滚乐队的音乐表演。每一个主题都提供了一个机会，来创造一个远远超出传统时装秀领域的舞台布景。

如图11.4所示，可以看到模特们在印度孟买Lakme时装周，展示设计师高拉夫·吉普塔（Gaurav Gupta）的服装的最后一幕。Lakme时装周旨在"重新定义时尚的未来，并将印度融入全球时尚世界"。Lakme是一家美容化妆品零售公司，在此次活动中推广其"雕塑"系列化妆品。这套雕塑系列与高拉夫擅长的立裁和服装结构特点相一致。

模特们带着风吹式发型，一个接一个地从中央白色雕塑里走出来，逐渐走到T型台道，沿着楼梯走到一个圆形舞台上。钢琴和大提琴创造了完美的气氛，模特们随着浪漫音乐的节奏鱼贯而行。

时装秀可以展示非服装商品——一个在橱窗时尚行业的贸易展览，以穿着紧身衣的舞者为特色，用模特来展示优雅的纺织品和多彩的悬垂布料。

零售现实

图 11.4　雕塑舞台布景突出了每一个模特，仿佛是博物馆展览的一部分。印度孟买 Lakme 时装秀,茼高拉夫·吉普塔秀场。图片来源: 普拉莫德·塔库尔（Pramod Thakur）/《印度斯坦时报》（Hindustan Times），盖蒂图片社。

行业谈　"互动零售体验"，作者: 詹姆斯·曼苏尔，曼苏尔设计公司创始人

将娱乐、信息和商业融合在一起，为消费者创造高触感、高相关性和高趣味性体验的机会将不断扩大。好的互动界面和零售亭将引导消费者与品牌建立一种独特的关系，这既是一种虚拟体验，也是一种三维体验。

今天令人兴奋的、创新的、诱人的零售体验源于人类商业 2,000 年的历史。我积累了一个几个世纪以来关于市场、集市和商店的迷人图像库。发现它们与当今世界有着令人惊奇的关联性。毕竟，就在几代人之后，我们仍在试图吸引同样的女人、男人和孩子。购物已经成为我们 DNA 的一部分！以下是我给我的客户和同事的一些内部建议:

视觉营销成功的六个步骤

1. 视觉营销是一种三维的品牌化过程。了解你的品牌使命，支持它、完善它、发展它。

2. 从战略性的角度去思考和创造。不要在孤立的创造中工作，试着了解企业的各个领域是如何相互联系的。

3. 为你的作品设定最高标准，并将你的作品与世界上顶尖的作品进行比较。

4. 在每次自己逛店时发现些什么，无论是在跳蚤市场、唱片店购物，还是在熟食店——在购物的过程中学习，并把学到的东西应用到你自己的作品中去。

5. 使用视觉营销的方式去组织消费者体验。想象一下，你正在创建一个主题公园，商品是纪念品。

6. 保持热情！

设计画廊：ShopWithMe，芝加哥先锋购物广场

非传统零售业的终极形式是ShopWithMe的移动快闪店，它将在线商店和实体商店融合在一起。珍妮特·格罗伯，《设计：零售》杂志的撰稿人，写道："想开一家移动快闪店？既然你只需要更新数字文本，为什么还要运送陈列装置呢？ShopWithMe的'智能商店'以高技术含量、灵活的商店环境，提供了下一轮零售设计浪潮——所有这些都可以在一夜之间实现。"

位于拉斯维加斯的ShopWithMe零售物流专家与加利福尼亚州Marina Del Ray的乔治·巴鲁索（Giorgio Barruso）设计团队合作，创造了这个新一代的未来主义概念。

巴鲁索是一位富有远见的意大利建筑师，以其创新和体验式的设计而广为人知。他在2006年被国际公认为零售设计名人，2005年被《设计：零售》杂志评为年度设计师。他的ShopWithMe项目，以变形墙赢得了Shop! 2016年商店设计金奖，巴鲁索解释说："这座3,000平方英尺（280平方米）的建筑通过允许不同品牌暂时进驻在一个技术先进、高度互动和以消费者为中心的空间，向传统零售建筑模式提出挑战。"

变形墙有900个独立的屏幕，这些屏幕可以独立移动，也可以组合在一起形成架子或挂架。通过使用ShopWithMe移动应用程序，购物者发现当他们走过墙体时，一个屏幕货架会向前移动，推荐放置在墙内的物品。该系统可以跟踪购物者浏览的内容，并根据购物者的行为提出建议。

ShopWithMe的首次亮相是在2015年11月芝加哥的先锋购物广场。这家商店以TOMS鞋和Raven+Lily产品为特色，在为期一周内提供它们的全系列产品。然后，这个整体构造被打包到一个定制的容器中，并被运到下一站的内华达州，准备载入其他品牌的新数据！

图片来源：本尼·陈/Fotoworks公司。

第十一章　回顾问题

1. 零售亭的类型有什么？举例说明每一个。
2. 视觉营销设计师在互动零售亭中的具体角色是什么？
3. 说出一个从实体零售变成虚拟零售的零售商品牌。这种转变如何使该零售商改变其形象和扩大其业务？
4. 举例说明视觉营销设计师如何影响互联网网站。
5. 视觉营销设计师在时装秀或时装表演制作中的角色是什么？

挑战：跳出条条框框

比较零售亭设计

观察

参观购物中心，在公共区域寻找零售亭。

• 有多少个？描述一下你发现的零售亭类型和商品类别。
• 它们是否是商场建筑和整体装修方案的一部分？

比较

1. 参观商场中较大的零售商店。你在商店里看到零售亭了吗？
2. 这些店内零售亭有多大？描述它们的用途。
3. 店内零售亭与整个店内装饰是否协调？

创新

1. 解释为什么你认为购物中心和/或商店的零售亭与整体装饰相得益彰或相互消减。
2. 你认为应该采取什么措施，使你看到的每个零售亭设计与周围环境更加和谐。

批判性思维

为线上零售商创建一个交互式零售亭。你被聘为新的视觉营销设计师，为没有实体店的在线零售商设计一个零售亭。访问互联网，选择一个你知道没有任何线下零售地点的零售商。

1. 设计零售亭，确保其反映在线零售商的形象。
2. 描述零售亭与在线商店的不同之处。
3. 为每个零售亭设计一个粗略的草图。
4. 列出你将使用的色彩、材料、标牌样式的视觉元素、简要说明清单，等等。
5. 确保你的设计有足够的空间来展示或陈列商品。在你的草图中确定销售空间。
6. 在课堂讨论中提出你的想法，或作为团队头脑风暴练习使用。

案例研究1

设计一场食品时装秀

背景

你为一家以创新营销理念著称的杂货商工作。你被要求为10月中旬商店的周年纪念晚会准备一场与食品有关的时装秀。

你的挑战

使用各种食品：

• 为周末举行的商店周年纪念日店内时装秀设计一个主题。
• 跳出条条框框，尽可能多地描述可以用作服装装饰的食品。食物装饰可以用在中性或黑色的衣服上，如平纹上衣和裙子、T恤衫和裤子，也可以用服装设计师缝制的透明塑料浴帘做成衬底。你可以将你的食品应用于任何一种类型的衣服上，或者可以指定其他类型的服饰。帽子、鞋子和腰带也可以用食品来装饰。假设你可以使用热熔胶或手工缝制，可以在透明塑料衣服上用任何物品做装饰（如果你用的是容易融化的东西，可以考虑冷藏）。设计一件女式长礼服、一件儿童衬衫和裤子套装、一套男式西装、一顶厨师帽和围裙。你也可以用食品做辅料。将你的草图附在项目设计中。

- 为你设计的时装撰写时装秀评论。
- 设计一个直径6英尺（1.8米）、高2英尺（0.6米）的圆形平台舞台，包括两组台阶，一组用于进入舞台，另一组用于退出舞台，并包括适合主题的舞台装饰。
- 设计一个全幅标牌，向公众公布这场秀。你可以假设一张8½英寸×11英寸（22厘米×28厘米）的打印纸就是全开纸。把它附在项目中。
- 向你的同学展示你的迷你时装秀。

案例研究2

一个民族风零售亭

背景

马丁·奥加贝（Martin Ogabe）和苏安·特普（Suan Tepu）决定开设一家小型零售店，销售来自肯尼亚的食品和其他珍宝。自从他们来到这座城市后，已经与当地的许多移民家庭取得了联系。移民们渴望看到家乡的景色、声音和气味。当他们离开家乡前往美国时，无法携带很多家乡物品，因此他们请马丁和苏安（他俩都为一个大型航空公司工作）在飞非洲航班时帮助带回一些东西。

这座城市在州立大学附近有一个繁华的国际社区，马丁和苏安正在调查该社区附近一栋大楼里租赁商店的空间。他们还联系了该市郊区一家大型区域性购物中心的经理，以了解他们在那里可能会有什么机会。大学区的租金相当高，但他们觉得区域性购物中心的收费会更高。

区域性购物中心的经理们给了他们一个惊喜。他们告诉这两位企业家："我们希望在租户组合中加入规模较小的初创企业。而且，我们希望在零售组合中建立更大的多样性。"他们补充道，"我们希望以更低的成本为你提供一个更大的零售亭，并通过在租赁期的前三个月不收费来帮助你起步。这将使你可以投资一个定制设计，以建立你零售亭的'外观'，并带来更多的商品。如果你做得好，你将是等待名单上的第三家租户，一旦有空档就有机会搬进一个永久性的空间。我们预计等待时间不会太长，因为今年有几次续租，经常会有商店之间的变动。"

马丁和苏安很感兴趣。目前，购物中心还有另外两家民族风品牌，其中一家已经搬进了一间店面，另一家似乎在其零售亭里挣扎求生。零售店空间的缺点可能是它的尺寸——仅是独立店面的三分之一。他们也关心客流交通问题。他们想知道，如果他们不在大学附近，远离居住在那里的留学生和移民集中的地方，是否能吸引足够的顾客。

马丁和苏安计划从内罗毕市集上运送一些传统的手工艺品——珠饰绒面革、本地纺织品（康加印花织物和基可思编织物）、珠宝、书籍、艺术品和某些不易腐烂的食品，如香料和罐头食品。为了在商场内为自己的空间树立品牌形象，马丁和苏安希望能够利用一些特殊的民族特色设计，使零售亭反映其商品主题。

调研

如果你不熟悉非洲的艺术、服装或食品，你可以去大学图书馆了解更多信息。查看百科全书、经济学或艺术史部分。你的大学也很有可能在校园里就有一个专家。不要忽视教师、学生和员工资源。

考虑的问题

1. 解释每一个潜在的商业网站对这一新兴业务的优势。
2. 概述每个网站的劣势。
3. 创建一个关键人口统计要素列表，这些要素是合作伙伴在评估每个商业位置时应仔细权衡的。

4. 对于零售亭的设计和运营有哪些限制因素？如果有的话，他们必须在设计该零售亭之前进行哪些研究？

5. 马丁和苏安在与中心经理交谈时应该问些什么问题？

你的挑战

    思考一下将要出售的商品类型，列出零售亭设计中应包含的陈列装置的种类：例如，木杆、面具、篮子、编织垫。绘制马丁和苏安可能会采用的民族风零售亭的正面立面图。

非传统场所的视觉营销实践

顶点创意项目

　　除非你的顶点项目商店真的与杂货或食品服务行业有关，否则你可能会认为第十章的内容不适用于你和你的商店。然而，鉴于现在书店通常都有咖啡厅和午餐小柜台，而杂货店也出售贺卡、书籍和礼物，也许你可以重新考虑一下。杂货商和餐馆经营者目前的许多做法可能是超前于潮流的，值得你考虑——例如，交叉营销。

第1部分

- 根据你之前在顶点项目选择的商品类别，为你的顶点商店创建两个单独的交叉销售可能性表单。
- 解释交叉营销如何对你采用该策略的任何部门的销售总额产生积极影响。

第2部分

- 为你顶点商店的一个区域设计一个适当的零售移动单元（RMU）。至少画一个立面图，并列出你将采用的材料和颜色清单。
- 解释其用途（这可能是你的交叉营销机会）以及你计划使用它的战略方式（例如可能作为一个展示台，或向顾客介绍新产品或供应商，或作为季节性展示）。这是一个有专人负责的销售单位吗？为什么是或者为什么不是呢？

第3部分

　　详细描述一个适合你的顶点商店商品及顾客的店内特别活动。包括足够的细节，以便能够真正开始制作该活动计划（例如，至少包括是什么、在哪里、何时、谁和为什么）。

第五部分　商品陈列展示的工具与技巧

第十二章　展示橱窗的魔力

商店橱窗展示具有创造奇迹的潜力。从一个生动的节日场景，到以一个创造性**小场景**展示的商品，橱窗展示可以娱乐、培养和刺激消费者需求。这种能力在当今业界被称为"哇！元素"。战略性的橱窗设计可以吸引街上的游客，进而支持销售增长。

零售剧场

从创意的角度来看，在传统商店橱窗内展示商品，是应严格控制的戏剧性场景的活动。零售剧场和传统剧场一样，是沟通的载体。它具有承载营销信息的潜力。传统的非开放式橱窗有其优势，因为店内发生的任何事情都不会分散人们对橱窗展示中时尚、理想的商品的注意力。

橱窗设计师可以单独陈列和特别强调商品，以创造情绪、透射态度、给予课程、发布公告或表达时尚宣言。通过控制每一个使用的元素——灯光、道具、色彩、质感、比例、人体模特、造型、标牌、主题——视觉营销设计师也在控制沟通传播。他们相信橱窗能帮助购物者将自己投射到展示的商品中，并推动他们进到商店内部参观。

橱窗设计师还认为，让人难忘的橱窗，应该是商店形象和身为时尚引领者声誉的完整组成部分——橱窗诉说了一些实实在在的、很重要的东西，使商店及其产品区别于竞争对手。

在过去的三十年里，许多零售商开始将封闭橱窗视为障碍。因此，店面从封闭式橱窗的块状长板演变成了允许购物者直接透视店内的平板玻璃。这一变化背后的

小场景（vignettes）是一个更大场景的浓缩版本。例如，一个家居装饰小场景可以仅用几个元素就建立起一个大房间的气氛和场景——一把椅子、一张桌子和一盏灯。

"风格是一根魔杖，它能把触及到的所有东西都变成金子！"

洛根·皮尔索尔·史密斯（Logan Pearsall Smith）

完成本章后，你应该能够

• 识别各种建筑橱窗形式
• 解释橱窗如何作为沟通工具发挥作用
• 应用基本的橱窗陈列理论来实现零售目标
• 规划有效的橱窗陈列主题
• 选择适当的道具和标牌来进行特定的主题陈列
• 调整橱窗和店首陈列的照明

图12.0　一件满饰浮动花卉的艺术舞会礼服，是这个魔力橱窗中的明星。哈罗德百货公司，伦敦骑士桥。摄影：WindowsWear。版权所有：WindowsWear PRO，http：//pro.windowswear.com，contact@windowswear.com 1.646.827.2288.

理论是：如果人们能看到、触摸和尝试商品，他们就会购买更多的东西。商场的展示橱窗也顺应了这一趋势。

今天，封闭式橱窗更多是一个例外，而不再是常规。然而，一些开发商明确表示，新零售店的建筑规划中应该重新安装封闭式橱窗，即使是在大型折扣店和专业零售店中。橱窗封闭又回来了，这对你的职业发展来说是非常重要的一章。一个可能的原因是时尚的自然周期性，以及与之相关的所有一切。零售开发商正在寻找使他们的购物中心与众不同的方法，而开放式橱窗已经经历了整整一代人，也许是时候换点新东西了。某些东西可能以封闭的展示橱窗形式出现。

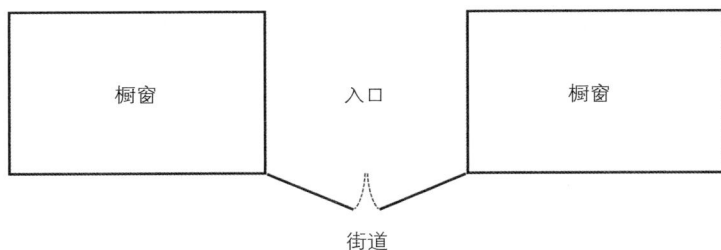

图12.1　在该楼层平面图中，你可以看到商店入口两侧平直的正面橱窗。图片来源：伊莲·温克尔艺术。

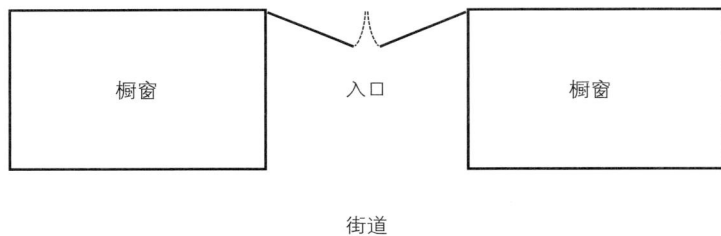

图12.2　该楼层平面图显示了带有拱廊式橱窗的店面。图片来源：伊莲·温克尔艺术。

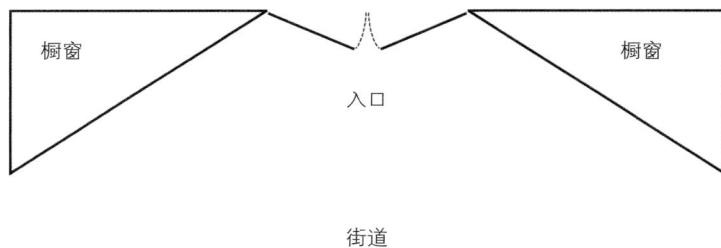

图12.3　该楼层平面图显示了倾斜的店面橱窗是如何引导购物者进入商店的。图片来源：伊莲·温克尔艺术。

建筑橱窗样式

橱窗风格和商店建筑的风格一样千变万化。市中心的百货公司可能是平直的前橱窗，玻璃与外墙齐平，并与人行道平行（图12.1）。一些商店设有拱廊式橱窗，商店的门设置在离人行道几米的地方，展示橱窗排列在凹进的入口通道的两侧（图12.2）。有时，斜角橱窗可以从建筑物的拐角处开始，向退后一些的入口处倾斜，形成一个三角形的凹处（图12.3）。偶尔，你还会看到一个角落橱窗，有一个实心后墙和两扇玻璃——形成一个三角形的展示空间，可以清楚地看到陈列展示，但只能看到展示背面的一小部分。也有凸出的橱窗，类似于海湾或温室的窗户。许多室内商店的橱窗是完全敞开的，没有玻璃。

鉴于当前的趋势，评估历史商店建筑，并寻求保持其特点——包括橱窗特点的设计方式，如果你在工作中要去挑战处理这类建筑，开始考虑将要做些什么，会是一个很好的主意。

■ 封闭式橱窗

一个全封闭的展示橱窗会有一面实体后墙，两个侧墙，和一个面向街道（或室内商店租赁线）的正面玻璃。它本质上是一个盒子。视觉营销设计师通常从通向这些橱窗的储藏室或试衣间暗门进入。一排三个或四个橱窗可以共用一扇进入的暗门。

　　大多数封闭式橱窗借鉴了剧场制作的元素，以创造氛围或隐藏技巧——人工绘制的背景、薄纱、遮罩和舞台拱门以及照明网格架（图12.4）。

　　纽约市著名的Lord&Taylor百货公司电梯橱窗采用了戏剧化的手法，实际上是可以升降的，这样整个橱窗就可以在商店地下室进行装饰，然后将其升到街面上供顾客观看。电梯橱窗也可以放置在略低于街道水平面的位置上，以便路人可以向下看到展示橱窗——如果这样的视角对当时的特定主题有意义的话。

　　一些商店——特别是珠宝店——会在距人行道几米的地方放一个封闭的暗影盒橱窗，方便顾客用眼睛观看较小型的商品。在纽约市，蒂芙尼公司、宝格丽和卡地亚的一些橱窗仍然使用优雅的暗影盒。

　　一些商店采用独立的岛式橱窗（也称大堂橱窗）或四面都有玻璃的亭式陈列柜，从任何方向都可以观看。你可能会发现这种类型的橱窗是老式商店的一个特征，前门处有一个拱廊，或者在庭院和室内购物中心有一个独立展示装置。这类专门的橱窗和角落橱窗一样难以展示，因为从四面八方都可以看到商品，因此很难隐藏任何展示手法或"业内技巧"。

■ 后开放式橱窗

　　后开放式橱窗很少有正式的展示，商店内部陈列架上展示的商品即是橱窗陈列品。然而，许多零售商在橱窗玻璃前放置一个展示平台，并在那里创建一个正式的展示。该平台将展示区与卖场区分开来，从店内和店外都可以看到陈列展示。

图12.4 一个"蒙板"橱窗展示，明尼阿波利斯的马歇尔广场（Marshall Field）百货公司。图片来源：朱迪·贝尔。

　　在街上的人们不仅可以看到在橱窗陈列的商品，还可以看到其他商品以及在商店主楼层进行的任何活动。后开放式橱窗展示必须装置简单，并仔细聚焦，否则观众将在抢眼的视觉混乱中错过时尚信息。基于这些原因，在橱窗邻近区域，为橱窗展示和任何特色陈列架开发强有力的焦点、配色方案或商品主题变得非常重要。

　　视觉营销设计师偶尔会把布料或无接缝的纸板从商店的天花板悬垂到后开放式橱窗后面的地板上。更常见的是，一张大幅的平面海报从天花板悬垂到地板，为展示的商品提供视觉焦点。这两种策略都提供了一种展示背景，而不会将观看者的太多视野局限到商店内部。另一个不寻常的后开放式橱窗处理，是在橱窗玻璃上使用绘画、应用彩色的季节性场景或平面图形信息。

　　半开式橱窗使用某种隔断或建筑分隔物将展示空间与商店本身隔开。分隔物必须与商店的内部主题相兼容，但要足够简单，以增强展示效果。在一家销售休闲周末服装的度假小镇商店里，一位零售商将分隔围栏和人造常青树作为橱窗的背景，显示了这是一个林地主题，与商店内其他地方使用的乡村木墙和陈列装置非常协调。一些零售商会使用货架件的简单背面作为展示区的后墙，另一些则使用古董家具来隔出橱窗展示空间。

橱窗展示的实践

无论是开放式还是封闭式，橱窗在商店的营销策略中都扮演着至关重要的角色——它们是联系当前客户与潜在客户的沟通工具。当商店管理层向某种商品投入广告和促销资金时，就开始了一系列的零售传播活动。

一旦百货公司和专业连锁店的买手从他们采购商品的市场之旅中返回，他们就会与销售支持部门进行沟通，为一些更为重要的时尚商品发起促销活动。这支零售支持团队由买手、营销经理、广告团队和视觉营销设计师组成，将一起讨论广告时机、主题开发和相关趋势。讨论支持团队成员决定橱窗展示的目的将是什么——是促销、惯例推广、时尚主题，还是销售导向。

营销经理制定接收商品及卖场陈列的计划。广告部在选定的媒体上准备、安排和投放广告。视觉营销设计师安排展示橱窗和计划店内的店首陈列展示和部门内展示，选择道具和人体模特及订购标牌，直接承担广告文案或主题工作。

当商品到达商店的收货部门时，它会被拆开包装、悬挂、整烫、贴标签，然后移到卖场，在那里它会被战略性地放置在墙面上或特色陈列架上。视觉营销设计师到访销售部门，为卖场的橱窗和展示台选择商品和配饰。然后他们开始施展魔法。巧妙呈现的商品卖完后，对新的商品又开始新的一轮循环操作。如果这家店是一家规模较小的夫妻店，可能会有较少的专家参与，但过程基本上是一样的。

▌橱窗的营销作用

时尚橱窗通过展示该店最新的潮流商品来宣传本店的时尚引领地位。他们还通过展示人台模特来指导购物者，展示当前流行服装如何才能和配饰、鞋子搭配相协调。

家居时尚的橱窗也许会展示最新的餐饮趋势，包括烹饪和用餐所需的器具。它们还可能以蜡烛、餐具和桌布等与晚餐主题相关的物品为特色，鼓励购物者在自己家中创造他们在餐馆中可能看到的所有氛围。

促销橱窗的特色产品是广告策略的一部分，用于促销一系列商品、单个商品或特别的店面活动。像母亲节和情人节这样的节日，也提供了展示激动人心的橱窗作品的机会。

销售橱窗宣布了本店的主要销售活动，但可能根本没有强调任何特色商品——这暗示了商店正在清货，准备以低价出售完所有的商品。

车道橱窗是人们在城市街道上开车或经过购物中心停车场时看到的商店外部橱窗。正如你所想象的一样，这些橱窗有其自己的特点：必须在尺度上更大，从远处就能看到并理解。大件物品——如果它重复出现——可以表达大量关于这家商店和它的产品的信息。视觉冲击也可以通过使用大尺寸商品，比日常生活更大的图形、背景，以及强烈的、光线充足的配色方案来实现。位于芝加哥密歇根大道的Crate&Barrel利用二楼和三楼的大橱窗来重复特定的商品，如沙发、灯具、陶瓷和陶器罐。在大多数情况下，它们有符合主题的巨大照片，让路人从几个街区外就可以认知品牌和商品。

真人或表演橱窗是更能吸引购物者注意力的一个有效方法。橱窗中的真人模特在毫不知情的路人面前微妙地移动或眨眼，这会让许多购物者停下脚步，注意到模特。只要花很少的时间，就能把人聚集在一扇有活动的动态橱窗面前。

想象一下，一家厨房用品店的橱窗：底部三分之一处挂着一根黄铜棒，上方挂着一幅洁白的咖啡厅窗帘，一个黑白瓷砖平台上放着一张厨房大桌子作为展示。橱窗的标牌是一块用粉笔写的菜单板，上面写着："做什么菜呢？"另外的文字用较小的字母书写，你会看到这样的回答："意面豆子汤！下午3点和5点。"

在这个想象的橱窗里会展示什么？根据这个标牌，一个特别的元素会是橱窗展示的常客——示范如何使用商店出售的许多厨房用具和设备。在非示范展览时，厨房大桌子上有几十种陈列可能：一堆食谱、小家电、炊具和用品、香料架、厨房亚麻布和包装食品。

最后触动顾客的，可能是策略性地安装通风扇，将烹饪香味飘散到街上，吸引观看橱窗的顾客进入商店。

由零售建筑师/设计师大卫·凯普龙（David Kepron）创建的互动橱窗，曾经是全球商店展未来商店展览的一个特色。凯普龙的"Dot com"（互联网）商店的橱窗可以日夜与购物者交流。电子元件连接到橱窗内部设置的超大屏幕上，通过触摸外部玻璃上的面板，邀请路人与橱窗显示器互动。观众可以从程序菜单中调出感兴趣的品牌和图片，虚拟地设计自己的橱窗展示。

凯普龙认为：

"Dot com"的经验表明，我们不再需要将普通零售业和传统实体零售业视为销售商品或服务的不同方式。事实上，技术和零售设计可以共存。在这里，零售的根基——社会体验——得到提升，通过创造持久的客户，让您的品牌得到**杠杆化**。

凯普龙指出，互动为那些每晚10点关门的购物中心里的零售商提供了实际机会：

看看有多少商场的租户包括娱乐场所（电影、餐馆、夜总会）的营业时间超过商场的正常购物时间。为什么零售店不能在商场关门后继续与顾客互动呢？想象一下，如果晚上商店关门后，购物者仍然可以查看和订购商品是多么美妙！

大卫·凯普龙是一位艺术家、零售建筑师和商店设计师，他补充道："对于零售商来说，技术不一定必须是非此即彼。未来的商店可以将真实和虚拟的边界融合到真正的三维画册中，一周七天，一天二十四小时都可以运行。"

▌橱窗的非商品营销功能

橱窗展示的目的不仅仅是展示有形的商品。非商品营销展示——致力于无形的想法

> **杠杆化（ leveraging）**
> 用作动词，意思是获得机械优势或增加影响、力量和效果。例如，通过使用交互式显示橱窗来增加对商店品牌认知的影响。

和目标——被称为**机构组织橱窗**。

机构组织橱窗通常是由有公民意识的零售商捐赠的，用于宣传和支持有利于社区非盈利慈善组织的特别活动。例如特奥会和全国肢障儿童协会（Easter Seal Society）、博物馆讲解员（导览员）等公民团体以及管弦乐队和动物园的支持者。这些机构组织橱窗也可以用来宣传社会问题。

零售商店的橱窗也可对国家和地方新闻事件做出反应。拥有冠军运动队的城市可以设立祝贺橱窗。在地方、国家和国际危机中——战争、地震、石油泄漏等，都有专门的橱窗，显示对人民和相关问题的支持。这一切都围绕着零售管理的愿望，投射出对社区参与、人道主义关注或对某些主题支持的品牌形象。

零售商做这些特殊的橱窗，可以提高企业形象和建立信誉。此外，他们还可以选择庆祝商店历史上的里程碑时刻，推出宣传自己的活动，或者干脆在根本没有商品展示的橱窗里提升自己的社区领导地位。

橱窗展示理论

很多零售商相信，在商店橱窗里令人兴奋的时装展示是一场小型剧场作品，可以让逛橱窗的购物者停下脚步。一场橱窗展示的时尚形象必须强烈到足以让客流停止。时尚信息必须强烈到足以推动让逛橱窗的购物者走入商店，来到展示商品所在的部门。有效的时尚橱窗开启了消费者从观看到购买的第一步。

从幻想到现实的理论

橱窗剧情可以是幻想、浪漫、戏剧、喜剧或冒险故事，但它们总是被设计成激发想

象力的，让购物者想去拥有或穿着展出的商品。从幻想到现实的理论，分为三步，将包含引导购物者从第一眼看到橱窗里的商品、第一次看到店首陈列展示，到步入卖场，最后进入试衣间的过程。

第1步：

橱窗里超越日常的时尚商品被用道具陈列起来，或摆出令人惊奇的、娱乐的和热情的姿态——把观看橱窗的购物者吸引进入商店。这是幻想阶段。

第2步：

零售商在店内展示不那么夸张的橱窗商品，在主要的室内位置使用店首陈列空间。这些是阶梯式的陈述。也就是说，它们与橱窗展示的主题相呼应，但现在呈现在商店的环境当中。如果橱窗展示是幻想的，则店内展台的呈现是更真实的。这里的商品看起来比橱窗里的更接近现实生活，灯光和道具也少了些戏剧化（如果有的话）。购物者现在有机会亲自检查商品——触摸面料，查看服装和饰件，看看价格标签。店首标牌会指导他们找到合适的销售部门。

第3步：

在销售部门——在特色陈列架或墙面上，也许在人台模特上——橱窗里展示的商品在这已准备好被销售了。这里就是现实——购物者可以实际触摸、试穿他们喜欢的商品。部门标牌提供有关价格或产品使用和护理的信息，也可以描述购物者可能穿着特色时装或使用展示产品的适当场合。

另一方面，幻想式的橱窗展示，以现实世界之外的主题为特色，可能只是情绪的设定者。一个郁郁葱葱的背景下，蝴蝶和花园仙女可能会促使冬季疲倦的购物者进入商店享受商店的春季花展。节日主题的橱窗可以邀请购物者带着自己的孩子到商店的玩具部或礼堂里的圣诞老人乐园（图12.5）。这里的总体策略是零售"软销售"——娱乐和鼓励购物心态，而不是推销特定产品。像这样的作品每年都会重复上演，成为吸引客流和建立良好信誉的"必去、必看"传统。

橱窗展示主题与灵感

橱窗展示主题与灵感的主要来源，总是商品本身。视觉营销设计师从商店的商品中获得他们的创意线索，因此在开始开发展示主题时，他们会查看每个产品的最终用途、制作工艺、风格和色彩。橱窗的主旨（主要的主题想法）只是一个支持手段。如果主题选择是视觉部门的责任，橱窗设计师会寻求各种方式来表达想法，根据选定商品得出橱窗展示的重点和方向。因为商店橱窗是一个强大的沟通工具，所以主题要直接与目标顾客沟通，并将注意力集中在商品上，这是至关重要的。在这种情况下，沟通需要一个共同的话语——主题——商店的目标受众将与之相关并能理解（图12.6）。

有时，橱窗主题是由合作的广告商来设置的，它们也是使用商品来产生主题。当广告部门设计主题时，视觉营销设计师的任务是找到一种创造性的方法来强化零售广告信息。橱窗与广告呼应，可以使时尚信息的影响力加倍。看到这两种沟通方式的购物者，更有可能建立关联，从而实现零售商销售商品的承诺。他们已经两次被提醒：该零售商

从幻想到现实的理论

第1步：橱窗展示以戏剧化形式展示时装。

第2步：店内平台在商店的环境中表现时装特点。

第3步：部门在陈列架上展示时装特点，可以试穿和购买。

工具箱12.1

图12.5 赛克斯百货商店的假日橱窗设计为故事书的幻想主题，以娱乐儿童和成人。赛克斯百货商店，曼哈顿第五大道。图片来源：维纶（Whalen）/《女装日报》/康泰纳仕出版集团。

图12.6 一个贴身内衣橱窗主题。这位橱窗设计师找到了一种创造性的方式，在加州圣地亚哥的Intimacy商店展示了许多款式和颜色的文胸和内裤。图片来源：莫里森（Morrison）/《女装日报》/康泰纳仕出版集团。

是一位时尚引领者。

主题灵感可以来自：

- 产品的最终用途、制作工艺、风格和色彩。
- 时尚设计的潮流方向——裙摆长度、时尚廓型、流行的设计师。
- 流行色彩——季节性传统、设计师选择或市场驱动的色彩选择。
- 最近、当前或即将举行的活动——涉及或影响时尚的全球、国家，或地方事件。
- 有影响力的文化潮流——风格、商业和生活方式趋势、新书、杂志、最近的电影、戏剧、艺术、建筑、娱乐。

- 历史回顾——知名符号、时尚回潮或回顾、重大事件周年纪念。
- 零售形象决定——独特或标志性建筑、装饰，或具有零售商形象或商店设计特征的风格元素。
- 节日——情人节、母亲节、父亲节。
- 怀旧——20世纪50年代、60年代、70年代、80年代、90年代。
- 陈列展示行业提供道具或装饰物品的新发展——金属购物袋等创新物品，晶莹剔透放大比例的冰块，或不寻常的人体模特及其他。

来自WindowsWear PRO的灵感启发

WindowsWear PRO（http：//pro.windowswear.com）是全球视觉营销、市场营销、商店规划、零售设计和品牌推广课程中使用的领先数字资源。在时尚和营销相关课程中，重点为高科技和当下市场的教学内容时，教师和学生都很重视把WindowsWear PRO作为一个创新和参与的平台。这项服务提供了一个数据库，它总是与世界上成千上万的视觉陈列展示保持同步，并分析了它们的展示方式和流行趋势。如图12.7所示，也是本书的封面图片，可以看到来自WindowsWear PRO令人惊叹的橱窗展示。

教师可以利用WindowsWear PRO进行课堂讲授，以促进对最新设计和时尚趋势的讨论。除了丰富的视觉图像和数据外，该资源还提供领先专业人士也同样使用的趋势分析和报告。许多学校也已将这项服务直接纳入课程任务中。

无论你是橱窗主题的决策者，还是一个选定主题的执行者，下一步都要运用你自己的聪明才智去寻找创意。

橱窗魔力的创造机制

创造橱窗魔力的机制可以分为以下七个步骤：

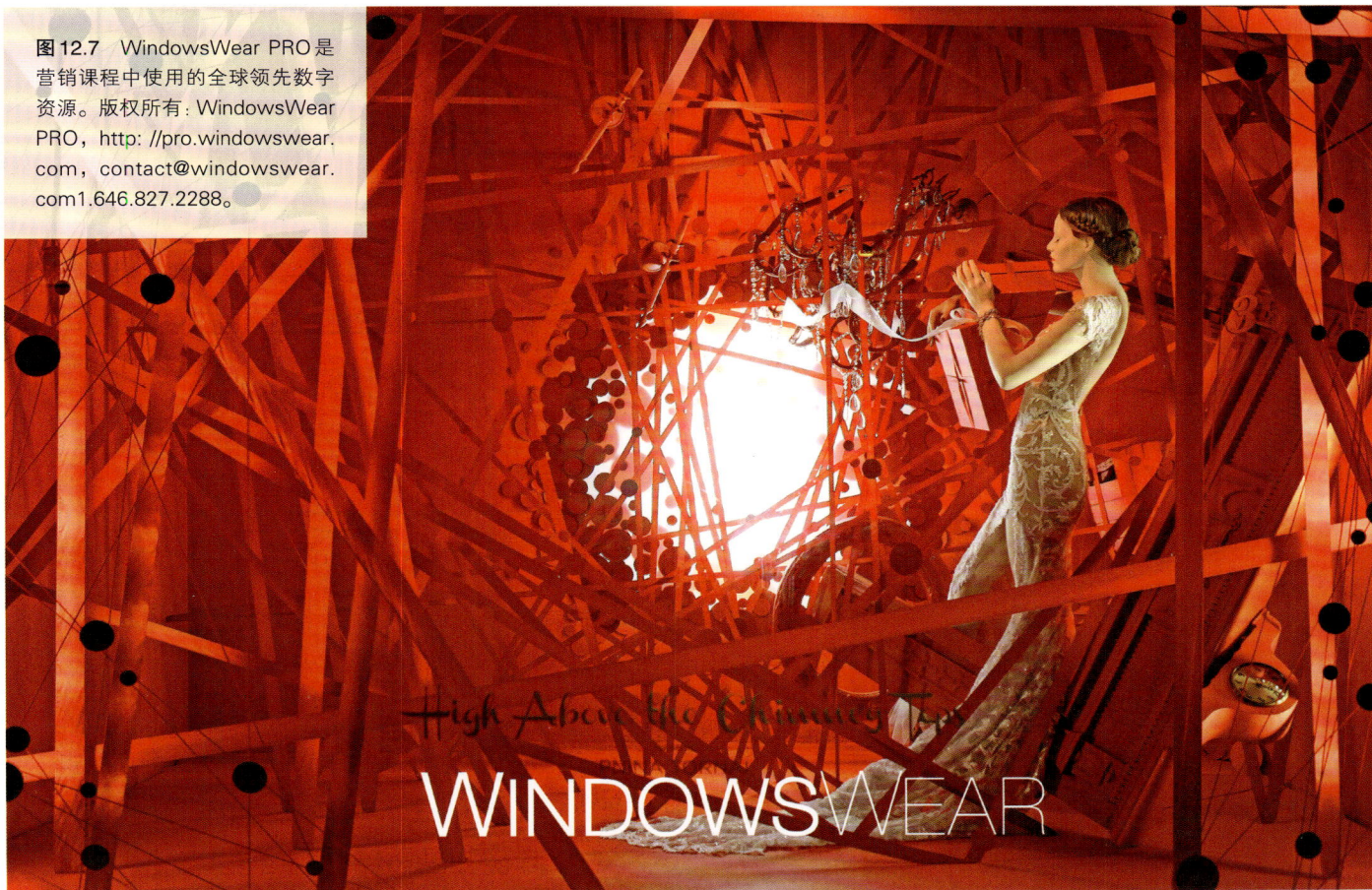

图12.7　WindowsWear PRO是营销课程中使用的全球领先数字资源。版权所有：WindowsWear PRO，http：//pro.windowswear.com，contact@windowswear.com1.646.827.2288。

1. 选择商品类别：例如，你可能需要展示得到授权的 Looney Tunes 儿童 T 恤。

2. 选择色彩故事：如果这款儿童 T 恤既有明亮色调又有粉色调，只为橱窗选择一种色调。

3. 选择主题：这款得到授权的儿童 T 恤可以与美国邮政局（USPS）发行的 Looney Tunes 系列新邮票联系起来。推广 2000 年发行的以 "野狼与行路者" 为主题的邮票就是一个例子。橱窗玻璃上印着一行乙烯基文字："纯棉收藏品，给家人写信——加入 USPS 收藏俱乐部"。这一推广策略把时尚和机构组织用橱窗结合起来。

4. 选择展示道具：该系列目前发行的四张邮票，每一张都可以呈现为 4 英寸 ×8 英寸（10 厘米 ×20 厘米）的海报。每个橱窗可以有一张海报。人台模特携带着超大的硬平板、彩色铅笔和贴有较小卡通邮票的信封。除了邮票图案外，每个橱窗还可以放两个加大尺寸的木制立方体（每个都涂上与邮票背景相同的一种颜色以相互匹配）。地板可以被涂成黑色。

5. 选择人台模特：每个橱窗可有三到五个人台模特，年龄大小分别是婴儿和未成年儿童，包括不同性别、不同种族和各种活动姿势，如攀爬、坐姿等。

6. 选择服饰品：五颜六色的游戏服、鞋类、帽子、袜子、发饰、眼镜、太阳镜、外套和玩具，都将与获得授权的 T 恤产品相辅相成。

7. 绘制橱窗陈列的速写图：即使是一幅粗略的木棍小人草图都可以在随后的实际布置中节省不必要的人台模特和道具。草图可以帮助视觉营销设计师建立重点，计算出视觉分量分布，并使所有必须协同工作的元素达到平衡。它允许预设道具的位置，计划初步的照明策略。它还阐明了配色方案。速写图确保了整个橱窗的品质和一致性，特别是多人在一起工作时（图 12.8）。

图 12.8 Looney Tunes 邮票橱窗的工作平面草图。图片来源：伊莲·温克尔艺术。

橱窗里人台模特的摆放技术

当你看到橱窗里的人台模特看起来像自己就会站立在那儿，这就是橱窗拥有魔力的一个例子。**拆置**一个人台模特，是指将其从传统的金属支撑杆和金属或玻璃底板上取下，然后用金属丝将其固定在橱窗地板上，使其看起来像是自己站在陈列展示空间中。为什么不用底板？许多视觉营销设计师认为，人台模特的底板和支撑杆会损害他们想要在橱窗里实现的戏剧效果。有些人不喜欢脚部内置支撑杆的人台模特，因为这样就不可能在不破坏鞋子的情况下搭配真鞋。他们也不喜欢穿着预先成型鞋子的人台模特。他们的理由是——购物者希望看到从头到脚的一整套服装和时尚配饰——也包括了鞋子。

在《橱窗着装设计师的自白》一书中，作者西蒙·杜南说，为橱窗里的人台模特布线是"陈列展示中为数不多的手工熟练活"之一。拆置人台模特的过程需要两个人。拆置有几种方式，不同方式可适用于不同的营销推广情况：

选项1：

许多视觉营销设计师更喜欢使用的一种布线技术——用一圈金属丝紧绕着人台模特的腰部。当人台模特穿着裤子时，这项技术非常有用，因为衣服的后缝不必像选项2那样拆开，以收纳连接到模特臀部螺钉的金属丝。

1. 将人台模特从底座上提起，并将其放置在地板上（图12.9）。
2. 第二个人在其腰部系上一根金属丝，并将其紧紧扭转，形成一个环。然后将金属丝的尾端延伸到地板并用钉子固定。人台模特必须稍微倾斜靠在金属丝上，

以便在没有底板的情况下保持平衡。注：如果人台模特有"稳定的脚"，一根金属丝可能就足够了。

3. 如果人台模特看起来不稳定，在腰环上再加一根金属丝，并将其延伸到地板上，以增加稳定性。
4. 如果聚光灯一亮，金属丝就会发光，需要在金属丝上涂上彩色马克笔或油漆，以减弱反射并伪装装置。例如，黑色记号笔会使银线变暗。你选择的颜色应该与背景的颜色相匹配。注意保护人台模特穿的衣服。

选项2：

当人台模特穿着一件合身的衣服，衣服面料或接缝处不能有金属丝刺穿时，本选项效果很好。例如，一件无腰带的连衣裙、两件式泳装和其他裸露中腰的造型也不合适使用腰部系金属丝的选择。在这种情况下，支撑金属丝会连接到指旋螺钉上，指旋螺钉通常在臀部将人台模特固定到支撑杆上。如选项1所示，如有必要，需要为金属线涂上颜色。

选项3：

在这个选项中，人台模型仍保持在支撑

创造橱窗魔力的七种机制

第1步：选择商品类别。
第2步：选择色彩故事。
第3步：选择主题。
第4步：选择展示道具。
第5步：选择人台模特。
第6步：选择服饰品。
第7步：绘制橱窗陈列的速写图。

▶ 工具箱12.2

拆置（striking）是指移除一个人台模特的支撑杆和底板，并用金属丝固定它，使它看起来就像是自己站在一个陈列展示空间中。出于对顾客和人台模特安全的考虑，这种技术只用于封闭式橱窗展示。

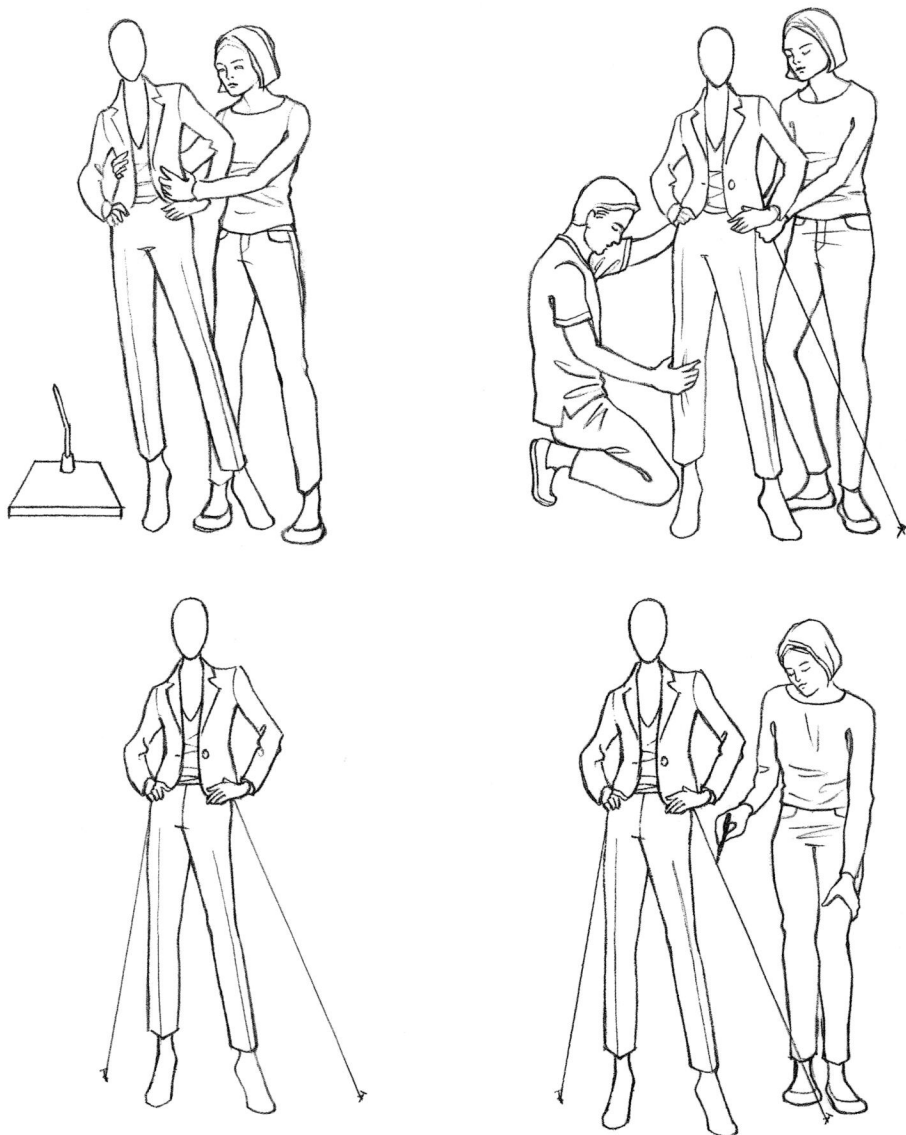

图12.9 拆置人台模特通常需要两个人协助完成的任务，分四步完成。图片来源：克雷格·古斯塔夫森艺术。

杆上，可确保最稳定的站姿。然后，将支撑杆插入一个普通的底板插座，该插座已从玻璃或金属底座上拆下，并用螺栓固定在橱窗地板上。一旦人台模特和支撑杆安放到位，它就只剩下一个简单的问题——拧紧螺丝将支撑杆安装在底板的插座上。

拆置人台模特是一种风格选择，而不是一种规则。西蒙·杜南观察到：有两根绷紧的金属丝从裙子下面伸出来的人台模特，完全"侵蚀了幻想"，这是和看到它们的底板一样的后果，所以他的策略是设计和订购更好看的人台模特底板。

■ 穿裤装的人台模特

如果人台模特是穿裤装的，裤子的后缝则必须用开缝器小心地拆开，以容纳选项2中的支撑金属丝，或者选项3中的支撑杆。

有平缝和衬里的衣服必须非常小心地

处理，以免损坏织物。在把衣服放回卖场之前，必须把开缝缝补好。如果你的店内有改装处，可以在那里进行缝补。如果没有，衣服必须送去专业修复。这是一项日常的展示费用。顾客应该无法觉察到任何的修复工作。出于显而易见的原因，选项1是穿裤装人台模特的首选技术。

人台模特上展示的裤袜和袜子不能退回库存，通常由视觉营销部门承担费用，或由时装部经理注销库存。

橱窗道具的小技巧:

以下技巧将帮助你在一个橱窗或多个橱窗中保持统一:

技巧1:

选择一个主导的陈列道具，其力量足以支持整个橱窗。如果每个橱窗都有相同分量的主题，你可以为每个橱窗使用不同的道具：例如，父亲节系列中每个橱窗使用不同的休闲体育活动和相关用品，一个橱窗用高尔夫，另一个橱窗中用网球，其他橱窗中使用自行车或保龄球。统一的要素是休闲体育。即便如此，从橱窗到橱窗，道具的比例也应该是一致的——超大的球座、球和球杆，巨大的网球拍和网，巨大的自行车链和辐条轮，或者3英尺（0.9米）高的保龄球瓶。

技巧2:

选择适合主题的道具。想一想你所展示的商品是什么样的。为了冲击力和展示清晰明了，道具的选择必须有所限制。要选择能唤起强烈清晰图像的道具。在本章前面的邮票示例中，孩子们和卡通形象相配，孩子们的游戏服与

四枚邮票所描绘的活跃形象相配。

技巧3:

商品必须比道具更重要。仔细地看一眼你的橱窗。作为高低架的辅助道具应该融入场景，而不是分散主题。你卖的不是道具，也不是高低架，你卖的是衣服。这关乎在恰当的地方实现平衡和强调。

技巧4:

使用逼真的丝绸花或丝绸树叶而不是塑料制品，除非你呈现的是复古主题。不要把塑料和丝绸混在一起使用。光线呈现出差异，整个效果也会受到影响。

■ 橱窗的搭建技术

历史上，通过在橱窗地板上的搭建、搁置或堆叠手法，大型展示橱窗可以展示较小尺寸饰品的特征。这些物品通常是香水、装在瓶子和罐子里的洗漱用品、配饰，如手提包、鞋子、珠宝。通过加强为大尺寸的时尚形象，可以展示这些陈列品的特征，它们如果被单独摆放则会缺少尺寸感。作为一个微型陈列的聚集体，一组搭建应该"跟着商品走"，以增加销售价值。这一传统至今依然存在，尽管在这一过程中经历了一些吸引人的曲折变迁。

一些大橱窗实际上可以使用蒙板，然后分割成一些小橱窗，用来展示特别饰品。另一些橱窗在主景区旁侧建立第二个视觉焦点，这可以通过使用特别的图形，或在某些情况下使用特别的陈列装置来实现。在所有情况下，都是为了相同的目标——即为展示增加趣味，为顾客购买增加价值。

以下指导原则将帮助你在时尚橱窗中创建传统的搭建展示：

1. 选择一个小的、中性的高低柱——例如一个小石膏柱或一个透明的聚碳酸酯立方体——以建立搭建基础。高低柱也可以是直接与橱窗大主题相关的商品。例如，一个优雅的法国旧式珠宝盒，与路易十四古董椅子和华丽相框相搭配，作为橱窗里一个穿着精致舞会礼服的人台模特的搭建道具，可能是一个有效的选择。在这种情况下，耀眼的珠宝、晚装包、长手套和昂贵的香水可以层出不穷地从珠宝盒的开放抽屉中冒出来，以暗示顾客购买更多的物品。

2. 选择搭建位置。可以把展示橱窗想象为一个相框。根据视觉平衡，将要构建的物体定位，使其与人台模特和其他道具在框架中保持平衡。

3. 选择合适的相关配饰商品。

4. 创作一组静物——用正式或非正式的平衡手法——用所有适当的艺术和设计元素：高度、深度、色彩，以及形状、质感和尺寸的对比。这些搭建物要独立存在，但也要与橱窗主要陈列的大型商品有关联。视觉焦点的大物品仅使用一件，而从属物品的数量为奇数件（3~5件）。三角形构图是理想的搭建格式。构图的

线条应该把眼睛视线向下吸引，穿过画面，然后再移出画框。图12.10显示了Williams-Sonoma店传统的搭建橱窗展示，图12.11李维斯（Levi's）的橱窗则显示了另一种搭建展示的方式。

▌ 照明技术

橱窗照明有一个戏剧化的目标：创造气氛，营造戏剧效果，增强兴奋感。事实上，许多照明术语、工具和技术都直接来自后台：轨道照明硬件、聚光灯"罐"、PAR聚光灯和泛光灯、针聚光灯（窄光射灯）、调

图12.10　这个开放式橱窗展示使用图形背景将其与卖场隔离开来。增加的陈列装置强化了相关商品的信息。Williams-Sonoma商店，迈阿密。图片来源：朱迪·贝尔。

光器、可附着彩色凝胶和聚光滤光片。一些全国性的零售商甚至在他们的主要门店雇用了自由职业的戏剧灯光专家来制作橱窗。

适用于橱窗照明的特别规则也适用于商店照明的所有方面：

• 展示商品的本来色彩。除非你公司的橱窗政策更注重的是戏剧性的影响，而不是可盈利的销售，否则扭曲颜色的危险在于误导购物者。理想情况下，他们在橱窗里看到的应该是他们在商店里买得到的东西。

• 关注商品。特效固然精彩，但商品才是使用灯光的理由。

• 把照明设备作为展示的一部分。关注呈现的内容，而不是如何呈现。

在《视觉营销和商店设计》的档案资料中，一篇题为《照明之要点》（Points of Light）的文章中，有几个适用于橱窗的最佳实践操作，这些实践操作至今仍然适用：

• 使用多光束扩散照明是展示照明工具箱中的一个很好的技巧，但视觉营销设计师通常不会利用它。使用泛光灯进行整体照明，并结合窄光射灯投射在钻戒或珍珠项链等小物件上。

• 使用彩色凝胶创造戏剧性效果，让彩色的商品跳跃出来，或让色彩安静下来。例如，淡蓝色凝胶可以让黑色看起来更丰富。

• 小心地选择橱窗照明导轨的位置，放置在商品陈列的前侧，并尽可能靠近橱窗边线。如果轨道放在橱窗的中心，则你照亮的是商品的上侧而不是前侧。

• 将开放式橱窗展示融入商店的内部建筑。因为大多数商场的橱窗展示区后面都没有隔墙，使用彩色凝胶的戏剧性照明通常是

图 12.11　不同高度的白色展示台与安迪·沃霍尔（Andy Warhol）和达米安·赫斯特（Damien Hirst）创作的图形相结合，为商品创造了一个巧妙的展示空间。李维斯快闪店，位于洛杉矶 La Brea 大道。图片来源：基南（Keenan）/《女装日报》/康泰纳仕出版集团。

不可行的，但有泛光灯和聚光灯就足够了。

• 为了优化照明效果，视觉营销设计师需要密切关注维护问题，不仅要更换烧坏的灯，还要随着商品的季节性变化重新调整聚焦灯光，这样灯具就不会照射到空白的墙面或走道上。

你甚至可以在网上找到专业的橱窗照明技巧。一个特别好的网站是www.fashionwindows.com。在这里,视觉营销设计师可以阅读从商业出版物中摘录的文章,查看来自世界各地的橱窗照片,与其他同行聊天,寻找新的和已推出的道具和人台模特,或者寻找工作。

壁架和陈列柜展示的技术

壁架和陈列柜可以看作是一个小橱窗,尤其是涉及构图和道具使用方面。这些氛围展示为那些在安全陈列柜中储存商品(化妆品、小皮具、珠宝、手表等)的商店区域增添了视觉趣味。它们可以在整个部门的选定区域(包括周边的墙面)创造视觉焦点。仔细选择位置,并选择壁架和陈列柜的数量,否则它们会造成混乱而非视觉焦点。

商店内部的陈列柜也是如此。如果一个部门有一个中心岛式的商品陈列柜,并且周围有一圈前开玻璃柜台,则在每一侧选择一个空间用于装饰性陈列展示,可以放置商品、道具和图像。从远处看,这些小展品可以打破一排排商品包装的视觉单调,并突出某些重要产品。它们集中了购物者的注意力,是非常有用的广告商品提醒。当广告变更或新产品到达时,应重置内部展示柜。

如图12.12所示,很多展示橱窗垒在一起,用来展示高端太阳镜和手提包。每个展示柜都有单独照明,只展示一个或两个商品。由此产生博物馆般的品质,这非常适合范思哲的产品线。

图12.12 一系列光滑的黑色展示柜被干净的白色展示墙和地面立方柜所平衡,为范思哲的商品创造了一个迷人的背景。范思哲,Northpark中心,位于得克萨斯州达拉斯。图片来源:库尔特(Coulter)/《女装日报》/康泰纳仕出版集团。

保洁和整理

在橱窗、壁柜和陈列柜中开始任何陈列展示时，都要进行彻底的除尘和玻璃清洁。当你布置完成一个展示时，要找出并清理任何松散的线、订书钉、修饰电线等。检查确保服装商品没有附带标签或展示线。走到商店橱窗的外面，再次检查橱窗的小细节。

白天，在商店开张前，重新查看顾客可以看到的陈列品，并重新安置处理过的商品。走遍所有涉及的区域，边走边打扫。即使在封闭的橱窗里，陈列品也会积满灰尘。记住购物者的第一印象会是持久的印象。它们反映了商店的形象和你的职业声誉。

别忘了注意保洁清理时的安全。确保人台模特不会倾斜不稳，他们的手的位置是否正确，配饰是否仍然在原位。视觉设计师不可能在门店所有营业时间都在场，销售人员也许已经销售了你在店首展示中的商品，并且在关店前没有时间补上商品。

当涉及橱窗外的销售商品时，有些商店实行不插手的政策。但是，任何一家商店，不管其政策如何，都不应该展示已经只剩一件或只有一个尺码的商品。为什么？告诉顾客那些就在眼前却无法买到的东西，永远不是一件好事情。而且，在星期五晚上拆除一个展示橱窗里的商品，直到星期一早上才能重新陈列好，永远也不是一件好事情。

作为艺术形式的橱窗

1999年5月发生了一件令人大为惊奇的事件——把商店的橱窗提升为一种艺术形式，整个纽约市都目睹了这一转变。从位于第91街的库珀·休伊特设计博物馆、第91街的史密森尼（Smithsonian）学会，到保罗·斯图亚特在第16街的时尚橱窗里，15家知名商店的时尚橱窗被设计为场外的艺术展览——《橱窗秀》（The Window Show）。为期一周的展览是为了纪念1998年去世的蒂芙尼公司的传奇橱窗设计师吉恩·摩尔。在他去世前一年，摩尔把长达39年的橱窗档案捐赠给了库珀·休伊特设计博物馆，以便后人研究学习。汤姆·比贝是保罗·斯图亚特（一家纽约市零售商）的前创意总监，也是摩尔的好朋友，他担任了该项目的设计联络人。

纽约的橱窗设计师们根据库珀·休伊特设计博物馆的纺织部、墙纸部、应用艺术部和工业设计部、绘图和印刷部的藏品，以及美国制造商和设计师的档案材料库，创作了15个独特的陈列展示。他们的任务是将这些藏品与自己商店的品牌形象和商品联系起来。

《零售广告世界》（Retail Ad World）（1999年10月）对该事件是这样评价的：

> 展览阐述了博物馆的使命，即探索设计在日常生活中的重要作用。这次展览将重点放在一个经常被视为理所当然的领域——橱窗作为设计对象，橱窗装饰者作为设计师。通过将一个个商店橱窗变成"卫星式画廊"，展览也展现了库珀·休伊特设计博物馆独特收藏的深度和广度。

这次展览为橱窗展示的历史增添了新的内容，以几个第一而闻名：

- 博物馆第一次将橱窗陈列视为一种装饰艺术，并在室外展出。
- 商店第一次相互认可同行们的橱窗陈列。
- 来自竞争商店的设计师们，第一次为了一个共同的目的聚集在一起。

图12.13 《橱窗秀》（1999年）是曼哈顿15家著名的零售商与库珀·休伊特设计博物馆举办的场外展览合作项目。Sherle Wagner's 商店，一个销售豪华瓷砖、昂贵金属水龙头和设计师手工制作水槽的店，参加了此次展览，并展出了一个由安妮·孔（Anne Kong）设计的橱窗。安妮的橱窗展示了19世纪的大型纸娃娃复制品，上面装饰着Sherle的门铃和门把手等。她还在橱窗中添加了自己女儿的手的照片，以暗示这个巧妙而充满灵感的橱窗的玩耍本质。图片来源：大卫·孔（David Kong）。

库珀·休伊特设计博物馆的展览手册中添加了以下文字：

伦纳德·马库斯（Leonard Marcus），《美国商店橱窗》（*The American Window*）的作者，将"橱窗背后的场景"视为商店橱窗戏剧性本质的强化，将城市本身视为"公共表演的领域"。

20世纪60年代电视情景喜剧《那个女孩》（*That Girl*）的开场白强调了作者的观点。当这部剧的开场主题上演时，主角［女演员马洛·托马斯（Marlo Thomas）］站在一家商店的橱窗前，她被一个人台模特的目光吓了一跳，这个模特似乎变成了她的替身。人台模特向她眨眼。眨眼"承认了作为观众的过路人和作为舞台的橱窗之间的共鸣。在这部每天都在世界各地城市重演的情境剧中，人台模特扮演着我们的替身，代表着穿过玻璃，踏进商店橱窗里那个充满戏剧、幻想和欲望王国的冲动。"

如图12.13所示为安妮·孔（Anne Kong）创作的橱窗照片，包含在《橱窗秀》里。

行业谈　《橱窗秀》，由纽约市创意顾问汤姆·比贝策展

在我的职业生涯中有过一些美妙的、神奇的时刻——时机恰恰好，项目的运作和星月同步——正好是我能够创造能量并保持动力的时候。

我希望这听起来不会太俗套，但老实说，我想这件事情确定100%恰如其分地发生在我身上。我敢肯定，你会找到其他的词来形容这些时刻，但我希望在你具有创造性的生命中有很多这样的时刻。

《橱窗秀》对我来说，就是这样的一个时刻。简言之，这是用我们的职业向艺术致敬，向吉恩·摩尔这位天才致敬，在这里我只是一名参与者。我们在他去世前就在做这个项目，所以他知道这会发生的。我很高兴他了解到库珀·休伊特设计博物馆希望将陈列展示视为一个设计领域，并希望感谢摩尔先生在蒂芙尼橱窗工作的39年，他将我们所有人的工作提升到艺术的高度。

在我一路的奋进中，我有很好的榜样和导师——所有当中最好的，是吉恩·摩尔。尽管他很有名，但他总是称自己为"橱窗装饰工"。我们匆匆忙忙地说服15家

商店和尽可能多的橱窗设计师参加《橱窗秀》，每个橱窗都嵌入了来自库珀·休伊特设计博物馆广博的设计收藏品元素。人们会问："为什么要去做这些只持续一周的作品呢？"

我希望我的回答是响亮而明确的：我们为什么不呢？我们就是这么做的！就像其他人做他们的日常工作和度过日常生活一样，我们这些"橱窗装饰工"所创作的就是我们的激情。我们创造的作品就是我们的技艺——是在我们的心灵深处生发，通过我们的思想和双手转化为橱窗、舞台和街头剧场，供所有人观看的作品。

我们总觉得思考还不够快，行动还不够快，也没有足够的耐心。无论我们是用商品和道具填满我们的空间，还是创造最最微型的展览，当金属丝剪断，钉子钉好，灯光亮起，帘子拉开，那是人们发出"ooohs"或"ahhhs"赞叹的时刻。那一刻总是让我想起摩尔先生，他总是不停地创作出最好的橱窗……一次又一次。

我希望我的技艺能继续发展（我的思想和灵魂也会随之发展），希望我能在时机成熟、创意的火花与宇宙和谐的时候，继续经历更多的神奇时刻。这时，正如摩尔先生所说，"我是我的橱窗，我的橱窗就是我！"

设计画廊：哈罗德百货公司，伦敦骑士桥

哈罗德百货公司是去伦敦旅行的必访之地。它是查尔斯·亨利·哈罗德（Charles Henry Harrod）1849年在骑士桥创立的一家高档百货公司。它从一间只有两名销售人员和一名送货员的小房间起步，主要销售茶叶和杂货。今天，它的面积超过1,000,000平方英尺（93,000平方米），有七层楼，330个包括奢侈品和日常用品的商品部门。

哈罗德为顾客提供了许多服务：从公司礼品到个人购物，再到剧院门票——这家零售商做到了真正以顾客为中心。哈罗德集团还包括其他几家企业：哈罗德飞行公司提供VIP直升机包机，哈罗德房地产是一个独特的集住宅销售、房屋租赁和物业于一体的公司，哈罗德银行提供有竞争力的现代个人银行产品，哈罗德航空公司在伦敦的斯坦斯特德和卢顿机场提供飞机装卸服务。

在伦敦哈罗德的这个充满魔力的橱窗里，一个穿着美妙舞会礼服的人台模特得到强有力的展示。礼服表面满饰浮动的花卉，其独特的品质通过柔和的灯光得到强调，随后在裙摆处柔和地淡出。甚至人台模特上的木纹面漆也帮助增加了礼服外观的豪华性。从总体上看，这些戏剧性的效果被拥有质感的蓝光背景上的一圈星星所强化。想象一下，如果没有照明技术的

结合，没有戏剧性阴影的使用，这个橱窗会是多么的不同。这会对礼服的丰富度和品质产生什么影响？这个橱窗给路过的顾客带来了什么样的心情？他们会不会在一瞬间想象自己在一个优雅的活动中穿着这套礼服？

第十二章　回顾问题

1. 描述封闭式橱窗和后开放式橱窗之间的区别。各举一个例子，哪个零售商在使用该类型橱窗，以及他们是如何使用的。
2. 举例说明零售商店橱窗是如何利用本章的理论基础与顾客沟通的。
3. 橱窗的主题灵感来自哪里？至少解释其中的两个。
4. 橱窗魔力的七种创作机制是什么？
5. 拆置人台模特是什么意思？视觉营销设计师还使用了哪些技巧使人台模特站立起来？
6. 举例说明商店橱窗如何使用照明。
7. 壁柜和陈列柜作为小橱窗是如何起作用的？

1. 当下潮流方向的时尚设计或流行色。
2. 最近或即将举行的本地活动。
3. 有影响力的文化潮流。
4. 历史视角。
5. 有影响力的零售形象。
6. 陈列展示行业中道具或装饰物件的新发展。

一旦你确定了主题如何开发和执行，请解释这些特定的概念是如何针对不同类型的零售消费者的，以及为什么它们是一个优秀的创意，或者为什么不是？讨论你是否认为这些橱窗将成功地销售它们展示的商品，以及为什么？如果必要的话，请用来自各种资源的事实和数字来支持你的回答。

挑战——跳出条条框框

橱窗观察与评价
观察

参观 3~5 家有封闭式橱窗的商店，并评估每个橱窗。使用图 12.14 中的表格记录商品、配色方案、主题、道具、人台模特（如有）、产品配饰和保洁清理的选项。你可以根据需要复印这张表格。

比较

对比这些陈列展示。

创新

你会如何改进每一个陈列展示？准备好在课堂中讨论并说明你的原因。

批判性思维

商店橱窗的主题开发和讨论

参观五家不同的零售商店。为他们的商店橱窗拍照或速写记录。接下来，确定他们是否正在使用：

案例研究

设计挑战
背景

你申请了一个本地百货公司视觉营销总监的职位。在此之前，你一直是男装领域的独立视觉营销设计承包商。你在入职前面临的一个挑战，是准备好一个将由员工来执行的展示橱窗概念。面试委员会要求你和另外两名决赛选手完成一个即兴的设计挑战，你将在后天的第二次面试中提交这个挑战的方案。

你的挑战

下面列表的项目是你的任务。编号的项目代表了具有特定设计要求的四个具体挑战。

- 确定橱窗的主题，该主题也可用作标牌文案的标题。
- 编写标牌文案（或指定要放置在陈列展示中的生活方式图形，作为传达橱窗内容的一种方式）。
- 指定色彩、道具和人台模特样式（如果使用）。
- 绘制橱窗概念的前视图。
- 标记任何必要的角色或项目，以便让委员会成员理解你的设计理念。

• 准备好以下四个主题设计挑战，尽管时间可能只允许你与委员会成员讨论其中一个。

  这四个主题设计是：

1. 为秋季设计一个时尚橱窗展示，道具中不能使用秋叶或南瓜。
2. 设计一个机构组织橱窗，庆祝当地艺术博物馆新展览的开幕。
3. 为百货公司设计一个大减价的销售橱窗，使用大横幅来宣布销售减价。假设你有最先进的展示道具和材料。
4. 设计一个青少年趋势橱窗，吸引8月份返校的青少年顾客。

商店橱窗评估

橱窗功能

1. 功能是时尚潮流表达、促销、组织推广、销售还是其他？

   _____

商品

2. 商品主题是季节性、时尚、潮流趋势、盛装、休闲装还是其他？

   _____

3. 商品的品类是_____			
4. 商品是否包括配饰 _____	是	否	不适用
5. 商品色彩主题是明亮色调、粉色调还是其他			

   _____

6. 商品是防皱的吗	是	否	不适用

人台模特（如果使用）

7. 人台模特是否适合商品	是	否	不适用
8. 人台模特的姿势是否自然	是	否	不适用
9. 人台模特是否相互关联	是	否	不适用

道具

10. 所选择道具是否和橱窗的主题相关联	是	否	不适用
11. 道具是否主导橱窗展示	是	否	不适用

标牌

12. 潮流趋势、设计师、品牌或商品特征是否可识别	是	否	不适用
13. 是否指引购物者进入商店的卖场区域	是	否	不适用
14. 标牌文字是否容易阅读	是	否	不适用

保洁清理

15. 橱窗玻璃是否清洁（内侧和外侧）	是	否	不适用
16. 橱窗地板是否干净，没有起毛也没有灰尘	是	否	不适用
17. 陈列装置、搭建台、模特底座是否干净无尘	是	否	不适用

图12.14 图片来源：伊莲·温克尔艺术。

第十三章　人台模特和人台模特代替品

传播自我形象与时尚形象

　　人台模特被认为是时装零售商最有力的沟通工具之一。从战略上来说，它充分说明了时尚趋势和商店的品牌认知。我们知道，为了有效地沟通，商店的人台模特必须与购物者的自我形象相联系。当购物者跟随时下的时尚潮流，阅读、谈论、观察、购买和穿着时，他们就是在定义自己，并通过自己所穿的衣服来描述自己。事实上，不只一位行业专家曾提出，视觉营销设计师通过观察和研究商店里的购物者，可以对购物者的自我形象获得有价值的了解。站在一个能看到路人的地方，你可以很容易地自己实践这一技巧。人们是匆匆经过，还是好像在浏览陈列的物品？你认为他们在购物方面看到和想到了什么？你能从你的观察中得出什么结论？你如何将你的发现与商品展示联系起来？

人台模特的发展

　　要追溯人台模特作为时尚传播媒介的历史，可能你还需要考虑人们体型的发展变化。1997年，纽约大都会艺术博物馆（Metropolitan Museum of Art）举办了一场克里斯汀·迪奥（Christian Dior）的回顾展，在为这场展览做准备的过程中，人们发现人体发生了某些变化。当大都会服装研究所（Metropolitan's Costume Institute）的设计师们准备将人台模特穿上迪奥设计的高级成衣服装时，他们发现迪奥的许多服装在当时的标准展览人台模特上都无法合适地穿着。博物馆的

完成本章后，你应该能够

- 解释人台模特如何作为沟通工具
- 确定获得人台模特和人台模特代替品的资源
- 评估人台模特与商店形象的匹配标准
- 遵循人台模特的穿着和维护指南
- 制定在商店部门放置人台模特的策略

图 13.0ab　拉尔夫·普奇（Ralph Pucci）的"人台模特艺术"展览探讨了反映三十年来文化趋势的创新人台模特设计。纽约曼哈顿，艺术与设计博物馆（MAD），2015年。2015年"拉尔夫·普奇：人台模特艺术"的装置照片。摄影：巴特则·沃尔什（Butcher Walsh），艺术与设计博物馆提供。

> "人台模特就是高爆炸值的汽油，它点燃了我对橱窗着装的激情。不管你的橱窗概念有多棒，一个沉闷的人台模特可以把它降低到郊区晚餐剧场的水准。"
>
> 西蒙·杜南，《橱窗着装设计师的自白》

> "模特们在玻璃纤维般的沉默中，对潜在顾客耳语和喊叫，用自己特有的肢体语言接触路人。人台模特冻结在时间和空间中，每十年的发展都构成了一种要被解释的陈述，这是对产生它们的时代和社会的一种证明。"
>
> 玛莎·本特利·黑尔（Marsha Bentley Hale），《视觉营销和商店设计》，1983年8月

主要人台模特供应商普奇国际(Pucci International),需要重新设计和制造一个全新的人体号型系列,以适应迪奥的设计。

从迪奥早期的时装插画生涯到1947年推出革命性的"新造型"(New Look),直到十年后去世,克里斯汀·迪奥的时装都是为他那个时代理想的客户身材而设计的——这个身材显然比服装研究所那些更瘦高的人台模特要矮一些,腰也要粗一些。

当时,普奇的人台模特雕塑家迈克尔·埃弗特(Michael Evert)说:"为了迪奥的时装秀,我必须制作一个人台模特以适合衣服。因为好像人们的身体应该是什么样的,和大多数人身体真实是什么样的并不一致。"

埃弗特和他的同事在迪奥项目中了解到的是:人的身体已经发生了变化。这些变化的部分原因是营养的改善、更好的医疗保健和药物,以及我们对身体如何工作和必须保持体型的更清楚的理解。经过20世纪,人们长高了,活得更久了,活动更多了。这些因素都在某种程度上促成了时装业和人台模特业目前正在发生的变化。

今天的人台模特是根据解剖学趋势以及当前事件、社会趋势和全球时尚市场的价值变化而设计的。如果高级时装认为小腰围是流行的,而丰胸不是过时的,那么随着潮流流向设计师品牌,当代的人台模特将反映出这一趋势。这些新的时尚趋势可能需要一段时间才能到达商店,但如果时装设计师品牌和全球媒体都决定改变他们设计的理想体型,那可能是时候订购新的人台模特了。

举个例子?在2004年《纽约时报》的档案资料中,米雷娅·纳瓦罗(Mireya Navarro)在一篇题为《商店里的人台模特现在可以呼气了》的文章中写到普奇国际公司的总裁拉尔夫·普奇,该公司是时装产业及博物馆和展览中人台模特的主要供应商。文章中这样写道:

拉尔夫·普奇正在曼哈顿的工作室里为他(公司)最新的百货公司人台模特系列"女神"做最后的润色。顾名思义,女神不是流浪汉。普奇说,他想要性感火辣,所以"女神"比那些标准身材曲线更夸张2~2.5英寸(5~6厘米),"女神"并不是从T台模特那里得到的灵感,而是从碧昂丝和詹妮弗·洛佩兹那里得到的灵感。他说:"拥有这种体型的人都在炫耀自己的身材。""她们对此很满意。"

在美国各地,在洛杉矶市中心的时尚区,"女神"已经面临着竞争。在离海港高速公路不远的地方,一个又一个以批发价出售服装的店面展示着人台模特和裤装模型,它们的曲线更加诡异。店主指着这些紧得如手套贴在手指上的牛仔裤和弹力裤的臀部约为38英寸(97厘米)左右——对于经典人台模特标准而言已经是超级性感了,他们说:带来的结果就是销量的上升。

普奇说:"如果你睁大眼睛,你会发现这种类型的身材变得处处存在。""翻阅一本杂志,你不可能看不到性感。人台模特应该反映我们生活的时代。"

几个世纪以来,人台模特们一直是站着或坐着,微笑着或傻笑着,有丰满有瘦长,以适应当今的时尚。如果人体在接下来的几个世纪里进化,可以肯定的是人台模特也会跟着进化。

时代的映射

没有人能够确定，什么时候出现的第一个人台模特，但大多数人都同意是裁缝造就了人台模特的基础。历史上，这可能早在埃及法老时代就发生了。在18世纪的欧洲和殖民地美洲，当时的时装娃娃被作为小型的设计模特使用。它就像一个巡回家具制造商的缩放家具模型一样，这些出色的迷你服装模型可以作为熟练裁缝的便携式展示，向潜在客户展示可以订购什么样的手工缝制时装。

21世纪第一个十年的伊始，《史密森尼》杂志（Smithsonian）发表了一篇重要的专题文章，题为《人台模特，时尚历史的无声镜子》，作者是皮尔·奥拉（Per Ola）和艾米莉·德奥莱尔（Emily d'Aulaire），探讨了人台模特的起源和演变。"大多数专家都认为，工业革命期间，一系列阶段性变革——大型钢架平板玻璃橱窗的制造、缝纫机的发明、城市电气化——为人台模特的到来扫清了道路。"

这是有道理的。较大的商店橱窗使路人能够看到商店内的商品。随着电灯泡的发明，上层社会的人们会在晚饭后散步和逛街，这成为一种愉快的娱乐。引领潮流的商人开始在晚上点亮商店的橱窗，以充分利用新的社会习俗。

到1885年，一家英国蜡制裁缝模型制造商（Gems Wax Models公司，今天的Gemini人台模型公司）和一家法国的公司（巴黎的Siegel&Stockman公司），制造和出口了蜡制人台模特和一些带有木制手和可弯曲手指的"关节模特"到美国。美国密尔沃基的The French蜡像公司也参与了竞争。在大西洋两岸，共同的设计挑战是创造出既能代表购物者、讨好购物者，又能吸引他们注意力的特征和姿势。

一些领先的蜡制人台模特，比如由另一个法国制造商皮埃尔·伊曼斯（Pierre Imans）制造的人台模特，非常精确，是今天写实动作人物的美丽艺术先驱。他们被摆出各种姿势，一起展出和互动，参与到时尚剧场中——这在当时是一个新奇的想法。伊曼斯的作品虽然具有前瞻性，但并没有得到普遍认可，保守派零售商继续在他们僵硬、沉稳，或多或少直立的蜡柱上展示时尚（图13.1a）。

根据人台模特历史学家玛莎·本特利·黑尔的说法，第一次世界大战及其必要的定量配给制带来了女性体型完美标准的变化。"与战前理想的丰满体型相比，定量配糖削减了这一体型。"当男人在战场上战斗时，女人进入工厂和企业工作。热切的年轻女性抛开笨重的时装，第一次换上露出双腿的高裙摆，在战争结束后，径直进入了轰轰烈烈的20年代。相应地，当时的人台模特开始反映出女性所扮演的更加积极和充满活力的角色（图13.1b）。

由于战争期间开发的新技术，石膏等更稳定（不可熔化）的材料制成的人台模特取代了易碎的蜡像。不利的一点是失去了蜡介质能塑造的精致面部造型。因此，更抽象的人台模特特征逐渐演变，这与战后现代主义和各方面的设计实验同步。

1929年的股市崩盘，迫使下一代的人台模特以平面海报艺术形式和木制替品的形式发展。在随后的30年代大萧条期间，人们在好莱坞电影中幻想生活和逃避现实，明星们唱歌、跳舞、滑冰、滑雪、航海，做着所有观众在现实生活中都无法做到的事情。人台模特——包括一些最早按照著名时

图13.1 时装人台模特，就像女性所穿的服装一样，随着时间的推移而演变。

20世纪的例子：皮埃尔·伊曼斯的蜡像模特，1911年。图片来源：玛莎·本特利·黑尔人台模特档案。

约1920年，巴黎Siegel & Stockman人台模特中一种更加活跃和充满活力的姿势。图片来源：Siegel&Stockman公司提供。

由美国制作人科拉·斯科维尔（Cora Scovil）制作的20世纪30年代大萧条时期的人台模特，提供了逃避现实的幻想和魅力。图片来源：科拉·斯科维尔。

Wolf&Vine的人台模特，来自加利福尼亚州，1945年。图片来源：格伦克（Greneker）。

阿德尔·罗茨坦（Adel Rootstein）1966年创作的一个纤细的人台模特，体现了玛丽·匡特（Mary Quant）的现代设计灵感。版权所有：Rootstein，www.Rootstein.com。

洛杉矶Decter人台模特公司的菱形人物系列，20世纪80年代的一种抽象人台模特，适用于为任何年龄和民族的购物者展示时装。图片来源：Vaudeville人台模特公司，其前身是Decter人台模特公司。

装模特复制设计的人台模特——变得同样活跃。它们在商店和橱窗里创造关于生活方式的幻想，让正经历着艰难经济状况的人们可以"橱窗购物"，希望过上好一点的日子（图13.1c）。

第二次世界大战结束了"脏兮兮的30年代"的极度贫困，但也使欧洲人台模特市场几近停滞。这使有才华的美国人台模特设计师和制造商有机会在美国销售他们的产品，而不受欧洲竞争的影响。在丹麦，Hindsgaul公司，一家主要以商店陈列设备而闻名的公司，已经开始向欧洲市场供应时装人台模特，得以在战争年代幸存下来，随后建立了一个至今仍然强大的国际品牌。

塑料和玻璃纤维是"二战"后完善的技术。女性的时尚在工厂工作服下掩盖多年，当"二战"取得了胜利，各个国家的年轻士兵从欧洲和太平洋归来之际，女性又进入时尚流行中来。

性感女星玛丽莲·梦露（Marilyn Monroe）和艾娃·加德纳（Ava Gardner）是女性气质的象征。性感迷人的电影明星人台模特登上了宝座。在20世纪40年代末和50年代初，T台上的模特们试图模仿战后的橱窗人台模特——模仿新外观夸张的胸部和收紧的腰部，穿着尖尖的高跟鞋。在这十年中，女性和男性人台模特的系列中比以往任何时候都更加明显地体现了性感。而且，人台模特似乎又一次有意地进行互动，摆出意识到彼此的姿势，讲述故事和营造气氛（图13.1d）。

■ 潮流的映射

有人说，我们今天认为理所当然的写实人台模特造型始于——或者至少加速于——阿德尔·罗茨坦（Adel Rootstein）的崔姬（Twiggy）人台模特时代，那时玛丽·匡特的60年代迷你裙潮流让英国时尚横扫大西洋，彻底改变了美国时装（图13.1e）。

如果让那些时尚意识强的达人与世界各地的市场和产品进行有效沟通的话，十年内时尚会突然发生几次变化，这并不罕见。社会的步伐加快了，购物者经常抱怨说，他们为了不让自己的生活陷入混乱而感到压力很大。美国人喜欢方便洗涤的衣服、方便清洗的发型、速食食品，以及任何他们能买到的能让生活更简单的东西。

另外，阴影也非常真实地出现在美国文化中，一波波的变化给人台模特设计带来了又一次进化的转折。你可以在风格中看到女性解放的身体形态。一些人台模特乳房突出乳头，肚脐裸露，姿势变得更具攻击性，反映了20世纪60年代骚乱时期社会上发生的事情，并延续到70年代初。

到了20世纪70年代，时尚橱窗和它们的居民（人台模特）深深地陷入了"真实表达"之中。如果你要把70年代人台模特脸上的表情与大萧条时期人台模特脸上的表情进行比较，你会禁不住问自己：哪个才是真正的大萧条。70年代的人物常常显得不安、紧张，甚至疲倦。再加上新兴的反主流文化运动和人们对遥远星系中生命的兴趣与日俱增，各种各样有趣的人台模特出现在可选选项中，因为人台模特制造商几乎对每一种趋势都做出了反应。

20世纪80年代，人台模特成为了世界的公民，它们更逼真、更讨人喜欢，并且被渲染得更漂亮的不同族裔人台模特来到了各大购物区的零售店。同时，没有任何明显特征的抽象人台模特能够满足任何种族的

> "把杂志上的时装模特们带到生活中的想法是阿德尔开创的。利用50年代过时的人台模特为玛丽·匡特新的超短裙造型时，看上去年龄和形体都不对头。"
>
> 凯文·阿皮诺（Kevin Arpino），阿德尔·罗茨坦公司创意总监，伦敦。他在这里谈到该公司已故的创始人

购物者（图13.1f）。此外，抽象动作图形的活跃度、活力、色彩和兴奋度较高。任何一项运动，都能找出一个人台模特准备参加比赛。

20世纪90年代，人台模特从橱窗里走出来、从台上走下来，他们站在电梯附近等朋友，靠着展示台放松，从扶梯栏杆上俯视楼下的购物活动。他们向购物者传达的集体信息是："我们不是遥远的、孤立的或不可触碰的，我们和你们一样。事实上，我们和你们在一起，享受商店，感受氛围。"如果你愿意的话，可以称为"开放式展示"，这种张开双臂欢迎的策略，确实比20世纪90年代末的**开放式销**售趋势还要早一些。

又一个十年的进化带来了新的挑战。2000年2月，《视觉营销和商店设计》的副主编兰迪·霍姆·贝尔特森（Randi Holm Bertelsen）指出，对带有头部的人台模特的需求增加，是十年来最明显的趋势之一。她的文章《人台模特变得真实：柔和的现实主义和头部成为流行》，聚焦了加州人台模特制造商乔治·马丁的观察。马丁曾讽刺地指出：在过去十年里，每个人都有"无头人台模特"病。马丁认为"这一切都是与商品市场有关。"这其中还有更多的含义："除了头部给予人台模特更多的比例感，同时它们也成为了重要的商品，因为零售商具有更多'种族意识'。"零售商们在更仔细地审视自己的市场，并将自己的多样性意识反馈给消费者群体。

霍姆·贝尔特森将青春期前及青少年市场列入十年来影响人台模特的强势群体之列："我们注意到，更多年轻人的身体形象充斥着丰富的态度。纽约市也清晰地显示了另一种趋势：从伯格多夫·古德曼等高档橱窗中看到的优雅浪漫主义，到老海军动态人台模特的迷人动作，现实主义正在兴起。"

2001~2002年，出现了一种新的趋势——虚拟感人台模特爆发。盖普在芝加哥密歇根大道重新选址，开业时有500多个人台模特。简单的穿着，光滑的外表，配有磁吸手臂、没有头部的人台模特展示在群众中产生了惊人的影响。维多利亚的秘密在纽约开了一家商店，里面有300多个人台模特。

这一趋势一直持续到今天，正如格雷戈里·卡普（Gregory Karp）2015年10月在《芝加哥论坛报》（*Chicago Tribune*）上关于优衣库在密歇根大道开业的文章所述：

这家60,000平方英尺（5,574平方米）的商店有三层楼。除了位于第五大道的纽约旗舰店外，这将是优衣库在美国的40家门店中最大的一家。一部长长的自动扶梯作为优衣库旗舰店的标志性元素，从底部到顶部需要85秒。优衣库在芝加哥的商店将有大约400名工人，人数接近500名的人台模特，其中许多放在博物馆式展览的内部陈列柜里，而其他的从街对面的水上乐园就可以看到。

塔吉特还将人台模特引入他们的商店，取得了显著的销售业绩。菲尔·瓦赫巴（Phil Wahba）在2015年10月的《财富》杂志上讲述了这个故事：

多年来，似乎塔吉特所需要做的就是吸引购物者，然后把时髦的衣服和很

开放式销售（open sell）是一种销售陈列方式，使大多数商品（即使是传统上放在锁着的柜子里的商品）在没有销售人员帮助的情况下对购物者开放。

酷的家居用品放在货架上，把它们挂起来。但由于经济大萧条和竞争加剧，率先推出"廉价时尚"的折扣零售商不得不彻底改革其营销方式。

布莱恩·康奈尔（Brian Cornell）去年掌权塔吉特。"我们意识到我们让他们（客户）购物太辛苦了。"康奈尔在《女装日报》服装和零售CEO峰会上说，"当你到我们的商店走一圈，看到的是一片货架的海洋。所以我们欠客户一个更好的陈列。"

去年，塔吉特在其美妆部门增加了顾问，还增加了人台模特来展示服装，为顾客提供如何搭配服装的想法，这种做法是百货商店的风格。康奈尔对《女装日报》的听众说，目前在塔吉特近1,800家商店中的1,400家都为服装配上了人台模特，结果服装的销量增加了30%。

访问www.greneker.com，你可以看到影响21世纪人台模特生产的另一个趋势反应。Greneker，一家总部位于洛杉矶的人台模特和展示制造商，为了满足以生态为导向的细分市场日益增长的需求，已经转向绿色生产。70多年来，Greneker一直致力于创新人台模特的生产，它在早期的设计中开创了使用玻璃纸和纸—机械加工的先河，在公司年轻的时候就转向了用在航空航天工业中的玻璃纤维和复合材料。今天，它仍然是以可持续发展方式制造人台模特的先驱，人台模特和造型材料作为可再生资源再利用。

Greneker的创意副总裁大卫·纳兰霍（David Naranjo）说：

Greneker一直致力于改善其生态足迹。从简单的回收到认真的能源管理，我们尽可能为公司选择正确的道路。我们的环保责任延伸到我们的产品包装上，因为简单地把我们的绿色人台模特和造型模具装在会污染其他地方的容器里是不对的。

当需要更换产品时，我们会安排将使用过的零件运输到最近合适的回收中心，并按回收材料的市场价值加上10%的运输成本，抵扣新的造型模具价格。

人台模特在历史上是如何发展的，前面的讨论只是故事的一部分，远远未能说完。对于视觉营销行业及其从业者来说，人台模特生产的未来发展还有待观察。令人兴奋的是，你可能会成为这些未来趋势的一部分，并可能对其产生影响。从业者和视觉营销专业的学生可以谈论和阅读今日以及十年后的工作变化。

零售现实

人台模特的资源寻找

作为一名视觉设计从业者，你最需要和最重要的技能之一就是**资源寻找**，即知道去哪里寻找、如何找到你需要的产品和货源。如今，你可以在全球、全国和本地的互联网上初步调研以寻找或搜索陈列装置、道具或人台模特，可以节省你自己（和你的公司）的时间和旅行费用。在采购的信息收集阶段，你还需要从制造商那里获取宣传材料，这些材料将建立你的知识库和参考资料库。稍后，当你进入市场时，你会看到货源的第一手资料。

■ 网络资源

在开始本章的任务前，请先访问www.fashionwindows.com去查看和寻找人台模特。点击"商店和精品店"，然后点击菜单中的"人台模特"，你将获得许多鲜活的照片和专题文章，通过在线阅读和纸质材料以供将来参考。为了收集背景信息，更好地了解展示行业的知识、人才和运作方式，能更深入讲解的印刷出版物是应该添加到你的视觉营销工具包中的项目。你不仅可以学习人台模特和橱窗的陈列，还可以更新你的时尚词汇，发现与该行业其他重要方面的新联系，扩大你的零售趋势意识。

■ 行业出版物

视觉设计领域中最常见的三种行业信息来源是：《设计：零售》，《视觉营销和商店设计》和《商店！零售环境》三份印刷杂志。这三种资源犹如盛宴，人台模特、视觉道具和商店陈列装置的制造商提供了大量新产品和联系方式。你可以在他们的网站上预览这些杂志的内容：

《设计：零售》的网站（www.designretail.com）包括突发新闻、画廊、项目，并可以快速浏览视觉营销行业的最重要的今日事件。

《视觉营销和商店设计》网站（www.vmsd.com）的特色包括设计画廊、热门话题、产品、目录册、视频和一个职业资源，你可以看到什么工作岗位在招聘，或张贴你正在寻找的就业岗位。

《商店！零售环境》网站（www.shoppassociation.org）提供有关其出版物、活动和供应商的信息。

■ 行业展会

美国最大的年度视觉营销和商店设计集市，定于每年3月在拉斯维加斯的曼德勒湾举行。每三年，你还可以参加杜塞尔多夫的欧洲商店展展会。你将在第十四章了解更多关于行业展会的信息。

■ 实地考察

纽约和洛杉矶是资源丰富的人台模特市场中心，学生可以在每一季的活动中参观人台模特展厅，从头开始学习人台模特的订购。安妮·孔教授是曼哈顿的时装技术学院（FIT）视觉展示和展览设计中心前主席，偶尔也会带学生到模特制造商的设计和生产区。如果你的项目需要对市场中心进行实地考察，你可能会要求在行程中添加类似的旅行。这是一个重要的学习步骤。如果你是一名展示经理或监制，你至少要比较人台模特的价值与人台模特替代品的实用性和有效性。即使你现在的商店不使用人台模特，你的下一个雇主也可能会使用，所以你需要了解它们。作为一个陈列展示从业者，你必须知道如何选择人台模型、如何以及何时何地使用它们，以获得最大的优势。任何重大的购买都是如此——对你自己或雇主来说，明智的做法是在购买前进行广泛的调查和比较。

选择和购买人台模特

在人台模特购买者投入大量资金之前——每个人台模特的价格从450美元到700美元不等，而非常高端的人台模特大约1200美元——研究影响市场的趋势是很重要的。诚然，他们已经通过采购做了很多功课。他们已经知道市场上有什么，那么接下来的问题是：这些人台模特会流行多久？这些人台模特要花多少时间才能将我们的品牌形象和时尚信息传达给我们的客户？

■ 人台模特的流行趋势

在趋势驱动的市场营销中，视觉营销人员必须预测趋势并响应需求。将资源放在没有结果的工具上，没有一个零售部门能够负担得起。

一个当前非常重要的趋势是人台模特定制。Bernstein Display 公司的网站www.bernsteindisplay.com 提供一个定制的拖放式互动游戏，你可以在其中合成和搭配人台模特的各个部件。"Bernstein Display 无与伦比的服务包括定制计划。与我们的客户密切合作，我们可以创造出一种独特的产品，并最终定义您的品牌。我们可以通过一系列的表面处理和织物选项来改造任何现有产品，或者创造一些全新的产品。"

拉尔夫·普奇认为，对抽象形式的日益依赖反映出的远不止是一种时尚趋势。他认为采用抽象人台模特是一种商业趋势：

我认为写实的人台模特正在变成恐龙，即使它们做得很好。当你考虑疯狂的零售潮流步伐和人台模特保养的实用性时——当前的头发和化妆造型——越来越多的零售商开始选择抽象人台能提供的更新鲜的特征。它们更能反映时代，唤起重要的情感和精神，而不会太具体。

普奇指出，他所在的公司已经有十多年没有以某一特定时装模特或名人的形象制作出一套逼真的人台模特了。"如果真实的人台模特能以真正独特的角度来制作，那就太好了，但我觉得试图复制一个人而不是捕捉这个人的'本质'是一个错误。"

普奇现在更喜欢创作那些反映当下的人物和造型——影响人们生活的当代艺术、音乐和建筑。因此，他招募了这些领域的设计师来重新设计人台模特。普奇的"瑜伽"人台模特系列——于2002年首次推出，以克里斯蒂·特灵顿（Christy Turlington）为原型，以及罗伯特·克莱德·安德森（Robert Clyde Anderson）系列——展示了这家极具创新的人台模特制造商提供的各种人体模型（图13.2）。

普奇的另一个系列，来自插画家鲁本·托莱多（Ruben Toledo）的"形状"系列，娇小的、尺寸加大的、高大的女性造型，配上艺术家标志性的小手和小脚的身体，充分地赞美了撩人性感的女性，而无视服装的尺寸。普奇说：

放大的尺寸非常成功。我们抓住了一个机会，因为我们相信尺寸范围不会限制任何东西，包括适应艺术、美食、好的音乐——这些每个人都喜欢的东西。购物者对人台模特的尺寸反应非常

图 13.2 纽约市拉尔夫·普奇的两种风格迥异的抽象人台模特。芝加哥马歇尔广场的瑜伽人台模特，模仿克里斯蒂·特灵顿设计（上图）。罗伯特·克莱德·安德森为马歇尔广场独家制作的人台模特系列。图片来源：朱迪·贝尔。

积极，但更重要的是，他们欣赏托莱多为这个项目带来的艺术。

作家纳瓦罗在她之前提到的文章《商店里的人台模特现在可以呼气了》中说：

一个服装研究机构——纺织服装技术公司（Textile Clothing Technology Corporation）和美国商务部一起，发布的一项全国人体测量调查发现：在过去十年中，男性和女性平均体重增加了（2.3~4.5 千克）。调查负责人吉姆·洛夫乔伊（Jim Lovejoy）说："现在平均体重（70 千克）的女性，臀部增加最多。这意味着更多的梨形体型，以及对服装合体度变化的需求不断增加，因此，与过去沙漏形身材不同的是，服装可以说下装会比上装更丰满。"

文章接着说：

关注人台模特行业的其他人士说，更准确的描述只能到此为止。"即使你追求的是现实的或更大码的，"《视觉营销和商店设计》杂志的前编辑，零售设计师和商店展示专业人士史蒂夫·考夫曼说，"最终人台模特的制作还是需要尽可能完美地承载服装。"但考夫曼先生又说，目前的时尚趋势，如牛仔裤及其他流行趋势，需要更现实的尺寸。

▌人台模特的设计及制造

当人台模特行业开始接触其他艺术形式进行设计时，它需要花费更多的时间进行概念化——跳出条条框框，以捕捉时代的品位和节奏。

拉尔夫·普奇将人台模特的制造描述为从新资源中得出富有想象力的想法并作为起点。"从概念上讲，我们与艺术家和模特们合作，打造一个微型原型。如果这看起来有希望的话，我们将继续生产全尺寸的身体——制造模具、用玻璃纤维制造身体、用石膏制造头部。"

尽管人台模特是按照姿势系列或其他系列创建的，但人台模特的分组似乎与样式、性别、年龄组别、尺寸、种族、摆放位置或其他特征有关——人台模特可以单独使用、成对使用或分组使用。最重要的分组趋势是讲故事。

普奇的"褐石"系列本身就是一个故事：

我们在杂志上发现了罗伯特·克莱德·安德森的插图，他的风格给我们留下了深刻的印象，他笔下的人物给人一种贵族的、有点"上城区"的感觉。我们开始称他们为"褐石人"，因为他们看起来就像是你在城市街道上看到的典型褐沙石房屋住宅区的人，当我们充实这个概念时，我们开始讲述一个故事。

该公司委托安德森创作了一组能唤起人们感知印象的六个人物。公司的目标之一是描绘年龄和种族的多样性，这将扩大该系列与更多购物者沟通的能力。这些人物具有特别的个人身份：

一个是"即将成为"演员的女性，另一个是非裔美国妇女。我们还想有一对老夫妇，他们和一个六十多岁的女人在一起——她非常时髦现代，可能是一个画廊老板。她的伴侣，一个我们命名为汉密尔顿（Hamilton）的人，是常春藤联盟的前成员，身材保持很好，可能会打手球，在金融界工作。

当这些新人台模特在普奇曼哈顿展厅亮相并为宣传目录拍照之前，时装设计师威廉·卡尔弗特（William Calvert）为这些新人物着装，并在罗伯特·克莱德·安德森绘制的褐沙石房屋街景壁画前进行了互动定位。最后需要做的，就是让"褐石"的角色们默默地向买家讲述他们的故事（图13.3）。

每个人台模特的姿势、妆容、发型、面部表情、身高、体重、站姿（位置）等，都是为了发出一种态度信息：商店希望能够被目标顾客察觉和接受。他们的意思是："如果你了解我们所代表的生活方式，那么这就是你

图13.3 普奇国际的 "褐石" 系列人台模特具有都市的智慧和时尚的见识。图片来源：朱迪·贝尔。

的商店。" 有些人台模特是纯粹的时尚人台模特，是为了代表一种时髦但中立的 "普通人" 或 "普通女人" 的形象，以一种特定的自我形象和一定的时尚意识水平与普通购物者交谈。

一些人台模特会做出非常强烈的表态，反映当前流行趋势的生活方式，以及和相应项目匹配的态度。人们会立刻想到反主流文化或青年文化趋势，这些趋势已经影响了所有年龄组的服装（图13.4）。

许多商店会选择一个 "特色人台模特"，放置在每个橱窗和每个门店的店首陈列处。其中一个这样的例子，是代顿·哈德逊百货的工作日休闲系列，由安德鲁·马科普洛斯于1994年委托普奇为百货公司设计的（图13.5）。拉尔夫·普奇说：

他们选择了一种人台模特的风格来代表他们整个商店的商品，从一个部门到下一个部门。他们对自己的形象采取了一种立场、一种外观，以描述他们是什么，并付诸行动。当他们委托我们做工作日休闲展示时，他们在自己的商店内准备了一千多个人台模特。在无法放置人台模特的地方，我们还为货架和壁柜制作了半身像和剪贴画，强调了工作日的主题。如果购物者还不 "明白"，他们也就根本不会明白了。

人台模特和品牌形象的搭配

决定采用一系列的人台模特——从本质上说，即雇用商店的无声销售人员——和

图13.4 纽约市麦迪逊大街巴尼斯百货公司有姿态的人台模特，展示的是年轻有为的纽约设计师Acne、Rag&Bone、Rogan、Superfine、Threeasfour和Ksubi的作品。图片来源：赛克勒（Seckler）/《女装日报》/康泰纳仕出版集团。

聘用合适的现场销售人员一样，是非常重要的。理想情况下，两者都应符合你的商店形象，代表你的产品线，有效而吸引人，并且都必须销售商品获得盈利。决策过程包括建立一些标准来选择合适的人台模特——以符合商店形象和/或当前趋势。

体现品牌形象

商店品牌形象是视觉营销人员选择人台模特的第一个标准，因为许多时尚商店认为他们已经建立了利基位置，并且不向客户提供"本周风格"的时尚创新。如果他们致力于表现经典时尚或顾客生活方式，一些零售商可能更喜欢更抽象、更中立的人台模特，它可以承载时尚，却没有锁定在一个有特色的人台模型或时尚人物。

一家对当代时尚潮流反应更快的商店，可能会希望自己可以像变色龙一样，随时准

图13.5 拉尔夫·普奇的工作日休闲系列人台模特，专为代顿·哈德逊百货公司设计。图片来源：朱迪·贝尔。

备成为顾客想要的任何东西。在这种情况下，它将采用更符合最新时尚方向、生活方式的趋势和当前社会态度的人台模特进行造型——即使这意味着更频繁地改变人台模特造型以跟上潮流。

大型百货公司经常拥有多个系列的人台模特，这些模特描绘出为构成其客户群的多个细分市场提供服务所必需的各种时尚形象。当有更多的空间和更大的预算，可以进行这样的奢侈选择。他们可以使用一个或另一个系列，以配合要展示商品的形式和功能。

一家百货公司可能拥有数百个人台模特，例如，一系列优雅的人台模特、一系列活跃的人台模特、一组少年、女人、男人、孩子、婴儿和特殊尺寸（高、小和大）的人台模特。它也可能有写实和抽象化（风格化）的人台模特。因为每次展示都是从商品开始的，所以只需决定哪些人台模特会展现它们最好的优势。规模较小的商店（视觉营销预算较少，橱窗较小，占地面积较小）可供选择的人台模特可能较少，必须使用更长的时间，并让它们承担更多的工作，因此他们在计划购买时必须非常细心地选择。

▌体现商品形象

由于商品始终是店首展示的焦点，因此为特定展示选择一个或者一系列合适的人台模特对其作为销售工具的成功至关重要。

▌决定外观

想一想你商店的形象识别，考虑选择什么人台模特最好：是逼真的，还是有动作造型的抽象模特，或定制看起来紧跟潮流的

模特？人台模特可以由玻璃纤维、树脂、泡沫、金属、木材、玻璃、织物或纸板制成。许多全身人台模特的身躯往往是由玻璃纤维层树脂加外层石膏皮肤制成。逼真的人台模特头部是模制的，然后在石膏上雕刻和绘画，然后再加上手绘的化妆品，以反映当前的时尚外观。抽象的头部是根据其设计要求而做有细节或无细节的设计。

最近，已开始用太空时代的塑料制成了半透明和透明的抽象人台模特。这就是视觉营销变革的步伐。

如今，写实的人台模特头部大多覆盖着可缝合的假发，这些假发与商店和理发沙龙里零售的假发所用的材料相同。永久风格的乙烯基"硬"假发（曾经是用别针固定在软木上然后插入到人台模特头骨中）实际上已经成为过去，除非有一个非常明确的需求，或者为表达一个现实人物的时尚形象，而非常复杂的发型是其中的组成部分。

抽象人台模特不依赖于现实主义，往往拥有光滑的头部与简约的面部细节。一些抽象模特可能有模压的发型，可以通过插入式马尾辫、小披肩或其他附加组件进行修改，以满足多样化的需求，而其他模特可能会长出绳子、纱线、拉菲草、木刨花或其他尚未设计的假发，作为其独特设计的一部分。让我们看看今天都有什么类型的人台模特。

写实的人台模特

写实的人台模特复制人体解剖结构和面部特征，可以倒模来描绘任何年龄、大小、种族或态度。

买家可以选择任何姿势，从站姿到坐姿和斜倚姿势，任何幅度的动作姿势都可

以——大步前行的、双腿分开跨坐在反向椅子上的，或者腿抬高、弯曲，一只脚踩在立方体或椅子上的姿势（图13.6）。

发型和妆容一般都是现代的，但特别的系列可能相当前卫，描绘反主流文化或其他非正统的时尚外观。高级时装模特人台经常模仿世界各地时装设计师T台上流行的化妆和发型，有些甚至比普通的街头服装还要极端。事实上，一些买家称为半写实或风格化。特别是当人台模特具有所有人的普遍特点，只是彩色化妆品或自然肤色除外。注意：发型、妆容、姿势和态度越极端或流行，人台模特的寿命就越短。

抽象人台模特

抽象人台模特不符合日常意义上特别真实的人体解剖，这类模特更注重冲击力和展示效果。他们会有一个正常的躯干来承载时装，但面部特征、手臂和腿可能会被拉长或以其他方式被夸大，有时完全没有头部或手臂。你会发现他们可以是任何颜色或外表，适合装饰商店形象。如果这些时尚表达符合你的商店形象，它们可能比写实造型的人台模特寿命更长，特别是如果它们为你的商店创造了标志性的外观（图13.7）。

软雕塑人台模特

软雕塑人台模特表面覆盖的是织物或皮革，而不是油漆，通常很少有面部细节。有些是严肃的、摆出正式姿势的人物，有些是纯粹的新奇人物，旨在传达一种非正式的情绪。软雕塑人台模特可以描绘不同性别或任何年龄组，虽然儿童造型可能是最受欢迎的。它们可以用柔性金属线作为基础，再用泡沫填充四肢，一旦摆好姿势，几乎可以放置在零售商需要的任何地方——如陈列

图13.6 纽约市伯恩斯坦（Bernstein）展览公司设计和制造的写实人台模特。图片来源：伯恩斯坦展览公司。

架上、壁架上，或像空中飞人一样在空中飞翔。它们可以凭借鲜艳的颜色或闪耀的白色覆盖物变得非常显眼，或者变成与背景颜色相协调的场景，看起来似乎消失了。再说一次，只要符合商店的形象，这些人台模特就会因为无限期的寿命而变得不那么昂贵了。

剪纸式木偶

剪纸式木偶可以由瓦楞纸板、泡沫芯、胶合板、树脂、金属或任何其他硬质材料制成，并用螺栓、翼形螺母或其他五金紧固件连接起来，创造出娱乐性的、非正式的二维动作人物。玩具似的外表，让它们能很好地适应儿童的时装和商业活动。你可以购买、委托、定制，或在你自己的商店搭建这些剪纸式木偶模特。作为三维人体模型的替代品，它们是多功能的、新颖的，虽然并不能

图 13.7　抽象人台模特的三种风格：纽约曼哈顿购物中心杰西潘尼（JCPenney）的异想天开的儿童人台模特（左上）；洛杉矶埃斯普利特的休闲人台模特三人组（右上）；纽约第五大道橘滋（Juicy Couture）的芭蕾舞演员人台模特（下图）。图片来源：埃里克森/《女装日报》/康泰纳仕出版集团。

和每个商店的形象相符合，但从预算方面来看，它们也可以为商店的品牌化出力，以及提供娱乐。

活动人台模特

活动人台模特可以穿上商品来表达活跃的生活方式，而使它们运动起来的技术已经出现。一个来自欧洲的运动风系列——Animated Cyberquins，可以模仿人类在商店橱窗里或卖场上进行慢动作行走、短跑或骑自行车。这些高科技产物最终可能会在体育用品商店内部或其他零售商店找到归属。

■ 人台模特代替品

在第五章中，你了解了专门为墙面营销系统设计的人台模特代替品。这里描述的代替品是为放在地面的陈列装置或在其附近使用而设计的。代替品可能简单且非常实用，也可能更为精致，在设计上强化了商店陈列和装饰的其他方面。人台模特代替品之所以经济实惠，有四个原因：

- 你可以将购物者的注意力集中在为身体特定部位设计的商品上，而不必对其他部分进行着装。
- 你不必为一个完整的人台模特付费就可以进行立体展示。
- 你可以在无法容纳全身模特的展示区域和战略空间中放置代替品。
- 你可以以最低的成本添加品牌标识，并为购物者提供视觉趣味。

袜装模台

袜装模台可以正放或倒置，它们的设计可以是一维、二维或三维（平面、半圆形和全圆形）。时尚展示的方式有：

- 鞋和脚的模台。
- 短袜的模台。
- 及膝袜的模台。
- 大腿袜的模台。
- 连裤袜的模台。

内衣模台

时尚不仅限于外衣。内衣和贴身服装人台模特的代替品有不同尺寸和肤色的，也有不同制作工艺和外观的，适合男性女性和所有年龄组。你会发现内衣模台有：

- 短款和拳击内衣模台。
- 内裤模台。
- 紧身胸衣模台。
- 女式睡衣模台。
- 泳衣模台。
- 胸罩模台。

作为内衣模台的代替品，一家创意零售商使用简单的白色衣架来展示胸罩和内裤（图13.8）。再加上巧妙安排的礼品盒，这一系列的盒子以一种经济实惠的方式传递了一种引人注目的声明。

成衣模台

为了适应成衣的分层和配饰，这些可代替模台是为男性女性和所有年龄段设计的。它们可以放置在桌面和陈列装置展示的平底座上，或者安装在用于地面陈列的底座和基座上。你可以购买：

- 男士衬衫模台。
- 女士衬衫模台。
- 半身胸像模台。
- 泳装模台。
- 西装模台。

图 13.8　用简单的白色衣架创意性展示内衣的 Journelle 品牌，纽约。图片来源：埃里克森/《女装日报》/康泰纳仕出版集团。

展示一件标准的男式衬衫是视觉营销人员最具挑战性的任务之一。杰夫·斯皮萨勒（Jeff Spizale）是 Presentations Plus 公司的全国销售和市场总监。他是一个视觉营销父子团队的五位成员之一，作为男装视觉陈列从业者在明尼阿波利斯—圣保罗大都会地区普受尊敬。在这里，他提供了基本的礼服衬衫或运动衬衫展示的一步一步指导。

1.　选择一件标准的 16 英寸（40 厘米）领围的衬衫。所有男装半身胸像模台都是标准化的，颈围 16 英寸（40 厘米），胸围 42 英寸（106 厘米），腰围 36 英寸（90 厘米）。布料覆盖的半身胸像模台有衬垫，这样你就可以把普通的大头插进去，把衬衫固定在它的轮廓上。有些衬衫尺寸会比其他的宽松一些。在开始之前，向部门买手或有经验的同事询问理想的合适尺寸。

2.　这是最重要的一步——正确熨烫衣服。如果是正装衬衫，把领子倒过来，熨一下下面的部分（内熨压），这样领子前面就不会有褶皱了。在袖口重复上述动作，最后熨烫衬衫主体和袖子。褶皱永远不能出现。

3.　将衬衫套在模台躯干上，使衬衫纽扣形成一条垂直线。为了把所有的东西都固定好，先把一个普通的大头针推到衣领顶部纽扣附近，然后把衬衫的前面拉紧，把另一个大头针别在底部纽扣孔附近。

现在衬衫门襟笔直地、牢牢地固定在模台上。

4. 从衬衫前面向侧缝抹平滑，穿过腋下和腰部的侧缝放置大头针，将衬衫锁定到位，并尽量减少松弛的面料。你现在应该得到了一个光滑的衬衫前侧，显示出隐藏在衣服下的模台躯体的轮廓。每当你把大头针别入面料，都应别在衣服接缝处或折叠的面料下。然后，如果销售人员试图将衣服从模台上取下，则损坏面料的可能性比较小。一个精心设计的模台，在整个展示中应该只有10~12个大头针。

5. 下一步是漂亮地成型袖子。取四张白色包装纸，形成两个与衬衫袖子形状和大小相同的圆柱体，轻轻地将它们滑入衬衫袖子。然后，将聚苯乙烯泡沫塑料咖啡杯（倒置）插入每个袖子的袖口。这使袖口的形状到位，面料组织归位。填充的袖子可以自然悬挂，或者你可以在一个袖子肘部弯曲，将袖口固定在身体的一侧，衬衫下摆上覆盖袖口——这一技术模仿一个人的手放在口袋里的随意姿势。服装的风格和制作方式将决定衬衫的展示是正式的还是随意的。

6. 在这最后一步，你可以加一条领带或披一件毛衣、外套，加上公文包、书包或其他配件，以适合你的期待。这些项目可以添加色彩和质感，有助于完成你的展示。配饰可以创造多重销售机会。

■ 人台模特的订购

一旦你选择了一个或一系列人台模特的款式，你就必须考虑**交货期**。你不可能在今天下单，下个星期就收到货。从库存中订购人台模特而不是定制一个，所需的交货期会短一些，但即便如此，也有越来越多的制造商开始按订单生产，而不是保持大量库存等待出售。等待人台模特货物到达你所在的装货码头，长达16周是很正常的。定制订单或特别委托设计，一个完全属于贵公司的或是有一个不寻常外表的人台模特，可能需要更长的时间，因为设计和确认阶段先于其他生产步骤。

■ 人台模特的收货和拆箱

人台模特支撑杆以特定角度弯曲以适当支撑人台模特。当你打开一个新的人台模特时，用一支清晰的永久性记号笔来标明支撑杆的背面和底部。如果不立即执行此操作，在安装中可能会损坏模特。在任何情况下，未来你不会是唯一处理它的人，所以这是重要的一步，以保护商店的投资，以及确保人台模特、你和顾客的安全。

每个躯干部分加上任何可拆卸的部分，也应该都有一个识别号或符号，这样当你组装多个人台模特时，你就可以正确地重新组装各部分。如果没有，请自己标记这些零件。左右手也要贴上标签。

有时全新的人台模特关节非常贴实。为了更容易地定位并更容易地安装接头，你可以用一块沾有类似WD-40万能润滑剂的吸水布轻擦连接板和接头。不建议喷涂接头和连接板，因为可能会过度喷涂和滴落，从而损坏人台模特昂贵的表面。

■ 了解人台模特的尺寸

你已经知道人台模特必须符合一个商店的形象。同样重要的是，它要适合商店的服

交货期（lead time）
是指从收到订单到生产完成产品所需的时间。

装。虽然人台模特的设计或多或少符合整个服装行业的标准尺寸规格，但它们并非都是同样尺寸的。人台模特尺寸因制造商而异，检查胸围、腰围和臀围以及整体高度甚至鞋子尺寸，都很重要。

如果你的商店使用不同制造商的各种人台模特，特别是在百货商店里，当你为人台模特熨烫好衣服和准备好衣服时，却发现它们不合身，试穿和出错会很浪费时间。了解你商店的服装尺寸，是掌握人台模特穿衣的一个重要方面。通过练习，你将了解每个模特的独特要求。你可以在腰板或臀板上写上尺码，以提醒特定人台模特的正确服装尺码。

▌为人台模特选择服装

以下是一些建议，可以帮助你为人台模特选择服装：

- 根据你计划使用的每一组人台模特的制作工艺、款式和颜色，选择适合单一最终用途的服装。例如：一组穿着鲜艳棉质花园派对印花的人台模特或一组穿着柔和羊绒假日毛衣的人台模特。选择只表达一种观点的服装。时尚影响来自重复和统一性。你绝不想在一个展示上用混杂的信息令购物者感到困惑。相反，应在每一个时尚宣言下面加上一个强有力的展示，肯定特定的最终用途。
- 选择有大量存货的商品，这样人台模特就不必很快进行调整。如果一件商品在没有你帮助的情况下已经卖完了，是时候转到即将进货的商品上了。
- 选择合适的衣服尺寸。
- 写下你将要使用的所有服装和配饰的尺寸，并递给销售人员。大多数商店都有一份复

印的登记簿，上面记录了你从卖场拿出来在橱窗里使用的任何商品。将一份副本放在橱窗里的一个安全位置。另一份留在部门里，通常放在包装台上，以便销售人员在客户等待信息回复时可以方便地查阅清单。登记簿是你和商店的重要安全保障。

- 用合适的配饰重复衣服的颜色，使衣服看起来协调一致。选择配饰，将人台模特从头到脚装扮起来。把这项任务想象成为时装秀或拍时装摄影装扮一个现场模特。耳环、手表、帽子、手提包、公文包、日程簿、袜子、鞋子甚至眼镜的有效展示，都可以教会购物者如何进行时尚搭配，并引发消费者的多重购买。同时，你必须有所克制。根据你商店的季节性时尚信息或按照你在当前媒体上看到的潮流方向来选择人体模特配饰。最终，你会为商店的时尚形象找到一个合适的搭配风格。

▌为人台模特穿衣

大多数商店都有一个人台模特穿衣条款，上面写着何时何地可以为它们穿衣。一些商店要求人台模特需要在远离卖场的地方穿脱衣服，或者在商店营业时间之前或之后完成穿衣工作。这时，许多商店都会把橱窗遮住，这样路人就看不到脱衣甚至部分组装的人台模特了。对有一些零售商而言，这些安全问题和美学问题非常重要。在你第一次为人台模特穿衣之前，一定要了解商店的人台模特政策。

有所准备会使这项工作更容易。以下是一些与必要的内务管理、记录保存和安全实践相关的一般性指南：

- 在处理人台模特或衣服之前要洗手。手上

的油渍和污垢可能会损害这两种物品的价值。

- 熨烫所有商品。
- 取下任何无法塞到视线之外的价格单和额外纽扣，并用标签枪将其重新定位到衣服的织物标签内侧，而不是衣服上。
- 取下珠宝的吊牌，并将其与物品描述一起存放在信封中。耳环卡也必须与一个简短的描述一起保存，以便重新标签并返回到部门。如果耳环不适合模特的耳朵，把它们和卡片一起放回信封里。把信封钉在商品对应的签收单上。
- 撕下无法将其从视野中移开隐藏的粘贴性标签，并将其放在蜡纸上，同时附上商品的简要说明。保存SKU编号，以便在必要时对物品重新标签。
- 在开始穿戴人台模特之前，请选择一个工作场所，确保客流的通道畅通和安全。

在这些重要的准备工作完成后，清理工作空间并组装好所有材料——遵循以下一步一步的穿衣程序：

1. 取下人台模特的手臂、手、躯干和假发。为了安全起见，把它们放在手推车里，而不是地板上。从底座上拆下双腿，如果人台模特是写实版的，则穿上连裤袜、袜子或脚镯（图13.9）。
2. 把裤子放在模台上。先不穿裙子，直到第5步。
3. 如果人台模特要站在其底座上，你有两种选择，无需切开背部接缝就可以将人体模特放回底座上（图13.10和图13.11）。

选项1：如果裤腿和裤脚或袖口足够宽，以容纳腿和杆之间的空间，你可以简单地提起人台模特，并将其放置在人台模特臀部的方形配件处的杆上。将人台模特连接到杆的固定螺钉上，然后拧紧。一些人台模特穿衣设计师会两人一组来完成这一步，他们也可以在把模特放回底座的同时，把鞋子穿到模特脚上。

选项2：从人台模特和底座上取下杆。然后在人台模特重新站起来后，将杆装回腿部。拧紧臀部的固定螺钉，然后将螺钉拧入底板。

如果你使用的是站立或大步行走的人台模特，裤腿可能无法正好悬挂在杆的位置（图13.12）。如果裤腿被杆子拉得很紧，就不要用这条裤子了。或者你可以小心地切开后缝，然后从开口处插入杆。

步伐较大的动态人物和人台模特通常有一条腿弯曲，穿衣服和脱衣服时必须把它移开。就像安装手臂一样，先插入臀部的直腿之后，才把曲腿穿过插入。一只手握住弯曲的腿和裤子，两脚之间保持倒置的平衡，你要先把空裤腿滑到直腿的脚上。当裤子滑向臀部附近时，你就可以将弯曲的腿卡入或锁定到位。两个人完成这项任务比较容易。

由于所有这样的操作，你可能会决定选择一个比人台模特通常穿的更大一点的尺寸，并在衣服穿上后将多余的布料用大头针固定在服装的背面。没有简单的方法来描述这个过程，你只需要做一些实际的练习实验，直到你熟悉人台模特。

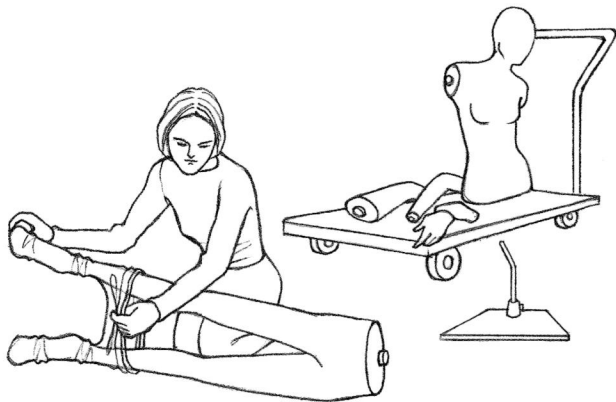

图13.9 当你坐在地板上时，连裤袜和裤子可以很容易地穿到人台模特的腿上。

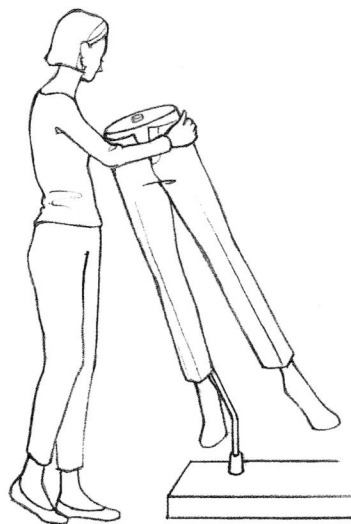

图13.10 在选项1中，将人台模特的下半部分从其杆上取下，穿好衣服，然后通过提起模特并将裤腿松松地穿在杆上，回到底座。当人台模特再次站在底座上时，拧紧臀部螺钉。图片来源：克雷格·古斯塔夫森艺术。

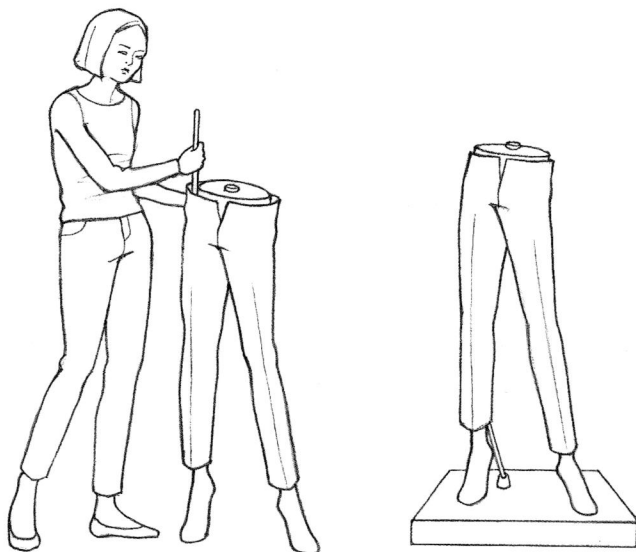

图13.11 在选项2中，杆从裤腿上滑下，将人台模特的腿安装在底座上。图片来源：克雷格·古斯塔夫森艺术。

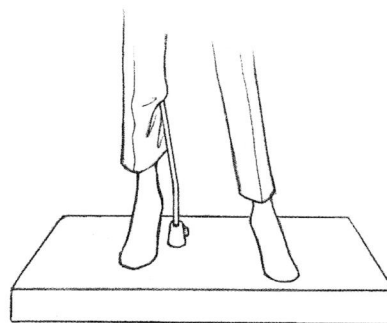

图13.12 这条裤子太窄，杆无法穿过，裤子以不自然的方式被绷紧。图片来源：克雷格·古斯塔夫森艺术。

4. 穿上模特的鞋子。确保你选择的鞋子有合适的鞋跟高度。测量人台模型，如图13.13所示。如果鞋跟太低，人台模特会向后倾斜；如果鞋跟太高，人台模特会向前倾斜。

   确保鞋子与人台模特的脚正确贴合。两侧有空隙的鞋子或是从脚跟滑出来的鞋子是永远不被接受的，因为顾客不会买或穿看起来不合脚的鞋子。把不合脚的鞋子长时间留在人台模特脚上，在闷热橱窗里容易形成不合脚的固定姿势，造成鞋子损坏，使鞋子滞销。

5. 把裙子套在腰部或臀部，但不要系拉链或纽扣。

6. 将模特躯干旋动到腰部或臀部（图13.14）。

7. 将前开或后开的上装穿在人台模特躯干上（套头衫套入时模特头上必须是没有假发的），并让衣服前/后襟打开，以便在下一步中安装手臂（手是移开的）。如果你在穿不止一层上衣（即毛衣下穿一件高领毛衣，或夹克下穿一件衬衫），把两件衣服的袖子放在一起，这样你就可以把胳膊、手腕先穿过衣领处开口同时插入两个袖子层。将手臂引导至锁定板，并将其轻轻滑动到位（图13.15）。

   穿多层衣服时要小心，以免在人台模特的手臂和躯干之间产生不必要的面料堆积。衣服看起来会堆成一团，人台模特手臂关节上的压力最终会撑开并损坏手臂锁定板。

8. 扣上衣服的纽扣，把它们塞进腰带。如果这是你时尚造型的一部分内容，调整腰线处面料以创建一个平滑和自然的褶皱。确保所有的扣子都扣上了，所有的拉链都拉上了。如果合适的话，加

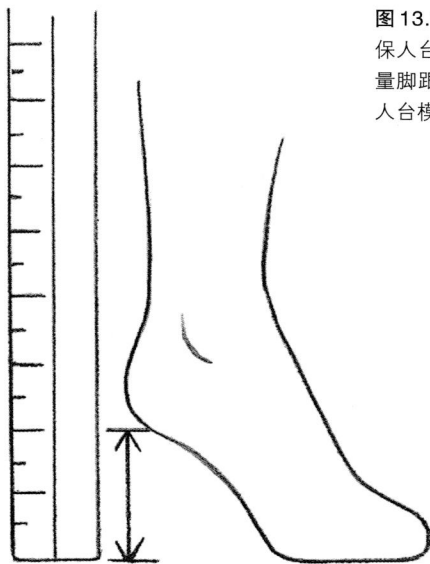

图13.13　鞋跟的高度必须正确，以确保人台模特能够正确、安全地站立。测量脚跟到地板之间的距离，并将其写在人台模特的脚底，以备将来参考。

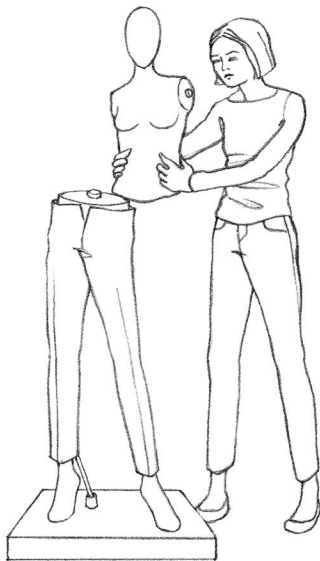

图13.14　将人台模特躯干装回臀部时，牢牢抓住它，将其滑动到臀部上，直到躯干底部的销钉滑入臀部配件。旋动它，直到它锁定到位。图片来源：克雷格·古斯塔夫森艺术。

一条皮带。拉扯袖子和裤脚以使其合身。

检查袜子是否罩到衣服外面。橱窗模特服装的宽松余量和不合适的区域都可以小心地别好固定。你的目标是让线条流畅，而不是重新造一件衣服。而在

图13.15 小心地将人台模特手臂穿过衣服，尽可能少地拉扯衣服的面料。将手臂引导至锁定板上，轻轻将其滑入位，然后将手臂调整到自然位置。图片来源：克雷格·古斯塔夫森艺术。

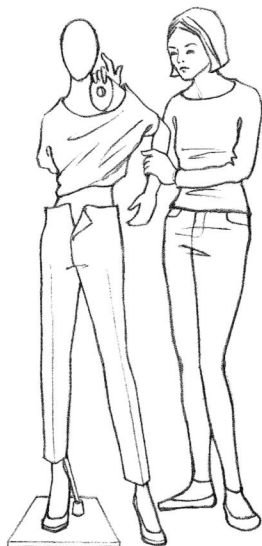

图13.16 将人台模特的手臂和手调整到自然位置，如正确示例所示。在不正确的例子中，一只手向后，一只胳膊被向前拉，这样手就悬在空中了。图片来源：克雷格·古斯塔夫森艺术。

正确　　　　不正确

耳洞的耳朵，但有些模特过于僵硬或耳朵太靠近面部，无法接受法式耳环和一些耳箍，这很容易使它们严重的弯曲变形。夹子通常也无法固定。贴挂的耳环并不一定足够长，夹在上面的耳环也不一定稳。用Tacky胶（用来贴海报的那种）可以把穿孔的耳环夹在适当的位置。如果你不能正确地钩住法式耳环或耳箍，在这个特定人台模特上就要避免用耳饰。你很快就会知道哪些模特可以佩戴哪些配饰。

11. 调整手和手臂到自然位置（图13.16）。在将手掌拧入手腕关节之前，添加任何想要的手袋或手镯。为了使手袋看起来更自然地成为人台模特服装的一部分，手袋应该夹在胳膊下或由人台模特拿着，就像模特在时装秀T台上拿手袋一样。

12. 当人台模特就位并打上适当的灯光，请离远一点（如果是橱窗人台模特，请走到橱窗外面），从头到脚检查模特，再进行任何必要的调整。确保所有人台模特底座、高低架台和橱窗地板没有灰尘。

■ 人台模特的维护

人台模特是你店里最显眼的时尚陈列之一。它们也是打理频率最高的物品之一。它们能吸引顾客的注意力，这确实很好，但它们也可能会在顾客购物时被弄乱，这很不好——除非你每天都维护它们的外表和仪容整洁。

注意：

- 露出来的价格标签。
- 弄歪的假发、手和佩饰。

卖场的人台模特上是不能出现大头针的，因为购物者可能正在触摸衣服。如果衣服刚好适合人台模特，就不需要用大头针。

9. 更换拉丝假发和风格化的假发。确保发际线是自然的。

10. 为颈部和耳朵佩戴配饰。人台模特有开

- 丢失的饰品或衣物。
- 替代衣服（原衣服售罄的替代品）。
- 店内旧衣服。
- 模特看起来脏的皮肤。
- 有挂丝或下垂皱纹的袜子。
- 有灰尘的高低架/台。
- 高低架/台上或展示区的垃圾。

安全注意！

　　放置在底座或高低台上的店内人台模特，必须将它们从其安全玻璃或金属底座上取下，并直接用螺栓固定在其站立的装置上。这可以防止它们被好奇的购物者意外撞倒或突然倾倒。

工具箱13.1

人台模特的定期更换

　　店首展示的人台模特上的衣服，对消费者来说永远都应是随时可以在陈列货架上找到的。因为店首展示的人台模特应该始终与双臂或四臂销售陈列架相邻。这些货架上会放着展示的衣服，库存下降通常会决定你的模特更换时间。其他零售运作也要求视觉部门经常更换商店的人台模特：

- 管理层期望，每周到访一次的购物者每次来店里都能看到新的东西。
- 战略性的大幅降价，以保持一个部门的库存周转。
- 积极的每周广告时间安排，包括在店首关键位置的支持性地面陈列展示。
- 移动和整合分组以促进销售。

人台模特的摆放和道具设计

　　用三角形构图来摆放带有道具的人台模特，会比用直线构图更有效。观察图13.17，你会看到一个以三角形构图排列的人台模特组，它创造了一个有空间的展示，比所有人台模特都在同一个高度时更具深度和视觉趣味。三角形构图也是分析陈列装置、道具和地板或平台上的人台模特如何摆放的有效工具。

　　如图13.18所示，重新定位后的道具、标牌与模特的关系更密切，三角形构图使人台模特和道具达到更好的视觉平衡。

　　最重要的是要认识到，经常使用奇数倍数（3或5）分组的人台模特组合，必须在主题、色彩故事以及物理空间上相互接近。该分组还必须以完全相同的方式与选定的道具相关联。它们应该在某个地方联系起来——无论是在物理上还是视觉上。

图13.17　该组人台模特摆放采用三角形构图。

图13.18 正确示例中人台模特、道具和标牌的三维空间布置，比不正确示例中的直线布置更具视觉趣味。图片来源：克雷格·古斯塔夫森艺术。

标牌

正确

标牌

不正确

图13.18中的正确构图展示了一种视觉联系。盆栽植物并没有真正碰到人台模特，它位于人台模特的后面。但这两种元素似乎是相互联系的。这给构图增加了深度和质感，使构图感觉紧凑，或者说紧密相关。

如果在一个店首展示平台分组中使用两个人台模特，一个大一点的道具可能就是这个空间所能承载的全部了。如果可以的话，尽量用奇数，因为这样更讨人喜欢。

无论有没有道具，人台模特的放置都可以讲故事和设定基调。橱窗可以放置多个人台模特，使其中一个单独站立，而另一个以对话的方式组合——使观众好奇发生了

什么。

人台模特的摆放也可以将注意力精确地集中在你想要的地方。想象一下，除了一个穿着鲜艳的红色衣服的人台模特外，其他所有的模特都穿着紫色的衣服，在一个橱窗地面上斜排成一排。只使用一个重点强调，就可以创造出一个具有戏剧性的陈列展示，而不用使用任何道具。

维护人台模特的形象

时装零售业是一个视觉趋势不断变化的行业，人台模特在一段时间后将变得过时，必须更换。虽然昂贵，但它们仍是帮助顾客形成服装视觉化的最佳方式。有时你可以用新的假发更新人台模特系列，延长不可避免的更新需求。

循环使用

一些零售商会循环使用他们的人台模特，把他们最新的、正流行的模特提供给具有黄金般价值的橱窗展示，而把上一季的人

零
售
现
实

杰夫·斯皮萨勒敦促视觉营销人员"遵循服装的逻辑"。他说，一件正式的牛津布衬衫应该看起来干净利落且"方正"，而更柔软、更休闲的服装应该使用没有那么正式的道具，以唤起人们对奢华面料和质地的关注。

台模特轮转到商店内部店首陈列和部门陈列使用。最终，过时的人台模特要么被卖掉送到人台模特工厂翻新，要么捐赠给学校或旧货店，要么被丢弃。

整修

人台模特并不总会优雅地老化，有些很容易发生事故。这就产生了一个重要的视觉营销支持系统，可以扩展或恢复人台模特的用途。一些人台模特制造商提供翻新服务。Patina-V公司在其网站www.patinav.com表示：

> 为您的人台模特创造新的生命，是我们向可持续时尚做出生态负责声明的

一种方式。无论您的需求是什么（简单的维修或全面的改造），我们的翻新服务致力于以有限的投资为您提供接近全新状态的高品质产品。

行业谈 "创新使企业成长"，作者：拉尔夫·普奇，普奇国际公司总裁

尽管时代和地理位置不同，我认为你和我依然可能有很多共同点。当我在这个行业开始我的职业生涯时，是在一家拥有有趣历史、丰富传统和严格质量标准的老牌公司。这是一家致力于为客户提供超出他们期望的服务的企业。

我是从我家族的生意做起的，而你可能是从属于别人家族的生意做起的。就像我曾经做过的那样，你可能会觉得公司的传统和标准时而挑战，时而束缚。但在核心问题上，你最终可能会像我一样，做那些最能服务于公司使命和客户的事情。

我的公司从20世纪50年代专门从事人台模特的修复，到1976年轮到我领导公司时，我们转向了人台模特的设计和制造。我们通过预测趋势和做有别于竞争对手的事情使自己与众不同。

首先，我们采取了一种相当创新的方法，让我们的

人台模特在展示时采用斜倚的、放松的姿势。然后我们给它们涂上鲜艳的色彩。做了所有这些之后，我们有必要用其他（有时是令人意外的）方式保持我们的视野新鲜。我开始相信展示人台模特可以（而且应该）做的不仅仅是穿上衣服。在普奇引领行业的过程中，我们委托了其他创意领域的知名人士——一位流行艺术家、一位室内设计师、一位时装设计师、一位建筑师和一位插画师——为我们推动人台模特设计的边界。我们的愿景是为我们的产品创造一个身份认知，这将帮助你在任何零售业务中为你的产品做同样的事情。

你是否同意人台模特应该与顾客沟通，无论他们是年轻的、时尚的、成熟的还是时髦的？你是否认为人台模特应该提升整体视觉环境，并且成为你们公司最有效率的销售人员？你想让你使用的人台模特为一件传统上纯粹考虑功能的物品添加独特的视角、某种新鲜感

和创造性元素吗？如果你点头说"是的"，那我们有很多共同点。

我希望正如你所希望的——人们在人行道上排队来看你的橱窗，看到购物者挤满过道，在你的销售部门欣赏时尚。在那里，艺术和时尚汇聚在一起，创造历史、传统和高品质。

祝你工作顺利。

设计画廊：拉尔夫·普奇：人台模特的艺术，纽约曼哈顿，艺术与设计博物馆

拉尔夫·普奇是纽约著名的偶像级设计师，他以其创新的人台模特设计手法备受推崇。2015年，艺术与设计博物馆的一个展览首次探索了他的作品。www.madmuseum.org网站上的描述是这样的："20世纪70年代，普奇在建立自己的企业时，出现了'超级模特'的概念，即有个性的、活生生的模特。普奇在他的作品中捕捉到了这一催化时刻，从希腊和罗马雕像以及纽约玩偶的表演服装等各种来源中找寻灵感。他的人台模特不仅仅是商业上的模型或雕塑形式，还成为我们对身体、时尚和个人身份态度改变的因素。普奇曾与戴安·冯·弗斯滕贝格（Diane Von Furstenberg）、帕特里克·纳加尔（Patrik Naggar）、安德烈·普特南（Andree Putnam）、肯尼·沙尔夫（Kenny Scharf）、安娜·苏（Anna Sui）、伊莎贝尔（Isabel）、鲁本·托莱多和克里斯蒂·特灵顿等名人合作。"

"大多数人认为，你翻开黄页，打电话订购两个白色、两个黑色的人台模特，一切就结束了。"拉尔夫·普奇在接受佐伊·泽勒（Zoe Zellers）的采访时说："我们想展示的伟大的人台模特是一件艺术作品。"《设计：零售》杂志（2015年4月/5月）。泽勒写道："普奇相信这场秀将照亮整个行业，视觉世界必须提供创造力、兴奋和活力，但往往被忽视。'这会让你思考，会让你微笑，会给你带来挑战，'普奇说，并补充道：'很明显，在艺术与设计博物馆的展示是我们最自豪的时刻。'"

"拉尔夫·普奇：人台模特艺术"2015年的装置照片。摄影：巴特则·沃尔什，艺术与设计博物馆提供。

本书的作者朱迪·贝尔参加了展览，印象最深的是展览涵盖了人台模特制作过程的每一个阶段，包括再复制的工作室，配有工作台、草图和工具（在www.madmuseum.org可观看到照片和精彩的视频）。超过30个最重要的普奇人台模特被展示，你可以在这里看到一个重现当时场景的照片。再看看墙上摆放的彩色模具，它们用来制作普奇的艺术和创新人台模特。

第十三章　回顾问题

1. 列出人台模特反映时代精神和时尚的三种方式。
2. 列出购买人台模特的三种主要业内来源。
3. 视觉营销人员在为特定商店选择人台模特时应考虑的最重要的方面是什么？
4. 给出三种人台模特的代替品，并说明它们是如何使用的。
5. 给人台模特穿衣的正确步骤是什么？
6. 讨论人台模特展示的摆放技术。

挑战：跳出条条框框

橱窗观察分析
观察

图13.19中的人台模特检查表复制六份。带着这些表格，去参观用封闭式橱窗展示人台模特的三家商店，和在室内展示人台模特的三家商店。将所有必需的信息填写在表中。

比较

比较上面观察到的展示——将橱窗展示和橱窗展示比较，室内展示和室内展示比较。

创新

从每份表中选择一个你认为最需要改进的陈列展示。

- 你会做哪些更改？
- 解释为什么你的更改会改善这个陈列展示。

批判性思维

采购和选择人台模特

提示：此练习将帮助你在商店形象、商品和人台模特选择之间建立重要联系，你将到网上去选购人台模特。

场景

你被你最喜欢的零售店雇用，将为他们所有的门店购买新的人台模特或展示模台。你的计划必须提交给公司的总裁和副总裁批准。

1. 找到你最喜欢的零售店。
2. 从时尚出版物或商店的网站上选择三个外观，你想把它们放到商店橱窗中，作为这家商店的特色造型。这三个外观应该在主题、季节、色彩故事和/或态度上有一些联系。把它们剪下来，贴在一张打印纸上。在纸上添加适当的配饰。不要担心照片的大小或比例。只是要确保外观在最终用途、制作工艺、风格和色彩方面符合本书所谈过的一般要求。
3. 描述你最喜欢的零售店的时装形象，并解释你选择的时装和配饰是如何符合这一形象的。
4. 现在展示他们目前使用的商店人台模特或展示模台。访问几家人台模特制造商的网站，浏览最新一期的《设计：零售》《视觉营销和商店设计》和《商店！零售环境》，选择一个或一系列人台模特，它将最适合你为商店橱窗中选择的服装。打印你选择的人台模特的照片。
5. 描述你看到却没有采用的人台模特的类型和种类。解释理由。
6. 整理报告。使用本章中的评价标准来证明你对人台模特的选择，并在小组讨论中陈述你的发现。

案例研究

选择人台模特
背景

假设你是一名销售代表，将代表一个由人台模特制造商组成的联合公司进入全国视觉营销市场。贵公司的使命是为零售商户提供一站式人台模特购物服务，无论他们为哪种规模或风格的商店工作。

人台模特检查表

1. 模特是否装扮完整？

2. 服装是否调整适当？

3. 是否隐藏好衣服标签？

4. 人台模特是否配饰完整？

5. 配饰商标是否隐藏？

6. 暴露的"皮肤"是否干净、没有印迹？

7. 假发是否梳理过并做了造型？

8. 手臂和手的位置是否正确？

9. 袜子是否完好，是否合脚？

10. 鞋子是否放在合适的位置？是否合适？是否没有灰尘？

11. 人台模特底座是否干净、无尘？

12. 高低架/台是否干净、无尘？

13. 人台模特是否固定在底座或平台上？

14. 附近是否有展示商品库存的陈列（如果是室内展示）？

15. 标牌是否在合适位置并且有效？

地点: _____

日期: _____

观察员: _____

待办事项: _____

图 13.19　图片来源：伊莲·温克尔艺术。

你的挑战

使用合适的人台模特（或人台模特代替品）照片或图纸为以下客户中的六位准备一份简短的陈述：

- The Club——是一家专为男性和女性开设的高档运动爱好者商店
- Just Like New——一家出售婴儿和儿童服装的寄售店
- The Pantry——一家出售厨师服装的厨房和烹饪爱好者的商店
- Sagebrush——一家在科罗拉多州亚利桑那州和蒙大拿滑雪乡村度假区经营的西方主题服装精品连锁店
- Artisan Alley——一家可穿戴艺术服装店和画廊
- Tween Scene——一家面向9~13岁女孩的全国时尚服装连锁店
- CEO——一家保守的男装服装店，专营高品质西装、衬衫、鞋子、皮具、领带和其他配饰
- Fairchild——一家中等价位的连锁百货公司，专门为全家人提供服装
- Getaways——一家专为男士和女士设计的高档度假服装精品店
- Expeditions——一家探险运动服装和装备店，还提供露营、攀岩和潜水装备
- Underworld——一家销售给男士、女士和儿童的，以天然纤维为特色的内衣商店
- Abondaza——一家专门为大码女士提供商务服装和特别场合服装的女装商店

假设每个商店都有一个展示橱窗。请访问以下任何网站（或其他网站和商业杂志），找到至少一个合适的人台模特或模特代替品的照片或图纸，以符合每个商店的形象，并以书面形式证明你的选择。你可以添加任何有关商店形象的必要细节，以加强你的介绍。如果可能的话，包括选购两个或四个人台模特的预算数字，并解释为什么你可能更喜欢一个以上的人台模特。

人台模特网站：

- Bernstein——www.bernsteindisplay.com
- dk display corp——dkdisplaycorp.com
- Fashion Windows——www.fashionwindows.com
- Global Visual Group——www.globalvisualgroup.com
- Goldsmith——www.goldsmith-inc.com
- Greneker——www.greneker.com
- Hindsgaul——www.hindsgaul.com
- John Nissen——www.new-john-nissen.com
- Mondo——www.mondomannequins.com
- Patina-V——www.patinav.com
- Rootstein——www.rootstein.com
- Seven Continents——www.sevencontinents.com
- Universal Display & Design——www.universaldisplay.co.uk
- WindowsWear——www.windowswear.com

GIVE COLOR!
FIND YOUR HOLIDAY GIFT

第十四章　建立视觉营销部门

建立专业工作环境

　　是否关注细节，是一个好的视觉营销人员和一个伟大的视觉营销人员之间的区别。你在工作中处理细节的方式，决定了你的品牌形象。无论你是在橱窗里展示人台模特，还是以你的穿着和行为方式展示自己，你都是在表达你的个人形象。当一个视觉营销主管看到某项陈列展示，就立刻知道这项工作是你做的，你就会知道自己已经建立了一个商标——一种声誉——已达到了特定的职业水准。你的商标应该代表卓越和注重细节。

　　已故的零售观察家彼得·格伦是《视觉营销和商店设计》杂志的长期撰稿人，他总是在每月的专栏中提供精确的、专业水准的建议。其中，他提出了两个强有力的想法，这两个想法可能直接影响你工作品牌形象的建立，并给你在这个快节奏行业的职业生涯打上不可磨灭的烙印。格伦写道："专注能打破混乱，使之变得清晰。"然后他又补充道："沉着的头脑是一个自信的工作坊。"格伦的话似乎很贴切，因为当你开始进入快节奏的视觉营销领域时，你的工具箱里可能只剩下了专注和沉着的头脑。

　　格伦的主题是多任务处理（multitasking）——这个词是用来描述那些经常试图（但并不总是成功）同时处理许多任务的人。以电话铃声为例，格伦建议：

　　　　完成你手头正在做的工作。这里的假设是，无论电话铃响时你在做什么，

> "我每天都会努力不说这句话：'这有什么不同，'记住任何细节都不是小事。"
>
> 《彼得·格伦的十年：改善工作、生活和其他重要问题的一百篇文章》

完成本章后，你应该能够

- 建立一个具有基本用品的视觉营销办公室
- 安排好视觉营销任务的工具
- 开发视觉营销资源中心
- 计划一次富有成效的市场之旅
- 编写一份采购订单
- 制定视觉营销预算
- 创建一个给管理层的展示演讲

图14.0　优衣库令人眼花缭乱的节日橱窗，鼓励人们赠送丰富多彩的礼物。纽约第五大道。摄影：WindowsWear，版权所有：WindowsWear PRO，http：//pro.windowswear.com，contact@windowswear.com1.646.827.2288。

你已经在做它了。你已经决定了什么是最重要的，这能让你清晰和集中，并预设了秩序和平稳的规划。所以记住这一点，当电话铃响的时候，继续做你正在做的事情。做就对了。继续做它直到它完成，然后继续下一个（预先决定的）优先事项并集中精力。在最重要的时候接电话，而不是在电话铃响的时候。你必须相信，没有控制，你将无助地同时处理多项任务，只有专注才能使你在任何事情上都尽最大努力。

如果你未来想成为一名视觉营销经理——这里假设你即将成为一名视觉营销经理——那么你需要一个强大的资源中心来支持你的工作。能够分清轻重缓急、组织和关注细节的能力对你的成功至关重要。专注和高效运作将直接导致产出效率的提高，而产出效率正是让你得到关注的东西。一些简单的物品，如手边就有合适的物品，可以让你腾出更多的时间来参加各项活动，从而在你的部门和商店建立你的知名度和声誉（你的工作品牌形象）。永远不要忘记，你在工作中推销的第一个产品就是你自己！

本章致力于提供生存策略、有效实践和实用的小提示，为视觉营销专业人员提供适合的工作环境——包括工作室、工具箱、办公室、手提箱、公文包和工作日历。

零售现实

竞争性零售业也存在于办公室场景的幕后，就如它存在于卖场或商场里一样。正如商店争夺业务一样，公司办公室的各部门也在为自己的项目争夺公司资源。视觉营销人员越是专业地展示自己和自己的工作环境，就越容易获得信誉，并作为零售业务中必不可少的生产要素获得稳定的职位。

成为"万事通"

视觉营销管理者需要组织良好的工作空间，为产品线供应商提供方便的信息、联系人姓名和电话号码以及最新准确的预算报价、创意文件和资源文件，以支持他们的日常工作。保持一个专业的、计划周密的工作空间，成为别人获取信息的对象，可以为你的工作品牌、风格和你表达的想法提供可信度。当你所在部门的人开始说："去找×××（你的名字）"时，你就会知道你正朝着你职业生涯中的计划前进。

在《做你自己的品牌》（*Be Your Own Brand*）一书中，作者大卫·麦克纳利（David McNally）和卡尔·斯皮克（Karl Speak）提出了一个理论，每个人都是一个品牌：

> 你的品牌反映了你是谁，你相信什么——它都能通过你做了什么、你如何去做明显地表达出来。正是你所做的那部分把你和其他人联系在一起，而这种与其他人的联系导致了一段关系。实际上，你的品牌形象是别人心中的一种感知。当这种感觉通过你和另一个人之间的反复接触不断发展和强化时，一种品牌关系就形成了。

设置自己的工具箱

如果你已经接受了一个负责展示的视觉营销设计师的职位，你会发现唯一可以称为自己的地方只有你的工具箱，不要惊讶。毕竟，如果你正在做你被雇来应该做的事情，你应该在地板上或橱窗里工作，而不是坐在一张桌子后面。

如果是这样的话，工具箱将是你的第一个资源中心，它容纳了你想要有效地工作的一切。同时，你需要能够把你的"办公室"从一个地方抬到另一个地方，所以它一般不可能真正容纳通常办公室包含的所有东西。从回顾你的工作开始，装备你的工具箱。了解公司想让你做什么，这将会告诉你需要做什么。

时装橱窗工具箱的必备物品清单可能包括：

- 大的、可锁的工具箱，并带提拉托盘/抽屉
- 挂锁
- 拆置模特的金属线（20号）
- 单丝塑料线（50磅）
- 粗缝纫线和大眼针（适合纱线尺寸）
- 斜线切割机
- 钳子、可调节针头
- 可调扳手
- 内六角扳手
- 定位锤
- 定位爪/起钉器
- 锥子或打孔器
- 推钉器（螺丝刀）
- 各种小螺钉、普通钉子和螺丝刀
- 螺丝刀（十字和直槽）
- 倾斜针（#17）、大头针、裁缝针（#20）
- 手腕垫或针垫
- 订枪和钉
- 织物剪刀，大小两款（非常锋利）
- 纸张剪刀（不用于织物）
- 剃须刀片（单边）
- 手持雕刻刀、刀片、安全盖
- 可伸缩实用刀具
- 透明胶带、遮蔽胶带、双面胶带
- 植物黏合剂或泡沫胶带标签
- 魔术贴标签
- 木工胶、橡胶胶水、环氧胶水

- 直尺/金属尺
- 钢卷尺和布卷尺
- 开缝器和安全盖
- 扫帚、一次性抹布
- 各式小绷带、抗菌药品
- 包装湿巾
- 包装干洗产品

这份清单内容广泛——价格也可能很贵。如果你在一家公司工作，你的工具也许会被提供，但如果是你自己的工作室，你将需要购买工具。在购买每件商品之前，请一位经验丰富的视觉营销设计师陪你参观一下他或她工作的工具箱。展示陈列的程序各不相同，查看其他人的生存工具包也许有助于你编辑出自己工具包的最基本项目列表。

从"SCAMPER"模型（见第一章）中借用一个字母"M"，抓住每个机会"简化"（minify）工具。例如，选择携带一把可翻转的螺丝刀，当另一把正在使用时，螺丝刀的手柄上会有另一个螺丝刀头。或在可重新密封的袋子或容器中携带三到四条绷带和一小管防腐剂，而不是全尺寸包装。

室内时尚陈列展示设计师的工具箱里，可能不需要拆置金属线或任何其他类型的线。相反，这个人的工具箱可能需要一包与商店天花板网格陈列系统兼容的天花板夹子，或者一个橡皮锤而不是大头锤。它可能还需要加上其他一些不在清单上的项目。在工作几天后，你会确切地知道你的工作需要哪些工具。

还记得清单上的挂锁吗？如果你想维持一套可靠的个人工具，你需要一把锁和一个安全的地方，让你的工具过夜。一些经验丰富的商人甚至在工具箱和手工工具上涂上荧光漆，以便在它们"迷路"或落在身后时被发现。

布置办公室

当你的工作进展到有了属于自己的空间时，需要考虑一下你办公室的布置。你的办公室，一个你在工作中自我表达的空间，最终会反映出你的工作风格，所以你不妨马上去布置它。

■ 基本的办公室设备

了解你的工作习惯。如果你是一个全力以赴的人，有一个相当大的工作台面，你会最开心。如果你是一个文件管理者，在杂乱的环境中工作状态不好，你就需要文件柜、收纳箱和开放式的架子。试着为自己提供一把舒适的椅子和一种能帮助你高效工作的照明。无论大小，定制你的工作空间，以实现功能性和舒适性。

你的办公设备可以分为日常使用的优先工具（如钢笔和马克笔）和偶尔使用的工具（如制造商资源目录和价目表）。你可能会发现手头有少量的这些物品储备并定期补充是很有帮助的。你很快就会发现其他不可或缺的工具，并且随着你的职责变得更加明确，你会列出自己的清单。

首要的办公工具

- 台式或挂式日历
- 名片档案
- 黏性记事本
- 钢笔、铅笔
- 艺术橡皮擦
- 橡胶泥
- 喷雾架
- 卷笔刀
- 尺子
- 钢卷尺和布卷尺

- 订书机和订书钉
- 胶带和分装器
- 回形针
- 图钉
- 公告板
- 剪刀
- 计算器
- 荧光笔和/或黏性标记贴
- 马克笔

■ 基本的桌面参考资料

还有更多必要的和非常有用的首要办公用品，能帮助你保持你的品牌形象更强大。其中比较重要的是可以指导你的书面交流和口头陈述的参考资料。依靠它们，你的技能将随着每个项目的发展而增强。

- **写作参考书**：一本字典、一本押韵字典、一本同义词表，以及斯特伦克（Strunk）和怀特（White）的《风格要素》（*The Elements of Style*）和《芝加哥风格手册》（*Chicago Manual of Style*），为拼写、标点符号和写作风格问题提供权威帮助。电脑的拼写检查功能只会告诉你一个单词拼写是否正确，而不会告诉你该单词是否与你的文案相符，例如以下的词：our 和 hour，或者 you're，your，和 yore。
- **图形参考资料**：潘通色彩标准（涂层和非涂层纸，以供色彩选择和沟通）和国际纸业（International Paper）的《口袋书：平面艺术生产的手册》（*Pocket Pal: The Handy Book of Graphic Arts Production*）。
- **公司参考资料**：标牌和陈列装置的政策和程序手册，以及任何额外的专有的展示指南。
- **专业参考资料**：每一个视觉营销专业人士都

有最喜欢的、翻烂了的和大量使用的参考书作为专家意见的来源。这本书也可以作为一个实用的参考，你可以带到你的工作场所。然后增加卡罗琳·埃克特（Carolyn Eckert）的《你的创意从这里开始，77种拓展思维的方法来释放你的创造力》（*Your Idea Starts Here, 77 Mind-Expanding Ways to Unleash Your Creativity*），它就如一个虚拟的灵感自助餐，并有丰富多彩的图形图像来激发灵感和愉悦。库尔特·汉克斯（Kurt Hanks）和杰伊·帕里（Jay Parry）合著的《唤醒你的创意天赋》（*Wake Up Your Creative Genius*）是一本让人耳目一新的平装书，可以让你焕发活力，为你的创意电池充电。罗杰·冯·奥奇（Roger Von Oech）的《创意重击包》（*Creative Whack Pack*）是一副卡片，可以很容易地存放在你桌上的一个小托盘中。每天选一个，让你的一天充满创意。

管理和组织你的工作

■ 基本的管理和组织系统

你需要一个输入/输出文件夹（筐）专门放置公司内部邮件，你需要另一个输入/输出文件夹（筐）放置外部邮件，对于重要的请求和项目，你需要一个"热点文件夹"。某种形式的规划是最基本的。工作场所节奏太快，如果没有电子和/或纸面管理系统来组织时间和活动，管理人员就无法有效运作。一些人把他们的电脑与手机相连，建立计划系统作为管理所有时间和活动计划的理想方式。你可能会发现打印一份每周/每月日程的纸质文件会很有帮助，当你在一天中从一个会议转到另一个会议时，所有活动都一目了然。在桌面上放一个文件夹来放置"热点"项目也很方便，另外一个文件夹放邮件中收到的材料，直到你有时间归档。

准备一个有优先顺序的每日待办事项列表，在这里你可以检查完成的任务，这是一个激励工具。它也可以用来记录你迄今为止所做的事情，在回顾日程时它会非常有用。一个简单的笔记本或素描本可以作为你参加会议的每日重点日志。书店和文具店通常有各种各样的笔记本，其中有些适合专业人士使用。选择你喜欢的笔记本颜色和纸张重量，并随身携带。仔细地选择你的笔记本，它将成为你个人品牌形象的一部分。你的同事喜欢你重视他们的想法和观点，将其写下来将有助于你作为一个严肃的专业人士树立自己的品牌。

在你的办公室里，你必须在身边的文件柜里保存一些与公司运营相关的资料、一般信息，以及电子邮件和语音邮件等公司通信工具的用户信息。如果你管理员工，则需要为每个员工建立一个文件夹，其中包含有关他们的每周项目、关注点和请求的信息。任何与员工个人有关的信息，例如绩效评估，都必须保存在一个锁定的文件中。

■ 维护你的办公室

任何零售组织的工作都是以很快的速度进行的。进行多任务处理时，没有多重文件管理组织，会导致近乎雪崩的情况。项目

> "您有没有疯狂地整理过，但很快您的家或工作间又变得杂乱无章？如果是这样的话，让我和您分享成功的秘诀。从丢弃东西开始！然后彻底地、完全地、一次性地组织您的空间。如果您采用这种近藤麻理惠（KonMari）整理法，您就再也不会回到杂乱无章的状态了。"
>
> 近藤麻理惠，《怦然心动的人生整理魔法——日本的整理和组织艺术》

许多有创造力的人喜欢把他们的作品散布在自己周围，这样工作更有效率。如果你是他们中的一个，记得在项目完成后把一切都放回原处。有组织的办公室是有组织的个人的标志，这种品质对于处理大量的项目和人员至关重要。简而言之，如果你想要更多的责任，证明你能处理好你已经拥有的东西。

零售现实

文件很容易堆积起来，邮箱溢出，桌面溢满（如果不是完全混乱的话）。办公桌和办公室的外观是你品牌的一部分。每天下班前，把会议文件和供应商样品等归档，这是一个惯例。在日历上把你在办公室的最后一个小时划为"文件归档"事项是一个很好的做法，这样你就可以保证在大多数日子中工作结束后都有私人时间。当你早上走进办公室时，你会真正感受到这种行为的回报。

建立多媒体资源中心

无论你走到哪里，都会有资源和想法出现，你必须准备好捕捉它们，即使不在你上班的时间。如果你只能记得一个本书里提到的想法，那就是：观察（拍照或速写），比较，创新。

捕捉想法

有五个关键物品是你永远不能缺少的，这样你就可以随时准备就绪：

- 用来拍照的智能手机
- 卷尺
- 计算器
- 笔
- 小笔记本

如果你在旅行中看到一个很棒的店面，你会想要一张照片来提醒自己，为什么你会认为它如此有效？如果你发现一个好看的陈列展示装置，你可能想画出它的特征并准确地记录它的尺寸。如果你需要快速计算价格或面积，你不必在脑子里计算。这些都是逛店者进行比较的微妙工具。做一个细心的观察者。

速写草图和照片，以及你所记的东西，将成为在你办公室里建立一个多媒体资源中

心的基础，它将在未来几年支持你的工作（以及你部门的工作）。

收集看法并观察

有时，我们只需要观察他人对我们行业的新鲜或不寻常的看法。视觉营销人员和零售观察家开始书写他们的作品、他们对零售业的看法、他们对消费者问题的看法，或者艺术、科学、时事或经济如何影响他们作为营销从业者的工作。

与其说这是一个写作行业，不如说这是一个做生意的行业，所以书店的书架上刚刚开始摆满了针对我们商业问题的有见地的书籍。然而，以下书籍会是一个很好的起点：

- 帕科·安德希尔的《顾客为什么购买：购物的科学——为互联网、全球消费者等领域更新和修订》（2008年，Why we Buy: The Science of Shopping—Updated and Revised for the Internet, the Global Consumer, and Beyond）、《商场的呼唤：购物地理》（2004年，Call of the Mall: The Geography of Shopping）、《女性想要什么：全球市场对女性的友好》（2010年，What Women want: The Global Market Turns Female Friendly）。
- 罗宾·刘易斯（Robin Lewis）和迈克尔·达特（Michael Dart）的《新零售规则》（The New Rules of Retail），他们解释了"科技和全球化带来的前所未有的消费力正在彻底改变零售业"（2014年）。
- 大卫·凯普龙的《零售（者）进化》[Retail（r）Evolution]"带领读者了解传统上人类大脑对零售环境的反应方式，以及最近的技术创新如何改变一切"（2014年）。
- 如果你在寻找一些离谱的、有趣的、经常

鼓舞人心的东西，你可以试试西蒙·杜南的《橱窗着装设计师的自白》（2001年）。

阅读行业刊物

你可以通过订阅专业视觉营销行业的商业杂志来开始建立视觉营销资源中心。购买塑料或瓦楞杂志文件盒，以存储你的杂志文件。存档两年内有价值的文件，然后不停更新循环。

《设计：零售》，《视觉营销和商店设计》和《商店！零售环境》是与视觉营销工作直接相关的商业杂志。《时尚指南》(*Style Guide*)是一本德国零售业出版物。你可以订阅这些杂志的印刷版或网络版。另外两个极好的资源是www.echochamber.com（每月在线更新）和GDR Creative Intelligencewww.gdruk.com（每周在线更新）网站。

- 《设计：零售》—www.designretailonline.com
- 《视觉营销和商店设计》—www.vmsd.com
- 《商店！零售环境》—www.shopassociation.org
- 《时尚指南》—www.style-guide.biz

下面列出一些在你的职业生涯工作中会用到的其他相关出版物，它们与制造产业趋势、产品发展、零售业务、销售专业领域和特定的商品类别相关。了解影响零售业的因素将是你工作中真正的优势。一旦你知道什么是可用的，你就可以决定哪些出版物将使你在产品知识和其他见解方面获得竞争优势，从而提升你的职业身份和你在公司的地位。

《连锁店时代》（www.chainstoreage.com）杂志在零售决策者中被称为"零售的声音"。为读者提供零售业重要信息的月刊。涉及部门包括零售技术、支付系统、房地产、电子零售和商店规划，包括运营和设施管理。

《商店》（www.stores.org）杂志是世界上最大的零售行业协会——美国国家零售联合会（NRF）的通信和信息组的一部分。总的来说，《商店》杂志报道了零售业高管面临的战略问题，包括零售技术、在线零售、沟通、营销、商品销售，以及其他重要的商店运营业务。

《智慧简报》（www.smartbrief.com）是一个免费的在线通信刊物（新闻邮件），涵盖了与营销和零售相关的几个关键行业。它的编辑从所有媒体中精选最相关和最重要的新闻，对其进行总结，并链接到原始来源。

《女装日报》（www.wwd.com）是一份时装行业的周报。该报涵盖了时尚的所有领域：商业问题、时尚趋势、零售业发展、国际成衣、时装展示和市场概述。《女装日报》是为女性服装、配饰、纤维和纺织品的零售商和制造商编写的。

《鞋类新闻》（www.footwearnews.com）是国际领先的鞋类产业出版物。它是一本每周新闻杂志，关注时尚、零售、制造业和市场的金融部门，关注热门设计师、新闻人物和商业领袖，以及男装、女装和童装、运动鞋等各个方面的时尚趋势。

《家居新闻》（www.hfndigital.com）为家居用品行业提供有关家具、家居用品、纺织品、消费电子产品和电脑等需要了解的新闻。

《领先杂货商》（www.progressivegrocer.com）将自己描述为"90多年来食品零售业的代言人"。它的目标人群是总部高层管理人员和商店层面的关键决策者。读者包括从连锁超市到区域和地方的独立杂货商、超级购物中心、批发商、分销商、制造商和其他供应链贸易伙伴，他们都依赖于《领先杂货商》获得权威、全面、相关、基于研究的编辑内容和需要了解的新闻。

还有许多其他特别的行业杂志和出版物可以充实你的图书馆，这取决于你商店的销售风格和产品重点。向你的主管或商店的趋势部门询问公司市场和趋势信息所依赖的杂志和报纸。你可以要求加入这些出版物的内部发行清单。你还可以订阅面向大众的流行报摊杂志或特别关注的杂志，这些杂志的内容是集中在你的职责范围内的。

▌建立制造商的资料库

建立制造商的产品文件柜，以组织和存储收到的材料。首先，购买各种颜色的清晰文件标签。为每个制造商按照你喜欢的方式分类，并选择不同颜色的标签：

- 红色用于人台模特和人台模特代替品
- 橙色用于展示道具
- 黄色用于陈列展示装置
- 绿色用于标志架、印刷工艺、摄影
- 蓝色用于照明装置
- 紫色用于设计资源

创建带有制造商名称的文件标签。在文件柜中按字母顺序排列。如果制造商制造陈列展示装置，请贴上黄色透明标签。如果他们生产和销售人台模型，请贴一个红色透明标签。如果他们两个都卖，贴上黄色和红色标签。当你的资源文件增长到几个抽屉和橱柜时，你将享受能够快速拉出文件中所有红色选项卡以进行深入人台模特搜索的便利。完成后，它们可以很容易地重新按字母顺序归位。

一些制造商和分销商为他们的客户提供大型活页夹展示册，包括他们所有的产品线。你需要一个书架把它们有序地存放起来，这样当你需要它们时就可以随时取用。

▌建立照片库

在我们的领域有很多专业人士，他们忠实地拍摄了每一个橱窗、记录了每一个重大的展出、登记分类每一个节日动态并记录了每一个重大的推广，作为他们努力付出的证明。他们是我们这个领域一丝不苟的记录员和档案管理员。我们很幸运能拥有他们。他们许多工作的例子出现在这本书中，他们都扩大了我们对视觉营销的看法。

你的档案从哪里来？你的作品集从哪里来？摄影可以记录你的职业成长过程，并提醒你那些曾经尝试过的主题思想、效果很好的陈列技术以及值得记住的道具、人台模特、色彩故事和灯光技巧。你可以成为自己的新闻代理人和历史学家。

在拍摄与你个人有关的东西的同时，你必须记录你在公司的专职工作。记住，作为一名公司员工，你不仅仅是在推销自己。你是团队的一员。将来，作为一名经理，你也将营销你的部门和部门项目。以下是操作方法：

- 为团队完成的每个项目建立一个照片库。不要忽略"之前"和"之后"的价值，以显示改进状况。
- 注明每个项目的日期，包括项目测试地点的说明、成本，以及项目采用和安装地点的商店清单。
- 将未获得初步批准的提案和支持材料归档。第一次提出时不被接受的想法可能会在以后成功地复活。零碎的东西可能会激发出更好的项目。

- 保存项目图片以记录你和你所在部门同事完成的工作。这建立了一个部门的记录——一个图片历史。在某个时候，你可能需要证明你部门的开支是合理的，向公司证明它的有效性，或者记录一系列已完成的工作以获得新的资源。照片在进度回顾中也很有用，你可以向你的主管展示你的成就。

建立材料库

客流繁忙区域的地面覆盖材料的最新趋势是什么？我们在哪里可以买到喷在塑料文字上，但看起来和喷在木头上一样的喷漆？当地有没有一家室内装潢织物店，能与我们在纽约古董店找到的壁纸相配？在视觉营销中，你可能会被问到这些问题。如果你没有材料库，这些问题也需要花费宝贵的时间来回答。如何建立材料库：

- 建立一套透明盒子系统，以保存层压板、塑料、织物、油漆和地毯样品等趋势材料的样品，向规划师和设计师展示最新的产品条目。
- 建立一套透明盒子系统，以记录商店当前使用的材料和来源。为每个样品贴上标签，显示其供应商和型号、材料使用位置以及每个样品的安装日期。这有助于在损坏或过度磨损的情况下重新订购。

建立出差或市场资料库

在零售业从业的好处之一是可以出差，前提是你要对你所访问的城市比较熟悉。如果你为国内或国际零售商工作，出差可能是你基本工作的一部分。

建立一个出差资料库，其中包括你的公司目前在哪些城市开展业务或计划未来在哪里开店的信息，这是职业发展的助推器。公司会派出自信、有能力的人在国外代表他们。事先做些调查，你就可以更好地准备成为那个代表。

如果你担任管理职位，并且你的预算允许，请计划参加视觉行业的所有市场会议以及与你公司零售业务相关的任何其他会议或大会。

除了在德国举办的欧洲商店展，还有几个美国的市场、贸易展览和博览会，提供各种各样的视觉营销产品。一般来说，这些主要市场和展览的参加者是零售和购买点设计专业人士、视觉营销人员、商店设计师、自由设计师和品牌营销人员。

以下想法可以帮助你开始建立一个资源库，它可以帮助你建立参加重大市场展会活动的案例，也可以帮助你从没有工作经验的旅行者成为一个经验丰富的展会活动常客：

- 为你访问或计划访问的每个城市建立一个出差文件。无论何时旅行，都要从当地旅游机构收集信息指南、小册子和地图。
- 联系你想了解更多信息城市的会展局和旅游局，并索取资料和地图。你通常可以找到一个网站，浏览其链接，了解你感兴趣的点，同时查询有关资料。
- *Where* 杂志专门针对游客市场，及时提供当地有关城市为客人提供的最佳购物、餐饮、文化景点和娱乐的信息。在网上，你可以点击 www.wheretraveler.com 记下你最喜欢的餐厅和酒店，并将所有这些添加到你的出差文件中。

- 《Mapeasy 指南地图》（www.mapeasy. com）是非常独特的。它用手绘的方式绘制地图，包括地标的绘制，真正给你一个特别的城市感觉。它用色彩编码酒店、餐厅、零售店和景点。你可以在当地的书店和网上找到这些地图。
- 若要查看具体日期并查找其他可能对你有意义的特定视觉营销专业展会，请访问贸易展新闻网（TSNN）www.tsnn.com。

市场、贸易展览和博览会

最受欢迎的贸易展览和博览会的描述和大致时间如下。

■ 全球商店展

全球商店展（www.globalshop.org）由翡翠博览会（Emerald Expositions）设计部出品，并由 Shop! 协会（www.shopasso-ciation.org）赞助，与国际室内设计协会（IIDA）合作。这个商店展每年在拉斯维加斯的曼德勒湾举行。这是美国最大的年度商店设计和店内营销活动。庞大的展厅分为五个展馆：商店陈列展示、视觉营销展示、商店设计和运营、数码商店和零售市场。

2017 年，全球商店展庆祝它为零售设计行业服务超过 25 年。他们的网站上充满着潜在的与会者信息。点击参加会议的公司，了解在这个市场购物的零售商范围。之所以这样做是因为："作为一名零售专家，你会影响客户体验。无论你的重点是设计、规划还是营销，你的成功都取决于掌握最新的知识并使用正确的工具与不断变化的消费者保持联系。"

在全球商店展，你可以体验最新的创新和产品，了解新兴的零售趋势，并建立业务联系。这真的是一个"通过社交活动、直接讨论和非正式关系网络来扩展商业网络的无与伦比的机会。全球商店展拥有超过12,000 名专业观众，每年都是业界顶级的社交目的地。"

■ 零售设计集合展（Retail Design Collective）

零售设计集合展，由 Shop! 协会（www.shoppassociation.org）出品。它是每年 12月在纽约举办的一项年度活动，为零售商提供了一个机会，让他们看到视觉和设计资源的最高质量聚集，了解陈列展示的深度和创造性。参与展览的展厅聚集了当今视觉和设计资源的众多优秀的提供者，以其富有灵感的设计和时尚感而闻名。

Shop! 网站热情地解释了为什么 Shop! 市场周是与会者的必看活动："这是一个承诺提供兴奋、灵感、教育和人际网络的独一无二的活动。参观世界各地引领潮流的展厅、零售旗舰店和最令人惊叹的假日橱窗！"

PAVE（规划和视觉教育合作伙伴）也在零售设计集合展期间举办筹款晚会。你可以在第十五章阅读更多关于 PAVE 的内容。

还有另外两个年度零售设计会议，非常适合灵感和人脉：《设计：零售》论坛（design: retail's FORUM）和《视觉营销和商店设计》的国际零售设计会议（IRDC）。你将在第十五章中了解有关这些会议的更多信息。

■ 欧洲商店展

欧洲商店展（www.euroshop.de）是世界上最大的国际商店设计、视觉营销和零售设备展。它每三年的3月在德国杜塞尔多夫举办一次，吸引了来自50个国家的2,200多家参展商和100多个国家的100,000名贸易参观者。与会者从中受益，因为他们可以发现世界范围内最好的解决方案和服务。2017年的欧洲商店展上，该网站描述说："网络、移动和实体的融合将保持在即将来临事项的首位，就像可持续性、资源节约和能源效率一样。"但新的流行语即将出现，如电子食品、客户旅程、快闪商店等。

欧洲商店展现在分为七个方面：流行市场营销、世博会和事件活动营销、零售技术、照明、视觉营销、商店装修和设计，以及食品技术和能源管理。这七个方面在网站的总览网站地图上用颜色编码。值得一提的是，这场展览的规模巨大，分布在17个仓库，在展会上你会发现有必要乘坐区间班车到达所有的目的地。不要错过网站上的视频，它会让你真正感受到这个全球市场的兴奋。

■ 计划富有成效的市场之旅

在任何市场旅行的计划都要花费三到五天的时间。任何短一点的计划都是不划算的。如果你不住在举办市场活动或展览会议的城市，准备一份新零售店或改造零售店的名字清单，你可以到那里去参观。这些策略将使你的旅行价值加倍。向你的主管提供你的日程安排。示例计划可以如下所示：

- 星期一：搭早班机前往目的地城市，入住酒店，下午和晚上参观新的或领先的零售店。
- 星期二：继续参观新的或领先的零售店。
- 星期三：参加会议和研讨会的开幕式，参观供应商展位，参加开幕式晚宴。
- 星期四：参加会议研讨会，参观供应商展位和城市展厅。
- 星期五：参加会议和研讨会，参观供应商展位。

在实际展会日期之前计划一次市场之旅，可以确保酒店的可用性和获得最优惠的价格。许多市场和展览制作人为与会者安排了大量的房间，甚至可能已经安排了打折机票，但所有这些都应该尽早进行研究和预订，活动营销会的日程安排会在你的电子邮件中找到！

预订房间

为参加在曼哈顿Shop！市场周展会提前一年预订酒店可能是明智之举！这场展出在假日期间举行。如果你在开始前几周才预订，你可能的选择就只能是每晚600美元以上的房间。你可能会在新泽西或纽约的其他行政区找到住处，但你需要考虑通勤所需的额外时间。曼哈顿在假日期间特别繁忙，有时可能需要长达半小时车流才能移动1千米。学会利用地铁系统获得快速交通。

预定研讨会门票

如果你预先注册，大多数市场展会的注册都是免费的（欧洲商店展除外，欧洲商店展收取1天票、2天票或套票的费用）。你可以在网上注册参加市场展会。市场展会最吸引人的特点之一，是他们的教育和专业发展计划、及时的专题研讨会和特别发言人。由于座位有限，这些活动需要门票。你应该早点预定，因为很多会议在展会时间都卖完了。

社交活动

开幕式晚宴、颁奖典礼和其他招待活

动都是社交活动，提供娱乐、食物和饮料。请提前预订这些重要的票。这类活动通常有费用，但这些钱花得很值当。社交活动为视觉营销人员提供了一个轻松的机会，让他们亲自接触了解制造商和供应商，而不是通过电话交谈。你的职位的一个重要功能，是与可靠的供应商建立友好的工作关系，即使你在工作描述中没有看到。这种能力对你在这个领域的进步至关重要。这时没有买卖的压力，你们都可以享受彼此的陪伴。

制造商的展厅聚会只接待受到邀请的人，但不收费。你可能会被邀请，因为你的公司是制造商的良好客户。你可能会被邀请，因为你的公司已被确定为制造商的潜在客户。去吧。这是另一个结识业内人士的机会。

装着打扮

白天，商务装、工作日休闲装或独特的潮流外观都是适合参加市场展会的服装。记住，你的生意是时尚的，即使你不在服装店工作，你自己的个人身份也反映在你的外表上。好好利用这个机会，让自己成为时尚行业的专业人士。

到了晚上，这就取决于时尚季节和场合本身，潮流造型是不错的选择。你会发现很多逛市场的人都穿旅行基本款，然后可以通过更换配饰来把自己打扮起来。如果你打算参加一个制造商的陈列展厅聚会，应事先询问合适的服装。尽管商务着装总是可以接受的，但许多与会者都会穿着鸡尾酒会服装，特别是在纽约市，在那里，一个晚上可能要参加多种类型的活动。

无论你穿什么，舒适的鞋子都是必不可少的。带上至少三双舒适的（不必是全新的）鞋子，这样你就可以每天换，甚至一天

换两次。对参观陈列室、展厅来说，运动鞋穿起来太随便了，建议穿有支撑的低跟或平底鞋。因为你每天可能要站立10个小时或更长时间，如果你打算在零售店逛一两天，一定要带一双运动鞋或帆布鞋。

携带物品

请务必随身携带以下物品，以使你的旅行和信息收集更轻松、更有成效：

- 名片。第一次旅行至少带50份。如果你刚刚开始建立一个资源中心，你将需要收集大量的信息，对方会要求你的名片作为交换。另一种可能是，一些贸易展会将扫描你的入场徽章以获取你的信息。但名片仍然很重要，因为你可能会在展厅、研讨会或其他社交活动中遇到新合作伙伴。

- 带有宽背带的背包或单肩包。目录册和小册子很重，薄的肩带会让人不舒服。带轮子的购物袋是一个很好的选择，但首先要检查是否允许在展馆使用。制造商会发送小册子或电子邮件信息，但最好是自己收集，这样当你回到办公室时，你可以给同事看到一个完整的展示。

- 迷你订书机。你可以用它将供应商的名片附在他们的宣传册上，这样当你想就某个特定产品与某人联系时，就可以很容易地找到他们。一个小型订书机是一个简单的工具，但它是你在组织材料时至关重要的物品。

展会采购

展览产业研究中心在它的贸易展览和新闻网页（www.tsnn.com）上提供了大量的展会参与者信息和策略。一些贸易展览观众指南包括：

- 将贸易展览视为一个重要的机会，可以直接了解快速发展的行业、新技术、新材料、新的业务方式。

- 让贸易展览成为你商业计划的一部分，而不是你工作的额外福利。你需要人际网络、新鲜的视角，以及你看过产品的亲身体验。在你的办公桌上放一个全年不间断的采购信息清单，并在展会期间亲自进行调查。

- 参展商参加贸易展览是为了销售，你参加贸易展览是为了收集信息和采购商品。在做出购买决定之前，你有责任从各种渠道收集信息。预先计划你的采购日程将有助于确保公司的需求得到满足。

- 计划你的采购策略。请参考你的采购需求信息清单，并确定四到五个必看的参展商展位。准备一份简短的问题清单，向每个人提问。列一张你第二次参观展厅时想参观的展位清单。在展出前、展出中和展出后建立人际网络。当你进入展览大厅时，寻找正准备离开展览的同事。问："我应该确保不错过哪些展览？"回家后，一定要与员工和同事分享你收集到的信息。你和他们交流的兴趣和热情有助于确保你被认为是一个积极进取的人。

- 精神上和身体上都要有所准备。你应该先从必看的公司开始，然后再从其他供应商那里挑选样品和资料。使用你的楼层地图，首先标记你的首要访问点。戴上手表，安排时间。如果一定要看的供应商在你到的时候很忙，好了，先走吧，一会儿再来。不断地问问题，写下回答。根据你在拜访供应商时学到的知识，修改你的问题。继续按你的优先顺序安排参观工作。

- 充分利用贸易展览的额外优势。特别事件活动、促销和奖励可能随时出现。由于贸易展览是新产品的展示，你可能会在那里看到一些新推出的产品。你可能会有机会和那些直接参与新产品或生产线的技术人员和设计师谈谈。

- 展会结束后的跟进。回到办公室，确认你可能达成的任何交易，记录下你的新联系人的姓名和电话号码，整理你收集的信息和样品。信息分为三类：一类用于行动，一类用于将来参考和阅读，一类用于传递给店里的同事。

- 为你的主管准备一份报告。列入她或他的下一次员工会议议程。为你日历上的下一个贸易展开始列一个采购信息清单。

设立视觉营销项目

作为一个"万事通"，意味着你已经建立了良好的组织能力，并且能够在需要时提供准确的文档。随着你事业的发展，你将需要约束自己成为一个受人尊敬的纪录保持者。无论你是在一家大公司工作，还是有自己的视觉营销业务，你都需要一种系统的方法来记录和跟踪与项目、联系人和截止日期相关的信息（图14.1）。

以下是一个有效的项目归档系统：

• 在白色标签上用粗体标记写下项目的名称或标题，并将其放置在可展开的袖珍文件夹的左上角。添加带有项目编号的标签。

• 制订项目计划表，在其标题上列出项目名称、目标、策略、联系人姓名和截止日期等信息。如果项目涉及陈列展览装置开

图 14.1 一个项目归档系统，包括一个带有标签文件夹的可扩展文件和一个项目计划表。图片来源：伊莲·温克尔艺术。

| 项目计划名称 | 速写草图/照片 | 预算/成本 |

项目计划　名称

视觉营销项目计划表　　截止日期

项目

主题

竞争对手

项目主持人
视觉营销
标牌
平面图
商店规划
陈列展览装置
购买
安全事项

会议1# 要点　　　　　　日期

　　　　　　　　　　日期

会议2# 要点

　　　　　　　　　　日期

会议3# 要点

发，要包括安全工程师的联系方式。

- 在下面连续、简短的更新空间，可以记录与项目相关的所有会议内容。随后，如果其他人不得不在会议上代替你，则该员工可以参考文件更新并报告当前项目状态。

- 将项目计划表放在马尼拉文件夹里，置于可扩展文件前面，文件夹标签为"项目计划 名称"。再给两个马尼拉文件夹贴上标签，并将它们命名为"速写草图/照片"和"预算/成本"。将它们放在可展开文件中，以组织项目文书工作。

- 如果许多不同的人需要访问项目文件，可在一个打开的文件中按编号排列，以便容易找到。开发一个多项目主文件，列出当前每个项目、当前状态、截止日期以及你所在区域负责监督每个项目的人员姓名（图14.2）。

建立和管理视觉营销预算

　　在商业环境中，创意必须有强大的财务作后盾。即使是这样，创意项目也必须做到不仅能为自己买单，它们必须创造收入和利润。

▌追踪和汇报系统

　　要想成为一名可靠的业务经理和富有创意的营销人员，你需要培养资源管理技能，

视觉营销项目

#	项目	截止日期	负责人	状态
1	情人节橱窗	1月15日	崔西	正在等待设计批准，10月15日需要
2	自有品牌化妆品活动	11月15日	谢丽尔	道具将于10月30日到达
3	巡游服装亭	11月15日	珍妮	10月15日前写商店说明
4				
5				
6				

图14.2 可每周审查的项目清单，以确保项目负责人的问责制和任务的及时性。图片来源：伊莲·温克尔艺术。

以证明你有能力正确地使用公司的资源，并将由此产生的利润带回组织。为了实现这个目标，你必须能够控制预算：你必须随时知道预算中可用的确切金额。在你购买或雇用任何外部机构或顾问之前，你必须知道有多少资金可以用于支出。

你与公司财务总监办公室或其记账部门的工作关系非常类似于你与个人银行的关系。你相信银行会替你正确处理你的钱。它知道怎么做，也让它做。然而，你也会保留一张支票登记簿，记录你写的支票，每月一次，你把你的支出版本与银行的月度报告（报表）进行比较。如果存在差异，你应与银行合作，解释并纠正（协调）其记录与你的记录之间的差异。至少从记录保存的角度来看，跟踪和管理你部门的财务，实际上和这个没有什么不同。

如果你在一家老牌企业工作，公司财务系统的机制已经通过财务总监办公室或会计部门建立起来了，但是你仍然必须关注你在部门账户上写下的采购订单。在你的个人支票账户中，尽管银行对你的支出（你开的支票）没有控制权，但它可以拒绝支付你超支的款项，或者警告你超出了余额。在商业上，当你超支预算时，你可以信赖从财务总监或你的主管那里得到的消息。理想情况下，两者都不会发生，但这两种情况都取决于你对重要细节的关注。

与任何其他系统一样，有效的预算系统实际上是用来指导工作的系统（图14.3）。这将是一个记录保存系统（就如你的个人支票登记簿），可以准确描述并允许你跟踪：

• 部门财政年度（或特定报告期）开始时可用的总金额。

• 已支出的总金额（已支付的账单）。

• 未付的总金额（已抵押的钱或尚未支付的账单）。

• 预算中仍然可用的总金额。

采购订单的记录

为了跟踪花费，你的部门可能会使用采购订单（PO）系统。大多数公司都有这些系统，希望你使用它们并遵循已建立的采购订单系统的指导原则。其中许多系统只能通过内部计算机网络访问。如果你经营自己的企业，你可以购买一个软件电子表格系统，该系统可以跟踪支出、生成采购订单和写支票。如果你是手工保存公司账簿，可以在办公用品商店购买通用会计账簿和采购订单。

采购订单应具有连续的识别号，以便于有序记录。你需要跟踪每个文档，在许多公司中，你负责给每个表单编号。缺少表格或订单序列中的空白将提醒你可能存在的问题。这可能意味着你花了一些钱，但你没有把它算在你的预算中，或者它可能表明一个安全问题。查看图14.4中的采购订单。

在填写采购订单上的项目描述时，请确保所有信息都是准确的。本文件是你与供应商之间的合法合同。如果你有聘请顾问或创意机构，请清楚地描述他们同意（签约）完成的每项任务。在项目文件中放置一份采购订单副本，以便在收货后或创意项目完成时参考。

视觉营销预算报告

描述	预算金额	支付	未支付	日期 余额
创意代理	$500,000.00	($20,000.00)	($20,000.00)	$460,000.00
摄影	100,000.00	(5,000.00)		95,000.00
原型	100,000.00	(50,000.00)		50,000.00
旅行，竞争采购	50,000.00	(20,000.00)	(5,000.00)	25,000.00
打样	50,000.00	(5,000.00)		45,000.00
特别项目	100,000.00	(80,000.00)		20,000.00
自由职业者	100,000.00	(30,000.00)		70,000.00
总计	$1,000,000.00	$210,000.00	$25,000.00	765,000.00
			余额	$765,000.00

预算工作单/创意代理

购买编号	供应商	描述	发票日期	已付	未付
001	Hovel Group	情人标牌	10/15	($20,000.00)	
002	Chute Gerdeman	个人品牌 购物概念	11/25		($10,000.00)
003	Smart Associates	个人品牌 购物概念	11/25		(10,000.00)
总计				($20,000.00)	($20,000.00)

图 14.3 包括已付和未付发票的预算报告和预算工作表。图片来源：伊莲·温克尔艺术。

					采购订单			采购订单编号	5480

卡罗琳公司

付款人：
卡罗琳公司
布罗德街4590号
加利福尼亚州卡迈克尔市，邮编：95608

供应商：
伯恩斯坦展示公司，
海港公园大道7号
纽约州华盛顿港，邮编：11050

船运至：
22个地点（见附件）

订购日期 010/25/10	船运出发日期 1/25/11	到达日期 2/03/11	第几页/总页 1 of 3
下订单对象 佩吉·伊根		电话号码 （516）555-7311	
起运地离岸价格 10%			
运费补贴		部分允许 无	
术语 此处打印你的说明标准			

装运说明
此处打印你的说明标准

特别说明：
在每个盒子上做标记，以引起每个人（附页上写明的人）的注意。

项目编号	数量	单位	描述	单位价格	总价	运输到
MA-SAM-B-1	220		Samantha 人台模特 尺寸8 手放在臀部，鞋子模压 半透明玻璃纤维 （每个地点10个人台模特，见附件）	$550.00	$121,000+ 税费和运费	

发起人代表 卡罗琳·霍兰德	电话号码 （916）555-1000	批准 运输安全管理局（TSA）	总计

图14.4 采购订单示例。图片来源：伊莲·温克尔艺术。

创建一个给管理层的展示演讲

无论在哪一个公司，视觉营销人员的工作中最具挑战性的一个方面就是向公司内部客户和高层管理人员推销创意。独立承包商也需要向零售客户推销创意。为了获得对你的想法和资源使用的支持，你的演讲技巧是非常重要的。你可能只有一次机会给人留下好印象。

你的想法和计划必须简洁明了地表达出来，它们必须引起人们的兴奋和热情。图形展示会给你的口头表达增加力量，特别是当你把完成的项目以视觉形象化展现出来时，但人们并不总是用视觉思考。演示板——附有样品或实际模型，是很好的推销工具。给观众一些视觉化和可触摸的东西，让他们参与到你的演讲中。你的演示板可以是任何样式的，只要它们是整洁的，并且便于你的观众从他们的位置看到。理想情况下，它们的尺寸应至少为22英寸×28英寸（56厘米×71厘米），甚至是该尺寸的两倍，以便进行更生动、更出色的演示。

你的呈现内容和呈现方式都是你工作品牌形象的表现。你的演讲应该反映出你对高质量项目和高质量演讲的要求标准。最重要的是，你要把注意力集中在你所提出的重要概念上。如果你对同一个听众做了许多演示，你可能会发现改变演示板的风格和布局来创造新的视觉趣味是很有帮助的。例如，标准的纯黑色泡沫芯展示板可以用电脑生成的边框或侧边栏来升级，以获得全新的外观。

每一个演示都应该有一页上面列出项目的目标和策略。你的创意板上应该有效果图或照片。照片放大到 6 英寸 ×8 英寸（15 厘米 ×20 厘米）时看起来最好。专业的演示板上从来不会直接排放照片的。演示板上的每个项目应首先分别安装在边框不小于 1/4 英寸（0.6 厘米）的白纸或卡片上，然后以网格方式排版，以清晰的水平线和垂直线放置在演示板上。一个更简单的解决方案是打印带有白色边框的照片，这样就不需要安装边框了。还有一个更简单的解决方案是在你的电脑上打印更大尺寸的图像。不要将照片和效果图倾斜角度放置，为了获得更专业的外观，请将它们排列成网格模式（图 14.5）。

在展示室的落地画架上展示你的创意

板。如果你有样品或模型，可以把画架放在桌面上，样品放在前面。如果你要做一个有几个展品的大型演讲，准备一个概述要点的简短议程单，并在观众进入房间时将议程单分发给他们。不要在演示板上张贴财务信息。在 8 英寸 ×11 英寸（20 厘米 ×28 厘米）的纸上清楚、简单地陈述财务信息，只有当你的听众对项目感兴趣时，才在你完成演示后分发它。

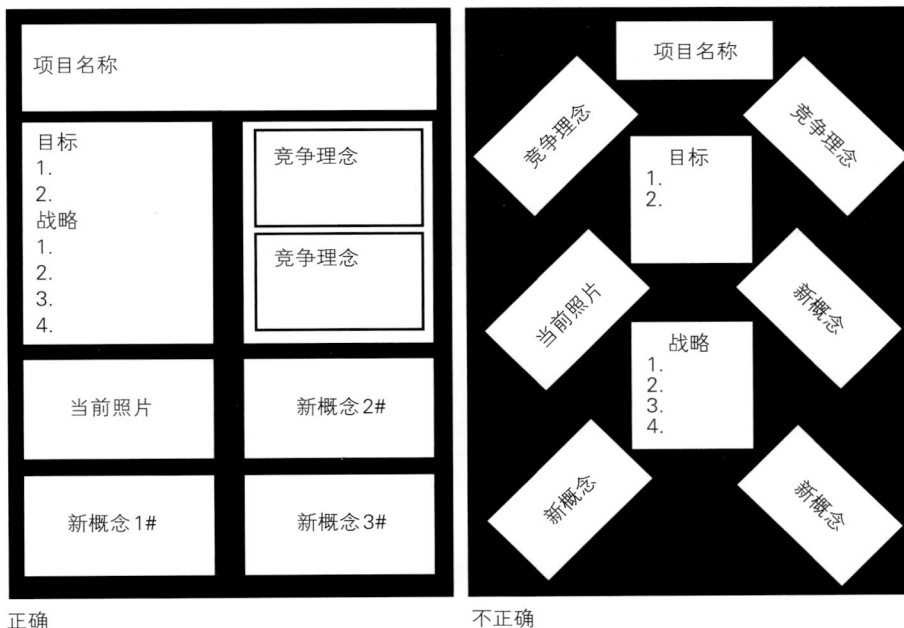

正确

不正确

图 14.5 项目演示板。在正确的示例中，所有照片和信息都以网格方式排列。在不正确的示例中，项目以一定倾斜角度粘贴，导致外观不专业。图片来源：伊莲·温克尔艺术。

设计画廊：优衣库，纽约第五大道

优衣库由日本发音音译而得名，1984年被称为"独一无二的服装仓库"。到1994年，其母公司迅销公司（Fast Retailing）在日本开设了100家分店。这是一家控股公司，旗下有7个主要品牌，包括Helmut Lang和Theory。如今，优衣库在全球16个市场拥有1,500多家分店，从澳大利亚到印度尼西亚再到俄罗斯，在美国有40多家分店。位于纽约市第五大道的旗舰店，店中心升起一座主导的楼梯，是大家必参观的充满活力能量的建筑，成为令人印象深刻的店内设计。

这个品牌的巨大成功是由于在基本款和独特系列之间提供了一个清晰稳定的分类。它的独特系列由高端设计师联名推出，例如吉尔·桑德（Jil Sander）和克里斯托·弗莱迈尔（Christophe Lemaire）等。他们长期以来一直站在创新高科技面料的前沿，比如他们的HEATTECH、AIRism和UV切割（防晒）风格。他们设计的UT（优衣库T恤）系列旨在"通过一系列流行文化图标为你的日常衣橱增添乐趣"。他们在基本产品组合中的创新面料和设计师联名款的成功组合，是该品牌大规模扩张计划的催化剂，以巩固其作为全球品牌的地位。你可以了解更多关于这个品牌的故事，以及他们无论是在当地还是在全球对社区的承诺，通过点击www.uniqlo.com中的"Who we are"可以了解更多。

我们的设计画廊中举例的优衣库橱窗位于纽约第五大道的旗舰店，鼓励假日的购物者"赋予色彩！找到你的节日礼物"。为了表达这一主题，以男人、女人和儿童的色彩缤纷的照片组成的图形背景下，室

内和室外的时装充分展示出了产品种类的广度。六个人台模特排列在前面——请留意：人台模特按低高一低高的顺序排列形成了韵律图形。

各种尺寸的原色气球为这个迷人、令人愉悦的橱窗增添了乐趣和节日气氛。

零售业是展示新思想、新概念和新产品的场所。因此，商店的环境即是当天所提供商品的销售舞台。零售的本质是促使潜在顾客停下来、看一看，并购买东西。每一个零售商面临的问题是：是什么促使顾客在这家商店而不是另一家商店购物？答案是：一个计划周密、协调一致的工作团队，包括营销、销售、门店规划、门店运营，当然还有视觉营销。你在零售业的每一项努力都将是团队的努力。每个团队成员的贡献必须与既定的公司形象和公司目标同步。一个视觉陈列员拿着许多道具从商店后面出来展示一件商品的日子早已一去不复返了。今天，视觉营销人员是整体销售团队中不可或缺的一员。零售公式很简单："买它，秀它，卖它。"我们作为视觉营销员的角色是与团队的所有成员进行沟通，以展示商品的最佳优点。

每个团队成员都有一个明确的角色，为整个团队工作带来具体的贡献和见解。除了明显的创造力之外，成功的视觉营销人员还将拥有并持续展示以下三个特点和/或技能：组织、管理和信誉。视觉营销是一个每天24小时，每周7天的职业。你必须是一块海绵——吸纳所有的刺激，无论是视觉的、文学的、当代的、传统的、流行的还是另类的。阅读任何你能得到的东西，看电影、参观博物馆、听音乐。所有这些收集到的信息都适用于视觉营销艺术。请记住，零售业是社会的一面镜子，而视觉营销是社会生活和文化的反映。掌握信息、灵感和资源的能力至关重要。你必须为这些信息开发自己的归档系统。在建立一个视觉营销部门时，你必须在身体和精神上组织你的工作场所。

当你登上机构组织的阶梯时，你的管理能力将和你的创造力一样经常被召唤。经营视觉营销部门是一项多方面的工作。你将被要求管理多项任务，并在严格的期限要求内完成任务。一个好的管理者知道如何安排责任的优先级。此外，记录需要做什么、已经做了什么和将要做什么是至关重要的。发展你的管理能力将补充你的创造力。

你是一个团队不可或缺的一部分。因此，你有具体的责任。你的队友将依靠你。每个队友的表现和交接对整个团队的成功至关重要。以专业和及时的方式完成分配给你的任务。如果你宣布某项任务将在下个月的第一个星期二之前完成，请确保它能完成。你的团队和上司很快就会知道你是可靠的。你会成为一个积极进取的人。这就是信誉。不要接不住抛来到球！

在你的视觉营销职业生涯中，你将多次前往各种视觉营销现场和商店设计市场。你将经历角色的转变——你将成为客户。什么会让你向这个供应商采购而不是另一个？作为目标客户，你会被大量刺激物和信息淹没。运用你的组织能力，对整个市场进行一次全面的了解，然后再关注某些重点。专注于那些对你来说是重要的、能让你工作更轻松的、能让你公司更成功的事情。做一块海绵，但是要做有选择性的海绵。

凭借专业的组织意识、管理意识和信誉感，你现在处于中心舞台。商店环境在销售机制中是一个关键的媒介。商店本身就是顾客期望的实现。它通过市场营销和广告活动，兑现向客户做出的每一个承诺。视觉营销是"锦上添花"，它是顾客对所投射商品看到的第一次触觉表现。你已经和商家合作过、做其市场推广和商店设计，已经和商店管理人员建立了对接关系。现在是行动的时候了。组织起来，做一个领导者，兑现你的承诺和期望。有了良好的OAC（组织、管理和信誉）意识，现在就可以释放你的创造力了。

第十四章　回顾问题

1. 视觉营销人员如何成为其特定零售商或工作场所的"万事通"人物？
2. 建立办公室的首要工具是什么？你的工具箱包括什么？
3. 你应该为视觉营销资源中心建立什么类型的资料库？
4. 你将如何组织一次富有成效的市场之旅？
5. 写采购订单的步骤是什么？
6. 你从哪里开始编写视觉营销预算？
7. 你如何建立一个向上级展示的演示板？

挑战——跳出条条框框

创建一个资源中心
观察

拍一张你现在的办公空间的照片（在家里或在工作中），描述一下它是如何作为一个资源中心为你服务的。你需要一张照片来捕捉细节（杂乱）的部分，你可以用绘制草图来编辑。

1. 你的工作区是否满足你当前的所有需求？描述一下你在这个空间里实际上在做什么。
2. 它的优点是什么？什么对你有效？
3. 它更具挑战性的方面是什么？

对比

参观一家销售和展示办公管理用品、办公桌和存物系统的商店。在网上也可以找到更多资料来源。

1. 选择一个系统，该系统应结合你当前办公室设置中已有的强大的积极功能，以及你在上面问题3中找出的一些挑战的解决方案。
2. 创建一个比较系统的图片，并提出和标记需改进的地方。

创新

1. 根据你对当前现实和改进定制后的理想设计的比较，为自己设计一个改进后的工作区或资源中心。
2. 展示你当前工作区的图片，并将其与新设计进行比较。在小组讨论中与同学分享你的发现和结果。

批判性思维

创建你的品牌和商业实践
讨论问题

1. 如果你不得不在面试中向别人描述你工作中的"品牌形象"，你会怎么评价自己？在课堂上与同学配对，一起做这个练习。
2. 工作品牌形象与你的个人品牌形象有什么不同吗？注：人们认为这两者不同并不罕见。
3. 请描述一下你对本章前言的看法——即做一个"万事通"人物有利于职业发展。你有同感吗？是否同意？请解释。
4. 描述你目前的时间管理系统。用一个例子来说明它目前如何有效或无效，以保持你的生活顺利运行。
5. 假设你和你的一些同学要参加一个时间管理研讨会。作为一个小组，列出你将在研讨会上提出的十个有用的想法。为每个想法提供一个真实的例子，在课堂上展示。
6. 假设你计划第一次去全球商店展。访问网站www.globalshop.org并做以下几点：

- 列出你想参观的参展制造商。
- 找到一个合理的方式证明你参加全球商店展的原因。
- 准备一份演示文稿，交给一组高管，他们是管理你首次前往全球商店展的资金的人，让他们认可你的旅程。给他们看你的计划。

案例研究

建立专业工具箱
背景

你在一家大型百货公司当了近五年的视觉营销员，你觉得自己已经准备好作为一名独立的项目承包人出击了。你所居住的城市有一条河流过，附近有一个被激活振兴的旧仓库区，许多有趣的商店、画廊和餐馆在那里开业，你想成为这个令人兴奋的区域中的一员。你的名片和宣传册已经摆在打印机前，你的待办事项清单上唯一剩下的，就是为自己配备一个专业的工具箱。你知道，离开你现在的位置意味着离开目前为止那里可以为你提供的工具。

你的挑战

选项1：使用本章中的工具列表并找出这些项目对应的价格，以找到实用工具和配件的最低组合，让你能够独立开始工作。

选项2：邀请有经验的视觉营销人员将其工具箱带到教室。

1. 让你的客人把工具箱里的物品和你的清单上的物品进行比较，并对客人认为不可或缺的工具进行讨论。
2. 准备一份你可能会问的问题清单，这些问题与你的客人作为该领域专业人士的培训和经验有关。可能的主题有：

- 日常工作中的创意过程
- 职业生涯中最受欢迎或最不受欢迎的展示项目
- 灵感和新鲜想法的来源
- 竞争在公司视觉战略中的作用
- 所需（或有用）的技术技能或背景（艺术、制图、舞台灯光、舞台木工、电工等）
- 产品和技术信息的来源
- 在职培训、辅导、成长潜力和在职提升
- 团队合作在部门中的作用
- 部门在企业文化中的地位
- 部门政治和企业文化
- 社交机会、就业机会

商品陈列展示的工具与技巧

这个项目的这部分重点放在展示橱窗（第十二章）、人台模特和人台模特代替品上（第十三章）。如果你选择与时装店打交道，这些都是得分制胜的章节。如果你选择销售杂货或食品服务，你可能会面临一些独特的挑战。不管怎样，这里有适合每个人的东西。确实是这样的。

这个创意项目的最后结果，在于向决策者（可能是你的导师）或创意团队（可能是你的一群同学）展示你的想法。

如果你有充分的准备，亲自陈述一个与自己密切联系的想法，可以成为一个非常强大的销售策略。正如本书第十四章所说，"你所呈现的内容和你呈现的方式，都是你工作品牌形象的表现。你的演示文稿应反映你对高质量项目和高质量演示文稿的要求标准。"

第1部分

- 确定你为自己的顶点商店选择的橱窗类型（开放式、封闭式等）。以俯视图进行展示。
- 说明你希望商店橱窗的常规作用（促销、组织机构推广等）。
  - 确定一个主题并写下相关的标牌文案。
  - 指定色彩、道具、人台模特、人台模特代替品、背景的材料（例如，下拉的平面图形），以及要包含的任何其他元素。
  - 绘制展示橱窗概念的前视图。
- 在商店中至少选择一个区域来放置相关的店首陈列展示。在平面图上标出。勾勒出你的店首展示理念的前视图。解释它的用途以及它如何与你计划的橱窗展示相联系。

第2部分

选择一系列符合你商店品牌形象的人台模特（如果合适）或人台模特代替品。从商店的品牌形象来解释你的选择。包含你选择的照片或图纸。

选择一系列人台模特代替品，以替代标准人台模特或与卖场上的人台模特一起使用。举例说明你为什么选择这些替代模特——例如，它们如何更适合你的特别环境。包含照片或图纸。

第3部分

咨询你的指导老师，以确定你的顶点创意项目需要哪种类型的演示文稿。

• 从顶点创意项目的各个部分选择插图或幻灯片，创建演示文稿。

• 创建代表顶点创意项目各个部分内容的一系列演示文稿。

第4部分

• 准备并制作一份建设性的评论表，供听众在你的演讲过程中对你的顶点概念及演讲给出反馈。您认为人们应该如何看待你的专业精神、创造力和对细节的关注？

• 写一份反馈报告交给你的老师。它应该包括你对顶点项目的最积极的以及最具挑战性方面的坦率评论。对于初学者，你可能需要以涉及下内容：

  • 你在视觉营销方面学到了哪些让你感到惊叹的内容？

  • 你在一个学期的课程中，学到了哪些关于管理一个主要项目的内容？

  • 你希望在课程一开始就了解些什么？

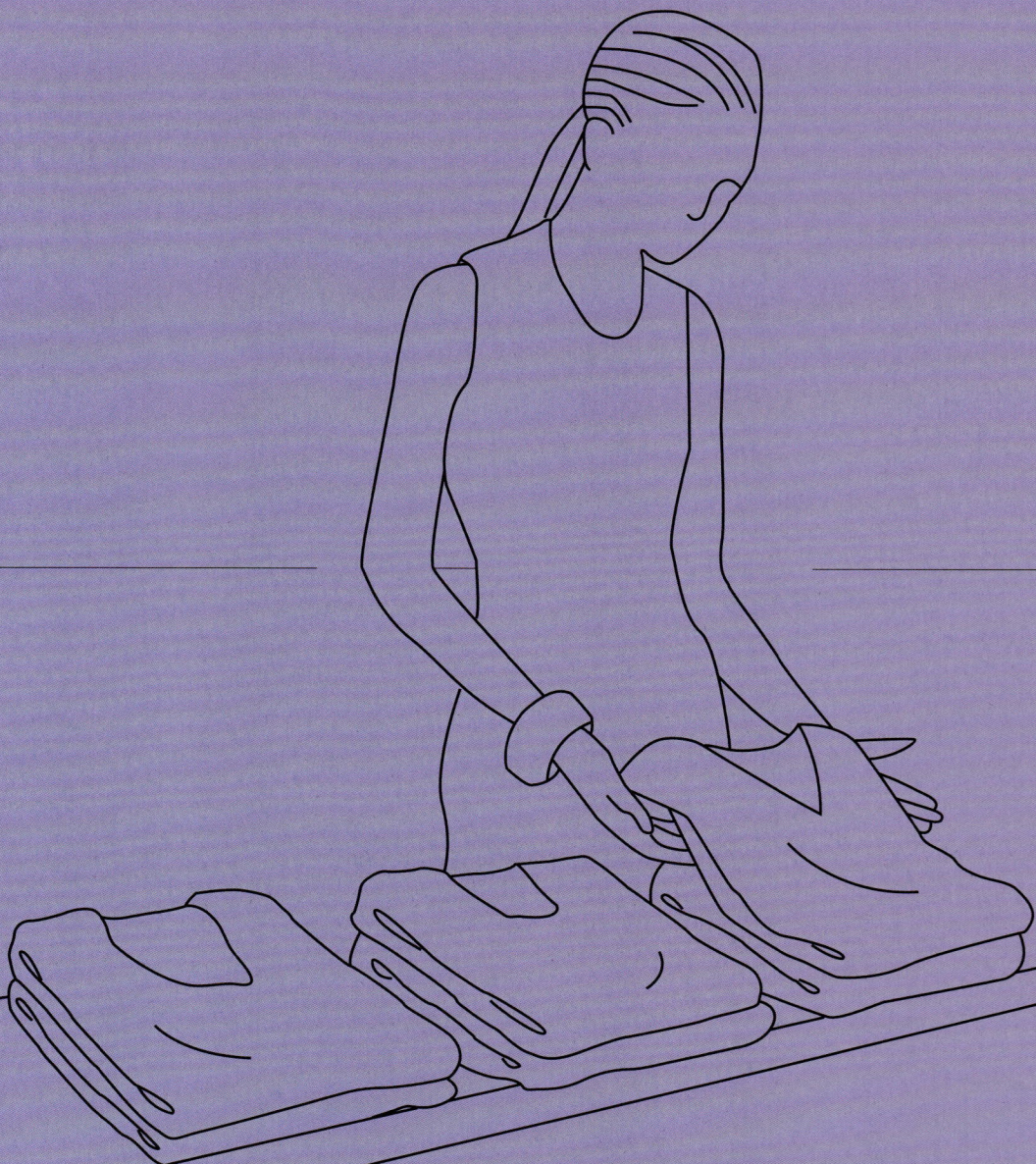

第六部分　职业生涯策略

SHE ALWAYS DID HAVE GOOD T

第十五章　视觉营销生涯

在视觉营销领域开始职业生涯

做你喜欢做的事！当你开始考虑自己的职业生涯时，想想你希望工作能给你带来什么样的心理回报和薪水。如果你打算每周在工作场所待上四十个小时以上，为什么不把它花在一个有趣的事业上呢？为什么不去做一些你热爱并喜欢的事情呢？

因为你才刚刚开始，所以可能不知道自己到底想做什么。有时爱好和休闲活动是准确的职业暗示，因为它们代表你喜欢的东西。让我们假设你已经把职业领域缩小到零售业了。如果你喜欢室内和室外运动，你可能想在 Sports Authority 等商店找工作。如果你在家里娱乐的时候最开心，你可能想在 Crater&Barrel、Pottery Barn 或 Williams–Sonoma 等商店寻找机会。如果你阅读时尚服装杂志并与最新潮流保持一致，那么在你最喜欢的时尚领域或百货公司找一个职位可能是一个不错的开始。

如果你住在大城市，试着将你的第一份全职工作与一家大型零售商建立联系。如果没有立刻可获得的空缺，可以考虑带薪实习或不带薪工作，以向你之后的雇主展示你的技能，增加简历的可信度。在你所居住的社区领域，定下尽可能高的目标。你最早的雇主越出名，你升职的机会就越大。例如，**财富500强企业**经常雇用其行业的领导企业的员工，因为他们知道新员工在这些企业的工作经历会让他们受益。另一个好处是，这种地位的公司通常能提供较好的利益和增长机会。在这样一家公司工作会帮助你建立一份更令人印象深刻的简历，让你更有市场。

> "视觉营销有无限的机会。曾经，它主要集中在零售业。时至今日，关键内容是公司如何传达他们的品牌，他们是谁——包括画廊、杂志、汽车展厅、餐厅、建筑公司，等等。这是关于你如何追求和做出选择的。走出去，有所作为！"
>
> 托尼·曼奇尼，全球视觉集团首席执行官

财富 5 0 0 强企业 (Fortune 500 companies) 是美国按收入（销售总额）排名的前 5 0 0 家企业。《财富》杂志每年都会公布这一榜单。

完成本章后，你应该能够
- 认知众多的视觉营销职业选择
- 建立专业的作品集
- 为视觉营销职位做好有效的面试准备
- 讨论促进职业发展的建设性人际策略
- 使用人际网络技能在零售界建立自己的地位

图 15.0　凯特·丝蓓的橱窗一定会给巧克力爱好者带来微笑。纽约麦迪逊大街。版权所有：WindowsWear PRO，http://pro.windowswear.com，contact@windowswear.com1.646.827.2288。

2015 年美国财富 500 强零售商 (http://money.cnn.com) 由以下十个企业领导：

1. 沃尔玛（Walmart）
2. 好市多（Costco）
3. 家得宝（Home Depot）
4. 塔吉特（Target）
5. 洛威（Lowe's）
6. 百思买（Best Buy）
7. 西尔斯控股（Sears Holdings）
8. TJX 公司（TJX Companies）
9. 梅西百货（Macy's）
10. 史泰博（Staples）

无论你从哪里开始你的职业生涯，你尝试的每一条道路都是旅程的一部分，但可能不是你的最终目的地。换言之，没有必要认为你被困在任何一个位置，或者你没有得到最好的开始。如果你发现自己不太适合那个最初让你兴奋的职位，可你仍然取得了进步。找到职业定位的唯一方法就是尝试。回首往事，你会发现没有一次经历是浪费时间的，因为你从每一次经历中学到了一些东西。有经验的人会告诉你：找出你不想做的事情，最终会找到你愿意用激情去做的事情！

有无数的故事，是关于兴趣成长为伟大的成功事业的。这里有我们喜欢的四个故事。

零售现实

从一家全国性的零售商开始，你可以加速职业发展。以后，当你在其他公司竞争职位时，你早期的工作经历可能是你被录用的决定性因素。

肯·奥尔布赖特，Seven Continents 公司总裁

高中毕业后，我拿着荣誉文凭和大学奖学金离开了家，完成了一年的大学学业，然后在一个暑假里做了四份兼职。一路上，我发现自己不再适应传统教育了。20 岁时，我拿着赚来的钱，买了一辆摩托车，上路体验生活。

在中美洲、墨西哥、美国和加拿大的文化中待了一年之后，我休息了两个月，进行了更多的自我评估。完成后，我卖掉了摩托车，花了两年多的时间游览了欧洲、北非、中亚、印度、东南亚、日本和夏威夷。现在 24 岁了，是时候了——我评估了一下我的全球兴趣，为我的生活选择了一个经济课程，享受乐趣、保持激情。

我的事业始于旅行中发现的一把太阳伞。在泰国北部，我注意到当地家庭手工业是用彩绘图案的手工纸制作装饰太阳伞。我买了一些，它们在家居室内的零售市场卖得很好，但很快它们就被转移用到了家具商店的橱窗里。太阳伞被视觉行业的人偶然发现了，我的视觉变成现实了！

Seven Continents 是以我在自我发现之旅中曾去过的地方来命名的。它最初是一家零售公司，销售来自泰国、印度尼西亚和日本的古董纺织品和手工艺品。我们的重点是利用这些地区的本土材料和技术创造可工业化生产的产品。

我们刚打入加拿大市场，美国就向我们招手了。我们的产品在布鲁明代尔被采购了，第五大道的赛克斯也紧随其

后。我们进入了这个行业的生意中。我们成功了！我们发现了全国展示工业协会（NADI），并预订了最后一个可用的展位空间……

快进20年：我们在多伦多有250名员工，150,000平方英尺（14,000平方米），销售额3,500万美元。我的冒险变成了我的回报，也许会成为我的资产——1,000万美元。我把公司卖掉了，但它仍在运营。我们是变色龙。我们将继续发明新的专利产品，每年两次，回报不断。从种子到现实，这感觉太好了！他们叫我肯先生。

克里斯汀·贝里奇，索尼视觉营销前副总裁

在肯特州立大学（Kent State University）学习艺术时，纽约的索尼视觉营销前副总裁克里斯汀·贝里奇在当地一家百货公司找到了一份兼职工作，这家公司是五月公司（May Company）（今天的考夫曼）的分公司。她说："这份工作的唯一明显要求是'一个外表时髦的艺术生'。在20世纪70年代的美国中西部，我一定是因我那复古风格的衣着而出类拔萃。"

在工作中，克里斯汀学会了一些基础知识——装订垫子、为模特穿衣和使用道具。"有些是我自己学的（在我的小分店里学的），有些是从'流动员工'那里学的，他们每个月都会来找我，给我提供无尽的毛毡和成堆的干树叶。当我学得足够多的时候，我加入了那个巡游的队伍。"最终她搬到了得克萨斯州，加入了休斯敦的内曼·马库斯百货商店。

我在那里待了几年，然后继续在纽约韦斯特切斯特的内曼·马库斯百货商店工作。我学到了很多关于"优秀的展示"的知识，如何让商品脱颖而出，不需要杂乱无章的道具。陈列展示有一个"老内曼"的方式，每个人都为曾经是它的一部分而无比自豪。这就像一个秘密俱乐部。我在内曼中学到的准则，今天依然留在我身上。它们是我试图教给其他人的东西。

至今，贝里奇依然强烈秉承团队合作的主调：

我来到索尼时，索尼刚刚进入零售业务，是创建和营销零售品牌索尼风格（Sony Style）的团队的一员。我在索尼有很多令人兴奋的工作机会，远远超出了视觉营销员的传统角色。我是为旧金山的索尼娱乐中心创建几个地铁零售场所的团队的一员，这是一个巨大而富有挑战性的项目。我们还改造了"索尼风格"商店，并将其与电子商务和《索尼风格》杂志建立联系。

托尼·曼奇尼，全球视觉集团首席执行官

我的职业生涯是从小安德森公司（Anderson Little Company）的进货员开始的。有一次我在这家商店买复活节的套装，有人问我是否想在这里工作。几年前，我完全不知道自己真的会在那里工作。进货后，我开始参与销售，突然有机会在店里陈列展示产品。我喜欢它！这让我从一个区域商品职员，到助理总监，再到部门总监。小

安德森公司曾经属于沃尔沃思公司下属的里奇曼兄弟公司（Richman Brothers Company）。我被提升为公司总监，负责里奇曼兄弟公司的视觉营销和商店设计。17年后，我转到纽约赫尔曼体育世界（Herman's World of Sports）担任总监，在6个月内成为视觉营销和商店设计副总裁。然后，我职业生涯中最激动人心的一次电话来自迪士尼公司。在担任董事一年半后，我被提升到一个高级职位，负责商店设计规划、商品展示、零售项目服务、特别活动展示、陈列装置制造和雕塑生产部门。

一路上，我遇到了这个行业里最不可思议的人，建立了朋友和私人关系。我参与了四个董事会。不过，还有很多事情要做！你绝对可以在这个行业拥有非凡的职业生涯。它需要创造力、商业头脑、勇气和最重要的——激情！

■ 雷查德·斯托尔斯，全球视觉集团主席

实际上，视觉营销是我的第二职业。当时我35岁，经营着一家女鞋连锁店，非常非常无聊。我们有一个展示部（那时候叫展示部），我开始参加全国展示工业协会的展览。我喜欢这个行业的兴奋、创造力和激情，并开始与一些专业人见面。我觉得我想成为这个行业的一员。我们采购的一家供应商叫Trimco公司。1979年1月3日，我加入Trimco担任总经理。三年后，我和巴迪·斯坦（Buddy Stein）收购了Trimco，其余的都是历史了。我们建立了我们的公司，今天称为全球视觉集团，成为美国最大

的视觉公司。20多年过去了，我仍然喜欢来上班，我从来没有厌倦过。

21个视觉营销职位

在视觉营销领域开始职业生涯，从来没有什么所谓的最佳时机。视觉营销员的角色曾一度局限于服装店的"装饰"橱窗和店内陈列，如今在职位级别、职位范围和盈利能力方面都有了显著的扩展。

今天，一个从陈列展示专家起步的人，可能会成为几乎所有与零售相关环境——一家杂货连锁店、一个集团的汽车展厅、一个电视购物频道或者一个网站——的视觉营销副总裁。

潮流趋势表明，今天的消费者欣赏并期望进入他们的生活和家庭的产品，都是好的设计，无论他们的收入或消费能力如何。当你考虑到消费者可以在网上和屏幕上获取无数生活方式信息来源时，这点不应该使你感到惊讶。因此，拥有"良好设计感"的人，其就业潜力成倍增加。

随着设计相关职位和职责的发展，它们的确切头衔和类型因与零售相关的不同公司而异。看看下面21个职位的头衔和职位描述——再加上对担任其中一些职位的人的访谈——你就会知道现在有哪些职位出现。

■ 1. 视觉营销员/视觉陈列展示专员

该职位主要负责陈列展示的实际施工和陈列展示装置上的产品布置。在许多情况下，这包括维护整个展示，包括启动和一开始的陈列展示。百货公司通常雇用两名或两名以上的视觉营销员负责部门工作，即男装

或青少年时装。根据销售量和规模，专卖店可能每个店有一个视觉营销员的位置，或一个视觉营销员可能定期每周或每两周巡察其负责的商店。这是一个很好的入门级职位。

2. 合作视觉设计师

视觉设计师创造新的展示技术，为产品展示开发陈列装置，也可以做平面设计。设计师与制造商和印刷商合作，制造出用于公司商店的陈列原型，负责在它们被全公司采用之前进行测试。视觉设计师向管理层展示测试结果，以便于企业决策。当展示陈列装置或推出技术时，设计师与视觉设计专员合作，为陈列展示装置的安装和使用编写简单的说明。该职位需要一名经验丰富的视觉专业人士，通常有五年或五年以上的工作经验，包括有对国内市场的参与经历。

3. 展示专员/相关领域专员

这些专员与商店买手密切合作，制定平面图和地面布局，显示产品和陈列装置的位置。这个职位需要具有优秀的书面沟通能力和电脑设计技能。仅在一些零售机构，仅在一个商店里设置墙面陈列系统，然后拍照。随附的一系列说明（确定特定产品和建议的位置）将照片发送给其他商店，确保整个连锁店的统一实施。其他商店也在纸上做平面示意图并列出要放置的产品。这在很大程度上是一个（公司）内部办公室的职位，但重要的是，专员必须有在商店环境中展示墙面陈列系统和地面陈列装置的实践经验。

4. 视觉培训专员

视觉培训专员负责培训多单元连锁店的销售人员，以协调和展示具有品牌标识和视觉形象的商品。他们使用视频、视觉营销指南和视觉传播专员提供的最新公告。培训专员可以从一家商店到另一家商店进行培训，或者使用视频会议和公司电视广播一起培训。该职位要求性格开朗、具有良好的人际沟通能力，因为大部分工作都是激励销售人员遵守公司标准，进行有效的展示。教学或培训背景是可取的，但不是必要的。对公司的愿景、使命、目标和战略有一个清晰的认识是至关重要的。

访谈

詹妮·菲利普丝（Jenny Phillips）是明尼苏达州明尼阿波利斯塔吉特公司的前高级培训团队专家。在塔吉特公司工作四年后，她被提升到这个高级职位。她凭市场营销学士学位来到这家公司，并在从事其他工作的同时选修了时装营销拓展课程。她把对时尚有着强烈关注的实习岗位视为毕业后就业的引导索。"我曾实习过时装秀造型师、摄影造型师，并在 Dayton 公司的特别活动办公室从事短期项目。基于我在那里的工作，我在特别活动部找到了一个全职职位。"

她在塔吉特的职位涉及需要为公司出差，每年总共大约九个星期。她最大的挑战是什么？"不断创新，不断传达对细节关注的重要性。"她最喜欢的职业是什么？"我能发挥创造力的职业。我喜欢时尚，我喜欢东西因为我的陈列而被销售。"她给那些刚开始职业生涯的视觉营销人员的建议是什么？"尽可能多地接触这个行业，尤其是通过实习来获得经验。"

菲利普丝有两位重要的导师，在实习期间指导她早期的工作。他们允许她自由地探索其他的选择，在陌生的领域冒险。"他们总是给予我支持，"詹妮·菲利普丝说，"也许更重要的是，他们提出问题，并且……他们倾听。"

5. 视觉传播专员

该职位为视觉营销指南和视觉营销更新公告撰写文案，并制作视频，合作视觉培训专员将这些资料用作支持培训工作的沟通工具。除了在指导层面上起作用外，这位专员的文案创作必须像广告文案一样具有描述性和想象力，并且必须具有激励性。此外，由于工作需要非常注重细节，个人的组织能力对成功就业至关重要。

6. 视觉艺术监制 / 总监

艺术监制在电脑上绘制平面设计草图或设计排版，雇用摄影师和模特，监督摄影。他们还挑选了用于图形标牌的照片，并将其传递给生产部门。视觉艺术监制还监督任何支持艺术部门工作的技术人员。

7. 视觉营销经理

这个职位管理着一个代表不同岗位的公司创意团队，这些岗位根据公司的组织架构而有所不同。除了很强的组织能力外，还需要有指导和激励创意人员的能力。因为协调其他门店部门之间的互动是该经理角色的关键部分，出色的政治技巧将使该经理的角色更容易发挥。

百货公司通常在每个分店雇用一名视觉营销经理来协调和监管其视觉销售人员的活动。在公司总部环境中，该经理可以监管视觉设计师、视觉营销人员、视觉培训师和沟通专员。

8. 视觉营销总监 / 创意总监

在公司的这个位置上的人，需指导视觉和销售点部门的经理团队。视觉营销总监必须对行业趋势有敏锐的认识，并且必须能够担任副总裁的专家顾问。除了与指导相适应的组织技能外，表达技能和推销想法的能力也是至关重要的。视觉营销总监通常必须在公司会议上向最高级别的高层管理人员陈述他们的想法。

访谈

汤姆·比贝，创意顾问，多年来一直担任纽约市保罗·斯图亚特的创意总监，他开始自己的职业生涯时，以为自己想进入广告行业。相反，他的父亲建议他将展示陈列视为一个正在成长的创意领域。他从金贝尔斯百货商店（Gimbels）开始工作，在那里组装陈列展示装置，从商店的零售端尽可能多地收集产品知识。以这里为起点，他上升到伯格多夫·古德曼商场，然后到内曼·马库斯百货商店，每次都转换到承担更多责任的职位，直到他被任命为内曼的东海岸商店区域陈列展示经理。1986年，比贝在曼哈顿的保罗·斯图亚特商店橱窗部里找到了安定的位置，并在那里待了14年，其中6年是创意总监，创作了超过3332个橱窗。

在仙童公司《每日新闻唱片》（*Daily News Record*）担任创意总监一段时间后，比贝回到零售业担任创意顾问。2010年，比贝先生获得了著名的马科普洛斯奖，这是一项以已故的视觉营销传奇人物安德鲁·马科普洛斯命名的荣誉，每年由DDI（国外著名橱窗设计期刊*display & design ideas*，2014年更名为*design:retail*）授予一位杰出的行业专业人士。

9. 视觉营销副总裁

视觉营销副总裁领导一个视觉总监团队，负责销售点部门，在一些组织中还负责门店规划和广告部门。这一最高管理职位需要优秀的领导能力、政治头脑和谈判技巧，以及强大的沟通和组织能力。视觉营销副总裁需参加各种会议，经常被问及他们的意见，因此，他们必须拥有这项重要的咨询能力，能够客观、清晰、迅速地思考问题。

10. 视觉营销高级副总裁

这个人必须是一个有远见的人物。作为公司阵容中其他副总裁的领导，该高级管理者为短期和长期项目开发概念和战略。在这个层次上，高级副总裁必须具有超凡的能力，能够跳出条条框框思考问题，并激励其他人带领自己的部门走向设计和陈列展示的最高峰。高级副总裁通常出席公司的高层会议，直接向公司首席执行官汇报工作。

11. 独立视觉营销顾问

这个经验丰富的专业人士通常有15~25年的工作经验，经历过视觉营销行业的各种管理水平的职位。视觉营销顾问可能由于其丰富的经验而发展了专业知识，包括视觉陈列装置设计、平面设计、商店设计的概念和培训。大多数视觉营销顾问都是以项目为基础，依据计时工作或按项目金额来签订合同的。

12. 独立视觉项目承包人

视觉项目承包人（以前被称为自由职业者）是相当于视觉营销人中的中层管理人员或高级管理层的职能。他们专门从事陈列展示的实际生产，与独立专卖店或公司零售商合作进行特定项目。根据项目的规模、范围和时间，他们要么与承包店的员工合作，要么雇用自己的视觉营销人员或劳力来完成项目。在这里，管理和营销小型企业的能力至关重要。独立工作需要自我激励和强烈的创业精神。视觉项目承包人与零售商签订的合同通常包括保护项目细节和营销策略的保密协议。

访谈

纽约独立视觉项目承包人史蒂夫·普拉金（Steve Platkin）是一位从事视觉营销工作超过30年的人，他出身于男士橱窗展示。"我是通过在（现在已经解散了的）男装展示行业公会当学徒来学习这门手艺。在男装方面，我一路走到高档服装精品店，然后是女装和配饰。一路上我做了一些摄影造型（的工作），现在我做贸易展览展会。"

当被问及项目承包面临的独特挑战时，普拉金说，在开始担任承包人的角色时，需要考虑处理进度变化和最后一刻的取消。节奏可能很快。"如果你需要足够的独立商店项目来谋生，你每周至少要做三家商店（的项目），几乎没有时间购买东西和为每一家做准备。"承包人承担自己的业务开销：工资、工作室/商店租金、额外的人工成本、差旅、展示材料、保险等。"这些都是不小的开支，而且零售商并不总是能意识到，支付我的费用必须比我的时间价值要多一些。"普拉金认为新人应该了解这些因素，但他很快补充说，这也有好处。

他建议这个领域的新人记住"商品是焦点"，然后再加上自己的口头禅——"形象就是一切"。

■ 13．视觉营销公司总裁

视觉营销公司总裁有时会选择合法合并他们不断发展的业务，以便雇用固定员工作为视觉营销员，充分承担责任，为零售商提供更多服务。任何人都不应在未咨询律师的情况下就合并可用的期权，开展此类业务运营需要审慎，以及责任担保。除非新业务已经具备运营基础，律师可以推荐一些专门从事企业初创事务的公司，在这些领域提供支持。

访谈

特雷西·汤默达尔（Tracy Tommerdahl），是汤默达尔公司的创始人，已经从事自己的视觉营销服务业务 12 年了。作为一名多面手，汤默达尔的公司专门从事公司视觉部门需要做的一切——设计视觉陈列装置、为陈列装置的实施编写安装说明和销售指南、创建平面图、构建展示板、进行摄影造型和测试原型陈列装置。简言之，基于她最喜欢的工作内容——"创造性的过程和无限机会的多样性"，汤默达尔创造了一份利基业务。

这位企业家的履历，可以看到一个因各种机缘而成就机会的典范："我有 2 年的大学学分和 25 年的工作经验。我曾担任 Braun's 和 GiGi 两家中西部专卖店的销售主管和陈列展示协调员，The Limited 公司的销售助理，临时角落（Casual Corner）的区域展示经理和商品经理，以及塔吉特的'日常英雄'展览的视觉项目承包人。"

她最大的挑战一直是"努力领先最新潮流和创意一步"。对于那些希望有朝一日拥有自己的视觉营销公司的学生"应尽可能多地获得实践经验。把你的小我留在门口！"

然后，她说："学习产生创造性的想法，这些想法是为客户的需求定制的，同时又能保持一个实际的应用。"

特雷西最大的客户是明尼阿波利斯的塔吉特总部。在与塔吉特的多个部门建立了多年出色的合作关系后，她接受了创意营销解决方案专家的职位，这是她今天的职位。她的商业管理技能、对视觉设计原理的敏锐理解，以及创新的风格都促成了一个量身定做的职位的发展。

■ 14．独立造型师

一个独立的造型师是一个公司艺术总监的项目承包人。在她或他的指导下，造型师为广告或图片拍摄购买道具，准备家居时尚产品或时尚服装。这包括抛光玻璃、去除标签、协调装饰配饰、熨平皱纹、修补边缝，有时还需要从衣服后用夹子夹紧，以确保每件衣服都符合模特的身材，就像是定制的服装一样。造型师在拍摄过程中会密切关注细节，并根据需要在拍摄间隙重新调整物品位置。对于不用模特的家居产品或时装，造型师实际上会将产品展示在搭建台或展示板上。有视觉营销专家的背景、有处理软硬产品线的经验对该职位至关重要。另一种获得经验的方法是在有经验的造型师的指导下进行实习。

访谈

明尼阿波利斯设计师丽莎·埃维登具备了这份职业需要的所有背景——从培养设计艺术家的大学教育、兼职零售销售工作和实习，到成为全职视觉营销设计师的职业起步。

在大学里，我通过反复尝试和失

败，我了解到自己更像是一个从事三维工作的动手艺术家，而不是一个从事二维艺术的画家。那些有前途的人似乎都在外面做一些事情，所以我就在那里找到了一份可以开始做事的工作。这样，我就开始进入了零售业。

埃维登说，直接从视觉营销转到摄影造型，这是相当少见的，但事实上这正是她得到的第一个职位。

在今天很难开始。百货公司曾经是帮助人们探索其他领域工作的"小学院"。我想说的是，现在你得在成为一名造型师实习生或助手的同时，找到一份能够支付账单的灵活工作。像我这样的职位最好的培训是什么？以助手或实习生的身份出现在片场，睁大眼睛——熨烫、按压、打包和拆包装——这就是开始。努力向上，培养技能，建立你的作品集。研究趋势和外观，因为你永远不希望你的工作看起来过时了。

埃维登这样描述摄影造型师工作和视觉营销师工作的最大区别："比起摄影造型师在诠释艺术总监的视觉，视觉营销师在商店形象创意发挥中有更大的自由。在工作室为艺术总监工作时，我不得不把自己的艺术独立性放在一边。然后，这全都是关乎客户和产品的形象。"

▌ 15. 视觉营销创意师/建筑设计

在商店内部装修完成后，这位视觉营销创意师延展了建筑公司的典型工作范围，利用她或他的专业陈列和展示技巧来提升商店的整体外观。根据公司和职业的不同会有各种各样的头衔——从视觉营销创意师到副总裁。公司通常会在公司内部或外部聘请一些视觉营销专家，根据项目要求召唤他们。

访谈

罗伯·库克（Robb Cook）是Shea公司的前视觉营销和商店设计总监。Shea是一家明尼阿波利斯的建筑公司。库克从西尔斯百货（Sears）的"装饰工"开始他的职业生涯，后来成为杰西潘尼公司的视觉经理，并在布卢明顿的史努比营地（Camp Snoopy）担任公园内的视觉设计师。库克相信，建筑公司将来会雇用更多的视觉营销人员，因为"他们发现这使得他们能够为客户提供额外的服务。"

库克在Shea公司的职位上最喜欢的是什么？"我喜欢这种多样性。从 A 到 Z，从化妆品到高级时装，从购物中心到宠物店，软产品线和硬产品线的工作我都在做。"他建议刚开始职业生涯的视觉营销人员应该"抓住每一个机会来表达你的个人创造力。保留你所有视觉项目的照片库作为你作品集的基础。"

库克感谢那些多年来一直指导他的人。在他职业生涯的早期，在西尔斯百货实习期间，一位导师注意到了他的工作，并为他提供了一个公司办公室特别项目的职位。库克后来在美国购物中心的史努比营地找到了另一位导师。"虽然我没有娱乐背景，但他给我提供了一个视觉营销位置，使我能够使室内主题公园充满活力。"

▌ 16. 生产商的设计师

这个职位是为制造商设计视觉道具、商

店陈列展示装置、标牌和图形。制造商通过目录册、小册子、永久性市场展厅以及贸易展览把产品出售给零售商。有时设计师有工程和制造背景，有时有零售背景，有时有建筑背景，使他或她在接触零售企业时可以形成一个特别的设计连接。

■ 17. 生产商代表

这是一个销售职位，某个人可以代表一个或多个制造商。一个制造商可以雇用一个专业的B2B（企业对企业）销售团队，他们在国内和国际上只代表销售该公司的产品，或者某个人可以作为独立的代表，在同一平台上展示几个商店陈列装置制造商的非竞争产品。在这两种情况下，生产商代表通常负责特定地区，并定期出差与零售商客户会面。他们还可以在地区和国家市场上展示他们的产品线。

访谈

埃德·希林（Ed Shilling）是总部位于纽约市的普奇公司在西海岸地区的销售代表。埃德在亚特兰大的一家男装店乔治·缪斯（George Muse）公司开始了他的职业生涯，当时他是一名"橱窗装饰工"。他从此开始了自己的职业生涯："在那之后，我在亚特兰大的赛克斯担任陈列展示副总监，然后在纽约的August Max担任视觉营销总监。之后，我在底特律的Winkleman担任创意总监，最后在Ivy担任视觉营销和商店规划副总裁。"如果把埃德的工作经历图表化，你会看到一个职业上升阶梯。

埃德还熟悉视觉设计工作，曾担任芝加哥Niedermier的设计副总裁，该国际制造商为零售商、酒店业、财富500强企业、建筑师和设计师定制产品。现在，作为一名全职生产商代表，埃德大约40％的时间都花在了往返于沿海销售区域的道路上。"以前是80％，但由于通讯（技术）的发展，我可以少一点旅行。业务合并数量增加了，意味着不需要拜访那么多客户了。"

他最大的挑战似乎落在他称为"时间框架"的范畴里，他最享受的是"创造力……和人"。埃德建议新进入视觉领域的人："不要害怕进入下一步，不要害怕挑战，不要遵守规则！"

■ 18. 视觉营销专家／市场营销公司

这是一个创意职位，在一家专门从事市场营销的公司中，专门设计和实施广告策略以支持零售工作。这个职位需要知道很多：推动零售经济整体发展的人口和心理因素、全国和本地的零售趋势和大气候，以及客户零售商的竞争对手所做的事情。此外，此人必须全面了解当前的零售实践以及客户零售商的愿景、使命、目标和具体目标。他或她必须能够跳出条条框框思考，并在代理商向客户推销提案和视觉效果时，有效地提出自己的想法。

■ 19. 杂志编辑——视觉产业贸易杂志

一个杂志编辑重点要关注三个方面：杂志内容、读者群和广告，所有这些结合在一起就产生了一个有利可图的产品。编辑必须对文化、社会、经济、政治和行业趋势有广泛的认识，并有能力综合这些趋势，以便向读者提供信息或指导。

访谈

前《视觉营销和商店设计》杂志编辑史

蒂夫·考夫曼讲述了他是如何开始从事视觉营销传播的。"我做了很长一段时间的作家和编辑，当我在《纽约时报》上看到一则招聘广告时，我回应了它，然后成为《展示与设计理念》（Display & Design Ideas）杂志（现在叫《设计：零售》）的编辑。他后来加入了《视觉营销和商店设计》的工作团队，担任编辑。

考夫曼获得了伊利诺伊大学的新闻学学位。在大学里，他曾计划成为一名体育记者，这或许可以解释他给那些刚开始职业生涯的人的建议："不要把生活看作线性的经历。不要以为你从这里开始就能到达那里。人生充满了弯路和转折，甚至是逆转，你不能总是为它们做计划，也不应该试图去做计划。"

虽然考夫曼不是在零售业成长的，但他没过多久就了解并喜欢上了他的目标受众。"（视觉营销）行业充满了肩负使命的创意人才。和他们在一起很有趣。我发现，看到他们如何将自己的创意冲动和能力融入零售业是一件很有趣的事情。"这些人构成了考夫曼最大的职业挑战："给比你更了解这个话题的人写作，这是一个巨大的责任——你想提供一种服务，以某种方式向他们提供帮助。"

20. 视觉营销讲师

视觉营销讲师通常持有教育、市场营销或相关艺术领域的执照和/或学位。在职业技术学校、社区学院、四年制院校以及高中和私立学院开设课程。讲师应具有视觉营销方面的专业经验。事实上，在美国的一些州，执照的发放是基于有特定数量的相关全职工作时间。讲师需要能够教授动手展示技能，了解当前趋势、零售运营实践和营销策略，并了解本地和全球零售环境，以便让学生为进入零售业，特别是视觉营销业就业做好准备。理想情况下，讲师将与当地零售社区建立网络联系，并能够促进实习和学生就业。教师面临的最大挑战通常是在缺乏存储空间、商品、最新设备和陈列装置的环境中进行教学，因此很难在现实环境中应用技能。

21. 网络商店设计师

到目前为止，你已经读到了这样一些人——他们早期从事视觉营销工作，在所积累的经验基础上找到了新的职位。现在你将要读到一些人的故事，他的职业生涯是从其他地方开始的，他作为一名在线网站开发人员进入了视觉营销行业。

网站设计和开发是一个仍在不断发展的职业领域。可以理解的是，没有一个悠久的传统来准确描述这项工作需要什么。直到20世纪末，成熟的电子商务网站还很少，更不用说网上零售商店的社区了。这一领域的先驱一般不是视觉营销的背景，他们中的许多人进入的时候根本没有多少销售或商业经验。取而代之的是，许多人是经过正规培训的计算机专家——正式培养的工程师或自学成才的"黑客"，以及认识到互联网作为创意传播媒介的商业潜力创新者。

零售机构的组织架构

零售企业内部所有职位的组织结构差异很大。在某些情况下，视觉营销是独立的，只执行创造性的、协助的功能。在另外一些组织中，创意职能可能与创意部门计划的展示、销售点和门店规划部门相结合。

图 15.1~图 15.4 中的图表显示了一些典型的组织结构。一个由 100 家专卖店组成的连锁店，可能会有一个由 10 人组成的小团队来进行视觉营销、店内营销和广告宣传，而一个由 500 个部门组成的百货集团可能会有 200 名员工来履行这些职能，此外还可能加上一个由外部承包商和顾问组成的大团队。

图 15.1 视觉营销员工向门店运营和人事部门汇报的组织结构图。图片来源：伊莲·温克尔艺术。

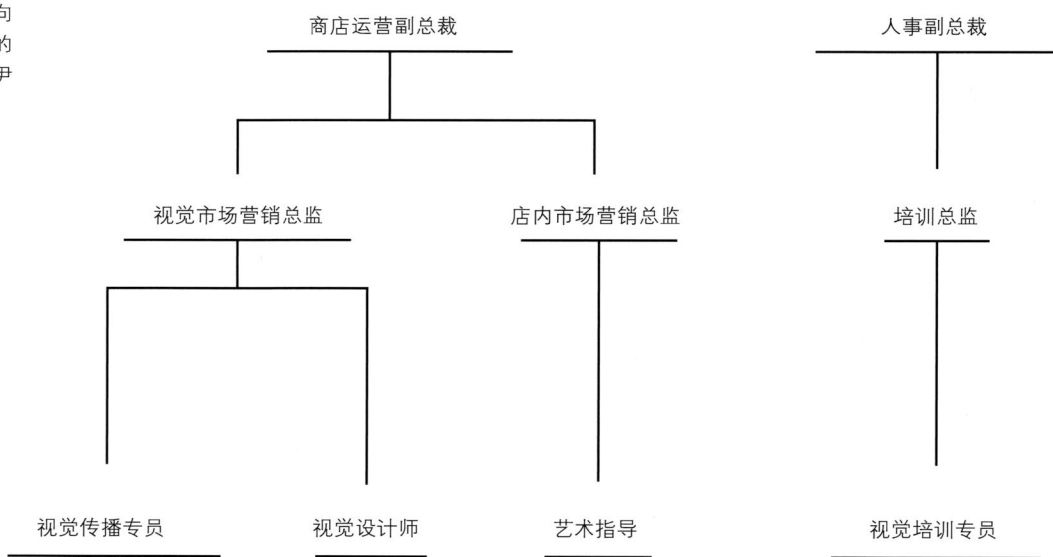

商店运营副总裁
视觉市场营销总监
店内市场营销总监
人事副总裁
培训总监
视觉传播专员
视觉设计师
艺术指导
视觉培训专员

图 15.2 视觉营销员工向广告部门汇报的组织结构图。图片来源：伊莲·温克尔艺术。

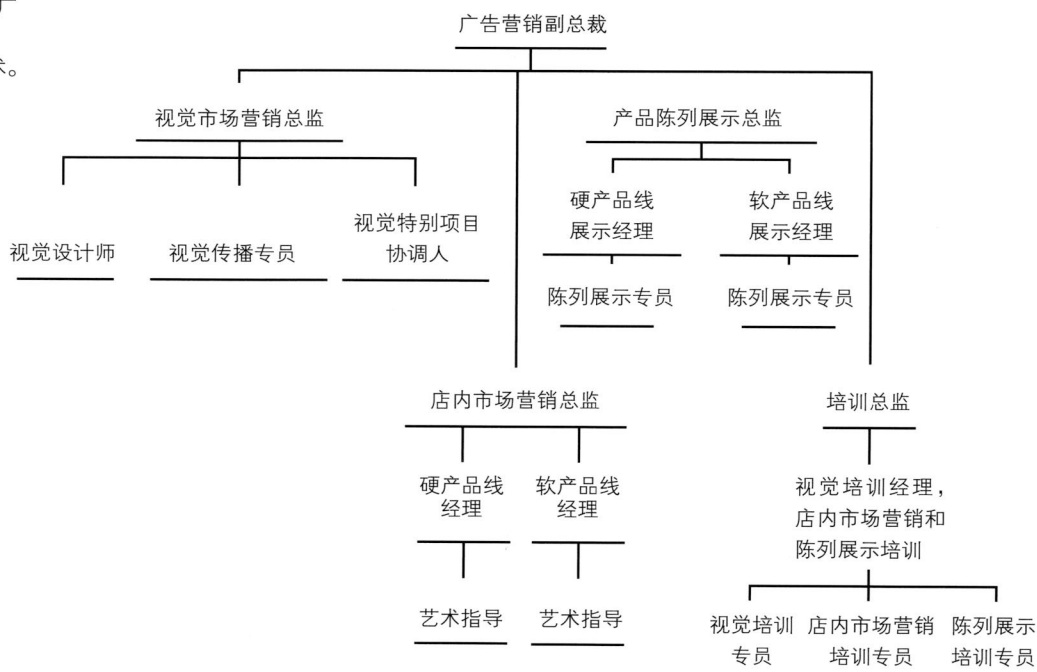

广告营销副总裁
视觉市场营销总监
产品陈列展示总监
视觉设计师
视觉传播专员
视觉特别项目协调人
硬产品线展示经理
软产品线展示经理
陈列展示专员
陈列展示专员
店内市场营销总监
培训总监
硬产品线经理
软产品线经理
视觉培训经理，店内市场营销和陈列展示培训
艺术指导
艺术指导
视觉培训专员
店内市场营销培训专员
陈列展示培训专员

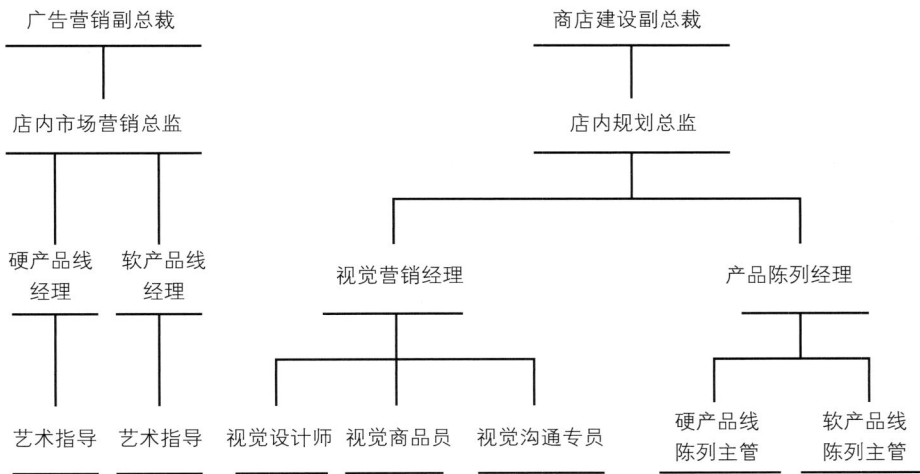

图 15.3 视觉营销员工向门店规划和建设部门汇报的组织结构图。图片来源：伊莲·温克尔艺术。

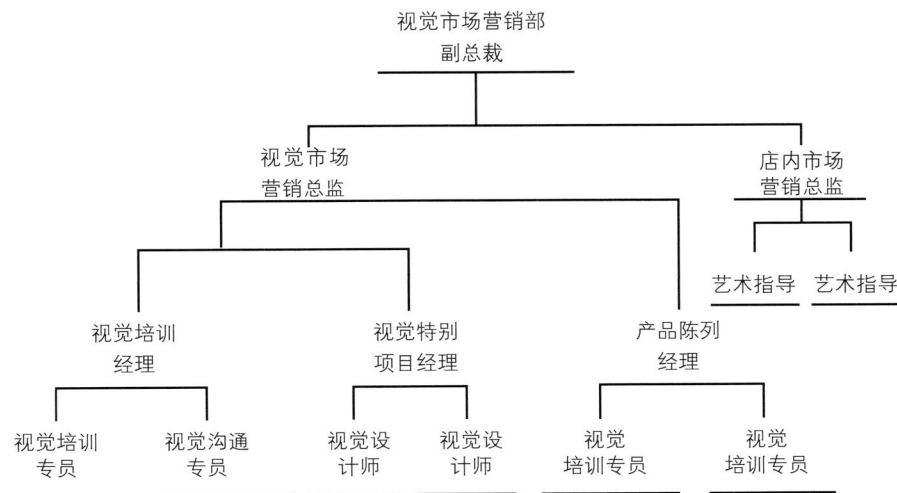

图 15.4 视觉营销员工向视觉市场营销部汇报的组织结构图（在某些组织中，视觉市场营销部是视觉市场部的另一个名称）。图片来源：伊莲·温克尔艺术。

快速浏览图15.1~图15.4中的组织结构图可以发现，所有视觉营销员工可能不是向同一位高级主管汇报的。在第一个示例中，培训是人力资源的一个组成部分，因此负责开发他人技能的视觉培训专员向人事部门汇报，而参与设计陈列展示的视觉团队则向商店运营部门汇报。在第四种情况下，视觉营销可能是一种更为综合的功能，所有视觉团队都向同一个人报告。

无论组织结构如何，无论是一家店还是上千家店，视觉营销人员、陈列展示专员、陈列装置设计师、店内营销和培训部门都必须积极沟通，以创造有利可图的零售业务。每个项目都需要高效的头脑风暴和战略制定会议，这些会议的想法来自许多商业观点。在这里，视觉营销人员可以利用他们的趋势意识和设计技能，鼓励同事突破极限，确保自己组织的领导地位。

视觉营销事业战略

一旦你决定要从事视觉营销，战略思维可以加快你的进步。如果你已经被录用了，有些事情你就可以马上做。否则，你将不得不等到有经验才去做。让我们从你现在可以做的事情开始：

职业小提示1：如果你已经在一家商店工作，但有志于进入视觉营销领域，你处于一个极好的位置，可以让你的抱负为他人所知。然而，当你在到达职业阶梯的下一个阶梯时，你必须继续在现在的阶梯上努力工作。不要让你对未来的雄心壮志转化为今天的平淡表现，因为这是视觉营销主管首先要寻找的对你工作评价的地方。

职业小提示2：销售助理偶尔会被要求在他们的部门进行展示。这是一个很好的发展你视觉表达能力的方法。对产品展示进行试验，跟踪其在销售中的差异并记录结果是一种很好的做法。积极结果是具体可见的，盈利的货品可以显示你明确有效的陈列展示和销售结果之间的联系。在开始之前，确保你得到允许可以进行陈列展示。遵循公司的政策和陈列指南。

职业小提示3：每当你有机会展示你的作品时，为你的专业作品拍摄照片。在取景器中小心地将陈列展示居中，从不同角度和不同距离拍摄几张照片。照片可以放大到6英寸×8英寸（15厘米×20厘米）或8英寸×10英寸（20厘米×25厘米）。任何较小的照片都不合适，因为细节不可见。

职业小提示4：如果可以的话，在一家零售企业工作，这将使你承担各种各样的责任。你可以通过观察其他人的行为，来体验视觉营销员在商店中所扮演的各个方面的角色。在一个只有不到一百家商店的组织中，视觉部门除了橱窗和部门展示之外，还可以履行许多职能：视觉陈列装置设计和展示平面图的开发、装置概念、店内营销和培训。

职业小提示5：寻找获得实习或志愿者的经验，在那里你可以练习视觉营销技巧。在医院或博物馆经营的非盈利性礼品店做义工，可以帮助你尝试商品陈列，建立你的经验基础。善愿（Goodwill）组织、复活节海豹(Easter

Seals）机构和救世军（Salvation Army）组织经营着旧货商店，急需志愿者来做额外的事情，比如布置漂亮的墙面和橱窗展示、店面营销和销售培训。志愿者自愿在当地高中指导美国分布式教育俱乐部（DECA）零售竞争学员，并为他们的比赛做裁判。这些活动在简历上是可信的和有价值的，而且它们从未被那些鼓励员工在社区做志愿者的公司所忽视。它表明你重视他们所重视的东西。

职业小提示6：你应当是一个终身学习者。通过参加研讨会、贸易展、培训班、讨论小组和你感兴趣的课程来培养你的技能。即使这些课外活动与你所从事的行业或目前的工作无关，也会帮助你收集信息、培养人际交往能力、结识新朋友。你永远不知道什么时候，一个就业机会会从你在活动中遇到的人的关系中演变而来。这些专业发展的努力也属于你简历的一部分。

■ 工作中的相处之道

事实上，更多的人因为人际交往能力差而失去工作，而不是因为他们缺乏技能或天赋。在工作中与同事和领导相处不好就等于没有保住一个职位或在事业上没有进步的机会。

仅仅有创造力并不足以保证在视觉营销领域中取得成功。随着零售业的变化，人际交往技能的运用至少占视觉营销职位的一半。曾经独自工作或在非常小的团队中工作的创意人员，现在每天都与公司的总经理、主管和副总裁进行互动，并定期为25~75名门店员工进行视觉培训。

职业精神和政治头脑、生存技能和各级工作需要成功交织在一起。换言之，视觉营销人员如何展示他们自己和他们的想法，现在和他们如何展示产品一样重要。以下是十种行之有效的策略，可以帮助你在工作场所树立更具市场价值的形象：

- **看看镜子里的自己**。你是如何展示自己的？例如，任何一种巧妙的街头服装穿起来都很有趣，但可能无法向组织中的其他人传达正确的信息。请密切关注企业文化中发生的事件，并相应地着装。无论你穿什么，都要打扮得无可挑剔。你可以保持自己独特的外表，但要巧妙地做到这一点。用公司理解和重视的方式来表达你的技能和能力。

- **放眼全局，包括零售业的创意和商业方面**。你代表了你所在部门的愿景，因为它与公司环境中的其他人互动。把其他部门的同事当作你部门的内部客户，给他们提供一流的服务。事实上，他们是你和你的同事提供的许多服务的最终用户。

- **成为这个世界的学生**。多读报纸，了解当下最新的事件。尤其是在商务方面。这不仅有助于在商务午餐时保持对话，当你提供有关趋势、新概念和营销策略的信息时，你将被视为一个知情的人（因此是可信的）。如果你没有订阅报纸或买不起所有的商业报纸和杂志，你可以在休息时上网。优秀的出版物有《纽约时报》《今日美国》《华尔街日报》《女装日报》《福布斯》《商业周刊》和《经济学人》等。赶上全球新闻的最快和最全面的方法是阅读《本周新闻》（*The Week*）。这本周刊是一个主要故事的摘要，以及他们是如何被各种各样的印刷品和网络专栏作家报道的。它还涵盖了艺术和书籍、电视和流媒体中最好的节目。其他功能包括最佳新产品、最佳新应用程序、最佳餐饮、梦想之旅等。

- **学会倾听任何讨论的方方面面。** 即使你带着坚定的信念进入一个局面，也要保持开放的心态，着眼大局，做好谈判的准备。你可能不是天生的谈判者，但你可以学习成为谈判者。谈判是一种强有力的专业工具。

- **三思而后行。** 你不必总是立即做出反应。在你或你的同事致力于重大的想法或项目之前，收集你的想法并给自己时间来思考是否可以接受。如果你有压力，你需要时间来考虑所有的问题，并做一些研究，然后再回答。

- **接受那些能让你和你的同事在组织中被看见的挑战。** 准备好交付，然后超出预期地交付！如果挑战没有给到你，那就自己创造吧。对你有好处的必须对你的部门和整个组织都有好处。如果你想被视为一个潜在的管理者，就要表扬别人的贡献，别人会注意到你有一种加强团队合作的能力。

- **不要过河拆桥。** 如果你因为性格冲突或其他差异而决定离职，那么请带着积极的心态离开。随着这个行业的不断发展，你很有可能会发现你希望与那些已经离开的人重新联系起来。不要批评以前的同事。他们可能与你当前公司的人有联系。

- **与组织内的关键人员建立并保持联系。** 与其在办公桌上吃午饭，不如和另一个部门的同事、销售代表或外部机构的设计师共进午餐。你今天是与之交往的后起之秀，也许明天就会是组织里具有影响力的人。你做梦也想不到的机会，可能通过非正式的谈话得到发展。

- **抓住每一个机会与组织中的关键人物交谈。** 一些最重要的谈话可能发生在电梯间里。如果一个同事问你最近怎么样，你可以提到你对自己正在做的某个项目有多满意。让他们知道你是他们组织的热心成员。记住组织你的对话，说得简洁清晰。

- **了解公司所有高级管理人员的姓名和职位。** 每当适当的机会出现时，请自我介绍。如果你在适当的时候让别人看到你，你就会从人群中脱颖而出，被人记住。

▍在工作中的发展

你刚刚读到的十个小提示，可以在你职业生涯的第一天就付诸实践。你可能还需要一些管理层的策略。对于一个刚刚起步的视觉营销员来说，仅仅经过6个月到1年的培训就开始管理一个部门并不罕见，尤其是在一个规模较小的零售企业，那里的员工数量有限。当你进入职业生涯的下一个自然阶段时，这里有一些更多的策略：

- **如果你在一个管理职位上，雇用那些看起来和你一样也学到十种小提示的人。** 他们正是你的团队需要的那种人。他们能使这个部门（和你）取得巨大成就。

- **你的目标是在公司内部为你的部门建立一个强有力的身份。** 如果你把部门的发展放在优先事项清单的第一位，你的职业生涯就会自动发展。

- **请你的整个团队写一份任务宣言，描述你的部门能为更大的组织提供什么。** 例如，

"我们将创意变为现实"。你的部门是企业文化的一部分，但它也有自己的微观文化。问问自己，你想在什么样的团队文化中工作，什么样的文化能促进你在更大的组织中取得想要的成果。

- **邀请你的整个团队为你的部门制定目标。**例如，"我们的目标是培训公司所有的商店使用最新的展示技巧来增加销售额。"零售目标陈述中应始终包含"增加销售额"或类似的词语。如果没有利润，就没有公司。如果没有公司，就没有工作。如果你的团队明白这点，那么接受它为自己设定的目标就不会有什么困难。

- **向公司其他部门推销你的部门。**考虑为你的部门设计一个标志和标语。在办公室的印刷备忘录和其他工具上使用它们，帮助公司其他部门熟悉你的部门目标。将你的部门视为重要产品，并将其推销给内部客户。

- **一旦启动了知名度活动计划（或任何其他内部计划），请定期回顾它，并增强其对集团的价值。**如果活动因缺乏你的支持而失败，你的团队将质疑你的领导可信度，并对你使用的其他激励技巧表示怀疑。定期访问你所在组织的商店，即使你的大部分工作时间都在公司办公室。此外，偶尔在商店工作。员工会明白你是平易近人的。

- **建立你希望的门店员工行为模范，并建立绩效标准。**举例来说，在某天亲自演示你想让他们以某种方式做的事——如何根据平面图来陈列卖场。然后让他们在另外一个区域再陈列一次。接下来，让他们训练其他人去完成他们刚刚成功完成的任务。"看一个，做一个，教一个"的策略能为管理者完成很多有用的任务：

1. 它能让员工知道你是一个真正的工作伙伴。
2. 它能为绩效设定可以接受的标准。
3. 它能向员工表明他们被要求完成的任务是可以完成的，是值得做好的。
4. 它能帮助员工将一个重要的任务内化（学习）并授权他们拥有它。

和不同思考方式及性格的人合作

每个人被激励的机制都是不一样的。无论是管理一群有创造力的思考者，还是与他们并肩工作，理解这一点都至关重要。安妮莉·鲁弗斯（Anneli Rufus）在她的书《一个人的派对》（*Party of One*）中解释说：

> 我们中的一些人似乎还在场，但实际已经不在那了。这就是我们想去的地方。不仅仅是想要，而是需要，就像金枪鱼需要大海一样。有人对你说，"我们吃午饭吧。"你却紧张地攥紧拳头。其他人所依赖的，认为理所当然的，给予他们力量的接触、交流和分享，却让我们感觉被抽空了。在一起度过了别人称之为快乐的一天之后，我们却感觉就像刚在红十字会献完血一样。

许多公司要求员工展现团队精神。一家美国零售商在欧洲开店时，一些员工被发现躲在洗手间里，以躲开参加营业前的加油仪式。我们并非都对同一种刺激做出相同的反应。如果你管理的是一个由若干人组成的团队，要认识到你可能需要修改活动，以便为你的团队取得最佳效果。

有创造力的人天生就不是团队的追随

者。这就是他们的优势和跳出条条框框思考的能力。理解这一点，给他们以自己的风格、自己的节奏工作的空间和自由，将产生最佳的创造力。如果你是一个有创造力的人，当你看到其他人加入到公司的欢呼声中时，你的胃也会翻腾。理解这点，那么请尊重他们对不同动机的需求。不同的人一起工作，允许彼此以自己的个人风格进行操作，将创造出最惊人的创新。

■ 人际网络

人际网络是人与人之间最重要的联系。不管你知不知道，每次你与他人互动，交流的哪怕只是一点点信息，你都在建立你的人际网络，拓展你的世界。你的生活中已经有了活跃的人际网络：

- 家人、朋友和熟人，加上他们所有的朋友。
- 同事、俱乐部成员、队友、志愿者同伴、教会成员。
- 会计师、律师、医生、牙医。
- 以前的同事、同学、室友。

把你和这些人联系在一起的是一些共同的兴趣、关心、意见或相互的联系。有时可能是一种打声招呼"嗨，你好吗？"的关系，或者是一种持久的浓浓友谊。你认识的每一个人都是你"影响圈"的一部分——可能是一百个人或更多。他们中的每一个人都有一个圈子，所以你可以想象你的人际网络可以达到多远。

人际网络的互动方式，和一天中人与人之间的互动数量一样多。然而，要使人际网络策略在你的职业生涯中发挥作用，你必须时刻牢记自己的目标和具体需求，以防万一。毕竟，你是在管理一份职业，人际网络是一个很好的给予和接受的方式，可以建立你作为一个圈中人的声誉。你的公司有资源，而你就是其中之一。你可以利用别人的资源，你也可以成为他们中的一员。

通过领英（LinkedIn）等社交网络，你可以建立全球人际网络。注意事项：在任何公共场所（包括互联网）发布个人信息都要小心。获取公司名称和邮寄地址，这样你可以在参与更多项目之前查看资源。

你应如何开始建立自己的人际网络呢？你得沟通。首先，你需要仔细观察在大厅里经过你身边的人。如果你说"嗨！你好吗？"然后在走廊里走来走去，而不是等待他们的回答，那么你只是在浪费一个建立人际网络的机会。当然，你不能停下来和每一个路过的人长谈，但当你无意倾听他们的回答时，你可以停止向他们提出空洞的问题。微笑点头，说"嗨！"，把长时间的对话留给人际网络，让它们更有意义。人际网络不是一场人气竞赛。

人际网络是制定一个策略来传递你的个人品牌。你可以从倾听开始。当你倾听的时候，你对说话者就变得很重要了。要有选择性。当你寻找那些需要知道你的存在的那些人，记住你的目标和具体需求。如果你想推广你的部门，建立一群人的网络，他们能帮助你做这件事。如果你想推广自己，建立一个能帮助你做到这一点的网络。如果你想增加自己的资源，就要成为一个专家级的交际者。

■ 建立产业关系网络

有些专业机构会为他们的客户提供服务，充当就业信息中心。WindowsWear

PRO可以帮助学生找到实习和工作。学生可以发布个人资料，WindowsWear PRO积极地将学生与未来的雇主联系起来。大学教授不仅将WindowsWear PRO作为一种流行趋势订阅服务，而且将其视为学生在行业中建立联系的机会。WindowsWear PRO在平台上分享学生自己生成的分析报告，允许学生使用PRO访问想要雇用他们的公司和供应商。

像《视觉营销和商店设计》这样的商业杂志在他们的网站www.vmsd.com上有一个职业栏目，在那里你可以发布你正在寻找的工作类型，也可以找到可用的职位。《视觉营销和商店设计》还举办了一年一度的国际零售设计会议（IRDC），为期三天，你可以在这里与全球零售商会面。会议每年在不同的城市举行，主要通过圆桌讨论和其他促进同行人互动的活动来分享见解、获得想法和建立网络。最近的会议在奥斯汀、迈阿密海滩和蒙特利尔举办。访问www.irdconline.com了解更多信息。

《设计：零售》杂志主办CitySCENE本地的社交活动，将设计社区的同行聚集在一起，进行对话和参加鸡尾酒会。这些活动对实习生、年轻设计师等都是开放的，所需的只是在网站上注册（www.designretailonline.com）。《设计：零售》每年也举办论坛活动。这是业内同类活动中持续时间最长的一个，会上有讨论关于零售设计界感兴趣的、最紧迫问题的演讲者。在他们的分组会议中，人脉非常丰富，参与者一起集思广益，想出新的解决方案，然后向所有与会者展示他们的发现。这个巡游活动在纳帕、波特兰和布鲁克林等多个城市举行，

并允许与会者在学习业界的最领先的思想时，同时参观当地零售店，体验当地最好的餐饮。访问www.designretailforum.com了解更多信息。

Shop!Talk系列提供了有关文化变迁和创新的见解，这些变革和创新一起塑造了零售业。Shop!Talk汇集了来自零售和消费品牌组织以及零售设计公司的零售规划师、视觉营销人员和设计师。你不需要成为Shop!组织的成员，但要交注册费（www.shoppassociation.org）。

■ 迈向目标的第一步

一旦你确定了你想更深入了解的职位，你就可以制定一个战略，与该工作领域的那些人见面，甚至并肩工作。

信息访谈

与行业专业人士见面的一种方式，是尝试建立简短的信息访谈。因为这些人中的大多数都非常忙，所以你可能只能通过别人的人际网络才能进入。例如，如果你认识在这家公司工作的人，那么你向视觉部门的人寻求帮助。鼓励你的学校邀请一位从事视觉行业的专业人士来到课堂上和你们互动。

实习

实习是在公司内部迈出一步，并了解更多信息的绝佳方式。许多大学专业为实习学期提供学分，有些专业只允许他们在休息、实习环节和暑假期间实习。实习往往能带来永久性的职位。认真对待每一个机会，因为它可以启动你的职业生涯。

独立承包项目

许多公司会聘请一个视觉项目承包人来完成一个特定的短期项目。如果承包人的工作需要延长一段时间，则可设立一个永久职位。即使新职位必须为所有申请者提供，经验丰富的承包人也有极好的机会获得永久职位。这通常是进入组织的最简单的方法，尽管这可能意味着要有一段时间作为一个独立的承包人。

■ 整理你的专业简历

如果你正在为视觉行业的职业生涯做准备，那么你将需要准备一份包含你专业工作案例的作品集。在那之前，你只需要一封好的求职信和一份简单但看起来很专业的简历。简单会更好。大多数企业高管表示，他们更喜欢这种风格，而不是每年5月和6月就涌到办公桌上的时尚版本风格。求职有一定的流程，你不需要重新设计流程。

作品集

作品集（portfolio）是一份视觉简历，是一个可携带的本子/盒子，里面装着要展示的照片、绘画、平面设计图、证书、推荐信，以及其他记录个人专业经历的文件。

完全没有**作品集**，会比递交一个差的作品集更可取一些。不要把你的美术作品或你在学校里做过的任何其他项目的照片放在里面，除非这些作品是真正优秀的，并获得了国家级奖项或出现在国家出版物上。你已经做过的零售展示的照片是可以接受的。在任何情况下，当你刚开始的时候，需保持作品集展示的简短精干。编辑你自己的展示文本和编辑你将要做的任何视觉展示一样重要。如果你不确定展示照片的质量或效果，请一位来自零售视觉营销部门的朋友，帮忙分析它作为作品集的优缺点。这就像让别人校对你在简历和求职信中写的东西一样。你需要一个客观的意见。

花钱买一个简单的黑色的作品集本子/盒子，有清晰的页面和拉链附件。把你的简历放在第一页，随后放上你最得意的陈列展示作品和地面或墙面展示装置。如果照片不能完全填满本子，就把它们装在质量良好的卡纸上。将卡纸插入作品集的页面中，使其更加结实。随着你事业的发展，编辑选择你的照片，只选最好的12张。另外，还可放入你获得的任何奖项或证书。

■ 有效地面试

尽可能了解公司的所有情况，通过了解面试中要做什么，以及计划面试中可能会问到问题的答案，你可以为面试做好准备。

面试前策略

完成家庭作业的应聘者会给面试官留下深刻印象。重视面试前的策略。以下是一些对你有用的方法：

- 研究即将应聘的公司的网站。你可以在那里找到公司的历史，通常还有公司的使命宣言、产品清单、地点，以及其他一些你在与面试官交谈时可以用到的信息。打印这些页面并将它们插入你将带去面试的笔记本中。用一块专业的布或皮革覆盖笔记本，而不是通常在大学用的螺旋或三环装订的本子。

- 到你要被面试的商店去看看。这次专门的旅程将帮助你熟悉公司目前的促销活动和策略。带上你的笔记本，记下商店的优点。

在参观商店时，分析一下员工的穿着。从他们身上获取你该穿什么衣服的暗示，但计划在面试中提升一个档次。有句老话说得好："为你想要的工作穿衣服，而不是为你拥有的工作穿衣服"。

- 接下来，拜访公司的竞争对手，这样，如果面试官朝这个方向提问，你就可以与他进行讨论。你越了解这些知识，你的自信心水平就会越高。如果面试中提到这个话题，客观地描述竞争对手，不要用消极的语言。

- 选择适合你工作环境的服装。即使公司在你的面试日恰好碰到一个便装日，也要穿商务装。如有必要，清洁服装，并始终熨烫好。检查你鞋子的鞋跟，鞋跟不应该有磨损。清洁并抛光你的鞋。这就是时尚产业。就像你所理解的那样打扮。照镜子，至少两次。你是今天要被展示的人！

你的面试

以下是成功面试的一些建议：

- 在面试当天，至少提前10分钟到达。关掉手机，把它收起来。在等候室休息几分钟可以帮助你平静下来。

- 坐直。良好的姿势是一个加分项，它可以帮助你散发自信，让更多的空气进入肺部，这将为你的大脑输送更多的氧气，帮助你清晰地思考。

- 进行眼神交流。微笑。让你的面试官伸出手来握手。当你握手回应的时候，你的握法应该是简短的、轻轻的。

- 等待别人给你一个座位。坐好后，不要动面试官桌上的任何东西，也不要自己拿糖果盘。

- 仔细、清楚地回答问题。如果你不知道问题的答案，就明确地说出来。后面有一些典型的面试问题清单。

  - 清晰地说。不用说，面试时你需要"注意你的语言"。良好的语法是必不可少的。比如说话时用"她(her)和我"而不是"她（she）和我"，不会给人留下好印象。避免使用地区俚语和常见的感叹词，如"……比如说……你知道……"记住，这类话语越少越好。

- 让面试官知道你对这份工作感兴趣，并对为公司工作的前景感到兴奋。

- 一旦面试官有机会问你问题，说明你也有机会问一些问题，打开笔记本，查看你所列的问题清单，同时你也可以记笔记了。你不仅是为自己做笔记，面试官也会发现你很认真地面对工作机会。

常识上说，当你参加面试时，你应该打扮得体，但当你知道有多少应聘者嚼着口香糖，穿着起皱的衣服和未擦亮的鞋子时，你会感到很惊讶。面试官只需摇摇头，随后把这些申请书塞回他们的传阅档案中。这是真的：你只有几秒钟的时间来留下好的第一印象。

零售现实

- 面试结束后，再次与面试官握手，感谢他/她给你机会进一步了解公司。
- 第二天发一封感谢信，再次表达你对这个职位和公司的兴趣。可以考虑补充一下面试对你明确了解职位职责和面临挑战有多大的帮助，以及你的经历如何让你为这个工作机会做好了准备。

典型面试问题

你应该准备好回答下面这些典型问题：

- 你为什么对我们公司的职位感兴趣？
- 你的短期职业目标是什么？
- 你的长期目标是什么？你的优势是什么？
- 你的弱点是什么？（中和这句话中的负面因素，用"我最大的成长机会是"这样的话来重新表述）

你希望面试官回答的问题清单可能包括：

- 这个职位最关键的职责是什么？
- 在这个领域工作的人能发展到什么样的职位？

- 公司的扩张计划是什么？
- 公司的理念或使命是什么？
- 你如何描述贵公司的文化？
- 全职员工有哪些福利？（如果这将是你在该领域的第一个职位，请将此问题留到第二次或第三次面试后再回答）

■ 未来的职业目标

视觉营销行业在表彰零售设计领域的领导者方面有着悠久的历史，每年都会有一个非常著名的奖项：马科普洛斯奖。该奖项于1996年由《设计：零售》杂志设立，以纪念已故的安德鲁·马科普洛斯，他是代顿·哈德逊百货公司视觉营销部的高级副总裁。《设计：零售》2016年4月/5月刊中，詹妮·S.雷霍尔茨在纪念该奖项20周年之际写道：

艾美奖、格莱美奖、奥斯卡奖，这些都是各自行业享有盛誉的奖项……在零售设计行业，马科普洛斯奖正在庆祝它的20周年的生日。获奖者由同行提名，并由曾获得该奖的人一起组成的马科普洛斯圈来评选。评奖根据是他们的终身成就和总体职业成就、创新和激励能力、对特定零售商或公司的成功贡献、培养和指导年轻人才的能力，以及他们对零售设计和视觉行业的持续贡献和支持。获奖者在职业和个人层面都是令人钦佩的榜样。

2016年5月，《设计：零售》20周年马科普洛斯奖在纽约举行。所有前获奖者都被邀请参加为第二十届获奖者举行的颁

零售现实

现在你对面试官的风格有了概念，你就可以在写感谢信的时候发挥创意了。如果你的面试官非常专业，你的感谢信应该是一样的。如果面试官很随意，很有创意，那就做出相应的回应。一位平面设计职位的应聘者给面试官发送了一副工作手套图形，上面有一个电脑设计的标签，写着"准备工作"。他的名字、电话号码和"谢谢"也印在了标签上——是的，他得到了这份工作！

奖典礼。这次活动也表彰了40名40岁以下的获奖者，他们是业界的后起之秀。在颁奖典礼之前，马科普洛斯圈参加了与40岁以下群体的圆桌讨论。每一张桌子都设立了一个讨论话题，每25分钟，每个人都移换到一张新桌子上。该活动提供了最佳的交流机会。在每次讨论开始之前，每个人都在桌子上介绍自己的姓名、业务和总部所在地。

马科普洛斯奖的要求之一，是通过参与董事会和委员会、在会议上发言等方式为行业服务。自愿以任何方式提供帮助，是最好的参与方式。以Shop! 为代表的视觉营销和商店设计行业充满机遇，在这里你可以表达你的兴趣，成为像PAVE等组织委员会的志愿者。参见www. shoppassociation.org或者www.paveinfo.org了解更多信息。

以下是马科普洛斯奖的获奖者名单，以及获奖时的职位。

马科普洛斯奖获得者

- 1996年：安德鲁·马科普洛斯，代顿·哈德逊公司视觉营销高级副总裁。

- 1997年：伊格纳兹·戈里舍克，内曼·马库斯视觉规划和展示副总裁。

- 1998年：托尼·曼奇尼，迪士尼幻想工程（Walt Disney Imagineering）和迪士尼乐园及度假村（Walt Disney Parks and Resorts）全球零售店开发副总裁。

- 1999年：朱迪·贝尔，创新（Innovation）集团经理，塔吉特公司，《无声胜有声》的作者。

- 2000年：詹姆斯·曼苏尔，曼苏尔设计公司创始人。

- 2001年：琳达·法戈(Linda Fargo)，伯格多夫·古德曼公司视觉营销副总裁。

- 2002年：查克·卢肯比尔，科尔士（Kohl's）公司视觉营销副总裁。

- 2003年：西蒙·杜南，巴尼斯百货公司创意总监。

- 2004年：克里斯汀·贝里奇，索尼公司执行创意总监。

- 2005年：詹姆斯·达米安（James Damian），百思买体验发展集团高级副总裁。

- 2006年：迈克尔·开普，杰西潘尼公司副总裁兼品牌营销总监。

- 2007年：杰克·赫鲁斯卡(Jack Hruska)，布卢明代尔公司创意服务执行副总裁。

- 2008年：阿尔弗雷多·佩雷德斯（Alfredo Peredes），保罗·拉尔夫·劳伦（Polo Ralph Lauren）公司保罗商店发展和家居系列设计工作室的全球创意服务执行副总裁。

- 2009年：拉尔夫·普奇，普奇国际总裁。

- 2010年：汤姆·比贝，保罗·斯图亚特公司创意顾问。

- 2011年：丹尼斯·格德曼（Dennis Gerdeman），朱特·格德曼公司首席执行官兼首席执行官。

- 2012年：埃里克·费根鲍姆，纽约利姆时装管理学院（LIM College）视觉营销专业主席。

- 2013年：约瑟夫·费茨科（Joseph Feczko），梅西百货整合营销、广播服务和创新战略高级副总裁。

- 2014年：哈里·坎宁安(Harry Cunningham)，赛克斯第五大道商店规划、设计和视觉营销高级副总裁。

- **2015 年：** 肯·斯马特 (Ken Smart)：拉尔夫·普奇国际公司艺术设计总监。
- **2016 年：** 比尔·戈杜弗利特伍德陈列设备（Fleetwood Fixture）公司首席品牌官兼大使，品牌价值建立者。

零售现实

拍摄你的作品。这是记录你曾做过的专业展示，并向未来雇主推销你的设计能力的最好方法。这也表明你有雄心壮志、决心和主动性，所有这些都是求职者应该具备的素质。

零售现实

建立人际网络最有效的方法之一，是加入一个专业团体或服务组织，比如市中心委员会或商场商户协会。你可以成为公司在零售界和创意界的形象大使（离开办公室时不要没有名片）。

零售现实

规划与视觉教育（PAVE）合作组织每年举办一次学生设计比赛，由视觉营销行业的领导评审。获奖者将获得全国市场巡展的机会，并获得正式认可，有机会会见几乎所有美国零售企业的高管。点击 www. paveinfo. org 了解关于比赛的细节。

设计画廊：凯特·丝蓓，纽约麦迪逊大街

凯特·丝蓓的职业生涯第一份工作是在Mademoiselle担任饰品搭配师，这形成了她开始设计手袋的完美背景。她设计出了当今世界上最时尚、最具辨认性的手袋。她的第一家店于1996年在纽约开业，业务发展已超过175家零售店和国际零售店。凯特·丝蓓产品也出现在全球450多家商店中。

网站 www.katespade.com 描述了其巧妙的产品线：

鲜明的色彩、图案印花和俏皮的精致是凯特·丝蓓纽约的标志。从手袋和服装到珠宝、时尚配饰、香水、眼镜、鞋子、泳装、家居装饰、办公桌装饰、文具、桌面用品和礼品，我们对日常生活的热情鼓励个人风格，散发着炽热的魅力。我们称之为丰富多彩的生活。

凯特·丝蓓公司基金会还通过赋予纽约市低收入妇女权力来回馈社区，使她们不仅能找到一份工作，而且能进入一些她们热衷的行业，以支持她们自己和她们的家庭。他们采用三支柱的方法：女性创业、女性科技和女性艺术。通过这些支柱，为她们提供商业支持、法律和财政援助以及许多其他资源。

图中凯特·丝蓓在麦迪逊大街的商店是一个令人愉快的客流止步器，肯定会给巧克力爱好者带来微笑（甚至可能带来一次到附近巧克力店的快速旅行）。穿着巧克力和奶油色服装的人台模特们肩并肩，头上用金箔纸包着巧克力糖果。注意第一个人台模特裙子上的粗线图案是如何重复在第二个人台模特头部糖果上的，并巧妙地从左到右和向上吸引你的目光。

第一个人台模特上的纯色背心和第二个人台模特上的纯色裙子有助于在展示中营造平衡的外观。为了

强调头部糖果的重复，请注意两个人台模特都穿着搭配蝴蝶结的衬衫。重复也可以通过使用两个相同的人台模特来表现，每个模特的手臂下都夹着一个手包。很容易看出这扇橱窗的设计是经过精心策划的，甚至连玻璃上那句话最后也在眨眼："她总是很有品位。"

行业谈   "出版业的视觉营销生涯"，作者：珍妮特·格罗伯，RE:Media 的总编辑

我都不记有什么时候，我没在参与某种出版活动。我的家人仍然对我创办的报纸《格罗伯公报》（Groeber Gazette）嗤之以鼻。创办该报的目的是让我的父母、兄弟姐妹了解我们的活动。我想我是从我爸爸那里得到这个主意的——

几份日报、各种杂志的读者，以及一份工会通讯的编辑。我有一套橡皮图章，他有一台打字机。从小学到大学，我都在编辑报纸、年鉴和杂志。

在大学里，我为学生报做版面设计工作，这有助于支付大学费用。作为一名新闻和传播专业的学生，我的课程包括新闻报道、写作、编辑和法律，我的传播部分包括艺术和戏剧史、大众传媒、舞台艺术、音乐欣赏、文学、公共演讲、心理学、政治、地质、地理和商业。简言之，文科教育。作为一名高年级学生，我在《学生季刊》获得了助理编辑的职位，这坚定了我为一家杂志从事专业工作的愿望。有趣的是，夏季我在当地的一家百货公司工作，同时课外时间也在那里工作。在那里，我接触了视觉营销，以前叫陈列部。而且，虽然我在廉价的地下室工作，一个年轻的兼职大学生和我创建了我们的第一个陈列展示。这是一套完全装饰的服装，从我们卖场的商品中拼凑而成，陈列在一个旧的木制陈列柜的下半部分。我上钩了！我记得我曾参观过商店的阁楼，那里摆满了陈列架、展示器和道具，我在想，"多么美好的世界啊。"

大学毕业后，我在一家教科书出版社工作。我的工作是为高中生和大学生的商业教科书研究照片。在我们的参考资料资源中，有出版物如《商店》（Stores）和《视觉营销和商店设计》。后来，我得知《视觉营销和商店设计》总部设在辛辛那提。最后我遇到了一个在这家公司工作的人，那个人把我介绍给了合适的人。当我被聘为助理编辑后，我的朋友和家人都以为我死了，去了天堂。其实我是在我最喜欢的两种爱好中工作！不到八年，我就被任命为编辑，后来又担任副出版商。

接下来，我在两家室内设计零售商和建筑公司工作。我帮助其中一家获得了新业务，并为另一家处理媒体关系。事实上，我看到了这个过程的另一面，我只是在报道，当然，这对我学的专业知识是一个极好的补充。当我可以的时候（并且也是合适的时候），我接受了其他零售和设计方向的商业杂志的任务。几年前，我重返出版业，与《连锁店时代》杂志的编辑们一起，创办了一个关于设计、规划和视觉营销的新栏目。我再一次在我选择的职业中，运用了我新发现的和长期的经验和技能。

第十五章　回顾问题

1. 确定一个对你有吸引力的视觉营销职业。这个职位需要的主要工作技能是什么？为什么？

2. 成功面试的准备步骤是什么？

3. 你需要哪些关键的人际关系策略来推进你的职业生涯？

4. 你怎样才能在零售业找到新工作？

挑战——跳出条条框框

个人展示

观察

说出两个你在商界敬仰的人。列出你认为他/她令人钦佩的特质。

比较

将他们的特质与你自己的进行比较。

创新

你如何改进你展示自己的方式？你能做什么来推荐自己？

信息访谈

观察

与视觉专业人士进行访谈。评估此人在视觉领域中成功的特质和兴趣。

比较

将此人的特质和兴趣与自己的进行比较。

创新

你如何能提高在视觉领域取得成功而必备的技能？

领导技能

观察

审视你的课堂文化。哪些学生在实现他们的想法方面最成功？谁是班级领导者？

比较

将他们使用的技巧与你目前的领导技能进行比较。

创新

你认为你需要做些什么以进一步发展成为一名领导者？这可能会成为你的行动计划。

批判性思维

部门身份认知构建

你的目标是为自己的视觉营销部门启动一个内部营销计划，作为激励同事的工具，同时提升团队或团队在企业内的知名度（强调你的部门为公司做出贡献的潜力）。通过完成这两个项目，为你的部门创建一个身份认知。

标识建立

1. 设计一个视觉营销部门可用作其营销推广符号的LOGO。

2. 在LOGO旁边写一句话（座右铭）。例如："创造性解决方案，增加销售额。"用25个字或更少的单词写一份部门目标宣言。例如："培训门店团队在产品展示中运用最新技术。"

3. 使用你的LOGO设计一份跨部门备忘录表格。

建立自己的品牌认知

使用以下问题和任务来制定推广自己的策略：

1. 你想在视觉营销职业中从事些什么内容？

   • 列出你的长期职业目标。例如：五年后你想做什么？

   • 列出你的短期职业目标。例如：为了达到上述长期目标，你必须在下一年或更短的时间内完成的事情。

2. 说出你所在地区的两个潜在雇主。

3. 你现在认识的哪些人可以帮助你与这些潜在雇主建立联系？

   • 说出你现在认识的人。

   • 描述你的人际网络计划，以结识更多以某种方式与你确定的雇主有联系的人。

4. 写一段简短的访谈文案，你可以用它给每家公司打电话，安排一次信息访谈。

5. 描述信息访谈前去现场访问的行动计划。在进行信息访谈之前，列出你在每家商店参观时需要寻找的要素。

6. 为了确定哪家公司可能对你的职业发展和就业目标提供更好的机会，你需要知道什么？写下至少五个可能的面谈问题，询问每位潜在雇主。包括关于工作环境、职业道德等方面的问题。

7. 想想你对自己的了解，以及你在视觉营销领域所学到的知识，这些知识应让你非常适合成为这两家公司的员工。把你在这项活动中定位的两位潜在雇主都想象成"购物者"，把你自己想象成一个品牌化的"产品"。写一段简短的文字，解释为什么他们两个都想雇用你。描述你独特的才能、兴趣和技能，这些才能将构成你的个人品牌形象，使你成为一个真正的可增值的人。

案例研究

职业发展下一步
背景

你已经从培训课程中毕业，准备在零售环境中寻找一份入门级别的视觉营销员工作。你意识到你在这个领域还没有太多的经验。尽管如此，你还是决定为以下类型之一的商店工作：

• 一家拥有数百家商店的大型连锁店。在一个地区定居之前，你应先探索一下这几个地方。

• 在你居住的城市里有一家夫妻店。这家公司没有视觉营销人员，但你想创造一个这样的职位。

• 一家零售公司，销售你曾购买过的商品，可以追随你最喜欢的户外运动。它在该地区有许多区域性商店，还有一个非常繁忙的互联网网站，可以与世界各地的专业购买者联系。

• 任何有一排封闭式橱窗的商店。

你需要尽可能多的经验，为几年后在纽约市的某一个职位建立一个作品集。

你的挑战

根据你现在的简历和教育经历，设计一个工作策略，可以为你的下一步职业发展提供所需的经验，然后做以下事情：

1. 修改你现在的简历，强调技能、工作经验、工作习惯，以及你目前拥有的个人成就。

2. 设定长期和短期职业目标。

3. 审视你在工作之外的兴趣和经历。

4. 在着手完成这项任务时，考虑你的个人特点，包括需要利用的优点和需要克服的缺点。

词汇表

A

accent lighting　重点照明

重点照明指设计中用于强调零售环境中某些墙面区域、商品展示或建筑特征的照明效果。

adjacencies　相邻并置

相邻并置是经过深思熟虑的规划布局，将相同的终端使用产品放在彼此相邻的位置。例如，一个合理的相邻关系是鞋子和袜子的并排放置。

analogous scheme　类似色方案

类似色方案由色相环上相邻的两种或两种以上颜色组成。

atmospherics　氛围

氛围是零售商创造的一个词，用来描述吸引我们的五感并有助于烘托商店整体环境的元素（如灯光效果、声音水平、香味等）。

ambient lighting　环境照明

环境照明指一般的、整体的照明。

B

balance　平衡

平衡是视觉分量和相对重要性的相等，它创建了一个统一的展示。

basics　基本款区

在任何一个代表其核心商品的部门里，基本款区都占据了货存的大部分。

bid　投标

投标是对生产陈列装置或提供服务的制造成本的估计，以及这样做的正式报价。一旦投标书及其所有条款被接受，即授予合同。买方和制造商之间的正式协议将成为实际生产、交货计划和付款条件的正式依据。

bins　箱柜

箱柜和立方柜是可以互换的术语，尽管许多零售商将立方柜定义为侧面打开的容器，而将箱柜定义为顶部打开的容器。

branding grouping　品牌分组

按品牌分组是指把来自单个设计师或制造商品牌的商品一起陈列在卖场上的某个区域。

brand image　品牌形象

商店的品牌形象是零售商在顾客心目中的形象。它不仅包括商品品牌和类型，还包括商店环境、声誉和服务。在某些情况下，零售商在自有品牌产品上使用商店名称或其他品牌元素，如 Henri Bendel 在手提包、手提袋、皮带、咖啡杯和狗链上的标志条纹图案。

broken　残缺商品

残缺商品是指商品在降价后缺少尺寸、款式和颜色的产品组合。

C

capacity fixture　容量陈列装置

容量陈列装置可容纳大量商品，通常以多种颜色和各种尺寸显示单一样式。

catwalk　T型舞台/猫步台

T型舞台/猫步台指一条窄长的步行小道。在剧场中，它指舞台照明中架在空中可以让照明"飞"动的轨道区，允许技术人员改变和定位灯光。在时装领域，它是从舞台延伸出来的窄长走道，允许服装秀的观众畅通无阻地看到服装和模特。

color rendition　色彩再现

色彩再现是指在最接近自然光的条件下，灯光照明允许人们观看到色彩的程度。照明行业在列出每盏灯的规格时使用显色指数（CRI）这个术语。

color story　色彩故事

色彩故事是一种以色彩搭配或以色彩为关键要素的产品分组方式，通常使用当季的流行色。

colorways　配色

配色是制造商为其时尚产品线选择的各种颜色或颜色组。比如，制造商的销售代表可能会告诉商店的买手，抛光棉裙子有三种不同的颜色：珠宝色调、粉色调和大地色调。

combination floor layout　组合楼层布局

组合楼层布局是在一个总体规划中，符合零售商具体策略，采用多个销售楼层布局组合的最佳陈列功能。

complementary scheme　互补色方案

互补色方案由色相环上直接相对的两种颜色组成。

contrast　对比

对比指出了物品与物品之间的极端差异。例如，浅色物品与深色物品的对比，或者巨大的物品和微小的物品一起展出。

CRI　显色指数

显色指数是衡量光源真实地显示各种物体颜色的能力。

cross-merchandising　交叉营销

交叉营销是指将商品跨越传统部门或产品线分类，以在单个部门或单个展示中使用组合元素。例如，诗集、浪漫小说、蜡烛、浴盐、毛巾布长袍和超大浴巾可以在一个陈列展示中组合在一起。

cubes　立方柜

立方柜和箱柜是可以互换的术语，尽管许多零售商将立方柜定义为侧面打开的容器，而将箱柜定义为顶部打开的容器。

D

decorative lighting　装饰照明

装饰照明能营造氛围、提升零售品牌形象，还可以影响客户的情绪。

design strategy　设计战略

设计战略是一种行动计划，以实现零售为目标，并创造一个欢迎购物者购买商品和服务的地方。

design thinking　设计思维

设计思维是一种以人为中心的创新方法，它综合了三个因素：灵感、构思和实施。

direction　方向

方向，在零售方面，指的是一种设计元素或工具，它可以引导购物者的视线从一个地方移动到另一个地方。例如，一个指向特定目的地的方向箭头，会将购物者从一个空间引导到另一个空间。

double-complementary scheme　双补色方案

双补色方案由四种颜色组成，即两种颜色加上它们各自的补色。

E

emphasis　强调

强调是将焦点放在一个项目上，在展示中突出它。可以通过对比、灯光、颜色、位置、重复等来实现。

endcaps　端盖

端盖是框型货架顶端有价值的展示和储存空间。它们可以展示在框型货架上所堆放商品的样品，或展示最新上市的商品，或者用于特别商品的推广。它们可以用堆放、钉挂或搁置的方式陈列。

F

face-outs　正面臂

正面臂是正面方向悬挂商品的单臂，这样整个商品的正面就可以被看到。正面臂可以使用直臂或斜臂，斜臂能创造瀑布般跌落的效果。

fashion editorial　时尚店首

时尚店首空间是商店里具有战略性位置的陈列展示空间，它以强烈的时尚宣言形式反映零售商对商品和流行趋势的支持。时尚店首空间总是放在人流密集的区域，如商店入口、部门入口、自动扶梯平台、主过道以及视线上的过道末端。零售商对这些地点使用的其他名称包括集中点、热门区、聚焦点和内橱窗。

faux pas　时尚失误

时尚失误是一个来自法语的短语，意思是"错误的一步"——一种时尚判断的错误或协调技巧的错误。

feature fixtures　特色陈列架

特色陈列架通常只能容纳较小的商品组合，允许呈现两种风格（双臂架）或搭配组合（四臂架）。它们的目的在于突出商品，而不是显示完整类别的商品组合。

flagship store　旗舰店

旗舰店展示了公司品牌形象的最高理想型。从试衣间挂钩到地板地毯的每一个细节都反映了公司的品牌。在开发"旗舰"之后，再建造的连锁商店通常会根据成本效益进行改进。旗舰店的例子包括优衣库和位于曼哈顿第五大道的 Topshop。

flat metal crossbar　扁平金属横杆

扁平金属横杆和圆形衣架杆是基本的陈列装置，悬挂在墙上以展示大量货物。

fluorescent　荧光灯

荧光灯是一种充满汞蒸气的密封玻璃管。其内部表面涂有磷光体粉末的混合物。当电弧穿过灯中的气体时，会产生紫外线能量，被涂层吸收，使粉末变成荧光，发出可见光。

formal balance　正式平衡

正式平衡发生在当两个大小相等或视觉分量相等的物品与一个中心点的距离相等时。也被称为对称。

fortune 500 companies　财富 500 强企业

财富 500 强企业是美国按收入（销售总额）排名的前 500 家企业。《财富》杂志每年都会公布这一榜单。

four way fixture　四臂陈列架

四臂陈列架，也称为顾客架，特点是悬挂搭配系列服装组，或者以少量（24~48 件）服装作为搭配成套装展示的服装单品。

free-flow layout　自由流动布局

自由流动布局中的销售陈列装置以松散的、非正式的、非线性的形式排列，以鼓励顾客浏览。

functional grouping　按商品的功能性分组

按商品的功能性分组是根据其最终用途进行划分的。

G

gondolas　框型货架

框型货架是一种多功能的四向陈列装置，可用于折叠或堆叠产品，偶尔还可设置衣服杆，以展示衣架上的服装。

grid layout　网格布局

网格布局是销售楼层的线性设计，其中陈列装置的安排形成整个商店的垂直和水平过道。

gridwall　网格墙面

网格墙面是一种金属线墙面系统，用于接受带有特殊网格墙面配件的支架和展示配件。

H

halogen　卤素

卤素灯含有高压卤素气体，与蒸发钨结合，使气体循环回到灯丝，灯丝反过来照亮玻璃，同时在灯的整个使用寿命内保持流明输出。

harmony　和谐

和谐是一种创造了可视统一的艺术元素。精心挑选互补的交织元素，创造出一个统一的整体，与商店的整体品牌形象保持一致。

HMR　家庭膳食替代品

家庭膳食替代品是完全的即食餐（可在微波炉中安全加热的分装食品）或准备好的主菜，如肉饼或烤鸡。

hue　色相

色相用来描述一个颜色家族——即红色、蓝色、棕色等。也可用作"颜色"的同义词。

I

incandescent lamps　白炽灯

白炽灯是一种玻璃灯泡，内部有钨丝，通过电流加热，产生光。你可能记得它是普遍使用的灯泡，但随着节能灯越来越普遍，它已经逐步被淘汰。

Informal balance　非正式平衡

非正式平衡发生在物体被放置在一个不对称（意思是"远离对称"）的安排中，中心点一侧的单个较大物体可以由另一侧的两个或多个更小的物体来平衡。

institutional window　机构组织橱窗

机构组织橱窗致力于无形的想法和目标，并促进作为一个机构组织而不是以商品为特色的商店形象。

intensity　强度

强度是颜色的亮度、纯度和饱和度。

K

key item　核心款

核心款区是经市场证明过的商品，它提供了有竞争力的价格，买手会大量采购。它可以在趋势区、基本款区或商店区找到。

kiosks　零售亭

零售亭是一个独立的销售单元，可以四面或一面打开。

L

lamp　灯

灯这个词至少有两种不同的含义。在照明行业，灯即是照明。对一般人来说，灯是指带有灯泡、电源、底座和灯罩的照明设备，这些灯罩或者是装饰性的，或者是纯粹的功能性的。

lead time　交货期

交货期是指从收到订单到生产完成产品所需的时间。

lease line　租赁线

租赁线划出了商店空间起始和商场公共区域结束的边界。

leveraging　杠杆化

杠杆化用作动词，意思是获得机械优势或增加影响、力量和效果。例如，通过使用交互式显示橱窗来增加对商店品牌认知的影响。

LED　发光二极管

LED是一种微小的半导体，类似于白炽灯泡，当电流通过它时，它会发光。但是，它没有灯丝，不会烧坏，也不会变得很热，所以它比白炽灯和卤素灯耐用得多。

lifestyle centers　生活方式中心

生活方式中心的露天配置至少为50,000平方英尺（4,600平方米）的零售空间，由高档连锁专卖店占据。最常见的零售类别是服装、家居用品、书籍和音乐。他们有一个或多个餐桌服务餐厅，有时还包括一个多功能电影院（国际购物中心理事会）。

line　线条

线条具有引导视线的特征，也可以是一种表现情绪的线性元素。例如，长长的水平线可以表示平静和稳定，锯齿状的对角线可以传达一种兴奋和运动的感觉。

M

minimal floor layout　极简楼层布局

极简楼层布局像画廊一样简洁，展示小众选择的手工制作商品或非常独特的商品。

mom-and-pop stores　夫妻店

夫妻店这个词语来自早期的零售业，当时许多零售店都是家族企业，店主经常住在商店楼上的公寓里。今天，它指的是小型独立零售商。

monochromatic scheme　单色方案

单色方案由不同色值和强度的单色组成（把不同的白色或灰色加入到基础色中）。例如：海军蓝和中度蓝及明亮蓝的搭配。

multiple sales　多重销售

多重销售是一次购买两个或多个商品的交易。例如，一个购物者买了一套浴巾和一件搭配的长袍和拖鞋。

N

niche marketing　利基营销

对零售商来说，利基营销意思为确定一个非常具体的细分市场，通过研究确定该细分市场想要（want）或需要（need）的某种/系列产品，并确认该细分市场具备购买能力，从而为其提供一种产品或一系列产品。

O

open sell　开放式销售

开放式销售是一种销售陈列方式，使大多数商品（即使是传统上放在锁着的柜子里的商品）在没有销售人员帮助的情况下对购物者开放。

operational signs　运营标牌

运营标牌与商店的日常业务相关，通常需列出商店的营业时间、退货政策、紧急出口、求助电话的位置、商品部门位置和试衣间规定。

optical center　视觉中心

一个标牌的视觉中心是它的焦点，眼睛会自然地停留在中心点的正上方（大约是标志顶部边缘的三分之一处）。

optical weight　视觉分量

视觉分量是一个物体看起来有多重要、多大或多重（可能与它实际的重量或实际规模不同）。

outriggers　支撑架

支撑架是以直角安装在墙上的装饰性或功能性元素，用于确定、分隔和框定货架或陈列装置上展示的商品类别。

P

pegwall　钉墙

钉墙系统有一个带孔的网格支撑板，钉墙钩和其他特殊的固定装置可以插入其中。

pivot piece　轴心单品

轴心单品是时尚故事中的主导单品，因为它决定了所有后续单品在服装搭配中的使用方向（最终用途、制作工艺、风格和色彩）。

planograms　平面图

平面图是展示商品和销售陈列装置应如何放置在销售楼层、墙面、自由陈列装置和橱窗陈列装置上的图纸。它们是一种规划工具，可以将一致的店铺布局和装饰指示传达到多个地点，从而为零售商创造一个强大的身份认知。

portfolio　作品集

作品集是一份视觉简历，是一个可携带的本子/盒子，里面装着要展示的照片、绘画、平面设计、证书、推荐信，以及其他记录个人专业经历的文件。

price point　价格点

价格点是在标志牌上用于标明价格的实际数字（例如，12.99美元）。

primary colors　原色

原色——红色、黄色和蓝色，是色相环上的起点色。其他颜色是由它们混色形成的。

promotional mix　促销组合

促销组合是各种传播工具的整合——广告、店内营销、特别活动、个人销售以及视觉营销——都是向目标顾客介绍商店及其商品。

proportion　比例

比例是两个或两个以上物体的尺寸、质量、规模或视觉分量之间的关系。

props　道具

道具（舞台道具）是指舞台布景中使用的道具或物件，而不是彩绘布景和演员服装。这一术语已经转移到视觉设计词汇中，指装饰性的物品或物件，而不是用于陈列展示的商品和标识。

prototype　原型

原型指原始模型，可以发展为完善模型。例如，在设计推出十几家零售店之前，需要先建立一个原型，以便在必要时对设计特征进行测试和改进。同样的过程也适用于定制商品陈列装置和视觉陈列展示装置的开发。

R

racetrack layout　跑道布局

跑道布局是沿着环形、方形、矩形或椭圆形"跑道"的左右两侧设置商品部门，让购物者在沿着整个跑道周长流动时接触到大量商品。

repetition　重复

当展示中反复出现的设计元素（如尺寸、颜色或形状）创造出视觉图案的感知时，就会实现重复。当眼睛沿着重复项目的路径移动时，营销信息就会一次又一次地强化。

retrofit　改造

改造是在原有结构完成后添加建筑特色、陈列装置或其他元素。

rhythm　节奏

节奏是通过重复设计元素来实现的，这些元素可以为观众创造独特的视觉韵律感或强调感。眼睛沿着重复项目的路径移动，营销信息得到加强。

risers　高低架

高低架是用来抬高商品的任何展示单元，使陈列整体呈现视觉趣味和多样性。

round garment rods　圆形服装杆

圆形服装杆和扁平金属横杆是基本的陈列装置，悬挂在墙上以展示大量货物。

round track/rounder　圆形架/圆台

圆形架（或圆台）是一种容量陈列装置，由直径不同的圆形构成，可以调节高度，用来存放基本款的服装商品。

S

secondary colors　间色/二级色

间色/二级色——橙色、绿色、紫色，是由原色组合而成的。

sell-down　出售

出售也叫销售过程，是一个零售术语，指一个商品或一组商品在卖场上销售的全部时间，包括从刚进入卖场的全价阶段到最后的降价阶段。

sequence　秩序

秩序是被展示物品供观看的特定顺序。除了数字顺序外，陈列展示还可能依赖于从小到大或从大到小的物品分级，以强调特定物品有多种尺寸可供选择。

shade　暗色调

暗度通过添加黑色或灰色使色彩变暗。

shape　形状

形状是一种标准的或普遍认可的空间形式，如圆形或三角形，可以帮助观察者识别各种物体。它也可以指一个物体或者物体部分的不规则轮廓。三维物体的形状，也可以称为"形"。

shop　商店

当大量采购相似类型的商品（足以填满6~10个销售架），并将其放到某个部门的一个区域时，就可以创建一个商店区。

sight line　视线

视线指一个人从特定有利的地点看出去所能见到

的区域——例如，从走廊、扶梯的顶部或底部看出的视野。

signature fixture　标志性陈列装置

标志性陈列装置是一个引人注目的、独特的单元，位于商店或商品部门的入口处，反映了商店的品牌形象。

slat wall　板条墙面

板条墙面是一种水平支撑面板的墙面系统，具有间隔均匀的插槽，用于接受带有特殊板条配件的支架和显示器配件。

soffit　拱腹

拱腹是一个长壁架、永久性拱门或暗盒，从商店的天花板延伸至货架顶部或可用的墙壁空间。它通常用于遮掩非装饰性（功能性）的照明设备，用于照亮商店墙面上展示的商品。

soft aisle layout　软过道布局

软过道布局中，陈列装置按组布置，在不改变地面覆盖物的情况下创建自然过道，以形成指定的单独过道空间。

sourcing/resourcing　资源寻找

资源寻找是指在企业中寻找可用资源的过程。

split-complementary scheme　分散互补色方案

分散互补色方案由三种颜色组成，指一种中心色加上它在色相环上两边的补色。

straight arm　直臂

直臂是一种垂直的展示臂，固定在标准墙面、板条墙面或网格墙面系统、T型架或其他卖场陈列装置上，以展示少量悬挂的商品。

striking a mannequin　拆置人台模特

拆置是指移除一个人台模特的支撑杆和底板，并用金属丝固定它，使它看起来就像是自己站在一个陈列展示空间中。出于对顾客和人台模特安全的考虑，这种技术只用于封闭式橱窗展示。

strip malls　露天购物中心

露天购物中心由并排的商店组成，门口有停车场。一些露天购物中心可能有封闭的走道，但它们不像传统的购物中心那样集中在一个大屋顶下。

superquad　超大四臂陈列架

超大四臂陈列架是一种具有可调高度功能的四臂陈列装置，用于陈列大量采购的货品或裤子、裙子、衬衫和毛衣或夹克的搭配组合。

T

target market　目标市场

目标市场是经研究表明非常适合零售商产品或服务的已确定（定位）的人群。这是零售商将商店的所有传播推广工作都瞄准的群体。

task lighting　任务照明

任务照明用于照亮工作区域，强烈、明亮的光线使得细节工作可以进行。

technographics　技术图像

技术图像——体现了互联网和社交媒体对传播模式、信息态度和娱乐科技的影响。

tension　张力

张力是一种元素的排列方式，它会让观众怀疑对立的力量是否会干扰一场展示的平衡。例如，一堆摇摇欲坠的书可能看起来随时会翻倒，或者一个金字塔的产品——如果其中一件物品被抽走——可能看起来会整个倒塌。

tertiary colors　复色

复色或叫三级色，是由原色和间色混合而成的，例如黄绿色、蓝紫色等。

test areas　测试区

测试区是为代表性的商品或款式而留出的楼层空间，零售买手相信这些商品很快就会受到购物者的欢迎。他们引入少量商品，并密切关注其销售数据。

texture　质感

质感是指一个表面被触摸时的实际感觉，或者是它在被触摸时的外观感觉。例如，粗糙度和平滑度可能容易看到，但柔软度和硬度可能需要实际的物理接触。在商品陈列中，质感经常被用来做比较或对比。

tint　亮色调

亮度是通过添加白色使颜色变亮。

trend areas　趋势区

趋势区的特色商品已被购物者视为热门或流行时尚。货品已被大量采购。

trends　趋势

趋势是人口、经济、政治和技术等事物发展的方向。这些影响因素推动了各类零售业的时尚潮流。

triadic scheme　三色方案

三色方案由色相环上彼此等距的三种颜色组成。

two ways　双臂陈列架

双臂陈列架，也称为T型架，是一种两臂悬挂装置，用于展示少量（12~24件）的流行服装或测试商品。

U

unity　统一

当展示的所有元素结合在一起，形成一个平衡、和谐、完整的整体时，就出现了统一。

V

value　色值

色值是颜色中显示的浓淡程度。

venues　场所

场所一词是指举行特别活动或娱乐活动的地点。这个词来自拉丁语动词venire，意思是"来"。

vignettes　小场景

小场景是一个更大场景的浓缩版本。例如，一个家居装饰小场景可以仅用几个元素就建立起一个大房间的气氛和场景——一把椅子、一张桌子和一盏灯。

W

waterfall　瀑布臂

瀑布臂是附在标准墙面、板条墙面或网格墙面系统上，或T型架上，或其他展示少量层叠悬挂商品的卖场地面陈列装置上的有角度的展示臂。

way-finding　路径寻找

路径寻找是建筑师使用的一个术语，用来描述帮助客户在商店中"寻找路线"的任何工具。放置在墙上或悬挂在天花板上醒目区域的标牌是路径寻找策略的示例。

视觉营销专业人士名录

这里列出的视觉营销行业引领者，将和那些正在考虑从事这一领域的读者分享他们的想法。如果你对他们所属的任何一个机构的职位感兴趣，请遵循人力资源部门的标准程序，不要直接联系这些人。

肯·奥尔布赖特（Ken Albright）

Seven Continents 公司总裁

NADI 董事会董事（前）

PAVE Emeritus 董事会董事

ARE 咨询委员会

"你看到的一切都蕴含着一个视觉信息。"

汤姆·比贝（Tom Beebe）

2010 马科普洛斯奖创意顾问

NADI 董事会董事（前）

"别针……金属线……棉线……在展示行业的事业……充满激情。戏剧性的小动作……一个充满变化的神奇世界。一种艺术形式的灵感……想象……独创性。我相信这门手艺。全速前进！"

克里斯汀·贝里奇（Christine Belich）

克里斯汀·贝里奇设计公司

副教授

索尼前视觉营销副总裁

2004 马科普洛斯奖

ARE 咨询委员会

PAVE Emeritus 董事会董事

DDI 编辑咨询委员会

NADI 董事会董事（前）

"确保您对细节充满激情和执着。这是真正的视觉'伟大'之处。你一定很喜欢细节。"

朱迪·贝尔（Judy Bell）

首席执行官，www.energy-retail.com

塔吉特创意营销解决方案部门前集团经理

2010 零售设计影响者奖

2006 零售设计杰出奖

1999 马科普洛斯奖

ARE 咨询委员会

DDI 编辑咨询委员会

NADI 董事会（前任高管）

PAVE 董事会董事（前任高管）

SVM（视觉营销人协会）

"微笑，最好——大笑——每一天。"

里克·伯比（Rick Burbee）

设计/品牌/趋势预测专家

赛克斯控股公司品牌发展副总裁（前）

PAVE 顾问委员会

"任何有能力创造性思考、清晰沟通和唤起商店环境持续变化的人，视觉营销是他们的完美职业。"

琳达·卡汉（Linda Cahan）

卡汉公司首席执行官

零售视觉设计师和顾问

视觉营销人协会

"世界上有很多有创意的人，没有谁是最好的——但是如果你想成功，就要学会如何通过倾听、理解、保持开放的心态来沟通，认识到做事情的正确方法不止一种，尊重别人的意见。保持冷静，呼吸，和别人一起笑，而不是看着他们。学习用不止一种方式来解释一些事情，因为如果有人第一次不理解你的想法，用同样的方式解释，只是声音更大，是行不通的！"

艾伦·楚德（Elle Chute）

朱特·格德曼设计公司联合创始人兼首席执行官

2007 零售设计杰出奖

零售设计协会俄亥俄州分会，成员及前任主席

美国女业主协会

DDI 编辑咨询委员会

"灵感设计始于永不满足的好奇心。然后通过严格的观察和创造性的（如果不是详尽的）探索来滋养它。最后，以上这些都是通过反观自我的独特视角来具体化的。"

西蒙·杜南（Simon Doonan）

作家，橱窗着装设计师，www.simondoonan.com

Barney's 前创意大使

2003 马科普洛斯奖

《橱窗着装设计师的自白》作者

"如果你愿意承担一些风险，你甚至可以创造出一些流行趋势。"

丹·埃文斯（Dan Evans）

Goldsmith 总裁兼创意总监

NADI 总裁（前）

IIDA 成员

RDI 成员和前分会主席

PAVE 董事会董事

"永远记住，没有什么不好的创意，只有不好的时机。"

埃里克·费根鲍姆（Eric Feigenbaum）

WindowsWear 研讨会负责人

《视觉营销和商店设计》撰稿人

Embrace Design 顾问

LIM 学院视觉营销专业前主席

2012 马科普洛斯奖

PAVE 创始成员和副总裁

"吸收你周围的一切，看、听、感觉，然后努力感动世界。"

丹尼斯·格德曼（Dennis Gerdeman）

朱特·格德曼设计公司联合创始人兼首席执行官

2011 马科普洛斯奖

零售设计学会俄亥俄州分会，成员和前任主席

ARE

PAVE 董事会董事

DDI 编辑顾问委员会

哥伦布艺术设计学院荣誉艺术博士学位

CCAD 顾问委员会

"有时天才纯粹是创新应用。很多时候，一个特定的问题已经解决了，但不是在你的行业。记住要从自己的行业之外寻找解决方案。"

拉里·格罗（Larry Gerow）

Area Code 212 Display 总裁

"不断地激发你的创造力——用艺术作为灵感的燃料。"

伊格纳兹·戈里舍克（Ignaz Gorischek）

CallisonRTKL 建筑副总裁

内曼·马库斯商店开发副总裁（前）

1997 马科普洛斯奖

1997 PAVE 视觉营销奖

PAVE 咨询委员会

DDI 编辑咨询委员会

"如果你真的想学习，请与你的顾客一起乘坐自动扶梯，你会听到一切！"

格雷格·M.戈尔曼（Greg M.Gorman）

Triad Mfg&8 Corners

PAVE 主席（前）

RDI

圣路易斯 Landmarks 协会

"挑战规范，因为变革是生存的必由之路。"

珍妮特·格罗伯(Janet Groeber)

RE：Media 常务董事

NADI 董事会董事（往届）

PAVE 董事会（往届官员）

ISP 荣誉成员

SVM 媒体成员

"当你追随自己的愿望时，尽可能多地看，尽可能多地做，尽可能多地建立持久的友谊，保持开放的心态，始终倾听，倾听，听听别人怎么说。"

查克·卢肯比尔（Chuck Luckenbill）

卢肯比尔零售解决方案公司

Office Max 视觉营销副总裁（前）

2002 马科普洛斯奖

ARE 执行委员会

DDI 编辑咨询委员会

NADI 董事会董事（前）

"要灵活……好奇……诚实点。要有坚定信念的勇

气，不要把自己看得太重。"

詹姆斯·马哈格 (James Maharg)
Hudson&Broad 总裁
LOOK 总裁，1999~2008 年
ALU 总裁，1987~1999 年
"细节上不要妥协。"

托尼·曼奇尼 (Tony Mancini)
全球视觉集团首席执行官
迪士尼想象工程，迪士尼公园和度假村全球零售店
发展高级副总裁（前）
1998 马科普洛斯奖
ARE 执行委员会
NADI 董事会
DDI 编辑咨询委员会
"使一个项目成功的不仅仅是你的想法，而是你如何展示和包装它——你每天都在推销想法。记住，实践您的'说教'"。

詹姆斯·曼苏尔 (James Mansour)
曼苏尔设计公司, jamesmansour@mansourdesign.com
2000 马科普洛斯奖
"为您的工作设定最高标准，并将您的工作与世界上最好的对比。"

辛迪·麦克拉肯 (Cindy McCracken)
零售顾问
PAVE 董事会董事（前）
"从您所做的每一件事中寻找灵感。"

艾莉森·恩布雷·梅迪纳 (Alison Embrey Medina)
《设计：零售》杂志执行主编
RDI 媒体成员
"我们经常被数字、预算和最后期限所困扰，但我们是否让自己有机会停下来，喘口气，重新评估？我们面临的所有挑战和问题可能都没有答案，但花点时间至少承认和反思这些挑战和问题，是通往未来进步之路的一部分。挑战自己，更深入，做得更好。挑战自己或创造一些不同的东西——伟大的东西。"

拉尔夫·普奇 (Ralph Pucci)
普奇国际有限公司总裁兼首席执行官
2009 马科普洛斯奖
NADI
VNY（前）
"不要害怕与众不同或冒险。"

吉姆·斯马特 (Jim Smart)
斯马特联合有限公司所有者
SVM
IS
Dale Warland Singers 总裁（前）、董事会董事
ARC Hennepin County 董事会董事
Mixed Blood 剧院董事会董事（前）
明尼阿波利斯艺术委员会
明尼阿波利斯儿童剧院董事会
《学会销售》

理查德·斯托尔斯 (Richard Stolls)
Lifestyle-Trimco 董事长
NADI 财务主管，前总裁
PAVE 创始成员，财务主管
视觉营销人协会，创始之父
"如果你计划开始视觉营销的职业生涯，为长时间艰苦工作做好准备，但——如果你全力以赴，并且充满激情，你会得到巨大的回报。"

凯特·特纳斯 (Kate Ternus)
营销讲师，Century 学院（退休）
2008 年 Century 学院优秀教师奖
国际时尚集团
IFEA（国际节庆活动协会）
MFEA（明尼苏达州节庆活动协会）
"作为一份'进行中的工作'，你是一个终身学习者。永远不要以为你做完了——总有新的东西要尝试，总有陌生的地方要去，总有新的人要认识。我依然还是不知道，长大后我想成为什么样的人。"

玛丽安·威尔逊 (Marianne Wilson)
《连锁店时代》杂志主编
"总是把顾客放在第一位。"

参考资料来源

第一章

Albrecht, Karl. *The Creative Corporation*. Homewood, IL: Dow Jones-Irwin, 1987.

Beahm, George. *I, Steve: Steve Jobs in His Own Words*. Agate B2 Books, 2011.

Csikszentmihalyi, Mihaly. *Creativity: Flow and the Psychology of Discovery and Invention*. New York: HarperCollins, 1996.

Eberle, Robert. *SCAMPER: Games for Imagination Development*. Buffalo, New York: DOK Publishers, 1977.

Gilbert, Elizabeth. *Big Magic: Creative Living Beyond Fear*. New York: Riverhead Books, 2015

Hanks, Kurt and Parry, Jay. *Wake Up Your Creative Genius*. Menlo Park, CA: Crisp Publications, 1991.

Kelly, Tom with Littman, Jonathan. *The Art of Innovation*. New York: Doubleday, 2001.

Krouse Rosenthal, Amy and Lichtenheld, Tom. *Exclamation Mark*. New York: Scholastic Press, 2013.

Rowling, J. K. *Harry Potter and the Sorcerer's Stone*. New York: Scholastic Inc., 1997

Shimp, Terrance A. *Advertising, Promotion and Supplemental Aspects of Integrated Marketing Communications*. 4th ed. Fort Worth, TX: The Dryden Press, 1997.

Ueland, Brenda. *If You Want to Write*. St. Paul, MN: Graywolf Press, 1997.

Waters, Robyn. *The Trendmaster's Guide: Get a Jump on What Your Customer Wants Next*. USA: Portfolio Hardcover, 2005.

Waters, Robyn. *The Hummer and the Mini: Navigating the Contradictions of the New Trend Landscape*. USA: Penguin Group, 2006.

第二章

"Cotton Incorporated's Lifestyle Monitor TM." *Women's Wear Daily*, November 5, 1998.

International Council of Shopping Centers. www.icsc.org.

Target. www.corporate.target.com. Mission statement.

Underhill, Paco. *Why We Buy: The Science of Shopping*. New York: Simon and Schuster, 1999.

第三章

About.com. http://arthistory.about.com/cs/glossaries/g/p_pattern.htm. Definition of pattern.

Color Marketing Group. www.colormarketing.org

Doonan, Simon. *Confessions of a Window Dresser*. New York: Penguin Group, 1998.

Duggan, William. *Creative Strategy, A Guide to Innovation*. New York: Columbia University Press, 2013.

Gorman, Greg M. *The Visual Merchandising and Store Design Workbook*. Cincinnati, OH: ST Publications, 1996.

Pantone. www.pantone.com

Underhill, Paco. *Why We Buy: The Science of Shopping*. New York: Simon and Schuster, 1999.

第四章

Cahan, Linda. *Feng Shui for Retailers*. Cincinnati: ST Books, ST Media Group, 2005.

Longinotti-Buitoni, Gian Luigi. *Selling Dreams: How to Make Any Product Irresistible*. New York: Simon and Schuster, 1999.

Shop! www.shopassociation.org.

Underhill, Paco. *Why We Buy: The Science of Shopping*. New York: Simon and Schuster, 1999.

US Department of Education. www2.ed.gov. Americans with Disabilities Act (ADA).

第五章

Gorman, Greg M. *The Visual Merchandising and Store Design Workbook*. Cincinnati, OH: ST Publications, 1996.

Underhill, Paco. *Why We Buy: The Science of Shopping*. New York: Simon and Schuster, 1999.

第六章

Doonan, Simon. *Confessions of a Window Dresser*. New York: Penguin Group, 1998.

Eisman, Leatrice. *Pantone Guide to Communicating With Color*. Sarasota, FL: Grafix Press, Ltd. 2000.

第七章

Glen, Peter. *10 Years of Peter Glen: One Hundred Essays for the Improvement of Work, Life and Other Matters of Consequence.* Cincinnati, OH: ST Publications, 1994.

Home Portfolio. www.homeportfolio.com.

IKEA. www.ikea.com.

Martha Stewart. www.marthastewart.com.

Underhill, Paco. *Why We Buy: The Science of Shopping.* New York: Simon and Schuster, 1999.

Williams-Sonoma. www.williams-sonoma.com.

第八章

ASAP. www.asap.net.

Glen, Peter. *10 Years of Peter Glen: One Hundred Essays for the Improvement of Work, Life and Other Matters of Consequence.* Cincinnati, OH: ST Publications, 1994.

第九章

BÄRO. www.baero.com.

Hagedon, Carly. "Tuned Up." *vmsd,* April 2016.

Pegler, Martin. *Visual Merchandising and Display,* 5th edition. New York: Fairchild Books, 2006.

Underhill, Paco. *Why We Buy: The Science of Shopping.* New York: Simon and Schuster, 1999.

第十章

Collins, Terry. "We Really Are What We Eat, and There's Cause to Celebrate." *Star Tribune,* October 8, 1999.

EuroShop. www.euroshop.de.

Food Marketing Institute. www.fmi.org.

Fred Meyer (Kroger Co.). www.fredmeyer.com.

HFN Magazine. www.hfnmag.com.

Kantar. www.kantar.com.

NPD. www.npd.com.

Rosenberg, Matt. "Grocery Stores, Supermarkets and Piggly Wiggly." http://geography.about.com/cs/foodandfamine/a/piggly.htm, November 23, 1998.

Supermarket News, February 3, 1997.

Wahl, Mike. *In-Store Marketing: A New Dimension in the Share Wars.* Winston-Salem, NC: Wake Forrest University Press, 1992.

Wedge Community Co-op. www.wedge.coop.

Whole Foods Market. www.wholefoodsmarket.com.

第十一章

eventwise. www.eventwise.co.uk.

International Special Events Society (ISES). http://www.ileahub.com/ilea-landing.

Kiosk Marketplace. www.kioskmarketplace.com.

Special Events. www.specialevents.com.

第十二章

Albrecht, Donald and Livenstein, Barbara. *Cooper-Hewitt National Design Museum Program Notes for the Window Show,* May 14–21, 1999.

Doonan, Simon. *Confessions of a Window Dresser.* New York: Penguin Putnam, 1998.

Gorman, Greg M. *The Visual Merchandising and Store Design Workbook.* Cincinnati, OH: ST Publications, 1996.

Hutchinson, Lois. "Points of Light." *Visual Merchandising and Store Design,* March 2000.

Kepron, David. *Retail (r)evolution: Why Creating Right-Brained Stores will Shape the Future of Shopping in a Digitally Driven World.* Cincinnati, OH: ST Books, ST Media Group, 2014.

"The Window Show: A Groundbreaking Exhibition by Cooper-Hewitt, National Design Museum, Spotlights Window Design and Designers." *Retail Ad World,* October 1999.

WindowsWear Pro. http://pro.windowswear.com.

第十三章

Bentley Hale, Marsha. Interview. Photographs from personal archive collection. August 1983.

Doonan, Simon. *Confessions of a Window Dresser.* New York: Penguin Putnam, 1998.

Greneker. www.greneker.com.

Holm-Bertelsen. "Mannequins Get Real." *Visual Merchandising and Store Design,* February 2000, 86.

Karp, Gregory. "Uniqlo in Chicago: Take a peek inside the Michigan Avenue Store." *Chicago Tribune,* October 2015.

Navarro, Mireya. "Store Mannequins Can Now Breathe Out." *New York Times,* November 14, 2004.

Ola, Per and d'Aulaire, Emily. "Mannequins, the Mute Mirrors of Fashion History." *Smithsonian,* April 1991, 61–75.

Pegler, Martin. *Store Windows 10.* New York: Visual

Reference Publications, 1999.

Portas, Mary. *Windows: The Art of Retail Display*. London: Thames and Hudson, 1999.

Redstone, Susan. "Adel Rootstein." www.fashionwindows.com, August 8, 1998.

Sipe, Jeffrey. "Adoring Dior's Haute Couture." *Insight on the News*, December 16, 1996, 37.

Tobias, Tom. "I Sing the Body Inanimate." *New York*, June 28–July 5, 1999, 177.

第十四章

The Chicago Manual of Style: For Authors, Editors and Copywriters, 16th edition, rev. and exp. Chicago: The University of Chicago Press, 2010.

Doonan, Simon. *Confessions of a Window Dresser*. New York: Penguin Putnam, 1998.

Eckert, Carolyn. *Your Idea Starts Here, 77 Mind-Expanding Ways to Unleash Your Creativity*. North Adams, MA: Storey Publishing, 2016.

Glen, Peter. *It's Not My Department*. New York: William Morrow and Company, Inc., 1990.

Glen, Peter. *10 Years of Peter Glen: One Hundred Essays for the Improvement of Work, Life and Other Matters of Consequence*. Cincinnati, OH: ST Publications, 1994.

Glen, Peter. "ADD: Attention Divided Disorder." *Visual Merchandizing and Store Design*, November 1999.

Gorman, Greg M. *The Visual Merchandising and Store Design Workbook*. Cincinnati, OH: ST Publications, 1996.

Hanks, Kurt and Parry, Jay. *Wake Up Your Creative Genius*. Menlo Park, CA: Crisp Publications, 1991.

Kepron, David. *Retail (r)evolution: Why Creating Right-Brained Stores will Shape the Future of Shopping in a Digitally Driven World*. Cincinnati, OH: ST Books, ST Media Group, 2014.

Kondo, Marie. *The Life-Changing Magic of Tidying Up: The Japanese Art of Decluttering and Organizing*. Berkeley: Ten Speed Press, 2014.

Lewis, Robin and Dart, Michael. *The New Rules of Retail: Competing in the World's Toughest Marketplace*. New York: St. Martin's Press, 2014.

Longinotti-Buitoni, Gian Luigi. *Selling Dreams: How to Make Any Product Irresistible*. New York: Simon and Schuster, 1999.

McNally, David and Speak, Karl D. *Be Your Own Brand*. San Francisco: Berrett-Koehler Publishers, 2002.

Strunk, W., Jr. and White, E. B. *The Elements of Style*, 3rd edition. New York: Macmillan, 1979.

Underhill, Paco. *Why We Buy: The Science of Shopping*. New York: Simon and Schuster, 1999.

Underhill, Paco. *Call of the Mall*. New York: Simon and Schuster, 2004.

Von Oech, Roger. *Creative Whack Pack*. Stamford, CT: United States Game Systems, 1992.

第十五章

design:retail. www.designretailonline.com.

Rebholz, Jenny S., "The Markopoulos Circle." *design:retail*, April/May 2016, 40-45.

Rufus, Anneli. *The Party of One: The Loner's Manifesto*. Marlowe and Company, 2003.

Shop! http://www.shopassociation.org.

vmsd. www.vmsd.com.

可用网站

第一章
Echochamber—http://www.echochamber.com
Retail Week—https://www.retail-week.com
Style Guide—http://www.style-guide.biz

第二章
Target—https://corporate.target.com

第三章
Color Marketing Group—http://www.colormarketing.org
Elle Magazine—http://www.elle.com
M. Grumbacher—www.grumbacherart.com
Pantone, Inc.—http://www.pantone.com
W Magazine—http://www.wmagazine.com

第四章
B & N Industries—http://www.bnind.com
Betsey Johnson—www.betseyjohnson.com
The Center for Universal Design at North Carolina State
    University—https://www.ncsu.edu/ncsu/design/cud/
DKNY—http://www.dkny.com
Envirosell—www.envirosell.com
MET Store Fixtures—www.metropolitandisplay.com
Sephora—www.sephora.com
Shop!—www.shopassociation.org
Silvestri—http://www.silvestricalifornia.com
Swatch—http://www.swatchgroup.com/group/brands

第六章
Women's Wear Daily—http://www.wwd.com

第七章
ABC Carpet and Home—http://www.abccarpet.com
Crate&Barrel—http://www.crateandbarrel.com
Fishs Eddy—www.fishseddy.com
Home Design Website—http://www.homeportfolio.com
Martha Stewart—http://www.marthastewart.com
Pottery Barn—http://www.potterybarn.com
Restoration Hardware—http://www.restorationhardware.com

Williams-Sonoma, Inc.—http://www.williams-sonoma.com

第八章
Signs of the Times Magazine—www.stmediagroupintl.com
SignWeb—www.signweb.com

第九章
Adart—http://www.adart.com
Adbox—http://www.adbox.com
American Lighting Association—
    http://www.americanlightingassoc.com
design:retail—www.designretailonline.com
Envirosell—http://envirosell.com
vmsd—www.vmsd.com

第十章
Byerly's—http://lundsandbyerlys.com
Epicurious—http://www.epicurious.com
Food Marketing Institute—http://www.fmi.org
Fred Meyer Stores—http://www.fredmeyer.com
International Co-operative Alliance (ICA)—http://ica.coop
Piggly Wiggly—http://www.shopthepig.com
Progressive Grocer Magazine—
    http://www.progressivegrocer.com
Publix—http://www.publix.com
Real Simple Magazine—http://www.realsimple.com
Store Equipment and Design—http://www.storequip.com
Supermarket News—http://www.supermarketnews.com
United States Department of Agriculture—
    http://www.usda.gov
Wedge Community Co-op—www.wedge.coop.com
Whole Foods Market, Inc.—
    http://www.wholefoodsmarket.com

第十一章
The Disney Store—disneystore.com

第十二章
Cooper-Hewitt National Design Museum—

www.cooperhewitt.org
design:retail—www.designretailonline.com
Elevations—http://www.elevations.com
Fashion Display Website—http://www.fashionwindows.com
GlobalShop—http://www.globalshop.org
Global Visual Group—www.globalvisualgroup.com
Lord & Taylor—http:// www.lordandtaylor.com
Tiffany & Co.—http://www.tiffany.com
VMSD—www.vmsd.com
WindowsWear PRO—http://pro.windowswear.com

第十三章

Bernstein—http://www.bernsteindisplay.com
Characters Unlimited—
　　http://www.charactersunlimitedinc.com
Fashion Windows—http://www.fashionwindows.com/
Greneker—http://www.greneker.com
Hans Boodt Collection—http://www.manex-usa.com
Hindsgaul—http://www.hindsgaul.com
Patina-V—http://www.patinav.com
Pucci International—www.ralphpucci.net
Rootstein—http://www.rootstein.com
Seven Continents—http://www.sevencontinents.com
Silvestri—http://www.silvestricalifornia.com

第十四章

Chain Store Age Magazine—http://www.chainstoreage.com
design:retail—www.designretailonline.com
EuroShop—www.euroshop-tradefair.com
Footwear News—www.footwearnews.com
GlobalShop—http://www.globalshop.org
Home Furnishing News—http://www.hfndigital.com
MapEasy's Guide Maps—http://www.mapeasy.com
Progressive Grocer—www.progressivegrocer.com
Shop!—http://www.shopassociation.org
Smartbrief—www.smartbrief.com
STORES Magazine—www.stores.org
Style Guide—www.style-guide.biz
Trade Show News Network—http://www.tsnn.com
Where Magazine—www.wheremagazine.com
Women's Wear Daily—www.wwd.com
vmsd—www.vmsd.com

第十五章

design:retail FORUM—www.designretailforum.com
International Retail Design Conference—
　　www.irdconline.com
Planning and Visual Education (PAVE)—
　　http://paveglobal.org
Shop!—http://www.shopassociation.org
vmsd—www.vmsd.com

零售商

Abercrombie & Fitch—http://www.abercrombie.com

American Eagle—www.ae.com

Andrei Duman Gallery—www.andreidumangallery.com

Ann Taylor—www.anntaylor.com

Apple—www.apple.com

Banana Republic—http://www.bananarepublic.com

Barney's—http://www.barneys.com

Bauer—www.bauer.com/stores

Bergdorf Goodman—bergdorfgoodman.com

Brooks Brothers—www.brooksbrothers.com

Bulgari—www.bulgari.com

Calvin Klein—www.calvinklein.com

Converse—www.converse.com

Costco Wholesale—www.costco.com

Crate & Barrel—www.crateandbarrel.com

Diane Von Furstenberg—www.dvf.com

Dillard's—http://www.dillards.com

Eataly—www.eataly.com

El Palacio de Hierro Polanco—www.elpalaciodehierro.com

Ferragamo—www.ferragamo.com

Five Below—www.fivebelow.com

Gap—www.gap.com

Guy Laroche—www.guylaroche.com

Harrods—www.harrods.com

Hickey Freeman—www.hickeyfreeman.com

Issey Miyake—www.isseymiyake.com

J.Crew—http://www.jcrew.com

JCPenney—www.jcpenney.com

Kate Spade—www.katespade.com

Kohl's—www.kohls.com

Lands' End—www.landsend.com

Louis Vuitton—www.louisvuitton.com

MAC—www.maccosmetics.com

Macy's, Inc.—www.macysinc.com

Marni—www.marni.com

Merrell—www.merrell.com

Neiman Marcus—www.neimanmarcus.com

Nordstrom—www.shop.nordstrom.com

Old Navy—www.oldnavy.com

Printemps—departmentstoreparis.printemps.com

Pottery Barn—www.potterybarn.com

RH—www.restorationhardware.com

Saks Fifth Avenue—www.saksfifthavenue.com

Sears—www.sears.com

Sony—www.sony.com

Sonia Rykiel—www.soniarykiel.com

SuperValu—www.supervalu.ie

Target—www.targetcorp.com

Taste Marketeria—www.tastemarketeria.ca

The Broad—www.thebroad.org

T.J. Maxx—www.tjmaxx.com

Tommy Hilfiger—www.usa.tommy.com

Topshop—www.us.topshop.com

Tory Burch—www.toryburch.com

Under Armour—www.underarmour.com

Uniqlo—www.uniqlo.com

Valmont Gallerie Gastronomique—epicerievalmont.ca

Versace—www.versace.com

Victoria's Secret—www.victoriassecret.com

Whole Foods Market—www.wholefoodsmarket.com

Williams-Sonoma—www.williams-sonoma.com

Zara—www.zara.com

观察　　　　比较　　　　创新